LES RECETTES FACILES DE FRANÇOISE BERNARD

TOME 2

LES LIVRES DE FRANÇOISE BERNARD

CHEZ HACHETTE

Les recettes faciles, Tome 1
Les recettes faciles de pâtisserie
Recettes familiales et menus.

A L'ÉTRANGER

La cocina facil, Editorial AEDOS
Secrets from my french kitchen, MACDONALD ET JANE'S
Hoe elektrish koken, C. de VRIES-BROUWERS
French family cooking, MACMILLAN.

AU LIVRE DE POCHE

Mes secrets de cuisine.

Photographies de Philippe ASSET

Nous remercions *Corning France, Rosières, Siemens, les établissements Birambaud et les couteaux Charles Mesnière* pour le matériel qu'ils nous ont fourni, ainsi que *Natacha* qui nous a si aimablement prêté ses mains pour les prises de vue.

LES RECETTES FACILES DE FRANÇOISE BERNARD

TOME 2

1 000 nouvelles recettes et tours de main illustrés

HACHETTE

SOMMAIRE

Avant-propos

Mon premier livre *Les Recettes Faciles* a maintenant plus de vingt ans. Je l'ai écrit, bien sûr, à une époque où le four à micro-ondes n'existait pas, mais je sais que, conçu pour durer au-delà des modes, cet ouvrage se trouve en bonne place dans de très nombreuses cuisines comme en témoigne sa réimpression aussi importante que régulière.

Recettes faciles et conseils micro-ondes, tome 2, en constituent la suite naturelle. Il s'agit en effet d'une nouvelle version, substantiellement remaniée et complétée, d'un autre de mes ouvrages que j'avais intitulé à l'origine *Mes secrets de cuisine.* Toutefois, je pense que ce nouveau titre de *Recettes faciles et conseils micro-ondes, tome 2,* lui convient encore mieux. Pour l'essentiel, en effet, il est composé de recettes différentes qui complètent les précédentes. Mais ces recettes sont tout aussi faciles à réaliser et le sont même d'autant plus que, pour la plupart d'entre elles, j'en indique le SECRET (petit truc ou tour de main) qui vous permettra de les réussir du premier coup.

En effet, la confection d'une recette comporte souvent un point-clé, c'est-à-dire un moment critique où tout va se jouer. Encore faut-il connaître ce moment à l'avance de façon à ne pas se laisser prendre au piège.

Et c'est ici que je puis vous aider car chacun de mes secrets n'est rien d'autre qu'une astuce technique que je vous explique simplement et dans tous ses détails.

J'ai même veillé à ce que de nombreux tours de main soient illustrés par des photographies en couleurs vous montrant avec précision la suite des gestes à effectuer.

En matière d'ustensiles de cuisine, le four à micro-ondes est la grande nouveauté de ces dernières années. Encore convient-il de l'utiliser JUDICIEUSEMENT. C'est pourquoi, m'appuyant sur la solide expérience que j'en ai acquise, j'accompagne nombre de mes recettes de conseils "micro-ondes" pour que vous tiriez le meilleur parti de cet appareil qui fait merveille quand on évite de l'utiliser à contre-emploi.

Pour vous permettre de choisir plus commodément une recette à votre convenance en fonction des produits dont vous disposez, ce tome 2 des *Recettes faciles* est présenté par chapitres, consacrés chacun à un type d'aliment déterminé, par exemple : crustacés, poissons, boeuf, légumes frais, gibier, fruits exotiques, etc. En introduction vous trouverez un rappel des notions de base : dénominations des produits, choix, achat, conservations classiques.

Les recettes proprement dites sont, comme il se doit, sous le signe de la plus grande simplicité. Pas de jargon culinaire. Des précisions près du titre : temps de cuisson, prix, facilité. De gros caractères.

Enfin, 3 tables des matières pour vous guider dans votre choix :

1. En tête de chaque chapitre : la liste des recettes y figurant.

2. L'index général des recettes par catégorie de plats.

3. L'index général des recettes par ordre alphabétique.

Ces deux derniers index sont placés en fin de livre.

Mon souhait le plus vif, aujourd'hui, est donc que ce deuxième tome des *Recettes faciles*, avec tout son assortiment de secrets et de conseils micro-ondes, facilite encore un peu plus la vie de celles qui apprécient ma conception de la cuisine, conception qui tient en deux mots : saveur et simplicité.

Françoise Bernard

LE FOUR A MICRO-ONDES

NOUVEAU MODE DE CUISSON, NOUVEAU MODE DE VIE.

J'emploie ici, parce que l'usage s'en est répandu, l'expression «fours à micro-ondes». Pourtant, il ne s'agit pas vraiment d'un four au sens usuel du terme, mais d'un appareil de conception originale, qui réchauffe les aliments qu'il contient sans faire appel à une source classique de chaleur.

Il faut d'abord rappeler que ce que vous appelons la *chaleur* n'est pas autre chose qu'une agitation plus ou moins rapide des molécules qui constituent la matière. Pour les faire «danser», on utilise classiquement la chaleur dégagée par un four ou un foyer qui chauffent tout ce qui s'y trouve placé ou exposé : air, plats et aliments.

LE PRINCIPE DES MICRO-ONDES

Les scientifiques ont découvert un autre moyen que la chaleur pour mettre en branle ces minuscules éléments : les ondes électromagnétiques.

Les molécules de graisse, de sucre, mais *surtout* les molécules d'eau absorbent les ondes électromagnétiques d'une certaine fréquence. En revanche, les métaux réfléchissent ces ondes tandis que d'autres matériaux (verre, papier, carton, faïence et certains plastiques) se laissent traverser sans s'échauffer.

Partant de ces observations, on a construit le «four à micro-ondes». Il s'agit d'une enceinte équipée d'un tube très spécial appelé «magnétron» qui émet des micro-ondes. Les parois intérieures métalliques du four réfléchissent ces ondes, donc ne chauffent pas. De même, les récipients servant à la cuisson restent froids ou tièdes, ce qui est bien pratique : peu de risques de se brûler les doigts (une exception : les plats brunisseurs !).

Au contraire, viandes, poissons, légumes et plus généralement tous les aliments contenant de l'eau, sont la proie d'une invisible tremblote. Le courant alternatif à l'origine des «micro-ondes» change de sens, pas moins de 2 450 millions de fois par seconde ! Cela ne va pas sans frictions dans les rangs ! Il s'ensuit une *élévation de la température* de l'aliment, plus importante sur le pourtour. En revanche, les «micro-ondes» n'ont plus d'effet direct sur l'aliment au-delà d'une épaisseur de 2 à 4 centimètres, suivant sa nature ou sa composition. *C'est pourquoi, il est recommandé de ne cuire au four micro-ondes que des petites portions individuelles ou de fractionner les morceaux plus gros.* Mais l'enveloppe est chaude et sa chaleur va se propager, très classiquement cette fois, vers le cœur de l'aliment, *d'où la nécessité de laisser reposer quelques minutes l'aliment après sortie du «micro-ondes».*

REMARQUABLE : l'intérieur du «four à micro-ondes» reste froid. C'est presque de la magie !

A.B.C. DE L'UTLISATION DU MICRO-ONDES

Le micro-ondes n'est *ni un four classique, ni une plaque chauffante.* Vous devez donc modifier vos habitudes, mais, vous verrez l'apprentissage est facile et rapide.

Lisez attentivement les brochures ou notices qui accompagnent votre appareil. Quand vous serez bien familiarisée avec lui, vous pourrez, au besoin, vous procurer un livre de recettes plus complet.

Le micro-ondes *cuit très, très vite.* Un poulet est décongelé en 15 minutes. Une tranche de poisson cuit en 3 ou 4 minutes. Un biberon se réchauffe en 15 secondes. Déroutant, non ? Alors, au début, mettez votre minuterie sur des temps plus courts que ceux recommandés. Vérifiez le degré de cuisson, quitte à la prolonger un peu si nécessaire.

Le micro-ondes *déshydrate* rapidement les aliments. (Faites l'expérience avec une tranche de pain frais.) S'ils sont secs rajoutez un peu d'eau dans le plat, ou dans un petit récipient que vous placez à côté. Couvrez presque toujours les aliments, soit avec un couvercle (non métallique), une assiette ou même une feuille de papier.

Évitez les trop grosses pièces car le micro-ondes a du mal à cuire à cœur les aliments volumineux. Sinon fragmentez-les. Ainsi, un poulet sera coupé en deux ou en morceaux, et les légumes en rondelles. Ou bien encore, procédez à la cuisson en deux fois puisque ce n'est pas long.

Les *ustensiles de cuisson* doivent être «transparents» au micro-ondes pour les laisser pénétrer à l'intérieur des préparations à cuire. Mais sachez que des matériaux opaques pour l'œil peuvent cependant être «transparents» aux ondes : c'est le cas de la porcelaine à feu, du verre (type Arcopal) et de certaines matières plastiques spéciales pour micro-ondes. Par contre, le *métal est à proscrire* absolument. De même que les porcelaines ou poteries décorées de dessins métallisés.

Dans le doute, testez vous-même «la transparence» de votre ustensile de cuisson. Vous le placez, vide, dans l'appareil à côté d'un récipient contenant de l'eau. Si au bout de deux minutes de fonctionnement l'ustensile testé reste froid, il est bon pour le service.

Mais si, au contraire, vous désirez *réchauffer une assiette* pour le «service» passez-la sous l'eau froide avant de la placer quelques secondes dans le micro-ondes. La légère couche d'eau s'échauffant rapidement communique sa chaleur à l'assiette.

Plus la préparation contient de l'eau, de la graisse ou du sucre, plus sa cuisson est rapide. Tenez-en compte dans le réglage de la minuterie.

En général, le micro-ondes dénature moins les aliments que les appareils classiques. Pour beaucoup d'aliments, vous pouvez obtenir un résultat voisin de la cuisson «vapeur». Raison de plus pour faire attention à la *qualité de vos produits : les poissons doivent être de première fraîcheur, de même que les légumes. A la différence d'un four ou d'un autocuiseur, le micro-ondes n'attendrit pas la viande. Ne vous exposez pas à de mauvaises surprises !*

Certains aliments *se prêtent mal à la cuisson par micro-ondes*. Notamment :
– *certaines sauces liées*, contenant de la crème ; mais il suffit de les mélanger plusieurs fois au cours de la cuisson pour obtenir un bon résultat ;
– les produits de *très faible volume* : crevettes, coquillages farcis, viandes en petits morceaux, légumes en lamelles, qui peuvent se dessécher rapidement et devenir caoutchouteux. Couvrez-les d'un film étirable pour y remédier ;
– les *œufs*, au plat ou en cocotte. Le jaune durcit avant que le blanc, plus aqueux, ne soit pris. En coquille : ils éclatent ;
– les *légumes secs*, déjà cuits, mis à réchauffer hors de l'eau de cuisson, se transforment rapidement en un mélange plâtreux. De même pour la purée de pois cassés ou autres légumes secs ;
– les *pommes de terre* non pelées risquent d'éclater si elles sont cuites sans eau : percez la peau ;
– même remarque pour tous les *produits sous enveloppe* : saucisses, crépinettes, boudins. Piquez-les abondamment à la fourchette avant de les cuire ;
– *pain, croissants, pains au chocolat* : s'ils se décongèlent facilement dans un micro-ondes, celui-ci n'est pas idéal pour les réchauffer. Quelques secondes de trop et tout tombe en miettes. Préférez-lui le grille-pain !
– les *desserts*, sauf la crème renversée au caramel, les œufs à la neige

(blancs d'œufs), le gâteau de semoule, la semoule au chocolat, le gâteau de riz à l'orange (caraméliser le moule), le riz à l'impératrice (pour la crème anglaise), les bananes Bacchus, l'omelette aux bananes pour la cuisson des bananes et l'entremets Félicie aux poires (poires au sirop) ; quelques pâtisseries peuvent également être cuites au micro-ondes, mais vos pâtes doivent contenir plus de liquide qu'à l'accoutumée ; ici encore un petit apprentissage est nécessaire.

A la différence d'un four traditionnel, le *micro-ondes s'arrête quand vous l'ouvrez :* pas de perte de chaleur. N'hésitez donc pas à intervenir pour remuer un liquide, retourner l'aliment ou changer de place les morceaux. Vérifiez fréquemment l'avancement de la cuisson, avec une aiguille à brider, une brochette, une sonde ou le thermomètre prévu par certains fabricants. Ne craignez pas de ménager un ou plusieurs temps de repos en cours de cuisson. Et n'oubliez pas ensuite de remettre en marche, à chaque fois, en appuyant sur la touche adéquate.

Apprenez à ajouter *ingrédients et assaisonnements*. La saveur des épices et herbes est renforcée mais ne pénètrent pas aussi bien à l'intérieur de l'aliment. Il est parfois souhaitable de faire macérer préalablement certains produits dans une marinade. La réduction des liquides (eau, vin, bouillon) est moins importante : diminuez donc les quantités indiquées dans les recettes.

Le micro-ondes d*ore peu ou pas du tout* les aliments (à moins que vous n'ayez un appareil mixte). Pour y remédier vous disposerez des moyens suivants :
– faire prendre couleur dans le four chaud, sur le gril ou tout simplement à la poêle, avant de procéder à la cuisson au micro-ondes dans le plat adéquat ;
– ou mettre dans un plat brunisseur spécial qui, après quelques minutes dans le micro-ondes est, en principe, assez chaud pour saisir une viande – ce qui n'est pas toujours le cas. Mais cependant vous pourrez continuer la cuisson dedans puisqu'il est spécialement conçu pour le micro-ondes ;
– ou bien encore, finir rapidement la cuisson dans un four classique très chaud, pour dorer.

Votre micro-ondes, enfin, vous rendra encore plus de services si vous le traitez avec ménagement :
– ne le faites jamais marcher «à vide»,
– sélectionnez la bonne allure de marche,
– nettoyez l'intérieur après chaque usage, avec un simple coup d'éponge humide,

– et surtout n'essayez pas de bricoler vous-même votre appareil. En cas de besoin, faites appel à un spécialiste.

Le temps de cuisson d'un aliment au micro-ondes dépend de plusieurs facteurs : la fraîcheur de l'aliment, son poids mais aussi sa forme, son épaisseur, la recette choisie (avec ou sans sauce), l'ustensile de cuisson et, évidemment, la puissance de votre appareil.

Il faut donc considérer les temps donnés dans ces tableaux comme des indications utiles et non comme des impératifs à suivre à la seconde près.

Au prix d'un petit effort d'attention, vous serez le meilleur juge du degré de cuisson d'un aliment, tout en sachant que s'il n'est pas tout à fait «à point» il peut, sans dommage, retourner au micro-ondes les quelques secondes ou minutes nécessaires.

Tous les tableaux de cuisson ou de décongélation des aliments au four à micro-ondes se trouvent p. 729.

LES ŒUFS

RECETTES

Quel est le plat de résistance, de bonne qualité, qui ne coûte guère plus de 3 francs par personne ? L'omelette, bien sûr. Et toutes les autres préparations de l'œuf. Une bonne omelette remplace avantageusement un bifteck. De même que des œufs pochés avec une sauce Mornay. C'est tout avantage pour le budget.

L'œuf n'est pas bon pour le foie ! Voilà un préjugé bien français. Les Anglais ne se plaignent pas souvent du foie et pourtant ils mangent presque deux fois plus d'œufs que nous. Il est vrai qu'ils consomment beaucoup moins de bons vins et assez peu de bonnes sauces ! En réalité, l'œuf frais ne fait pas mal au foie des personnes bien portantes, qui sont la majorité.

L'œuf

Choisissez-les :

Conditionnés

De plus en plus, les œufs sont vendus conditionnés. Il est facile de s'assurer de leur fraîcheur car la date d'emballage est généralement imprimée sur la boîte.

Deux appellations seulement sont admises pour les œufs du commerce :
- frais-extra,
- frais.

Les œufs *frais-extra*, emballés aussitôt pondus, sont déclassés après une semaine de conditionnement. Le mot «extra» étant imprimé sur une bande rouge scellant la boîte, cette bande doit être décollée au bout d'une semaine par le commerçant.

Les œufs *frais* portent la date d'emballage ou le numéro de la semaine imprimé sur la boîte. Mais ces œufs peuvent être pondus depuis plus longtemps.

Quant à l'appellation *œuf-coque* tout à fait fantaisiste, elle ne répond à aucun critère de qualité ou de fraîcheur. Elle n'offre donc aucune garantie.

Ou en vrac

Pour vérifier leur fraîcheur, secouez-les, rien ne bouge. Plongez-les dans l'eau, ils tombent au fond. Cassez-les, le jaune est bombé, ne s'étale pas ; le blanc est épais, visqueux et difficile à séparer du jaune.

Préparez les œufs :

	Temps de cuisson	Mode de cuisson
Brouillés	12 à 15 mn	bain-marie sur feu doux.
Cocotte	6 à 8 mn 28 à 30 s	bain-marie à four très chaud (th. 8-9). micro-ondes (puiss. maxi).
A la coque	3 mn	à l'eau bouillante, ou à l'eau froide portée juste à ébullition.
Durs	8 mn	à partir de l'ébullition.
Mollets	4 à 6 mn	à partir de l'ébullition.
En omelette	2 à 3 mn	sur feu vif.
Sur le plat	2 mn	sur feu moyen.
Pochés	3 mn	à l'eau frémissante vinaigrée.

MICRO-ONDES

Il ne donne pas de bons résultats pour la cuisson des œufs, lesquels, par ailleurs, cuisent si rapidement de la façon traditionnelle ! Les œufs cocotte, à la rigueur, sortiront plus glorieux de l'épreuve. Surtout pas les œufs coque ou durs. Leur coquille réagissant mal au micro-ondes, ils éclateraient.

Entrée chaude

Bouillabaisse d'œufs pochés

FACILE
BON MARCHÉ
TOUTES SAISONS

Préparation et cuisson : 30 mn

Pour 4, il faut :

4 œufs,
25 g de beurre ou de margarine,
2 tranches de pain de mie.

Sauce :

1 soupe de poisson toute préparée,
15 g de beurre,
10 g de farine,
1/2 litre d'eau,
sel, poivre.

1. Passez le sachet de soupe à travers une passoire pour en retirer le vermicelle. Délayez ce qui reste avec 1/2 litre d'eau seulement.

2. Sauce : mélangez, sur feu doux, 15 g de beurre ou de margarine et la farine jusqu'à ce que la préparation soit mousseuse. Ajoutez le potage, sel et poivre. Fouettez jusqu'à ébullition. Laissez mijoter 15 mn.

3. Coupez les tranches de pain en triangle. Faites dorer à la poêle avec 25 g de beurre ou de margarine. Disposez dans un plat creux tenu au chaud. Faites pocher des œufs à part (voir p. 38). Déposez-les sur les croûtons. Recouvrez de sauce et servez.

Raffinement :

Vous pouvez corser la sauce en y ajoutant 2 ou 3 pincées de safran et un peu de cayenne.

Variante :

Les œufs peuvent être cuits durs. Le plat perdra un peu de saveur, mais gagnera en facilité.

Dessert

FACILE
BON MARCHÉ
PETITES RÉCEPTIONS
TOUTES SAISONS

Pour 4, il faut :

1/2 litre de lait,
3 ou 4 œufs,
6 cuil. à soupe de sucre,
1 sachet de sucre vanillé (ou 1 gousse),
1 pincée de sel.

Caramel :

3 cuil. à soupe de sucre,
2 cuil. à soupe d'eau,
citron.

Crème renversée au caramel

Préparation et cuisson : 45 mn + 2 h au froid

1. Caramel : faites bouillir dans un moule haut 3 cuil. à soupe de sucre, 2 cuil. à soupe d'eau et quelques gouttes de citron. Quand le caramel commence à brunir, retirez le moule du feu. Saisissez-le avec deux «mouflettes» pour faire voyager le caramel liquide à l'intérieur du moule. Laissez refroidir.

2. Crème : mettez à bouillir le lait avec 1 pincée de sel, sucre et vanille. Retirez du feu. Incorporez un peu de ce lait bouillant aux œufs battus. Puis, faites l'inverse, en fouettant sans arrêt. Versez ce mélange à travers une passoire fine, dans le moule caramélisé. Déposez-le sur la plaque creuse du four emplie d'eau froide (bain-marie). Mettez à four chaud (th. 7-8) de 25 à 30 mn. Laissez refroidir complètement avant de démouler.

MICRO-ONDES

En petits ramequins seulement - caramélisés ou non :
- caramel : 1 mn 30
- cuisson de la crème en ramequins : 2 mn 30 (puiss. maxi)

Le secret

de la crème renversée parfaitement homogène : avant cuisson, les œufs battus avec le lait bouillant ont été passés au tamis. La grille fine du tamis retient les germes des œufs qui, à la cuisson, coaguleraient en petites boules et nuiraient à l'homogénéité de la crème.

Dessert

Meringue «qu'on-ne-rate-jamais»

TRÈS FACILE
BON MARCHÉ
TOUTES SAISONS

Préparation et cuisson : 1 h 15

Pour 4, il faut :

2 blancs d'œufs,
8 cuil. à soupe de sucre,
1 cuil. à soupe de jus de citron,
un peu de farine,
1 pincée de sel.

1. Dans un saladier, mettez : les blancs d'œufs, sucre, sel, jus de citron. Battez avec un fouet électrique jusqu'à ce que vous obteniez une crème très lisse et brillante qui tient aux branches du fouet.

2. Saupoudrez de farine la plaque du four (ou une tourtière). Déposez dessus, en les espaçant, des noix de meringue à l'aide d'une cuiller à café. Faites cuire (ou plutôt dessécher) à four extrêmement doux (th. 1 ou 2) 1 h environ jusqu'à ce qu'elles soient légèrement dorées et sèches.

Le secret

des meringues réussies : il réside surtout dans leur cuisson. La meringue dore vite et vous la croyez cuite. Mais au sortir du four, elle s'effondre car l'intérieur est encore mou.

Rappelez-vous donc que les meringues doivent dessécher plutôt que cuire. Les pâtissiers les oublient (volontairement) la nuit entière dans l'étuve tiède de leur four.

Dessert

Meringue à l'Italienne à la crème

FACILE
BON MARCHÉ
PETITES RÉCEPTIONS
TOUTES SAISONS

Préparation et cuisson : 1 h 15

Pour 4, il faut :

2 blancs d'œufs,
6 cuil. à soupe très pleines de sucre,
quelques gouttes de jus de citron,
un peu de farine,
1 pincée de sel.

Crème Chantilly :
recette page 711 .

1. Dans une casserole épaisse (fonte émaillée ou Pyrex), versez les blancs d'œufs, sucre, sel et jus de citron.

2. Sur feu très doux (ou au bain-marie), battez avec un fouet électrique jusqu'à ce que le mélange s'affermisse au point de tenir aux branches du fouet. Tâtez le récipient de temps en temps : il ne doit jamais être assez chaud pour brûler la main.

3. Disposez par petites cuillerées sur une plaque légèrement farinée. Faites cuire comme les meringues «qu'on-ne-rate-jamais».

4. Collez les meringues 2 par 2 avec un peu de crème Chantilly.

Solution express :

La «bombe» de crème Chantilly, vendue chez le crémier.

Organisation :

Cette préparation de meringue à l'italienne peut attendre au froid, plusieurs heures, avant d'être cuite. Elle peut également servir à napper le dessus d'une tarte aux fruits (citron, oranges, ananas, cerises, etc.), mais n'y est mise qu'en fin de cuisson.

Entrée chaude ou plat principal

DIFFICILE
BON MARCHÉ
PETITES RÉCEPTIONS
TOUTES SAISONS

Par personne, il faut :

2 ou 3 œufs,
1 noix de beurre ou de margarine,
crème fraîche (facultatif),
sel, poivre.

Œufs brouillés

Préparation et cuisson : 15 mn

1. Battez légèrement les œufs dans une casserole moyenne, à fond épais et arrondi. Salez, poivrez.

2. Faites cuire au bain-marie - ou directement sur le feu très doux - sans cesser de remuer avec une cuiller en bois. Les œufs deviennent légèrement crémeux. Mélangez encore, sur le feu, en incorporant des noisettes de beurre ou de la crème fraîche. Les œufs brouillés à point se présentent comme un crème granuleuse. Retirez-les alors du feu sans tarder et servez-les sur des toasts grillés ou des assiettes chaudes.

Les secrets

pour réussir les œufs brouillés : faites-les cuire au bain-marie (tant que vous ne possédez pas le tour de main en tout cas).

Utilisez, à tout prix : un poêlon épais (fonte émaillée, Pyrex ou porcelaine à feu).

Et mélangez avec une cuiller en bois, et rien d'autre.

pour les rattraper : s'ils commencent à prendre trop rapidement, mettez vite une cuillerée d'eau froide dans la casserole. Ou plongez le fond de la casserole directement dans l'eau froide pour arrêter net la cuisson.

Entrée chaude ou plat principal

DIFFICILE
CHER
PETITES RÉCEPTIONS
TOUTES SAISONS

Pour 4, il faut :

8 œufs,
1 paquet (125 g) de morilles déshydratées,
50 g de beurre,
1 ou 2 cuil. à soupe de crème fraîche,
sel, poivre.

Œufs brouillés aux morilles

Préparation et cuisson : 20 mn + 1 h de trempage

1. 1 h avant : mettez les morilles à tremper dans de l'eau tiède.

2. Au moment du repas : égouttez les morilles et pressez-les dans un linge pour les essorer à fond. Faites-les sauter vivement à la poêle avec une noix de beurre. Tenez-les au chaud.

3. Préparez vos œufs brouillés selon la recette précédente. Au dernier moment, ajoutez-y 1 ou 2 cuil. de crème fraîche. Disposez les œufs brouillés dans 4 plats à œufs avec, autour, une guirlande de morilles.

Œufs cocotte

TRÈS FACILE
BON MARCHÉ
TOUTES SAISONS

Par personne, il faut :

1 ou 2 œufs,
1 noix de beurre ou de margarine,
crème fraîche (facultatif),
sel, poivre.

1 ramequin.

Préparation et cuisson : 6 à 8 mn

1. Beurrez l'intérieur du moule. Salez et poivrez légèrement. Cassez un ou deux œufs dedans. Arrosez d'un peu de crème fraîche assaisonnée ou d'un reste de jus de viande.

2. Déposez dans un plat à feu contenant un peu d'eau chaude (bain-marie). Faites cuire à four très chaud (th. 8-9) jusqu'à ce que le blanc soit pris (de 6 à 8 mn).

Variantes :

L'œuf cocotte étant un simple œuf à la coque cuit hors de sa coquille, il peut être mis dans n'importe quel récipient pouvant tenir lieu de «cocotte» : ramequin en porcelaine, simple verre ou petit moule à gâteaux.

Il peut aussi être cassé dans une brioche, une tomate crue, une pomme de terre cuite, préalablement creusées, ou dans un petit puits de purée ou de riz. Glissez dans le four ces œufs cocotte de fantaisie pour les cuire.

Pratique :

Les œufs cocotte peuvent également cuire sur le feu, mais dans un bain-marie. N'oubliez pas de les couvrir pour qu'ils cuisent sur le dessus. Sachez aussi que le temps de cuisson sera un peu plus long que dans le four. Comptez une dizaine de minutes.

MICRO-ONDES

Pour 4 œufs cocotte temps de cuisson : 28 à 30 s (puiss. maxi).

Servez dans les moules.

Entrée chaude ou froide

TRÈS FACILE
RAISONNABLE
PETITES RÉCEPTIONS
TOUTES SAISONS

Pour 4, il faut :

4 œufs,
100 g de roquefort,
25 g de beurre
ou de margarine,
2 cuil. à soupe
de crème fraîche,
sel, poivre.

4 petites cocottes.

MICRO-ONDES

Temps de cuisson : 28 à 30 s (puiss. maxi).

Servez dans les ramequins.

Œufs cocotte au roquefort

Préparation et cuisson : 25 mn

1. Battez à la fourchette les œufs avec sel, poivre, crème fraîche et roquefort écrasé très finement.

2. Enduisez bien les cocottes de beurre. Versez les œufs battus dedans. Mettez à cuire au bain-marie (dans la plaque creuse du four contenant un peu d'eau) à four chaud (th. 6-7) pendant 20 mn.

Ces cocottes se démoulent très facilement au sortir du four. Servez-les toutes chaudes, telles quelles ou arrosées de sauce tomate.

Variante :

Présentez les cocottes froides démoulées sur des feuilles de salade verte. Décorez chaque cocotte d'un cerneau de noix.

Œufs à la coque

TRÈS FACILE
BON MARCHÉ
TOUTES SAISONS

Préparation et cuisson : 3 mn

Par personne, il faut :

2 œufs,
sel.

Façon Françoise Bernard :

1. Mettez les œufs à l'eau froide salée (avec le sel la coquille se fêle moins facilement), sur le feu moyen.

2. Aussitôt que l'eau bout à gros bouillons, retirez du feu. Apportez le tout à table. Ceux qui aiment que le blanc soit encore laiteux les trouveront à point. Ceux qui préfèrent le blanc entièrement pris attendront une minute avant de retirer leurs œufs de l'eau de cuisson.

Au chronomètre :

1. Faites chauffer de l'eau salée. Quand elle bout, plongez les œufs dedans délicatement car ils risquent de se fêler. Comptez exactement le temps d'ébullition franche :

2 mn 1/2 blanc laiteux,
3 mn blanc bien pris.

2. Égouttez et consommez aussitôt car l'œuf continue de cuire coquille fermée.

MICRO-ONDES

N'essayez pas d'y cuire l'œuf à la coque, sa coquille éclaterait (idem pour l'*œuf dur*)... et le temps de cuisson est déjà si court que ça n'en vaudrait pas la peine !

Entrée froide

Œufs durs

TRÈS FACILE
BON MARCHÉ
TOUTES SAISONS

Préparation et cuisson : 10 mn

Par personne, il faut :

2 œufs,
sel.

Mettez les œufs à l'eau froide salée. Portez à ébullition. Laissez bouillir 10 mn. Égouttez et rafraîchissez aussitôt.

Variante :

Les œufs mollets : laissez-les bouillir 4 à 6 mn seulement.

Le secret

des œufs durs au jaune parfait : ils cuisent juste le temps de cuisson indiqué (8 à 10 mn) car des oeufs durs cuits trop longtemps laissent apparaître une pellicule grisâtre autour du jaune.

– qui ne se fêlent pas en cuisant :
sortez-les du réfrigérateur 1/2 h environ avant cuisson ou placez-les quelques minutes dans de l'eau chaude avant de les cuire pour qu'ils se réchauffent progressivement.

Ou cuisez-les à l'eau bien salée pour consolider la coquille.

Ou percez les deux bouts avec une épingle.

– qui se décoquillent facilement :
brisez les coquilles au sortir de l'eau bouillante et plongez-les aussitôt dans de l'eau froide. Celle-ci s'infiltre par les fêlures entre l'oeuf et la fine peau sous la coquille qui de détache, sans difficulté.

Farces pour œufs durs

TRÈS FACILE
BON MARCHÉ
PETITES RÉCEPTIONS
TOUTES SAISONS

Préparation : 15 mn

Pour 6 œufs durs

50 g de beurre,
1 cuil. à soupe de moutarde forte,
2 ou 3 cornichons,
1 citron,
sel, poivre,
laitue.

Moutarde

Mélangez les jaunes écrasés avec moutarde, cornichons finement hachés, beurre assez mou, sel, poivre et jus de citron. Emplissez généreusement les demi-blancs d'œufs avec cette farce de façon à la faire bomber. Servez sur des feuilles de laitue

50 g de beurre,
2 cuil. à soupe de ciboulette,
sel, poivre,
poivre de Cayenne,
laitue,
12 radis.

Ciboulette

Incorporez le beurre un peu mou, ciboulette, sel, poivre et 1 pincée de cayenne aux jaunes d'œufs durs. Garnissez les demi-blancs d'œufs avec cette farce. Déposez un radis sur chacun. Présentez sur un lit de feuilles de laitue.

1 cuil. à soupe de moutarde forte,
1 cuil. à soupe de crème d'anchois,
50 g de beurre,
10 olives,
24 filets d'anchois,
persil,
sel, poivre,
salade,
tomates,
crudités variées.

Niçoise

Hachez finement olives et persil. Mélangez avec les jaunes d'œufs durs, crème d'anchois, beurre, moutarde, sel et poivre. Emplissez les demi-blancs d'oeufs pour obtenir une forme bombée. Déposez sur chacun 2 filets d'anchois en croix. Présentez sur des feuilles de salade, avec quartiers de tomates et crudités diverses.

Avocat

1 avocat bien mûr,
1 gousse d'ail,
1/2 verre d'huile (olive, de préférence)
1 cuil. à café de jus de citron,
quelques gouttes de Tabasco,
sel, poivre.

Pelez et dénoyautez l'avocat. Coupez-le. Hachez l'ail. Réduisez le tout en purée dans un mixer avec jus de citron, sel, poivre et Tabasco. Incorporez l'huile peu à peu pour obtenir une crème. Garnissez-en les moitiés d'œufs durs.
(Cette farce peut-être tartinée sur des tranches de lieu ou de cabillaud préalablement cuites au micro-ondes ou sur des toasts grillés, pour l'apéritif.)

Présentation d'œufs durs pour petites réceptions :

L'œuf en fleur :

1. Trancher la base de l'œuf dur, l'asseoir.

2. Un couteau bout arrondi. Enfoncez-le jusqu'au jaune (qui offre une résistance).

3. Détachez les deux moitiés. Le jaune reste entier.

Farcissez le blanc creux avec une des préparations ci-dessus. Laissez l'autre tel quel garni de jaune d'œuf dur entier.

☞

Entrée chaude ou froide

FACILE
BON MARCHÉ
TOUTES SAISONS

Pour 4, il faut :

4 œufs durs,
250 g de chair à saucisse (mi-veau, mi-porc) hachée très finement,
farine,
1 œuf cru,
chapelure,
sel, poivre.

Bain de friture.

Œufs écossais

Préparation et cuisson : 25 mn

1. Faites durcir les œufs. Écalez-les. Salez et poivrez la chair à saucisse.

2. Farinez légèrement les œufs durs. Puis enrobez-les d'une fine couche de chair à saucisse, complètement et très régulièrement. Le blanc d'œuf ne doit pas se laisser deviner.

3. Roulez les œufs durs ainsi dans une assiette contenant l'œuf cru battu, salé et poivré, puis dans la chapelure. Il faut qu'ils soient enduits très uniformément de chapelure.

4. Cuisson : plongez-les dans la friture chaude de 3 à 5 mn. Égouttez sur un papier absorbant. Servez chaud avec une sauce tomate, ou froid, avec Ketchup et cresson.

Le secret

de la panure qui tient à la cuisson : l'aliment soigneusement enrobé de chapelure est mis au réfrigérateur 1 h au moins avant cuisson. C'est une précaution très utile.

Plat principal

Œufs aux épinards Marius

TRÈS FACILE
RAISONNABLE
TOUTES SAISONS

Préparation et cuisson : 1 h 30

Pour 4, il faut :

1,500 kg d'épinards,
50 g de beurre,
2 oignons,
2 gousses d'ail,
800 g de pommes de terre,
1/2 g de safran,
4 œufs,
4 fines tranches de pain,
sel, poivre.

1. Nettoyez les épinards et faites-les cuire 5 mn à l'eau bouillante salée. Égouttez-les le plus possible et hachez-les.

2. Faites dorer les oignons hachés dans un large poêlon avec 30 g de beurre. Coupez les pommes de terre en fines rondelles. Ajoutez-les aux oignons ainsi que les épinards, l'ail haché, 1 verre 1/2 d'eau, safran, sel, poivre. Couvrez et laissez cuire 40 mn. Mélangez de temps en temps.

3. En fin de cuisson, ménagez 4 alvéoles à la surface. Cassez 1 œuf dans chacun. Couvrez et laissez cuire encore 10 mn.

4. Faites dorer le pain à la poêle avec 20 g de beurre. Présentez à table le poêlon garni des croûtons dorés.

Solution express :

Les épinards surgelés vous feront gagner du temps. Inutile de les faire dégeler avant de les mettre à cuire, mais ajoutez un peu moins d'eau qu'il n'est indiqué dans le § 2 de la recette.

MICRO-ONDES

A partir du § 2, ce plat peut être cuit au micro-ondes. Comptez 15 mn de cuisson (puiss. maxi). Mélangez une fois.

Puis les œufs étant cassés dans les alvéoles, remettez le plat au micro-ondes pendant 45 s ou 1 mn.

Entrée chaude

Œufs frits à l'Américaine

FACILE
BON MARCHÉ
TOUTES SAISONS

Préparation et cuisson : 3 mn

Pour 4, il faut :

8 œufs,
1/2 verre d'huile,
sel, poivre.

1. Faites modérément chauffer, dans une petite poêle, un demi-verre d'huile. Faites glisser dedans un œuf préalablement cassé dans une tasse (assurance de fraîcheur). Réduisez la chaleur aussitôt.

2. Laissez cuire doucement (de 1 à 2 mn) en arrosant constamment l'œuf avec l'huile chaude pour cuire légèrement le dessus. L'œuf est à point quand le jaune est masqué d'une fine pellicule blanchâtre.

Œufs frits à l'Anglaise

FACILE
BON MARCHÉ
TOUTES SAISONS

Préparation et cuisson : 3 mn

Pour 4, il faut :

8 œufs,
1/2 verre d'huile,
sel, poivre.

1. Commencez la cuisson comme «à l'américaine».

2. Lorsque le blanc commence à prendre, ramenez-le sur le jaune à l'aide d'une cuiller en bois (comme pour des œufs pochés). Laissez frire 2 mn environ, à feu modéré.

3. Égouttez bien avant de servir, si possible sur du papier absorbant.

Le secret

des œufs frits qui ne s'effilochent pas : une poêle pas trop grande et profonde (genre skillet ou sauteuse), afin de frire les œufs dans une couche d'huile suffisamment épaisse. Au besoin, penchez légèrement la poêle.

Œufs en matelote

DIFFICILE
RAISONNABLE
TOUTES SAISONS

Préparation et cuisson : 1 h 15

Pour 4, il faut :

4 œufs,
30 g de beurre ou de margarine,
100 g de petits oignons,
200 g de champignons,
1 cuil. à soupe rase de farine,
1 verre de vin rouge,
1 verre d'eau,
1 échalote,
1 gousse d'ail,
bouquet garni,
1 clou de girofle,
sel, poivre.

Pour décorer :

2 ou 3 tranches de pain de mie,
30 g de beurre.

1. Faites dorer les oignons dans une petite casserole avec 1 noix de beurre ou de margarine. Égouttez. Remettez le reste de beurre ou de margarine dans la casserole. Lorsqu'il est fondu, ajoutez la cuillerée de farine. Délayez jusqu'à ce que la préparation soit mousseuse. Mouillez avec 1 verre de vin rouge et 1 verre d'eau. Remuez jusqu'à ébullition. Ajoutez échalote et ail hachés, les oignons dorés, les champignons en quartiers, bouquet garni, clou de girofle, sel, poivre. Laissez mijoter, sans couvrir, 30 mn.

2. Décor : faites dorer les tranches de pain, coupées en croûtons, avec 30 g de beurre.

3. Œufs mollets : faites-les bouillir 4 à 6 mn seulement. Égouttez-les aussitôt cuits et écalez-les délicatement.

4. Retirez la sauce du feu. Otez-en le bouquet garni et girofle. Mettez les œufs dedans. Présentez-les dans un plat creux, noyés de sauce et entourés de croûtons frits.

Organisation :

La sauce et les œufs mollets peuvent être cuits à l'avance. Dès qu'ils sont cuits, brisez délicatement leur coquille et plongez-les dans l'eau froide quelques instants. Ils seront moins difficiles à écaler. Ils réchaufferont lorsque vous les plongerez dans la sauce très chaude. Surtout ne les remettez pas sur le feu, vous risqueriez d'obtenir des oeufs durs.

Œufs à la neige

DIFFICILE
RAISONNABLE
PETITES RÉCEPTIONS
TOUTES SAISONS

Pour 4, il faut :

4 œufs,
1/2 litre de lait,
4 ou 5 cuil. à soupe de sucre,
1 gousse de vanille ou de sucre vanillé,
sel.

Préparation et cuisson : 45 mn
+ temps de refroidissement

1. **Crème anglaise** : mettez à bouillir le lait avec sucre, 1 pincée de sel, vanille ou sucre vanillé. Séparez le blanc des jaunes d'œufs. Versez un peu de lait bouillant sur ces derniers, en mélangeant vigoureusement. Reversez le tout dans la casserole. Mélangez sans arrêt, sur feu doux, jusqu'à ce que la crème prenne une consistance un peu onctueuse. Attention, ne laissez surtout pas bouillir. Mettez ensuite à refroidir.

A Dans l'eau bouillonnant à peine, déposez côte à côte 4 ou 5 cuil. à soupe de blancs en neige.

B Retournez-les aussitôt, dans l'ordre, en commençant par la première cuillerée.

C Et, sans plus tarder, égouttez-les, toujours dans l'ordre, en commençant par la première cuillerée. La cuisson est ultra-rapide.

2. **Cuisson des blancs en neige** : mettez une grande casserole d'eau à bouillir. Battez les blancs en neige très ferme. Quand l'eau est sur le point de bouillir (quand elle frémit), déposez-y des boules de blancs en neige, à l'aide

d'une cuiller à soupe, 4 ou 5 au plus. Laissez cuire quelques secondes seulement et retournez sans tarder avec la cuiller. Égouttez-les au bout de quelques instants, quand elles sont bien gonflées (voir dessins A, B, C). Procédez de la même façon pour cuire le reste des blancs.

3. Au moment de servir, déposez ces «blancs-neige» sur la crème très froide.

Les secrets

pour obtenir des œufs à la neige parfaits : si vous craignez de voir tourner la crème anglaise, délayez une petite demi-cuillerée à café de farine dans le lait froid avant de le mettre à bouillir.

Pour des «blancs-neige» légers, mousseux et bien blancs, faites-les cuire très rapidement dans de l'eau et non dans du lait qui noircit les blancs et déborde si facilement de la casserole.

Ce n'est qu'au moment de servir qu'il faut déposer ces «blancs-neige» sur la crème très froide. Vous pouvez les préparer quelques heures d'avance mais gardez-les séparément, au froid, dans le réfrigérateur jusqu'au repas. C'est une bonne précaution pour éviter les inconvénients d'ordre digestif.

MICRO-ONDES

Idéal pour la cuisson des blancs en neige.

Déposés par grosses cuillerées, espacées les unes des autres, sur le pourtour d'une assiette plate (sans liquide) : 30 s (puiss. maxi), sans couvrir.

(La recette de la crème anglaise au micro-ondes figure p. 638).

Entrée chaude

Œufs sur le plat

TRÈS FACILE
BON MARCHÉ
TOUTES SAISONS

Préparation et cuisson : 5 mn

Par personne, il faut :

2 œufs,
1 noix de beurre ou de margarine,
sel, poivre.

Mettez à fondre un peu de beurre ou de margarine dans le plat (ou la poêle). Salez et poivrez. Cassez ensuite les œufs dedans, en les approchant très près pour ne pas briser le jaune. Laissez cuire sur feu moyen jusqu'à ce que le blanc soit pris.

Variante :

Pour obtenir un œuf miroir, passez l'œuf plat quelques instants sous le grilloir pour faire coaguler légèrement la pellicule de blanc qui enrobe le jaune à sa surface.

MICRO-ONDES

Si vous tentez de cuire un œuf sur le plat au micro-ondes, vous obtiendrez un piètre résultat : un jaune sec comme plâtre au centre d'un blanc encore visqueux... mieux vaut rester fidèle à la recette de votre maman !

Le secret

des œufs sur le plat parfaits : utilisez des œufs extrêmement frais et approchez la coquille très près du fond du plat pour y déposer l'œuf. Ainsi le jaune ne crèvera pas.

Cuisez-les à feu moyen-doux pour laisser au jaune le temps de chauffer avant que le blanc ne «croûte» sur le bord.

Salez le blanc seulement, pas le jaune car le sel produirait de vilaines petites taches blanches en fondant sur le jaune d'œuf.

Entrée chaude

Œuf au plat roquefortaise

TRÈS FACILE
RAISONNABLE
TOUTES SAISONS

Préparation et cuisson : 10 mn

Pour 1 personne, il faut :

1 ou 2 œufs,
30 g de roquefort,
1 fine tranche de pain de mie,
20 g de beurre,
1 cuil. à soupe de crème fraîche,
poivre.

1 plat à œuf.

1. Dans un bol, malaxez à la fourchette le roquefort avec la crème fraîche. Poivrez mais ne salez pas, car le fromage est déjà bien salé.

2. Faites blondir la tranche de pain dans le plat à œuf, des 2 côtés, avec du beurre.

3. Versez le mélange roquefort-crème sur le pain doré, très chaud. Laissez bouillir un instant. Cassez l'œuf dessus. Dès que le blanc est pris, retirez du feu et servez.

Organisation :

Cette recette doit obligatoirement être préparée dans un plat à œuf individuel. Je l'ai donc établie pour une seule personne. Augmentez la quantité de plats (et d'œufs), suivant le nombre de convives.

Le secret

des œufs pochés parfaits : choisissez des œufs très frais. Faites-les basculer très près de la surface de l'eau agitée d'un faible bouillonnement. Et pour les en retirer, utilisez une écumoire plutôt qu'une fourchette.

L'eau de cuisson doit être frémissante.

- ni trop : le blanc s'effilocherait,
- ni trop peu : l'œuf collerait au fond.

Le récipient de cuisson sera suffisamment large sinon les œufs, se bousculant, le blanc partirait en charpie.

Œufs pochés

DIFFICILE
BON MARCHÉ
TOUTES SAISONS

Préparation et cuisson : 10 mn

Par personne, il faut :

2 œufs,
1 verre de vinaigre pour 2 litres d'eau.

1. Dans une casserole, mettez à chauffer de l'eau vinaigrée (qui a pour effet d'activer la coagulation du blanc d'œuf). Pas de sel.

2. Cassez un œuf dans une tasse, approchez-la près de l'eau sur le point de bouillir. Versez. Ajoutez les autres œufs, mais n'en cuisez pas plus de 4 à la fois. Laissez cuire dans l'eau frémissant légèrement en surface (moment précédant l'ébullition).

3. Au bout de 2 mn 1/2 à 3 mn, retirez délicatement les œufs de l'eau, avec une écumoire. Déposez-les sur une grille ou un torchon pour les éponger parfaitement.

Organisation :

Si vous avez des invités, faites pocher vos œufs quelques heures d'avance. Conservez-les dans l'eau froide au réfrigérateur. Au moment du repas, plongez-les dans de l'eau chaude, à moins de 60°, au-dessus les œufs risqueraient de cuire.

Entrée chaude

DIFFICILE
BON MARCHÉ
PETITES RÉCEPTIONS
TOUTES SAISONS

Pour 4, il faut :

5 œufs (dont 1 pour garniture),
25 g de beurre
1 tranche de jambon cuit,
4 tranches de pain de mie,
vinaigre.

Sauce Mornay :

1 cuil. à soupe bombée de farine,
30 g de beurre ou de margarine,
1/2 litre de lait,
1 jaune d'œuf,
50 g de gruyère râpé,
sel, poivre.

Œufs pochés Bohémienne

Préparation et cuisson : 45 mn

1. Sauce Mornay : sur feu doux, faites chauffer 30 g de beurre ou de margarine. Mélangez-y la farine. Ajoutez-y le lait froid. Remuez jusqu'à ébullition. Salez, poivrez. Laissez mijoter 15 mn. Hors du feu, ajoutez le gruyère râpé et un jaune d'œuf dans la sauce très chaude.

2. Faites durcir 1 œuf. Hachez séparément le jaune et le blanc. Coupez menu la tranche de jambon.

3. Dans une poêle, faites fondre 25 g de beurre. Mettez le pain de mie à dorer des deux côtés.

4. Dans une casserole d'eau vinaigrée (1 verre de vinaigre pour 2 litres d'eau non salée), et que vous laissez frémir sur le feu, cassez les 4 œufs, un par un, avec précaution très près de l'eau. Retirez-les avec une écumoire au bout de 3 mn. Posez-les sur un torchon pour les égoutter. Disposez-les ensuite sur chaque croûton. Nappez de sauce Mornay. Décorez avec les hachis de jambon, de jaune et de blanc d'œuf dur. Présentez sur le plat de service.

Raffinement :

Égalisez le tour de l'œuf poché en coupant avec un emporte-pièce assez large, ou plus simplement avec un couteau. Tous les «chefs» font cela.

Entrée chaude

DIFFICILE
RAISONNABLE
PETITES RÉCEPTIONS
PRINTEMPS-ÉTÉ

Pour 4, il faut :

4 croûtes de bouchées à la reine (achetées toutes préparées),
25 g de beurre ou de margarine,
1 boîte de champignons de Paris,
4 œufs,
1/2 citron,
1 cuil. à soupe de vinaigre,
sel, poivre.

Sauce Béarnaise :

2 jaunes d'œufs,
100 g de margarine ou de beurre mou,
2 échalotes,
estragon,
1/3 de verre de vinaigre,
sel, poivre.

Œufs pochés en bouchées

Préparation et cuisson : 1 h

1. Sauce Béarnaise : hachez finement échalotes et feuilles d'estragon. Faites cuire quelques minutes dans le vinaigre jusqu'à évaporation complète. Laissez refroidir. Hors du feu, ajouter jaunes d'œufs, 2 cuil. à soupe d'eau, sel et poivre. Reportez sur feu très doux. Fouettez vigoureusement jusqu'à consistance mousseuse. Veillez à ce que la casserole ne soit jamais assez chaude pour brûler la main. Retirez du feu et incorporez le beurre ou la margarine, noix par noix. Tenez à bonne température en mettant la casserole dans un bain-marie tiède.

2. Mettez à bouillir une casserole d'eau vinaigrée non salée pour y faire pocher les œufs (voir recette de base p. 39).

3. Mettez les bouchées vides à réchauffer dans le four moyen (th. (5-6) 5 mn.

4. Égouttez les champignons. Mélangez-les avec la crème. Faites-les chauffer avant de les répartir dans les bouchées. Déposez dessus, un œuf poché et de la sauce Béarnaise. Servez aussitôt.

Solution express :

Les champignons lyophilisés sont parfaits pour cet usage. Il suffit de les réhydrater quelques minutes et de les faire sauter à la poêle, avant de les ajouter à la crème.

DIFFICILE
BON MARCHÉ
PETITES RÉCEPTIONS
TOUTES SAISONS

Pour 4, il faut :

4 œufs,
20 g de beurre ou de margarine,
2 gousses d'ail,
1 cuil. à soupe rase de farine,
4 tranches de pain de mie.

Court-bouillon :

1 oignon,
1 gousse d'ail,
1/4 de litre vin rouge,
bouquet garni,
sel, poivre.

Œufs pochés Nivernaise

Préparation et cuisson : 45 mn

1. Court-bouillon : mettez à revenir légèrement l'oignon haché avec une noix de beurre ou de margarine. Ajoutez : 1/4 de litre de vin rouge, 1/4 de litre d'eau, 2 gousses d'ail, sel, poivre, bouquet garni. Laissez mijoter 15 mn sans couvrir.

2. Faites griller les tranches de pain. Frottez-les d'ail des 2 côtés.

3. Retirez le bouquet garni du court-bouillon. Faites pocher les œufs dedans. Laissez cuire 3 mn. Égouttez et déposez-les sur les tranches de pain disposées dans le plat tenu au chaud.

4. Passez le court-bouillon à travers une passoire. Reportez sur feu moyen. Malaxez à la fourchette 1 cuil. à soupe de farine avec même volume de beurre ou de margarine. Incorporez par petits morceaux à la sauce. Remuez jusqu'à ébullition. Laissez cuire 2 mn. Versez sur les œufs et servez.

Pratique :

Les œufs peuvent être pochés à part dans une casserole d'eau, plutôt que dans le court-bouillon au vin. C'est plus prudent si vous n'êtes pas sûre de vous.

Omelette

FACILE
RAISONNABLE
TOUTES SAISONS

Préparation et cuisson : 10 mn

Pour 4, il faut :

8 ou 10 œufs,
40 g de beurre
ou de margarine
ou 2 cuil. à soupe
d'huile,
sel, poivre.

1. Faites chauffer légèrement la matière grasse (beurre, huile ou margarine) dans une grande poêle épaisse. Versez-la dans les œufs préalablement battus. Salez, poivrez. Battez encore pour incorporer.

2. Remettez la poêle sur le feu vif. Quand elle est très chaude, versez les œufs dedans. Laissez prendre sur feu vif, en secouant vigoureusement la poêle et en mélangeant avec la fourchette. Dès que l'omelette est un peu sèche sur le bord encore baveuse au centre, repliez-la sur elle-même et retournez-la sur la plat de service.

Le secret

de l'omelette qui n'attache jamais : ajoutez de la margarine ou du beurre juste fondu dans les œufs battus.

Pour la cuire, utilisez de préférence une simple poêle de tôle noire traditionnelle (vous ne la laverez pas, mais l'essuierez soigneusement, après usage, avec un tampon de papier et au besoin de gros sel pour gratter le fond), ou encore une poêle à revêtement anti-adhésif, plus fragile que la tôle noire, mais extrêmement pratique et efficace.

MANIÈRE DE PLIER UNE OMELETTE EN PORTEFEUILLE

A Faites-la glisser sur le bord de la poêle opposée à la queue. Et repliez vers le centre selon le geste amorçé sur la photo.

B L'autre moitié se replie tout naturellement à son tour lorsque vous penchez la poêle sur le plat qui vient à sa rencontre.

8 idées-minutes pour farcir l'omelette

Aux chips

Des chips, cassées en morceaux, sont ajoutées aux œufs battus avant cuisson.

Aux fines herbes

Mélangez-les toutes : persil, cerfeuil, ciboulette, estragon etc. Finement hachées, elles sont ajoutées aux œufs battus. Ensuite, cuisson habituelle.

Aux fonds d'artichauts (en boîte)

Les fonds, coupés en dés, sont sautés dans une casserole avec un peu de beurre ou de margarine, puis déposés sur l'omelette cuite, repliée et fendue en surface.

Au gruyère

Des lamelles sont ajoutées aux œufs battus avant cuisson.

Au jambon fines herbes

Le tout, haché, est ajouté aux œufs battus avant cuisson.

Au lard

Des lardons sont ajoutés aux œufs battus. Des tranches de lard ou de bacon, sautées à part pendant la cuisson de l'omelette, sont déposées sur celle-ci une fois cuite.

Aux pointes d'asperges (en boîte)

Celles-ci sont égouttées et réchauffées à part, avec un peu de beurre ou de margarine et des fines herbes hachées, puis ajoutées à l'omelette en train de cuire.

Aux tomates

Les tomates épluchées, en dés, sont sautées à part, puis ajoutées au milieu de l'omelette presque terminée. (Ultra-rapide : les tomates pelées en boîte.)

Dessert

FACILE
RAISONNABLE
PETITES RÉCEPTIONS
TOUTES SAISONS

Pour 4, il faut :

8 œufs,
30 g de beurre ou de margarine,
1 tasse de confiture,
2 verres de liqueur de rhum,
2 pincées de sel.

Décor :

3 cuil. à soupe de sucre glace,
5 tranches d'ananas (en boîte),
10 cerises confites.

Omelette flambée aux ananas

Préparation et cuisson : 20 mn

1. Salez légèrement les œufs battus. Ne sucrez pas. Faites cuire l'omelette comme d'habitude.

2. Quand les bords sont un peu secs et l'intérieur encore baveux, penchez fortement la poêle sur un côté pour faire glisser l'omelette jusqu'au bord. Étalez la confiture au centre. Repliez l'omelette en portefeuille, sur elle-même à l'aide d'une cuiller (voir photo p. 44). Faites-la glisser sur un plat long. Tenez au chaud.

3. Quadrillage au caramel: faites rougir une tige de fer posée directement sur la flamme du gaz. Appliquez-la sur l'omelette abondamment sucrée pour former un quadrillage.

4. Décorez le tour du plat avec des demi-rondelles d'ananas garnies au centre d'une cerise confite. Faites bouillir le rhum. Enflammez-les. Versez-le aussitôt sur l'omelette et servez.

Plat principal

Omelette de la Nièvre

FACILE
BON MARCHÉ
PRINTEMPS-
ÉTÉ-AUTOMNE

Préparation et cuisson : 30 mn

Pour 4, il faut :

8 œufs,
40 g de beurre ou de margarine,
80 g de jambon blanc,
1 poignée d'oseille,
ciboulette (facultatif),
sel, poivre.

1. Retirez queues et fils de l'oseille avant de la laver soigneusement. Hachez-la grossièrement. Dans une casserole, faites-la «fondre», sur feu doux, 5 mn, avec une noix de beurre ou de margarine. Mélangez avec une cuiller en bois. Égouttez.

2. Battez les œufs en omelette. Incorporez-y jambon finement coupé, oseille cuite, ciboulette hachée, sel, poivre.

3. Faites fondre 25 g de beurre ou de margarine dans la poêle. Versez sur les œufs battus. Remettez la poêle sur feu vif. Quand elle est très chaude, versez les œufs dedans. Laissez cuire sur feu vif en soulevant les bords pour que l'omelette cuise à fond. Dès qu'elle est un peu sèche sur les bords, repliez-la et retournez-la sur un plat chaud.

Le secret

de l'omelette à l'oseille : il faut faire «fondre» l'oseille et la presser avant de la mélanger aux œufs, car elle doit rendre la plus grande partie de son jus, très acide, avant d'être accommodée.

Dessert

Omelette norvégienne

FACILE
RAISONNABLE
PETITES ET GRANDES RÉCEPTIONS
TOUTES SAISONS

Pour 6, il faut :

Génoise (toute préparée),
1/2 litre de glace à la vanille (sortant du freezer),
1 verre apéritif de liqueur,
sucre glace.

Meringue italienne :

6 blancs d'œufs,
350 g de sucre en poudre,
sel, citron.

Préparation et cuisson : 30 mn

1. **Meringue italienne** : mettez dans une casserole épaisse les blancs d'œufs, le sucre, une pincée de sel et un peu de jus de citron. Fouettez au batteur électrique, sur feu très doux, ou au bain-marie, jusqu'à ce que le mélange tienne bien aux branches du fouet.
2. Coupez la génoise en deux, dans l'épaisseur. Imbibez de liqueur les morceaux.
3. Au moment du dessert, disposez la glace extrêmement froide sur le premier morceau de génoise. Recouvrez avec le second morceau. Enrobez le tout copieusement et entièrement de meringue, sans lisser. Donnez-lui au contraire un relief mouvementé avec le plat d'un couteau. Saupoudrez de sucre glace. Glissez dans le four très chaud peu de temps, juste pour dorer le dessus de la meringue sans laisser fondre l'intérieur.

Organisation :

Préparez la meringue d'avance. Cette sorte de meringue, dite «italienne», peut attendre quelques heures au froid, jusqu'au moment de la cuisson. Couvrez-la d'aluminium.

☞

Le secret

de l'omelette norvégienne qui ne s'affaisse pas : une couche épaisse et régulière de meringue tout autour du gâteau, et un four très chaud qui la dore rapidement.

Pour une présentation «grande réception», étalez la meringue sur la génoise, à l'aide d'une poche à douille.

MANIÈRE D'UTILISER
LA POCHE A DOUILLE

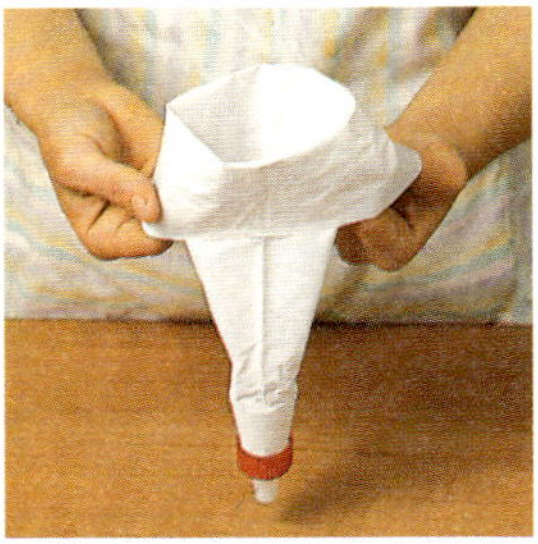

A Rabattez le bord de la poche au tiers de la hauteur pour l'emplir facilement sans se salir les doigts.

B Emplissez à l'aide de la spatule. Tassez, au fur et à mesure, vers le bas.

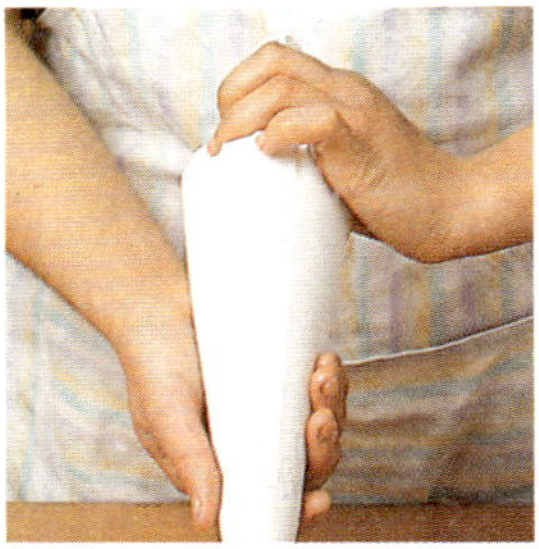

C Serrez pour chasser l'air.

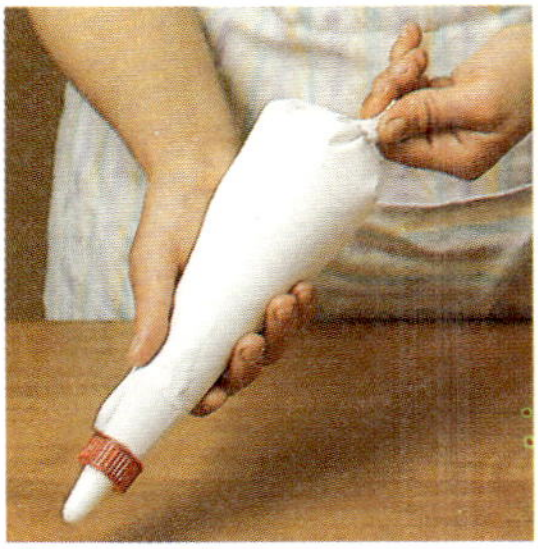

D Faites descendre la meringue en «vissant» la poche.

Pour décorer, maintenir la poche verticalement, le cône étant très près du gâteau. Pressez de la main gauche et guidez de la main droite.

Plat principal

Omelette pivoine

TRÈS FACILE
RAISONNABLE
TOUTES SAISONS

Pour 4, il faut :

8 œufs,
50 g de beurre ou de margarine,
2 échalotes,
100 g de champignons de Paris,
1 boîte de crabe (185 g),
nuoc-mam,
sel, poivre.

Préparation et cuisson : 15 mn

1. Farce : faites revenir les échalotes hachées avec 20 g de beurre ou de margarine. Ajoutez-y champignons en lamelles, crabe, sel, poivre. Mélangez sur feu moyen. Ajoutez un peu de nuoc-mam (vendu dans les épiceries exotiques et supermarchés).

2. Pour plus de facilité, faites 2 omelettes de 4 œufs. Lorsque l'omelette commence à prendre, mettez la farce sur une moitié. Rabattez l'autre moitié dessus. Laissez dorer un instant.

Omelette soufflée

FACILE
BON MARCHÉ
PETITES RÉCEPTIONS
TOUTES SAISONS

Préparation et cuisson : 30 mn

Pour 4, il faut :

5 œufs,
30 g de beurre ou de margarine,
5 ou 6 cuil. à soupe de sucre en poudre,
zeste de citron ou d'orange,
1 pincée de sel.

1. Allumez le four (th. 5-6). Dans une terrine, mélangez vigoureusement au fouet les 5 jaunes d'œufs avec le sucre et le zeste râpé, jusqu'à ce que le mélange blanchisse un peu.

2. Mettez une pincée de sel dans les blancs. Montez-les en neige ferme, puis incorporez-les aussitôt au mélange précédent.

3. Dans une grande poêle épaisse, faites moyennement chauffer 30 g de beurre ou de margarine. Versez l'omelette dedans. Secouez aussitôt et continuez de secouer pendant toute la cuisson sur feu moyen.

4. Quand l'omelette commence à «prendre» dessous, glissez la poêle dans le four moyen, une dizaine de minutes. Servez l'omelette repliée sur elle-même, dans un plat long.

Le secret

de l'omelette soufflée : une fois les blancs en neige incorporés au mélange, il ne faut pas attendre. Les blancs retomberaient rapidement et tourneraient en eau. Mettez à cuire dans les plus courts délais.

Entrée chaude

FACILE
RAISONNABLE
PETITES RÉCEPTIONS
TOUTES SAISONS

Timbale d'œufs Portugaise

Préparation et cuisson : 1 h

Pour 4 ou 6, il faut :

6 œufs,
3/4 de litre de lait,
1 pincée de muscade râpée,
1 noix de beurre,
1/2 cuil. à café de sel,
poivre.

Fondue de tomates :

500 g de tomates fraîches,
1 cuil. à soupe de tomate concentrée,
30 g de beurre ou de margarine,
2 gousses d'ail,
1 oignon,
1 petit piment fort,
1 poivron,
bouquet garni,
sel, poivre.

1. Faites chauffer le four (th. 7-8). Pendant ce temps, mettez le lait à bouillir. Battez les œufs en omelette dans une terrine, avec sel, poivre et muscade râpée. Incorporez-y peu à peu le lait bouillant. Passez le tout à travers un tamis pour éliminer le germe des œufs.

2. Versez dans un moule à soufflé beurré. Déposez dans la plaque creuse du four emplie d'eau froide (bain-marie). Laissez cuire à four bien chaud (th. 7-8) de 20 à 25 mn.

3. Fondue de tomates : épluchez et coupez les tomates en quartiers. Videz-les de leur jus. Épépinez le poivron. Coupez-le en fines lanières. Faites chauffer 30 g de beurre ou de margarine dans une poêle. Jetez-y ail et oignon hachés, tomates fraîches, concentré de tomate, piment fort, bouquet garni, poivron, sel, poivre. Laissez cuire à feu vif, sans couvrir, de 20 à 30 mn. Passez à la moulinette en fin de cuisson.

4. Laissez tiédir la timbale d'œufs avant de la démouler sur un plat creux. Versez un peu de sauce dessus et présentez-la accompagnée d'une saucière contenant le reste de fondue de tomates très chaude.

☞

Solution express :

Une boîte de sauce tomate toute préparée à laquelle la chair d'une petite tomate pelée et coupée très finement, redonne un goût de fraîcheur. Laissez cuire 5 mn.

MICRO-ONDES

Pour cette recette, seule la fondue de tomates peut être cuite au micro-ondes.

Dans le plat en verre, faites d'abord revenir les oignons hachés avec un peu de beurre (1 mn puiss. maxi).

Puis ajoutez-y tous les éléments de la recette. Remettez au micro-ondes environ 15 m (puiss. maxi), sans couvrir. Mélangez plusieurs fois en cours de cuisson.

Le secret

de la timbale d'œufs : sa cuisson doit être menée rondement car il faut éviter à tout prix de la laisser bouillir. Saisissez le dessus, à four bien chaud, tout en maintenant le fond à une température plus douce, grâce au bain-marie, dans lequel il baigne. Et ne prolongez pas le temps de cuisson, faites confiance à votre compte-minutes !

Pain d'œufs

TRÈS FACILE
BON MARCHÉ
TOUTES SAISONS

Préparation et cuisson : 45 mn

Pour 4, il faut :
3 œufs durs,
2 œufs crus,
20 g de beurre ou de margarine,
2 tranches de pain de mie,
1 verre de lait,
noix de muscade,
persil,
sel, poivre,
1 boîte de sauce tomate (facultatif).

Moule en couronne ou à cake.

1. Arrosez le pain de lait tiède. Laissez-le gonfler. Écrasez-le avec une fourchette en y ajoutant les jaunes d'œufs crus, sel, poivre, muscade râpé, persil haché et les œufs durs coupés menu. Battez les 2 blancs en neige très ferme. Incorporez-les délicatement au mélange.

2. Enduisez généreusement de beurre ou de margarine un moule en couronne ou à cake. Versez le mélange dedans. Faites cuire au bain-marie 30 mn dans le four chaud (th. 6-7). Présentez ce pain d'œufs démoulé, tel quel, ou recouvert de sauce tomate.

LES COQUILLAGES

RECETTES

Les coquillages

Si vous vivez encore sur la légende des "mois en R", il est grand temps de réagir car vous vous privez de bien des joies.

Il est vrai qu'au temps des transports lents et difficiles, les coquillages pouvaient pâtir de la chaleur, mais à présent il en va tout autrement. Les arrivages sont si rapides. Or, ce qu'il faut savoir, c'est qu'huîtres, moules, coquilles Saint-Jacques, coques, palourdes, praires, etc. sont aussi comestibles en juillet qu'en décembre même si vous les trouvez plus délicieuses en décembre. D'ailleurs, vous en privez-vous quand vous êtes en vacances à Quiberon ou à Arcachon ?

Outre les plaisirs gastronomiques qu'ils dispensent, les coquillages ont l'avantage de vous apporter des éléments précieux pour la santé. Prenons l'huître comme exemple. C'est un aliment complet qui contient protides, lipides, glucides, presque dans la même proportion que le lait. Mais de plus, l'huître et les autres coquillages, riches en sels minéraux, vous font profiter de tous les trésors de notre milieu originel, la mer !

Choisissez

Les bons coquillages sont lourds et solidement fermés. C'est la preuve qu'ils sont frais et ont gardé toute leur eau. Il se peut que, même frais, ils s'entrouvrent à cause de la chaleur ou à l'heure de la marée. Dans ce cas, touchez-les : ils doivent se refermer aussitôt. Sinon... dans le doute, abstenez-vous de les acheter.

Les coquilles Saint-Jacques sont parfois vendues sans la coquille, surtout en fin de marché. Elles peuvent être avantageuses mais avant de les acheter, flairez-les pour vous assurer qu'elles ne dégagent aucune mauvaise odeur.

Les huîtres encore vivantes réagissent, se contractent dès qu'on en touche la chair ou qu'on l'asperge de citron. Une fois ouvertes, elles peuvent attendre 2 ou 3 heures, à condition d'être mises au frais, éventuellement dans le réfrigérateur pas trop froid (+ 6° + 8°).

Les bigorneaux sont généralement vendus crus. Dans ce cas ils doivent être bien vivants. Vérifiez qu'ils sont encore vigoureux : tâtez-en un ou deux, au hasard, au pied qui doit se rétracter immédiatement. C'est une précaution utile car un seul bigorneau mauvais gâche tout le plat.

Les moules peuvent se répartir en 3 catégories :

– *les grosses moules importées* de Hollande et du Danemark, vendues au litre, sont les moins chères mais les moins savoureuses aussi ;

– *les petites moules*, dites «de bouchot», débitées au kilo, sont beaucoup plus «goûteuses», plus pleines et nettement plus chères que les précédentes mais 2 kg suffisent pour 4 portions ;

– *les grosses moules de Méditerranée*, chères, vendues à la douzaine, sont généralement mangées crues.

Les moules fraîches, à quelque catégorie qu'elles appartiennent, doivent être lourdes. Cognez-les du doigt : elles doivent sonner «plein» car elles contiennent encore leur eau. Refusez les moules cassées ou ouvertes. Si certaines ne se sont pas ouvertes à la cuisson, jetez-les. Elles sont douteuses.

A

On reconnaît une huître portugaise de qualité :

A sa forme : elle doit être épaisse, la partie inférieure de la coquille profonde. Les huîtres portugaises trop plates risquent d'être très maigres.

Vue du dessus, préférez celle dont la surface est bien ronde (A). Évitez celle dont la forme est très allongée et déformée (B) : elle n'entre pas dans la catégorie des huîtres dites «spéciales».

Tenez compte également de leur aspect de fraîcheur (coquille humide) et de leur poids; une huître de qualité est lourde.

B

Sont compris sous la dénomination de coquillages tous les mollusques comestibles univalve (escargot) ou bivalve (moule). Ils sont tous d'origine marine, exception faite pour l'escargot qui est le seul coquillage terrestre figurant à nos menus.

Leurs noms peuvent varier d'une province à l'autre.

	★ Crus ✻ Cuits	Préparation	Cuisson
	**BIGORNEAUX** ✻ Vigneaux Brelins **BUCCINS** Escargots de mer Bulots	Laver à grande eau	Dans l'eau froide avec bouquet garni, ail, gros sel, pas mal de poivre. 10 mn, à petit frémissement. Laisser tiédir dans l'eau de cuisson.
	**COQUES** ★ ✻ Bucardes Rigadeaux Henons	Laver. Tremper 1 h dans de l'eau froide très salée.	Ouvrir sur feu vif dans une cocotte couverte.
	**COQUILLES ST-JACQUES** ✻ Pèlerines Peignes	Ouvrir, ébarder, laver avec soin (photos p. 62). Surgelées : laisser dégeler à l'eau froide ou tiède.	Court-bouillon. A la poêle ou en brochettes.
	**ESCARGOTS** ✻	Laver et faire dégorger 2 h à l'eau vinaigrée et salée. Faire bouillir doucement 5 mn.	Mettre dans un court-bouillon froid très aromatisé. Cuisson 3 h. Laisser refroidir dedans.
	**HUITRES** ★ ✻	Ouvrir (photos p. 61).	Faire pocher (porter juste à ébullition) dans leur propre jus. Ou griller dans leur coquille.
	**MOULES** ★ ✻	Gratter et laver.	Ouvrir sur feu vif. Farcir et faire gratiner.
	**OURSINS** ✻ Châtaignes de mer Hérissons Ours Œufs	Ouvrir en deux avec des ciseaux (photos p. 62). Se mangent à la petite cuiller.	
 	**PALOURDES** ★ ✻ Clovisses **PÉTONCLES** Olivettes Venettes Vaneaux **PRAIRES** Rigadelles Coques rayées **VERNIS** **CLAMS**	Brosser une par une sous le robinet. Laver ensuite à grande eau.	Ouvrir sur feu vif. Farcir et faire gratiner.

Ouvrez :

Il n'y a pas de règle intransigeante pour l'ouverture des coquillages mais seulement de judicieux conseils parmi lesquels vous choisirez ceux qui conviennent le mieux à votre «main». Vous pouvez également ouvrir les coquilles Saint-Jacques en les plaçant sur la plaque du four chaud, côté bombé dessous, ou dans le micro-ondes pendant 2 mn environ (puiss. maxi).

LES PORTUGAISES

L'huître est ici posée sur la table et fortement maintenue. Engagez la pointe du couteau du côté le plus épais.

Ouvrez, en glissant la lame du couteau plat contre le couvercle pour détacher d'un seul coup toute la chair.

LES HUITRES PLATES

Attaquez, à la charnière, avec le milieu de la lame du couteau (et non la pointe).

Ouvrez en raclant le couvercle.

LES PRAIRES

Attaquez à la charnière avec un couteau ordinaire, peu fragile. Faites pivoter la lame pour ouvrir.

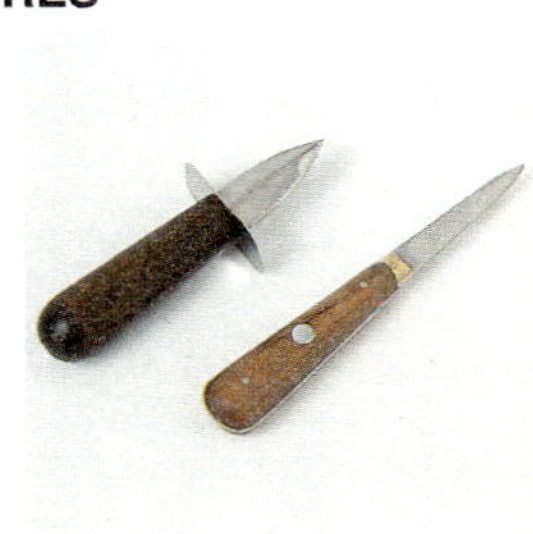

LES MOULES

Enfoncez, peu profondément, la pointe d'un couteau à lame mince, sur le côté de la moule, sinon la coquille se brise. Faites glisser tout autour en dirigeant la pointe du couteau vers le haut de l'écaille pour ne pas couper le mollusque en deux.

LES OURSINS

Entamez à partir du centre, dans la partie molle (la bouche). Découpez un large couvercle.

Videz le jus. Sont généralement consommées, avec une petite cuiller, les chairs orangées seulement.

LES COQUILLES SAINT-JACQUES

A et **B** Engagez le bout d'un couteau de table, bien rigide. Introduisez la lame entière, en raclant bien le couvercle plat pour en détacher les chairs sans les abîmer. Détachez la partie inférieure de la chair.

C Maintenez les barbes et la poche noire qui entourent la noix et le corail entre le pouce et l'index. Une simple pression : chair et corail se dégagent sans difficulté.

D La partie non comestible, à gauche barbes et poche, est séparée de la noix et du corail (à droite). Lavez ceux-ci à grande eau car ils renferment du sable.

A

B

C

D

Bigorneaux au naturel

TRÈS FACILE
RAISONNABLE
TOUTES SAISONS

Préparation et cuisson : 15 mn

Pour 4, il faut :

1 litre de bigorneaux,
bouquet garni,
1 gousse d'ail,
petit piment (facultatif),
sel, poivre.

1. Lavez les bigorneaux dans plusieurs eaux.

2. Couvrez-les d'eau froide avec bouquet garni, ail, sel, pas mal de poivre, petit piment (facultatif). Faites chauffer lentement sur feu doux. Juste avant l'ébullition, réglez sur feu très doux et laissez frémir sans bouillir 10 mn. Laissez tiédir et même refroidir complètement dans le court-bouillon.

Organisation :

Piquez sur un bouchon plusieurs épingles à tête de verre, assez longues. Mettez-les sur la table. Chacun s'en servira pour retirer l'opercule et extraire le bigorneau de sa coquille.

Pratique :

Peut être préparé entièrement d'avance.

Le secret

des bigorneaux pas caoutchouteux : ils ne doivent jamais bouillir mais cuire dans un court-bouillon frissonnant tout juste en surface, pas plus de 10 mn.

Entrée chaude

FACILE
RAISONNABLE
PETITES RÉCEPTIONS
TOUTES SAISONS

Pour 4, il faut :

4 douzaines d'escargots (en boîte),
50 g de beurre,
16 très gros champignons,
4 tranches de pain de mie,
1 verre de vin blanc sec.

Farce :

200 g de beurre,
1 gousse d'ail,
1 échalote,
2 cuil. à soupe de vin blanc sec,
persil,
1 cuil. à café de sel,
poivre.

Canapés d'escargots forestière

Préparation et cuisson : 50 mn

1. Lavez rapidement les champignons. Retirez ensuite les queues car vous n'utiliserez que les têtes.

2. Garnissez l'intérieur de chaque tête d'une noisette de beurre. Placez-les sur la plaque creuse du four. Mettez à four bien chaud (th. 7-8) de 7 à 8 mn. Retournez les champignons, une fois cuits, pour les égoutter.

3. Faites griller les tranches de pain.

4. Égouttez les escargots. Faites-les réchauffer 5 mn avec 1 verre de vin blanc sec.

5. Farce : hachez finement ail, échalote, persil. Malaxez le beurre ramolli en crème avec le hachis (échalote, ail, persil), sel, poivre et vin blanc.

6. Déposez 3 escargots dans chaque tête de champignon. Recouvrez-les de farce. Remettez au four bien chaud (th. 7-8) quelques minutes. Présentez sur les canapés de pain grillés.

Raffinement :

1 cuil. à café d'amandes ou de miettes de truffes mélangées dans la farce lui ajoutent une note très raffinée.

Entrée chaude

FACILE
CHER
PETITES RÉCEPTIONS
PRINTEMPS-AUTOMNE-HIVER

Pour 4, il faut :

1 kg de palourdes,
8 tranches de pain de mie,
1 cuil. à soupe rase de farine,
3 cuil. à soupe de vin blanc sec,
1 gousse d'ail,
1 cuil. à soupe de sauce anglaise.

Fondue de tomates :

2 oignons,
400 g de tomates,
1 petit piment,
50 g de beurre,
persil,
sel, poivre.

Canapés de palourdes à la Portugaise

Préparation et cuisson : 1 h

1. Fondue de tomates : coupez les oignons en rondelles fines. Mettez-les à mijoter dans une grande casserole, avec 50 g de beurre. Pelez les tomates. Écrasez-les avec les doigts au-dessus de la casserole. Ajoutez le petit piment, sel, poivre, ail, bouquet de persil. Laissez mijoter 15 mn.

2. Lavez les palourdes à grande eau. Faites-les ouvrir, dans une cocotte, sur feu vif. Décoquillez-les. Passez le jus de cuisson à travers une passoire fine garnie d'un papier absorbant pour éliminer tout le sable.

3. Délayez, au fouet, farine et vin blanc. Ajoutez ce mélange à la fondue de tomates ainsi que les palourdes, 4 verres de jus de cuisson des coquillages, sauce anglaise. Laissez cuire, sans couvrir, de 10 à 15 mn en remuant de temps en temps.

4. Faites griller les tranches de pain de mie. Recouvrez chacune avec les palourdes et leur sauce. Passez un instant sous le grilloir et servez aussitôt.

Économique :

Cette recette est également excellente avec des coques, bien moins chères que les palourdes.

Plat principal

Coquillages aux coquillettes

TRÈS FACILE
BON MARCHÉ
PRINTEMPS-AUTOMNE-HIVER

Préparation et cuisson : 45 mn

Pour 4, il faut :

3 litres de coques ou 2 litres de moules,
250 g de coquillettes,
1 échalote,
bouquet garni,
50 g de gruyère râpé,
sel.

Sauce :

30 g de farine,
30 g de beurre ou de margarine,
1 boîte de sauce tomate,
1/2 litre de liquide (jus de cuisson des coquillages + eau),
sel, poivre,
cayenne (facultatif).

1. Nettoyez les coquillages. Faites-les ouvrir sur feu vif, avec échalote hachée et bouquet garni. Retirez-les du feu sitôt ouverts. Décoquillez-les. Passez le jus de cuisson à travers une passoire fine garnie de papier absorbant (voir photos p. 77). Tenez au chaud.

2. Faites cuire les coquillettes dans une grande casserole pleine d'eau salée en ébullition, de 13 à 15 mn. Remuez pendant la cuisson.

3. Sauce : délayez, sur feu doux, le beurre ou la margarine avec la farine jusqu'à ce que le mélange mousse. Ajoutez-y 1/2 litre de liquide (jus de cuisson des coquillages + eau), tomate, sel, poivre, pincée de cayenne (facultatif). Mélangez jusqu'à épaississement. Laissez mijoter une dizaine de minutes.

4. Égouttez bien les coquillettes aussitôt cuites. Mélangez-les avec les coquillages, la sauce, saupoudrez de gruyère râpé et servez immédiatement.

Entrée chaude

Coquillages farcis

TRÈS FACILE
RAISONNABLE
PRINTEMPS-AUTOMNE-HIVER

Préparation et cuisson : 30 mn d'avance + 10 mn au moment du repas

Pour 4, il faut :

Moules, palourdes ou pétoncles : 6 dz.,
ou, praires : 4 dz.,
ou, vernis : 2 dz.

Farces :

1re formule :

175 g de beurre,
1 échalote hachée,
150 g de mie de pain,
persil haché,
sel, poivre.

2e formule :

100 g de beurre,
2 gousses d'ail hachées,
1 cuil. à café rase de curry,
sel, poivre.

1. Brossez les coquillages sous l'eau courante du robinet et lavez-les encore. Ouvrez-les à cru avec un couteau. Détachez les valves vides et déposez les coquilles pleines dans des plats individuels allant au four.

2. Déposez une noix de la farce choisie sur chaque coquilles. Mettez au réfrigérateur jusqu'au moment du repas.

3. Au dernier moment, faites gratiner 8 ou 10 mn sous le grilloir ou dans le haut du four très chaud.

Pratique

Les coquillages farcis peuvent être entièrement préparés d'avance et, au moment du repas, gratinés dans le four ou réchauffés - sous couvercle - au micro-ondes pendant 2 mn environ (puiss. maxi)

Le secret

des coquillages farcis parfaits : ils gratinent sous un feu vif et très rapidement. Cuits lentement, ils tiendraient plus du caoutchouc que du mollusque !

Entrée chaude

Coquilles Cléopâtre

TRÈS FACILE
RAISONNABLE
PETITES RÉCEPTIONS
PRINTEMPS-AUTOMNE-HIVER

Préparation et cuisson : 30 mn

Pour 4, il faut :

16 coquilles Saint-Jacques,
40 g de beurre,
farine,
100 g de crevettes décortiquées,
1 litre de moules,
2 échalotes,
persil haché,
1 ou 2 cuil. à soupe de câpres,
sel, poivre.

4 écailles vides.

1. Grattez et lavez les moules. Faites-les ouvrir rapidement sur feu vif.

2. Lavez à grande eau les chairs blanches et le corail des coquilles Saint-Jacques. Essuyez-les avec du papier absorbant. Coupez-les en 2 dans l'épaisseur si elles sont épaisses. Salez, poivrez, farinez légèrement.

3. Dans une poêle, faites chauffer 40 g de beurre. Mettez les coquilles à dorer des deux côtés, sur feu moyen. Ajoutez-y ensuite : échalotes hachées, crevettes, moules décoquillées et câpres bien égouttés. Laissez cuire 5 mn. Versez-les bien chauds dans les écailles vides. Parsemez de persil haché et servez aussitôt.

Variante :

Les coquilles Dieppoise, plus économiques car 12 coquilles Saint-Jacques suffiront. Mais, en même temps que les crevettes et les moules, vous ajouterez 125 g de champignons en lamelles préalablement sautés à la poêle ou 1 petite boîte de champignons tels quels. Supprimez les câpres.

MICRO-ONDES

La recette peut être entièrement préparée plusieurs heures à l'avance, répartie dans des petits plats individuels (à oeufs), plutôt que dans des écailles de Saint-Jacques.

Au moment du repas, vous les glisserez - deux par deux - dans votre micro-ondes pendant 2 à 3 mn (puiss. maxi).

N'oubliez surtout pas de les couvrir pour éviter le dessèchement.

(Valable également pour les «coquilles de coques» page 69.)

Entrée chaude

Coquilles de coques

TRÈS FACILE
BON MARCHÉ
TOUTES SAISONS

Pour 4, il faut :

3 litres de coques,
50 g de beurre ou de margarine,
1 oignon,
50 g de mie de pain légèrement rassis,
persil,
sel, poivre.

4 coquilles Saint-Jacques vides ou 4 plats à œufs.

Préparation et cuisson : 20 mn
+ 30 mn (trempage des coques)

1. Lavez les coques. Laissez-les séjourner dans de l'eau très salée. Mettez-les à cuire, sans assaisonnement, sur feu vif, pendant quelques minutes. Dès qu'elles sont ouvertes, retirez-les du feu et sortez-les de leurs coquilles. Passez le jus de cuisson à travers une passoire fine, garnie d'un papier absorbant.

2. Hachez l'oignon. Faites-le cuire doucement 5 mn avec 30 g de beurre ou de margarine. Ajoutez-y persil, les 3/4 du pain émietté, les coques et leur jus de cuisson, poivre. Salez légèrement si nécessaire, couvrez et laissez mijoter quelques instants.

3. Mettez les coques dans 4 coquilles Saint-Jacques ou 4 plats à œufs. Parsemez avec le reste de pain émietté et des noisettes de beurre. Mettez à gratiner en haut du four bien chaud ou sous le grilloir.

Le secret

des coques qui ne croquent pas sous la dent : il faut les mettre à tremper dans de l'eau froide très salée pendant une demi-heure. Au bout de quelques minutes, elles s'entrebâillent en crachotant leur sable, en faisant de petits bruits! Et si, à cause d'une tempête, elles sont encore plus ensablées que d'ordinaire, décoquillez-les une fois cuites et, sans hésitation, passez-les sous le robinet. Vous les épongerez bien avant de les accommoder.

Entrée chaude

Coquilles en pâte

FACILE
RAISONNABLE
PETITES ET GRANDES RÉCEPTIONS
PRINTEMPS-AUTOMNE-HIVER

Pour 4, il faut :

12 ou 16 coquilles Saint-Jacques,
40 g de beurre,
1 échalote,
1 gousse d'ail,
un peu de farine,
persil,
sel, poivre.

Pâte brisée :
(pour 4 coquilles) :

150 g de farine,
75 g de beurre ou de margarine,
environ 1/2 verre d'eau,
1/2 cuil. à café de sel.

8 écailles vides.

Préparation et cuisson : 40 mn

1. **Pâte brisée :** mélangez farine, sel, beurre ou margarine en morceaux, en frottant les paumes des mains l'une contre l'autre. Ajoutez l'eau à cette pâte granuleuse. Pétrissez vivement. Mettez en boule. Écrasez-la avec la paume de la main. Remettez en boule. Cela 3 fois. Si possible, mettez au frais un petit moment avant d'étaler. Garnissez-en 4 écailles vides préalablement beurrées. Pressez pour faire adhérer. Découpez la pâte tout autour. Pressez à nouveau. Couvrez d'une seconde écaille, avant de mettre à four bien chaud (th. 7-8) 10 mn. A mi-cuisson, retirez l'écaille du dessus.

2. Nettoyez les chairs des Saint-Jacques. Ne gardez que les noix et le corail. Farinez légèrement. Faites sauter 6 ou 7 mn à la poêle, sur feu assez vif, avec 30 g de beurre. Ajoutez le hachis d'ail, d'échalote et de persil, sel et poivre pendant la cuisson.

A

B

C

3. Démoulez les coquilles de pâte. Garnissez-les avec les chairs sautées et leur sauce de cuisson. Servez aussitôt.

Solution express :

Mettez les écailles côte à côte. Déposez le morceau entier de pâte dessus (photo A).

Appuyez du bout des doigts pour faire adhérer la pâte au fond des écailles et découpez tout autour (photo B) (les tombées de pâte seront utilisées pour autre chose).

Le secret

des écailles bien formées : une seconde écaille (photo C) déposée sur la pâte crue, s'encastrant dans la première écaille, maintiendra la pâte en forme pendant la cuisson, sans compromettre celle-ci. Toutefois, pour laisser dorer, n'oubliez pas de retirer l'écaille du dessus, lorsque la pâte est suffisamment durcie.

Entrée chaude

DIFFICILE
CHER
PETITES ET GRANDES RÉCEPTIONS
PRINTEMPS-AUTOMNE-HIVER

Pour 4, il faut :

16 coquilles Saint-Jacques.

Court-bouillon :

2 verres de vin blanc sec,
2 échalotes,
1 oignon,
2 clous de girofle,
bouquet garni,
sel, poivre.

Sauce :

1 cuil. à soupe pleine de farine,
30 g de beurre ou de margarine,
1 bol de court-bouillon,
2 jaunes d'œufs,
2 cuil. à soupe de crème fraîche.

Coquilles à la crème

Préparation et cuisson : 30 mn

1. Nettoyez soigneusement les coquilles. Mettez-les dans une casserole avec bouquet garni, échalotes coupées, oignon piqué de clous de girofle, sel, poivre. Couvrez avec 2 verres de vin blanc et autant d'eau. Portez très lentement à ébullition. Laissez frissonner 3 ou 4 mn. Égouttez et tenez au chaud.

2. Sauce : délayez sur le feu, 30 g de beurre ou de margarine avec 1 cuil. à soupe de farine, bien pleine mais pas trop bombée. Quand cela mousse, ajoutez 1 bol de court-bouillon de coquilles. Mélangez jusqu'à épaississement. Cette sauce doit être assez fluide. Laissez cuire doucement quelques minutes.

3. Dans un bol, mélangez les 2 jaunes d'œufs et la crème fraîche. Ajoutez-y un peu de sauce chaude. Puis reversez le tout dans la casserole de sauce, et sans cesser de battre, remettez sur feu doux quelques instants sans laisser bouillir. La sauce épaissit légèrement. Versez-en un peu au fond d'un légumier chaud, ajoutez les coquilles égouttées. Recouvrez-les de sauce et servez-les telles quelles ou accompagnées de riz nature.

Le secret

des coquilles fermes et moelleuses : elles ne doivent pas bouillir, mais seulement «frissonner» de 3 à 5 mn, selon leur épaisseur. Une cuisson trop violente et trop prolongée les fait éclater et durcir.

Entrée chaude

FACILE
RAISONNABLE
PETITES RÉCEPTIONS
PRINTEMPS-AUTOMNE-HIVER

Pour 4, il faut :

12 coquilles,
30 g de beurre,
250 g de champignons,
1 verre de vin blanc sec,
1 oignon,
1 clou de girofle,
1/2 citron,
chapelure,
bouquet garni,
sel, poivre.

Sauce :

1 cuil. à soupe très bombée de farine,
30 g de beurre ou de margarine,
1 bol de jus de cuisson + jus de champignons,
1 jaune d'œuf,
1 cuil. à soupe de crème fraîche,
sel, poivre.

4 écailles vides.

Coquilles Saint-Jacques Mornay

Préparation et cuisson : 1 h

1. Nettoyez soigneusement les coquilles avant de les mettre à cuire dans un court-bouillon froid composé de : 1 verre de vin blanc, autant d'eau, oignon, clou de girofle, bouquet garni, sel, poivre. Portez très doucement à ébullition. Puis laissez frissonner très doucement 3 ou 4 mn.

2. Nettoyez les champignons. Coupez-les en lamelles. Faites-les cuire 5 mn avec très peu d'eau, jus de citron, noisette de beurre, sel, poivre.

3. Sauce : mélangez sur feu doux beurre ou margarine et farine. Ajoutez-y d'un seul coup, 1 bol de liquide (court-bouillon des coquilles + jus de champignons), sel, poivre. Remuez jusqu'à épaississement. Laissez mijoter 5 mn. Incorporez la crème fraîche. Puis, hors du feu, le jaune d'œuf.

4. Déposez un peu de sauce au fond de chaque écaille, puis les chairs, champignons, corail. Recouvrez de sauce et parsemez de chapelure. Mettez une noisette de beurre sur chacune avant de faire gratiner quelques minutes dans le haut du four très chaud.

Économique :

Si les noix sont très épaisses, coupez-les en deux ou trois, dans l'épaisseur, avant de les cuire. Elles feront ainsi plus de profit. Retirez-les du feu dès ébullition.

Entrée chaude ou plat principal

FACILE
CHER
PETITES RÉCEPTIONS
PRINTEMPS-AUTOMNE-HIVER

Pour 4, il faut :

12 ou 16 coquilles,
30 g de beurre,
1 échalote,
farine,
persil,
citron,
sel, poivre.

Coquilles Saint-Jacques sautées

Préparation et cuisson : 30 mn

1. Hachez échalote et persil. Nettoyez et lavez soigneusement les coquilles.

2. Épongez soigneusement les chairs. Passez-les dans la farine. Secouez pour ôter l'excès. Mettez à dorer dans une poêle contenant 30 g de beurre moyennement chaud. Retournez-les pour laisser dorer l'autre côté. Enfin, saupoudrez de persil et d'échalote hachés, sel, poivre. Couvrez et laissez cuire à feu doux 5 mn de plus. Arrosez de citron juste avant de servir.

Solution express :

Les coquilles Saint-Jacques surgelées. Comptez 2 paquets pour 4 convives. Il faut compter 1 h 30 à l'eau froide pour décongeler les coquilles. Toutefois pour aller plus vite, mettez-les dans de l'eau un peu chaude mais sans les ôter de leur sac étanche transparent.

MICRO-ONDES

Vous pouvez y cuire très rapidement des coquilles Saint-Jacques et sans salir d'ustensile de préparation : tranchez les chairs blanches dans l'épaisseur, en 2 ou 3 lamelles. Étalez-les côte à côte dans une assiette ou un plat. Parsemez de fines herbes, noisettes de beurre, citron, sel, poivre. Couvrez d'un film étirable. Mettez au micro-ondes de 1 à 2 mn (puiss. maxi) selon la quantité (le corail, s'il y en a, sera ajouté à mi-cuisson seulement car il éclate facilement).

Entrée chaude

TRÈS FACILE
RAISONNABLE
PETITES RÉCEPTIONS
TOUTES SAISONS

Pour 4, il faut :

4 douzaines d'escargots (en boîte),
1 verre de vin blanc sec,
4 douzaines de coquilles vides.

Beurre d'escargots :

250 g de beurre,
1 gousse d'ail,
1 échalote,
2 cuil. à soupe de vin blanc sec,
persil,
1 cuil. à café de sel,
poivre.

Escargots Bourguignonne

Préparation et cuisson : 45 mn

1. Beurre d'escargots : hachez finement ail, échalote et persil. Malaxez le beurre avec une cuiller en bois pour lui donner la consistance d'une crème. Incorporez-y le hachis, sel, poivre et 2 cuil. à soupe de vin blanc.

2. Égouttez les escargots. Garnissez chaque coquille vide avec une noisette de farce, un escargot égoutté et, de nouveau, de la farce en tassant bien. Déposez-les au fur et à mesure dans des petits plats à alvéoles, spéciaux pour escargots. A défaut, des plats à œufs feront l'affaire.

3. 15 mn avant le repas, allumez le four. Versez 2 cuil. de vin blanc dans chaque plat d'escargots. Mettez à four chaud (th. 6-7) de 5 à 10 mn, jusqu'au moment où la farce se met à bouillonner en moussant.

Raffinement :

Les **escargots** sont entièrement **préparés et cuits à la maison :** c'est très long. Faites-les d'abord jeûner plusieurs jours. Au moment de la préparation, mettez-les à dégorger 2 h dans beaucoup d'eau, avec sel et vinaigre.

Faites-les cuire ensuite 5 mn à l'eau bouillante. Égouttez-les et sortez-les des coquilles. Coupez la partie noire du pied. Enfin la cuisson au court-bouillon, très aromatisée, est menée à petite ébullition pendant 3 ou 4 h. Voir plus haut pour la préparation finale.

Entrée chaude

TRÈS FACILE
RAISONNABLE
PETITES RÉCEPTIONS
PRINTEMPS-AUTOMNE-HIVER

Pour 4, il faut :

4 douzaines de grosses moules de Méditerranée,
125 g de beurre,
1 échalote,
1 gousse d'ail,
150 g de mie de pain,
persil,
sel, poivre.

Moules gratinées

Préparation et cuisson : 30 mn d'avance + 10 mn au moment du repas

1. Grattez et lavez les moules. Faites-les ouvrir sur feu vif dans une cocotte couverte. Secouez la cocotte 2 ou 3 fois au cours de la cuisson. Dès que les moules sont ouvertes, retirez-les du feu. Détachez une coquille de chaque moule. Si les moules sont petites, mettez-en deux par coquille.

2. Hachez échalote, ail, persil. Malaxez avec 125 g de beurre, la mie de pain finement émiettée, sel, poivre. Recouvrez chaque coquille avec cette farce. Rangez-les au fur et à mesure dans des plats individuels, genre plats à œufs, et mettez au réfrigérateur.

3. Au moment du repas, faites gratiner de 8 à 10 mn sous le grilloir du four, à défaut dans le haut du four très chaud. Servez aussitôt.

Économique :

Surtout ne jetez pas un reste de jus de moules ou de coques. Mettez-le au froid et utilisez-le le lendemain pour préparer une sauce pour poisson du type sauce blanche ou tout simplement pour corser une soupe de poisson en sachet.

Pratique :

Peut être préparé d'avance, sauf le gratinage qui, au moment du repas, sera effectué sous le grilloir du four (le micro-ondes est déconseillé dans le cas présent).

Moules marinière

TRÈS FACILE
BON MARCHÉ
PRINTEMPS-AUTOMNE-HIVER

Préparation et cuisson : 45 mn

Pour 4, il faut :

4 litres de moules,
15 g de beurre,
2 échalotes,
1 verre de vin blanc sec (facultatif),
persil,
poivre.

A Si vous disposez encore d'un peu de temps, retirez une écaille à chaque moule.

1. Grattez bien et lavez les moules. Mettez-les dans une cocotte avec une noix de beurre, échalotes hachées, vin blanc (facultatif). Faites-les ouvrir dans la cocotte couverte, sur feu vif, pendant quelques minutes. Mélangez 2 ou 3 fois pendant la cuisson.

2. Dès que les moules sont ouvertes, retirez-les de la cocotte. Conservez le jus de cuisson. Déposez-les dans un plat creux, au chaud (photos A, B).

3. Passez le jus de cuisson des moules à travers une passoire fine (photos C, D). Remettez-le sur le feu. Laissez bouillir un instant. Poivrez. Versez sur les moules. Saupoudrez de persil haché et servez.

Raffinement :

Mélangez un peu de crème fraîche épaisse à la sauce, sur le feu, à la dernière minute.

B Arrangez-les en rosace dans un plat creux, avant de les arroser de sauce.

C Mettez un papier absorbant au fond d'une passoire fine.

D Passez le jus des moules, le sable restera sur le papier.

TRÈS FACILE
BON MARCHÉ
PRINTEMPS-AUTOMNE-HIVER

Variantes de moules marinière

Bonne femme

Mettez dans la cocotte, en même temps que les moules, un hachis de céleri-rave ou branche (100 g), champignons (100 g), en plus des ingrédients habituels. Faites cuire 5 à 6 mn. Passez le jus de cuisson. Incorporez-y 2 noix de beurre malaxé avec même quantité de farine. Remettez sur le feu 2 mn avec jus de citron. Versez, ainsi que le hachis de légumes, sur les moules avant de servir.

Catalane

Faites roussir un petit oignon haché avec 30 g de beurre. Saupoudrez d'une cuil. à soupe de farine. Mouillez avec 1 bol de jus de cuisson des moules. Mélangez jusqu'à épaississement. Incorporez un peu de crème fraîche, jus de citron et, hors du feu, 1 jaune d'œuf. Versez sur les moules cuites.

Au madère

Faites blondir légèrement une échalote hachée avec 30 g de beurre, puis 1 ou 2 tomates épépinées, en petits dés, sel, poivre, jus de moules. Faites bouillir, sans couvrir, 10 mn, avant d'ajouter 3 cuil. à soupe de madère. Retirez la casserole du feu dès l'ébullition. Faites cuire les moules à part. Arrosez de sauce au moment de servir.

Martegale

Faites dorer 2 gousses d'ail hachées avec un peu d'huile. Ajoutez : une poignée de mie de pain émiettée, 3 ou 4 cuil. de sauce tomate, hachis de persil et de basilic, poivre et un peu de sel. Laissez cuire à feu vif 2 ou 3 mn. Versez sur les moules.

Mouclade

Tenez les moules cuites au chaud. Mélangez sur le feu, 30 g de beurre ou de margarine et 1 cuil. à soupe bombée de farine. Ajoutez 1/2 litre de liquide (jus des moules + eau), gousse d'ail hachée. Remuez jusqu'à épaississement. Salez et poivrez si nécessaire. Laissez mijoter quelques minutes. Puis, hors du feu, incorporez le jus d'un demi-citron et un jaune d'œuf. Versez sur les moules. Persil haché.

A la moutarde

Malaxez 20 g de beurre avec même poids de farine (1 cuil. à soupe rase). Incorporez sur le feu au jus des moules passé, pour faire épaissir. Puis, hors du feu, ajoutez 2 cuil. à café de moutarde forte. Versez sur les moules. Saupoudrez de cerfeuil.

Normande

Ajoutez aux moules : branches de céleri et de persil hachées, avant cuisson. Puis, à la sauce, préalablement passée au tamis, incorporez pas mal de crème fraîche et de persil haché.

Au safran

Faites cuire très doucement, sans colorer, un hachis composé d'un oignon et d'un blanc de poireau avec une noix de beurre. Puis, ajoutez une tomate pelée en petits morceaux, gousse d'ail hachée, thym, laurier, 1 g de safran, 1/2 verre de vin blanc, pincée de cayenne. Laissez bouillir pendant que cuisent les moules marinière. Ajoutez leur jus passé à la sauce précédente. Laissez évaporer en bouillant sur le feu, quelques instants. Versez sur les moules au moment de servir.

Entrée froide

TRÈS FACILE
CHER
PETITES ET GRANDES RÉCEPTIONS
PRINTEMPS-AUTOMNE-HIVER

Pour 4, il faut :

24 huîtres,

Oyster sauce :

2 cuil. à soupe de tomato Ketchup,
1 cuil. à soupe de Chili sauce,
1 cuil. à café de mayonnaise (en tube),
1 cuil. à café de Horseradish,
sel, poivre,
paprika (facultatif).
Glace pilée.

Oyster cocktail

Préparation : 30 mn

1. Oyster sauce : mélangez au fouet les ingrédients de la sauce qui doit être très relevée. Elle se présente comme une mayonnaise assez liquide.

2. Pilez la glace. Disposez-la au fond de 4 assiettes.

3. Calez 6 huîtres ouvertes dans chacune, autour d'une coupelle de sauce (photos A, B, C, D). Les convives tremperont légèrement les huîtres dans la sauce avant de les déguster.

A Déposez des cubes de glace sur un torchon.

B Maintenez la glace bien serrée et tapez énergiquement dessus avec un rouleau à pâtisserie. Faites cette opération sur une surface peu fragile sol, balcon, pierre, etc.

Variante :

Praires, palourdes et clams crus s'accommodent également bien de cette préparation inhabituelle.

Disposez-les complètement décoquillés, dans un joli verre. Assaisonnez-les de sauce. Garnissez avec une lamelle de citron ou une pincée de persil haché. Servez très froid.

C et **D** Calez les huîtres dans une grande assiette plate garnie de glace pilée autour d'une coupelle d'«oyster sauce».

MICRO-ONDES

Si vous utilisez les huîtres décoquillées, pour l'oyster cocktail par exemple, vous pouvez les faire ouvrir dans le micro-ondes : disposez-les, en couronne, 6 par 6, sur une assiette. Couvrez d'un film étirable. Temps : 3 mn (puiss. maxi).

Attendez 2 mn avant de les ouvrir, puis assaisonnez-les.

Le secret

de la glace pilée qui «tient» bien : utilisez de la glace sortant du compartiment freezer à - 18°. Deux avantages : elle est plus friable et plus facile à piler que la glace ordinaire et fond beaucoup moins rapidement.

Entrée chaude

Quiche aux moules

FACILE
RAISONNABLE
PETITES RÉCEPTIONS
PRINTEMPS-AUTOMNE-HIVER

Préparation et cuisson : 1 h 15

Pour 4, il faut :

Pâte brisée
(pour une tourtière de 20 cm de Ø) :

150 g de farine,
75 g de beurre ou de margarine,
environ 1/2 verre d'eau,
1/2 cuil. à café de sel.

Garniture :

1 litre 1/2 de moules,
1/2 verre de vin blanc sec,
1 oignon haché,
2 œufs,
3 ou 4 cuil. à soupe de crème fraîche,
1 cuil. à soupe de persil haché,
poivre,
sel (facultatif).

1. Préparez la pâte brisée (selon la recette p. 70). Tapissez-en l'intérieur d'une tourtière préalablement beurrée. Piquez le fond. Mettez au réfrigérateur.

2. Faites ouvrir les moules, sur feu vif, avec le vin blanc et l'oignon haché. Retirez-les des coquilles. Passez leur jus de cuisson à travers une passoire fine garnie de papier absorbant pour ôter tout le sable. Déposez les moules dans la tourtière de pâte.

3. Battez 2 œufs entiers avec la crème fraîche, un verre de jus de cuisson des moules, persil haché. Poivrez bien mais ne salez qu'après avoir goûté. Versez sur les moules. Faites cuire à four chaud (th. 6-7) de 30 à 35 mn.

Le secret

de la quiche : la crème fraîche, épaisse et bien fraîche, ajoutée en quantité aux œufs battus ; la cuisson rapide et la dégustation au sortir du four.

LES CRUSTACÉS

RECETTES

Les crustacés

Les gros crustacés – homards, langoustes, crabes, araignées – s'achètent vivants ou cuits, frais ou surgelés, mais jamais morts... de mort naturelle s'entend. D'ailleurs, la vente de ces crustacés morts sur l'étal des commerçants est interdite.

Seules les langoustines font exception car elles supportent mal le transport. Mais, achetez-les sans crainte du moment qu'elles ne sont pas noires autour des ouïes, de la queue et que leur odeur est sympathique. Elles sont quelquefois vendues crues et sans tête. Parfois cuites, dans ce cas c'est indiqué clairement à l'étalage.

Choisissez-les :

Vivants, les crustacés doivent être vigoureux et pesants. Ce qui prouve qu'ils n'ont pas eu le temps de souffrir entre le lieu de pêche et celui de la vente. Ils seront bien pleins une fois cuits. La femelle est, dit-on, plus avantageuse que le mâle ; ce n'est pas toujours le cas.

Cuits, c'est l'odeur qui vous renseignera sur leur degré de fraîcheur.

Les crustacés supportent mal, lorsqu'ils sont vivants, un séjour prolongé au réfrigérateur. Mieux vaut les conserver simplement dans un endroit frais mais pas plus de quelques heures. Si vous devez les garder plus longtemps, il est indispensable de les faire cuire au court-bouillon. Ils resteront ensuite sans inconvénient dans le réfrigérateur, mais pas plus de 24 h tout de même. Vous les présenterez froids avec une mayonnaise ou sous forme de cocktail de crustacés.

Le crabe L'araignée de mer Les étrilles

Parmi les gros crabes, le tourteau à carapace lisse brun-rouge, ou «dormeur», est le plus répandu sur nos marchés.

L'araignée de mer, toute en pattes, à carapace piquante, soit rose, soit rouge est plus saisonnière. On en trouve facilement du printemps à l'automne. Sa chair, très abondante dans les pattes, est si savoureuse que certains gourmets la comparent au homard et à la langouste.

Crabes et araignées de mer sont excellents, dégustés nature avec ou sans mayonnaise, vinaigrette, etc., ou soumis à des préparations plus élaborées.

Les petites étrilles plates et brun foncé quand elles sont crues, rouges une fois cuites, aux pattes velues, ont également beaucoup de saveur. Simplement cuites au court-bouillon, elles sont très appréciées, comme hors-d'œuvre, par les amateurs patients. Elles font aussi de savoureuses bisques.

Pour le conserver vivant ne mettez surtout pas le crabe dans l'eau fraîche, croyant bien faire. Il mourrait très rapidement.

Les crevettes et bouquets

Les petites crevettes grises courantes deviennent beiges une fois cuites. On peut les trouver encore vivantes sur les marchés, mais il ne faut pas tarder à les faire cuire.

Les beaux bouquets de Bretagne, aux longues antennes et à carapace dure, prennent une teinte franchement rose, presque rouge clair, à la cuisson.

Quant aux très grosses crevettes d'Afrique du Nord, assez molles et aplaties, leur prix se situe entre celui des crevettes grises et celui des bouquets. Leur teinte naturelle est rose très pâle. Elles sont rose vif quand elles ont été recolorées artificiellement avec des colorants alimentaires.

Les écrevisses

Les écrevisses à pattes rouges sont plus grosses et de saveur plus fine que les écrevisses à pattes blanches. Généralement importées de Tchécoslovaquie et de Pologne, elles arrivent vivantes sur nos marchés. Elles coûtent cher.

Il est indispensable d'arracher un petit boyau noir, placé sous la queue, avant de les faire cuire.

La réputation des écrevisses à la nage n'est plus à faire; cette préparation suivant ma recette est, d'ailleurs, très simple. La présence de quelques écrevisses autour d'un plat de poisson, sur un fond d'artichaut ou dans une omelette, ajoute à ces préparations un cachet tout à fait exceptionnel.

Le homard

Il possède, en plus de 5 paires de pattes, deux fortes pinces, de grosseurs inégales. Cru, il est violet ou verdâtre. Il rougit à la cuisson. Un homard à la patte ou à la pince cassée risque de se vider partiellement dans le court-bouillon de cuisson. Cela n'a, par contre, aucune importance s'il est préparé à l'américaine, c'est-à-dire saisi à la poêle après avoir été coupé (vivant...) en morceaux.

Les pinces, extrêmement dures, seront toujours brisées à la cuisine avant présentation à table.

La langouste

La bretonne, d'un brun violet, est la plus fine. La langouste verte, nettement moins chère, plus coriace, vient des côtes d'Afrique et du Portugal ; la rose à grosse tête arrive du Maroc. Récemment, la langouste de Cuba, cuite ou surgelée, a fait son apparition à des prix relativement abordables.

De nature pacifique, elle n'a pas de grosses pinces agressives comme le homard, mais seulement de petites pinces, des antennes et des pattes. Les uns préfèrent la langouste, les autres le homard. C'est une question de goût. La langouste a plus de chance d'être bien pleine que le homard, plus capricieux. En tout cas, langoustes et homards s'accommodent des mêmes recettes.

Avis aux cuisinières sensibles :

Un homard ou une langouste mis à l'eau bouillante se débat de 30 s à 1 mn et plus. Posez le couvercle du fait-tout dessus pour éviter les éclaboussures brûlantes. Mis à l'eau tiède et doucement portée à ébullition, votre crustacé supporte l'épreuve sans réagir.

Vous pouvez également l'étourdir avant de le couper pour le griller ou le préparer à l'américaine. Plongez-le alors une minute dans une bassine d'eau bouillante, ou placez-le sous le robinet d'eau chaude.

Les langoustines

Les langoustines pêchées loin en mer, sont rarement vivantes aux points de vente. Il est utile de dire qu'elles sont vendues presque toujours crues. Leur couleur rose et leur aspect en a trompé plus d'une parmi les maîtresses de maison débutantes !

Elles se prêtent à de multiples préparations : au court-bouillon, sautées à la poêle, en beignets, en brochettes.

Décortiquer une langoustine :

Coupez l'intérieur de la carapace avec des ciseaux (photo A).

Écartez, la chair viendra sans difficulté (photos B et C).

A

B

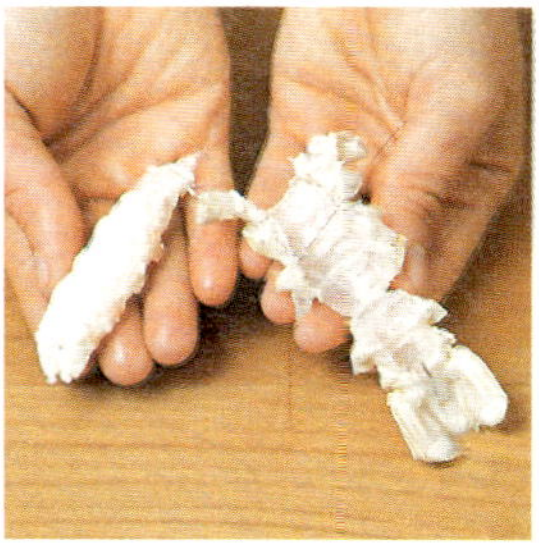

C

Préparez-les :

Notions de base

	Quantité par personne	Préparation et cuisson
Araignée de mer **Tourteau**	500/600 g	Vivants. Eau bouillante, bouquet garni, sel, poivre. Couvrez au début, 15/25 mn selon grosseur. Égouttez aussitôt cuits.
Étrilles		Étrilles : 5 mn petite ébullition.
Crevettes grises **Crevettes roses** **Bouquets**	50/75 g	Vivantes ou surgelées. Eau bouillante, très salée et poivrée (eau de mer si possible). Couvrez. Reportez juste à ébullition. Passez sous l'eau froide. Égouttez.
Gambas	250 g	A la poêle, ou sur gril, 3 à 5 mn de chaque côté, selon grosseur. On peut flamber au cognac.
Écrevisses	6/8	Vivantes ou surgelées. (Otez le boyau noir sous la queue. Lavez). Court-bouillon bouillant, très relevé, 10 mn petite ébullition. Couvrez au début.
Langoustines	300/400 g	Eau bouillante, bouquet garni, sel, poivre. 2/4 mn douce ébullition, selon grosseur. Couvrez au début. Égouttez. A la poêle, 10/15 mn, feu moyen.
Homard **Langouste**	Entrée : 2 kg pour 6/8	Vivants ou surgelés. Entiers. Eau bouillante, bouquet garni, sel, poivre. 20/30 mn ébullition, selon grosseur. Couvrez au début. Égouttez.
	Grillé : 700/800 g pour 2	Fendu en 2 (ôtez la poche à graviers). 20/25 mn sur gril ou dans four bien chaud. Arrosez souvent.

Pensez aux casse-noix individuels quand vous mettez des crustacés au menu. Pensez aussi aux rince-doigts... surtout s'il s'agit de langoustines à l'Américaine ou à la crème !

Comment traiter les crustacés surgelés :

Crabes, crevettes, langoustines et langoustes sont les plus courants parmi les crustacés surgelés. Les queues de langoustes sont particulièrement avantageuses.

Conservation :

- de 24 à 48 h dans le réfrigérateur,
- de 3 à 4 jours dans le compartiment à glace (freezer),
- de 2 à 3 mois dans le conservateur (à - 18°),
- si vous ne disposez pas de réfrigérateur, consommez-les dans la journée.

Décongélation :

Au choix :
- dans le réfrigérateur, sur une passoire ;
- sous un filet d'eau froide dans le sachet d'origine (mais si vous êtes très pressée seulement).

Préparation :

A peu de chose près, les crustacés surgelés sont accommodés comme les frais. Cependant, les préparations relevées ou accompagnées d'une sauce condimentée leur conviennent mieux que les autres.

Égouttez-les, puis épongez-les dans un papier absorbant avant de les cuisiner.

Tous les crustacés sont dégelés entièrement avant d'être mis à cuire au court-bouillon ou au gril. Par contre, les langoustines et les gambas, destinés à être préparés en beignets, peuvent, encore surgelés, être enrobés de pâte et plongés dans la friture.

MICRO-ONDES

Il est déconseillé pour la décongélation des petits crustacés et des pinces de tourteau qui pourraient, en se desséchant, devenir fibreux.

Entrée chaude

Barquettes de langoustines au curry

FACILE
RAISONNABLE
PETITES RÉCEPTIONS
TOUTES SAISONS

Préparation et cuisson : 20 mn

Pour 4, il faut :

4 tartelettes toutes préparées,
150 g de queues de langoustines décortiquées, surgelées,
sel, poivre.

Sauce curry :

1 cuil. à soupe rase de farine,
20 g de beurre ou de margarine,
1 verre de jus de cuisson des langoustines,
1 cuil. à café de curry,
1 cuil. à café de crème fraîche,
sel, poivre.

1. Mettez les langoustines dans une casserole avec un verre d'eau, sel, poivre. Portez lentement à ébullition. Égouttez aussitôt et gardez le jus. Coupez les langoustines en dés.

2. Sauce : mélangez beurre ou margarine et farine sur feu doux. Ajoutez 1 verre de jus de cuisson des langoustines, curry. Mélangez jusqu'à ébullition. Ajoutez la crème fraîche. Laissez mijoter 5 mn. Vérifier l'assaisonnement.

3. Garnissez les barquettes de langoustines et de sauce. Servez-les telles quelles ou après les avoir passées sous le grilloir 2 ou 3 mn.

MICRO-ONDES

Vous pouvez y préparer cette sauce – du type Béchamel – sans risque de grumeaux.

Dans un bol, faites fondre le beurre (1 mn) au micro-ondes (puiss. maxi). Incorporez-y la farine. Retour au micro-ondes (30 s). Mélangez avec le jus des langoustines, la crème et l'assaisonnement. Remettez à cuire 2 mn environ, en fouettant 2 fois en cours de cuisson.

Entrée chaude

FACILE
CHER
PETITES RÉCEPTIONS
PRINTEMPS-AUTOMNE-HIVER

Pour 4, il faut :

1 kg de langoustines crues (ou une vingtaine de langoustines surgelées décortiquées).

Pâte à beignets :

(voir page 102).

Beignets de langoustines

Préparation et cuisson : 1 h 30 ou 20 mn

1. Otez les têtes, vous n'utilisez que les queues. Coupez l'intérieur de la carapace avec des ciseaux. Écartez pour en extraire la chair (photo p. 89)

2. Plongez les queues une par une dans la pâte à beignets de votre choix, puis dans l'huile bien chaude mais non fumante. Si elles sont très grosses, coupez-les en deux dans le sens de l'épaisseur. Une fois les beignets dorés et soufflés, égouttez-les soigneusement. Servez très chaud.

Décongélation :

Les queues de langoustines seront décongelées sous l'eau froide plutôt qu'au four micro-ondes d'où elles sortiraient un peu fibreuses.

Entrée chaude ou buffet

TRÈS FACILE
RAISONNABLE
PETITES RÉCEPTIONS
TOUTES SAISONS

Pour 4, il faut :

1 paquet de crevettes décortiquées (surgelées ou non).

Pâte à beignets rapide :

(voir page 102).

Beignets de crevettes

Préparation et cuisson : 20 mn

1. Trempez les crevettes dans la pâte à beignets rapide. Jetez-les dans l'huile très chaude.

2. Dès qu'elles sont de couleur ivoire, égouttez-les sur du papier absorbant. Servez très chaud.

Solution express :

Les langoustines ou les crevettes surgelées, trempées non dégelées dans la pâte à beignets et aussitôt mises à l'huile moins chaude que d'ordinaire afin de laisser le temps de dégeler et de cuire à la fois.

Raffinement :

Laissez macérer 1 h les poissons ou les crustacés avec : huile, jus de citron, aromates, sel, poivre. Vous les ferez frire ensuite comme d'habitude, leur saveur sera plus fine encore.

Entrée chaude

FACILE
CHER
PETITES ET GRANDES RÉCEPTIONS
PRINTEMPS-AUTOMNE-HIVER

Pour 4, il faut :

1 kg de langoustines crues (fraîches ou surgelées) non décortiquées,
2 cuil. à soupe d'huile,
1 cuil. à soupe de riz,
1 carotte,
1 oignon
bouquet garni,
1/3 de verre de vin blanc,
3 cuil. à soupe de cognac,
2 tomates,
1 cuil. à café de tomate concentrée,
2 cuil. à soupe de crème fraîche,
sel, poivre.

Bisque de langoustines

Préparation et cuisson : 1 h 15

1. Séparez les têtes des langoustines de leur queue. Faites rapidement revenir le tout dans un peu d'huile très chaude en compagnie d'oignon et carotte hachés. Arrosez avec la moitié du cognac seulement. Faites flamber sur le feu.

2. Ajoutez : riz, tomates fraîches et concentrées, 1 litre 1/4 d'eau, vin blanc, bouquet garni, sel, poivre.

3. Au bout de 4 ou 5 mn, retirez les queues de langoustines de la bisque, mais laissez cuire le reste 10 mn supplémentaires.

4. Décortiquez les queues de langoustines. Coupez la chair en dés.

5. Passez la bisque à la moulinette ou au mixer pour briser les têtes et en extraire le plus de jus possible. Remettez la bisque quelques instants sur le feu avec les dés de langoustines, reste de cognac et crème fraîche.

Économique :

La bisque d'étrilles.

Elle se prépare de la même manière. Elle est également délicieuse mais craque toujours un peu sous la dent.

Entrée chaude

FACILE
CHER
PETITES RÉCEPTIONS
PRINTEMPS-AUTOMNE-HIVER

Pour 4 brochettes, il faut :

12 queues de langoustines non décortiquées,
8 noix de coquilles Saint-Jacques,
8 dés de lard maigre,
huile,
citron,
sel, poivre.

Brochettes de fruits de mer

Préparation et cuisson : 20 mn

1. Coupez le citron en demi-rondelles. Enfilez sur chaque brochette en alternant : 3 queues de langoustines, 2 coquilles Saint-Jacques, 2 dés de lard et des demi-rondelles de citron.

2. Badigeonnez les brochettes d'huile. Salez, poivrez. Faites cuire sous le grilloir ou dans le haut du four très chaud, 5 à 6 mn de chaque côté.

(Photos de la recette du crabe «Matoutou» de la page 97.)

DÉCORTICAGE DU CRABE :

A

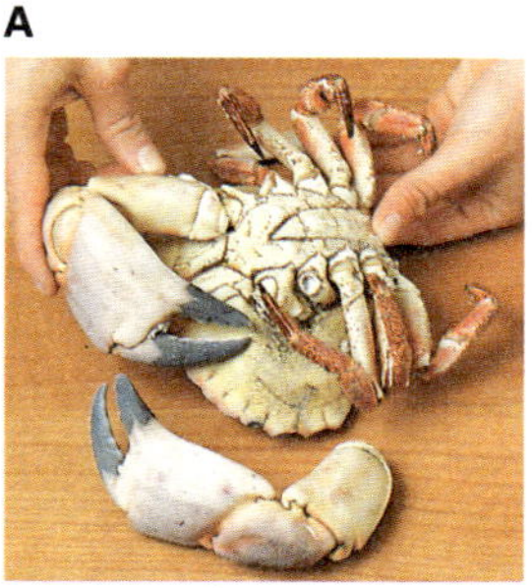

B

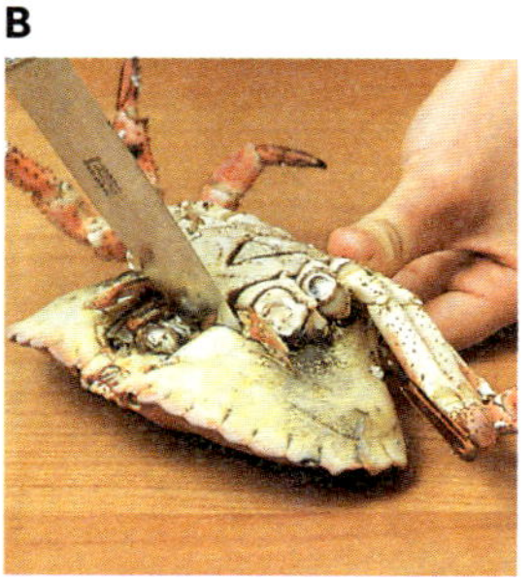

C

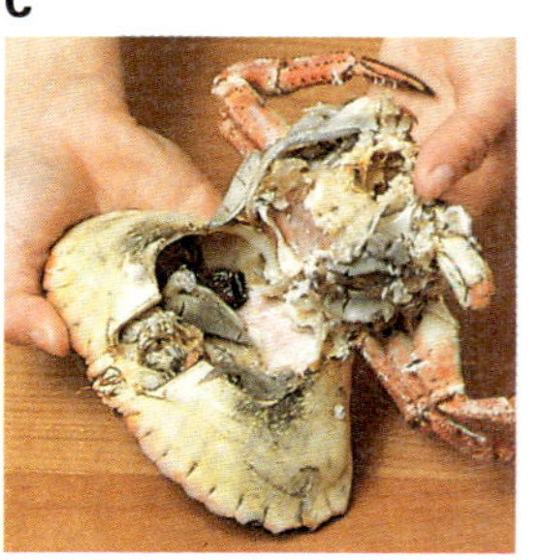

Entrée chaude

FACILE
CHER
PETITES RÉCEPTIONS
PRINTEMPS-AUTOMNE-HIVER

Pour 4, il faut :

4 crabes de 500 g chacun, ou 400 g de chair de crabe surgelée,
50 g de beurre,
150 g d'échine de porc hachée,
3 têtes de cives ou 3 petits oignons,
100 g de pain de mie,
1/2 verre de vin blanc sec,
1 gousse d'ail,
1 petit piment,
chapelure, sel, poivre.

Court-bouillon :

1 verre de vinaigre,
1 carotte,
1 oignon,
3 clous de girofle,
bouquet garni, sel,
10 grains de poivre.

Crabe «Matoutou»

(spécialité martiniquaise)

Préparation et cuisson : 2 h 30

1. Faites cuire les crabes environ 10 mn au court-bouillon. Laissez tiédir dedans.

2. Décortiquez les crabes (voir photos). Retirez la chair des pattes, des pinces et des alvéoles formant le coffre du crabe. Trempez le pain de mie dans le vin blanc.

3. Hachez les cives (ou les oignons), ail et piment. Faites blondir ainsi que le hachis de porc avec 30 g de beurre ou de margarine. Ajoutez alors la chair de crabe, le pain pressé et écrasé, sel, poivre.

4. Emplissez les carapaces de farce. Saupoudrez de chapelure et de noisettes de beurre ou de margarine. Faites gratiner sous le grilloir ou dans le haut du four très chaud.

MICRO-ONDES ET SURGELÉS

La chair de crabe surgelée y dégèlera en une bonne dizaine de minutes Au fur et à mesure de leur réchauffement, détachez les morceaux à l'aide d'une fourchette et sortez-les du four.

La chair de crabe dégelée sera ensuite accommodée comme dit au § 3. Le tout sera réparti dans des plats à œufs individuels (à défaut de coffres de crabes) et mis à gratiner sous le grilloir.

Entrée chaude ou froide

TRÈS FACILE
CHER
PETITES ET GRANDES RÉCEPTIONS
PRINTEMPS-AUTOMNE-HIVER

Pour 4, il faut :

24 écrevisses,
1 noix de beurre ou de margarine,
1 bouteille de vin blanc sec,
1 carotte,
1 oignon,
bouquet garni,
5 grains de poivre,
sel, cayenne.

Écrevisses à la nage

Préparation et cuisson : 45 mn

1. Court-bouillon : coupez en rondelles carotte et oignon. Faites-les revenir dans un fait-tout avec une noix de beurre ou de margarine. Ajoutez-y une bouteille de vin blanc, autant d'eau, bouquet garni, sel, 5 grains de poivre, 1 pincée de cayenne. Couvrez. Laissez bouillir doucement 30 mn.

2. Lavez les écrevisses à grande eau. Retirez le petit boyau noir qui se trouve sous le milieu de leur queue (saisissez le boyau avec la pointe d'un petit couteau et retirez doucement pour ne pas le briser).

3. Plongez les écrevisses dans le court-bouillon bouillant. Laissez-les cuire 10 mn. Servez-les chaudes ou froides dans leur court-bouillon (autrement dit : «à la nage»). Décorez le plat en posant sur l'ensemble une écrevisse troussée selon les photos.

TROUSSER UNE ÉCREVISSE
(identique pour une langoustine)

A

B

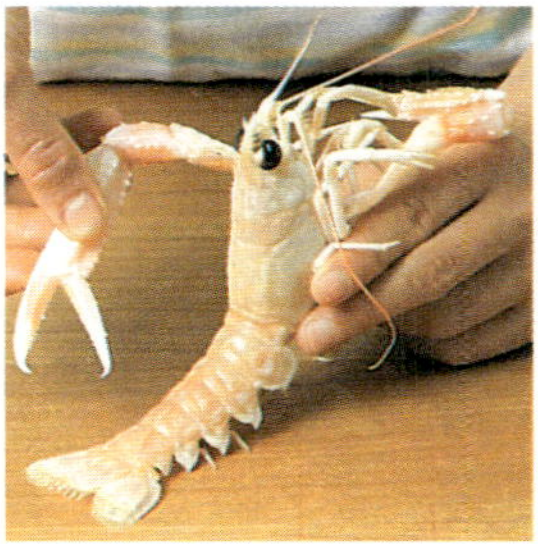

A Montez la patte vers le haut.

B Continuez pour lui faire rejoindre la queue dans laquelle vous enfoncez une seule des pinces.

Entrée chaude

FACILE
CHER
PETITES RÉCEPTIONS
PRINTEMPS-AUTOMNE-HIVER

Pour 4 ou 6, il faut :

2 kg de langoustines crues (fraîches ou surgelées),
2 cuil. à soupe d'huile,
1 petite carotte,
1 échalote,
1 gousse d'ail,
3 cuil. à soupe de cognac,
1/2 litre de vin blanc sec,
3/4 de litre d'eau,
1 cuil. à soupe de concentré de tomate,
1 tasse de crème fraîche,
1 jaune d'œuf,
bouquet garni,
cayenne,
sel, poivre.

Gratin de langoustines

Préparation et cuisson : 1 h 30

1. Dans une cocotte, faites sauter les langoustines sur feu vif avec un peu d'huile. Puis ajoutez : carotte, échalote et ail hachés. Arrosez de cognac. Faites flamber sur le feu. Ajoutez ensuite : vin blanc, concentré de tomate, eau, bouquet garni, sel, poivre, pincée de cayenne. Couvrez. Laissez bouillir très doucement 3 ou 4 mn.

2. Décortiquez les langoustines. Déposez-les dans un plat tenu au chaud. Pilez les carapaces à la moulinette. Ajoutez le jus à la sauce de cuisson. Reportez sur le feu vif, 20 mn sans couvrir. Passez cette sauce à travers une passoire garnie d'un papier absorbant.

3. Délayez jaune d'œuf et crème. Incorporez à la sauce hors du feu. Reportez quelques instants sur le feu en mélangeant sans laisser bouillir. Versez sur les langoustines. Glissez le plat 3 mn sous le grilloir, ou dans le haut du four très chaud. Présentez dans un légumier.

Truc :

Si vous jugez votre sauce encore trop liquide (avant d'y ajouter jaune d'œuf et crème fraîche), il est encore temps d'y incorporer une noix de beurre malaxée avec un même volume de farine. Faites bouillir un instant. Vous ajoutez ensuite hors du feu, le jaune d'œuf et la crème fraîche.

Entrée chaude ou plat principal

FACILE
CHER
PETITES ET GRANDES RÉCEPTIONS
PRINTEMPS-AUTOMNE-HIVER

Pour 4, il faut :

1 homard de 1,5 kg,
3 ou 4 tomates,
5 cuil. à soupe d'huile,
1 carotte,
1 échalote,
1 verre à liqueur de cognac,
1 cuil. à soupe pleine de farine,
1 cuil. à soupe de tomate concentrée,
1 verre 1/2 de vin blanc sec,
25 g de beurre,
bouquet garni avec estragon,
fines herbes,
2 ou 3 pincées de cayenne,
sel, poivre.

Homard à l'Américaine

Préparation et cuisson : 1 h 15

1. Maintenez le homard vivant sur une planche à découper. Détachez les pinces. Tranchez-lui la tête (coffre) et découpez la queue en 5 ou 6 tronçons. Salez et poivrez. Fendez la tête en deux dans la longueur. Retirez-en la matière molle et la partie verdâtre (corail) et mettez-les à part, elles serviront à lier la sauce. Jetez la poche qui contient du sable (photo p. 103). Brisez les pinces d'un coup sec, avec un marteau. Épluchez et coupez les tomates en morceaux.

2. Faites chauffer 4 cuil. à soupe d'huile dans une grande poêle. Jetez dedans les morceaux de homard, y compris les pinces. Ils rougissent rapidement sur feu vif. Retirez du feu aussitôt.

3. Coupez finement carotte et échalote. Faites-les sauter dans une cocotte avec 1 cuil. à soupe d'huile. Ajoutez-y homard et cognac. Faites flamber sur le feu. Mettez alors les tomates fraîches et le concentré, 1 verre 1/2 de vin blanc, autant d'eau, bouquet garni, poivre de Cayenne, sel, poivre. Laissez bouillir, sur feu vif de 20 à 30 mn.

4. Égouttez les morceaux de homard dans un plat. Tenez-les au chaud. Passez la sauce et remettez-la sur feu vif quelques instants pour la faire diminuer d'un bon tiers. Incorporez-y ensuite 1 grosse noix de beurre malaxée avec 1 cuil. à soupe pleine de farine.

Hors du feu ajoutez la matière crémeuse et le corail verdâtre du homard. Versez sur les morceaux. Parsemez de fines herbes hachées (estragon si possible) et servez bien chaud.

L'accompagnement traditionnel est du riz.

Variante :

La langouste et même les langoustines peuvent se préparer à l'Américaine, en suivant la même recette.

Le secret

des pinces de homard grillées non desséchées : elles sont entourées de papier d'aluminium à mi-cuisson, car elles cuisent plus rapidement (page 103)

Pâte à beignets

(Méthode traditionnelle)

Préparation : 10 mn
Attente : 1 h

Il faut :

5 cuil. à soupe de farine très pleines,
1 œuf entier + 2 blancs,
1 cuil. à soupe d'huile,
3/4 de verre de bière,
1/4 de cuil. à café de sel.

1. Mettez dans un saladier : la farine, l'œuf entier, l'huile, un peu de sel. Mélangez bien avec une cuiller en bois. Ajoutez la bière peu à peu pour obtenir une pâte beaucoup plus épaisse que la pâte à crêpes. Laissez reposer 1 h si possible.

2. A la dernière minute seulement, battez les blancs d'œufs en neige très ferme. Incorporez-les délicatement à la pâte. Utilisez-la immédiatement.

Variantes :

La bière peut être remplacée par de l'eau ou du lait.

Les blancs d'œufs ne sont pas obligatoirement battus en neige mais la pâte sera moins légère. Pour compenser, ajoutez 1/3 de cuil. à café de levure en poudre, à la dernière minute.

Pâte à beignets rapide

(Méthode orientale)

Préparation : 5 mn
Ne pas laisser reposer

Il faut :

2 blancs d'œufs,
1 cuil. à soupe bombée + 1 cuil. à soupe rase de maïzena,
1/4 de citron,
2 pincées de sel.

1. Battez les œufs en neige ferme avec 2 pincées de sel et jus de citron.

2. Ajoutez-y ensuite la maïzena en pluie tout en mélangeant délicatement avec une cuiller en bois.

Cette pâte doit être utilisée immédiatement car elle retombe vite.

(Ces deux recettes sont valables pour toutes les fritures : poissons, légumes, fruits.)

Entrée chaude

FACILE
CHER
PETITES ET GRANDES RÉCEPTIONS
PRINTEMPS-AUTOMNE-HIVER

Pour 4, il faut :

2 homards de 700 g chacun,
30 g de beurre,
thym,
1 feuille de laurier,
2 cuil. à soupe d'huile,
1 cuil. à soupe de crème fraîche,
sel, poivre,
1 pincée de cayenne.

Homard grillé (ou langouste)

Préparation et cuisson : 45 mn

1. Plongez les crustacés dans l'eau bouillante. Maintenez le couvercle dessus jusqu'à ce qu'ils ne bougent plus (1 ou 2 mn). Quand ils commencent à rosir, sortez-les de l'eau.

2. Fendez-les en longueur, sur le dessus de la carapace (photos A et B). Conservez jus et corail dans un bol.

3. Déposez-les sur la plaque creuse du four, du côté carapace. Badigeonnez largement d'huile. Parsemez de sel, poivre, feuilles de thym et laurier émietté. Mettez sous le grilloir ou à four bien chaud (th. 7-8) de 20 à 25 mn. Badigeonnez encore en cours de cuisson.

4. Avant de servir, malaxez à la fourchette le corail avec beurre, crème fraîche et pincée de cayenne. Étalez sur les crustacés. Remettez à four chaud quelques instants et servez.

A

B

A Attaquez au milieu de la tête, fendez jusqu'à la queue.

B Retirez du coffre seulement la poche à graviers.

Entrée froide

Langouste en Bellevue

DIFFICILE
CHER
GRANDES RÉCEPTIONS
TOUTES SAISONS

Préparation et cuisson : 3 h 30

Pour 8 ou 10, il faut :

1 très grosse langouste (crue ou cuite) de 2, 500 kg,
2 sachets de gelée,
2 bols de mayonnaise.

Garniture :

5 œufs durs,
10 petites tomates,
macédoine de légumes,
cerfeuil ou estragon,
1 citron.

1. Avant de faire cuire la langouste au court-bouillon, ficelez-la sur une planchette (photo A). Cuisez-la ensuite de 25 à 30 mn. Égouttez-la (photo B).

2. Séparez la tête de la queue dans un mouvement vissant. Coupez la carapace par dessous (photo C). Extrayez la chair (photo D). Coupez en rondelles de 1 cm d'épaisseur (médaillons).

3. Décor des médaillons : préparez 2 bols de mayonnaise. Incorporez-y 1/3 de bol de gelée, froide mais encore liquide*. Couvrez-en les médaillons. Déposez sur une grille (photo E). Mettez au frais.

4. Présentation de la langouste : la carapace est reformée, la tête étant posée sur un socle pour la redresser (photo F et G). Un hâtelet (brochette décorée) garni de citron et tomate (photo H) est planté dedans, entre les yeux. Les médaillons se chevauchent sur le dos de la carapace (rangez-les sur la carapace en commençant par la tête). Et tout autour du plat, tomates emplies de macédoine-mayonnaise, œufs durs et laitue.

* La gelée ne fera pas tourner votre mayonnaise, au contraire elle l'aidera à conserver sa bonne tenue.

Pratique :

Vous gagnerez du temps en achetant la langouste cuite ou en demandant au poissonnier de cuire celle de votre choix.

CUISSON ET PRÉPARATION

A Maintenez la langouste vivante allongée sur une planchette en la ficelant solidement. Votre mari aura peut-être plus de poigne que vous pour faire ce travail!

B Retirez la langouste cuite du court-bouillon. Enfoncez-lui la pointe d'un grand couteau entre les deux yeux pour permettre l'écoulement de l'eau.

C Avec des ciseaux, coupez de part et d'autre des cartilages souples.

D Extrayez la chair en glissant les doigts sous la carapace.

PRÉSENTATION

E Les médaillons, sur une grille, sont recouverts de mayonnaise à la gelée. Le décor (feuilles de cerfeuil, pelures de tomates, etc.) est déposé dessus à la pointe d'un couteau.

F Pour redresser la tête de la langouste, appuyez-la sur un socle de pain de mie enveloppé de papier d'aluminium : coupez le cube de pain de mie en diagonale.

G Enveloppez.

H Tomate et citron découpés en dents de loup sont embrochés sur l'hâtelet. Du persil est glissé dans les fentes.

A

B

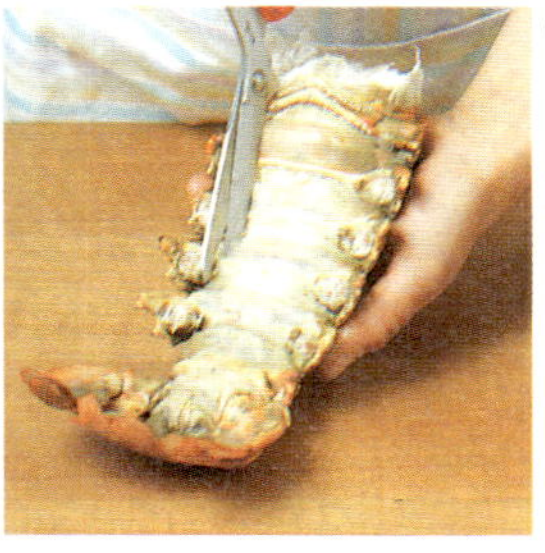
C

D

E

F

G

H

Entrée chaude

FACILE
CHER
PETITES RÉCEPTIONS
PRINTEMPS-AUTOMNE-HIVER

Pour 4, il faut :

1,250 kg de langoustines crues ou 1 kg de queues surgelées non décortiquées,
2 cuil. à soupe d'huile,
1 noix de beurre,
2 cuil. à soupe de tomate concentrée,
1 cuil. à café de farine,
1 verre à liqueur de cognac,
2 verres de vin blanc sec,
1 verre d'eau,
1 échalote,
1 gousse d'ail,
sel, poivre, cayenne.

Langoustines à l'Américaine

Préparation et cuisson : 20 mn

1. Dans une cocotte, faites sauter les langoustines non décortiquées, sur feu vif, avec un peu d'huile. Lorsqu'elles sont rose vif, ajoutez échalote et ail hachés, cognac. Faites flamber sur le feu. Ajoutez ensuite vin blanc, eau, tomate concentrée, sel, poivre, 1 ou 2 pincées de cayenne. Couvrez. Laissez mijoter 10 mn environ.

2. Égouttez les langoustines cuites. Conservez-les au chaud. Reportez la sauce de cuisson sur le feu, pour la faire réduire un peu. Malaxez une noix de beurre avec une cuillerée à café de farine. Incorporez à la sauce restée dans la cocotte. Portez à ébullition tout en mélangeant. Versez sur les langoustines et servez.

SURGELÉS

Bonne recette pour accommoder des queues de langoustines surgelées (1 kg suffit) **non décortiquées**. Les carapaces sont indispensables pour corser la saveur de la sauce.

Procédez comme dans la recette ci-dessus après avoir fait dégeler les langoustines.

Entrée chaude

FACILE
CHER
PETITES RÉCEPTIONS
PRINTEMPS-AUTOMNE-HIVER

Pour 4, il faut :

1,250 kg de langoustines crues (fraîches ou surgelées),
1 verre à liqueur de cognac,
125 g de crème fraîche,
1/2 citron,
sel, poivre de Cayenne.

Langoustines à la crème

Préparation et cuisson : 30 mn

1. Faites sauter les langoustines avec un tout petit peu d'huile. Arrosez de cognac. Portez à ébullition et faites flamber. Ajoutez la crème fraîche, sel, 1 pincée de poivre de Cayenne. Laissez cuire 10 mn.

2. Séparez les têtes de langoustines des queues. Disposez celles-ci, avec leur carapace, sur un plat tenu au chaud.

3. Laissez bouillir le jus de cuisson quelques minutes pour le faire évaporer. Passez-le. Ajoutez-y du jus de citron. Versez sur les langoustines. Servez aussitôt.

Le riz nature est l'accompagnement parfait.

Organisation :

Pensez aux casse-noix individuels quand vous mettez des crustacés au menu. Pensez aussi aux rince-doigts... surtout s'il s'agit de langoustines à l'Américaine ou à la crème !

Entrée chaude

FACILE
RAISONNABLE
PETITES RÉCEPTIONS
TOUTES SAISONS

Pour 4, il faut :

400 g de queues de langoustines (fraîches ou surgelée),
200 g de riz,
1 oignon haché,
bouquet garni,
20 g de beurre ou de margarine,
100 g de jambon cru,
4 cuil. de petits pois,
1 poivron rouge,
sel, poivre.

Langoustines à la Valencienne

Préparation et cuisson : 45 mn

1. Portez lentement les langoustines à ébullition dans très peu de court-bouillon. Laissez-les frémir 3 ou 4 mn seulement.

2. Faites revenir l'oignon haché avec le beurre ou la margarine, le jambon et 3/4 du poivron coupé finement. Ajoutez le riz et son double volume d'eau, sel, poivre, bouquet garni. Laissez cuire, mi-couvert, de 17 à 20 mn.

3. En fin de cuisson du riz, ajoutez les pois, langoustines coupées en rondelles (sauf quelques-unes conservées pour le décor). Tassez dans un moule. Puis démoulez sur un plat chaud. Décorez le dessus avec quelques queues de langoustines et des lanières de poivron rouge.

Variante :

Si vous souhaitez accompagner ce plat d'une sauce, préparez une sauce blanche avec du fumet de poisson (en sachet) et liez-la avec jaune d'œuf et crème fraîche.

Entrée froide

FACILE
CHER
PETITES ET GRANDES RÉCEPTIONS
TOUTES SAISONS

Pour 6, il faut :

2 queues de langoustes surgelées,
2 boîtes de macédoine,
1 coeur de laitue,
1 citron,
100 g de crevettes roses.

Mayonnaise :

2 jaunes d'œufs,
1/2 litre d'huile,
2 cuil. à café de moutarde forte,
2 cuil. à café de vinaigre,
sel, poivre.

Mayonnaise de langouste

Préparation et cuisson : 45 mn

1. Faites cuire les queues de langoustes au court-bouillon (voir «langouste à la parisienne», p. 112). Mettez la macédoine à égoutter dans une passoire, puis sur un torchon pour l'assécher davantage.

2. Préparez la mayonnaise selon la recette p. 114, avec les proportions ci-dessus. Mélangez-en la moitié seulement avec la macédoine. Moulez dans un saladier profond mais étroit (genre bol mixer).

3. Présentation : démoulez sur un plat. Disposez les rondelles de langouste tout autour, quelques petites feuilles de laitue au sommet. Piquez la pointe dure des crevettes dans la peau du citron. Posez-le sur la laitue. Présentez une saucière de mayonnaise à part.

Entrée chaude ou buffet

FACILE
RAISONNABLE
PETITES RÉCEPTIONS
TOUTES SAISONS

Pour 12 rouleaux, il faut :

12 galettes de riz,*
1 boîte de crabe (185 g),
30 g de beurre ou de margarine,
3 oignons,
150 g de champignons,
150 g de porc haché,
60 g de vermicelle chinois,
2 œufs,
sel, poivre,
1/2 cuil. à café de nuoc-mam.

Bain de friture.

Pâté impérial (au crabe)

(spécialité vietnamienne)

Préparation et cuisson : 1 h

1. Plongez le vermicelle dans l'eau bouillante salée. Faites bouillir 15 mn. Égouttez dans une passoire fine. Passez sous l'eau froide.

2. Hachez oignons et champignons. Faites revenir les oignons avec 30 g de beurre ou de margarine. Ajoutez le hachis de porc. Laissez cuire 10 mn. Ajoutez champignons, crabe déchiqueté, vermicelle. Mélangez. Incorporez ensuite : œufs battus en omelette, sel, poivre et nuoc-mam.

3. Mettez de l'eau tiède dans un large récipient. Plongez rapidement chaque galette dedans pour les ramollir. Égouttez-les sur un torchon. Déposez une bonne cuillerée à soupe de farce sur une extrémité de la galette. Roulez-la jusqu'à la moitié (photo A). Repliez les bords pour enfermer la farce (photo B). Finissez de rouler (photo C).

A

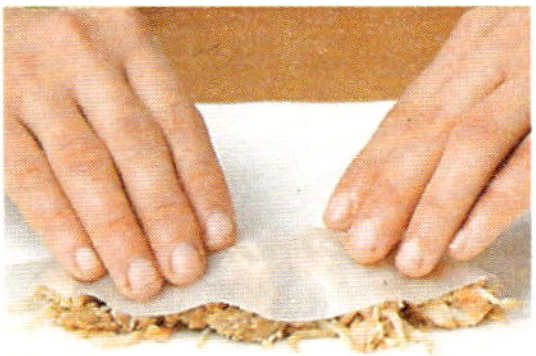

B

C

4. Plongez ces rouleaux dans la friture chaude mais non brûlante (175°), 4 mn environ. Lorsqu'ils sont dorés et croustillants, égouttez-les sur du papier absorbant. Servez avec une salade verte. Mettez le flacon de nuoc-mam sur la table pour que chacun assaisonne à son goût.

Variante :

Pour un buffet ou un cocktail, faites de petits rouleaux que l'on croquera au bout d'une pique pour n'en faire qu'une bouchée. Il suffira de couper chaque crêpe en 4 avant de la farcir.

* Galettes de riz, vermicelle chinois et nuoc-mam se trouvent dans les magasins exotiques et les rayons spécialisés des grands magasins.

Entrée froide

FACILE
CHER
PETITES ET GRANDES RÉCEPTIONS
TOUTES SAISONS

Pour 4 ou 6, il faut :

2 queues de langoustes surgelées,
1 bol de mayonnaise.

Garniture :

1 boîte de macédoine,
2 ou 3 œufs durs,
laitue,
2 ou 3 tomates.

Court-bouillon :

1/2 verre de vin blanc,
3 verres d'eau environ,
1/2 carotte,
1 petit oignon coupé,
bouquet garni,
sel, poivre.

Queues de langoustes à la Parisienne

Préparation et cuisson : 1 h
+ 1 h d'attente

1. Mettez les queues de langoustes à dégeler (voir p. 91).

2. Cuisson des queues de langoustes : mettez à cuire doucement le court-bouillon (sans vin) dans une casserole mi-couverte pendant 10 mn. Ajoutez ensuite le vin blanc. Quand cela bout, plongez les queues de langoustes dégelées dedans. Faites bouillir doucement 8 mn. Retirez du feu. Laissez refroidir dans le court-bouillon.

3. Égouttez parfaitement la macédoine dans un torchon. Préparez la mayonnaise selon la recette p. 114. Mélangez-la avec la macédoine.

4. Ouvrez en deux la carapace des queues de langoustes, sans abîmer la chair. Coupez celle-ci en rondelles. Garnissez les carapaces de macédoine et posez dessus les rondelles de langoustes.

Économique :

Si le reste du repas est copieux, 2 queues de langoustes suffisent pour une entrée pour 6. Comme vous n'avez que 4 carapaces, présentez la langouste dans des coupes, ramequins ou coquilles Saint-Jacques.

Vous pouvez également enrichir le plat à bon compte avec des quartiers d'œufs durs et de tomates.

PRÉSENTATION DES DEMI-QUEUES DE LANGOUSTES A LA PARISIENNE

A Coupez la carapace, de bas en haut, dessus et dessous sans entamer la chair.

B Écartez les deux moitiés de la carapace (passez l'index entre chair et carapace pour décoller la membrane rose qui adhère encore).

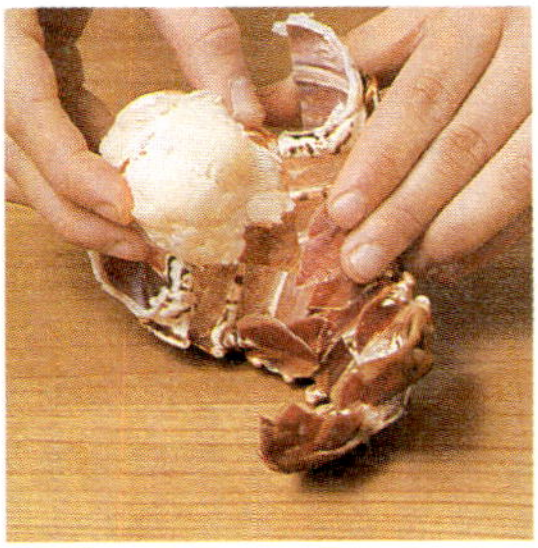

C Détachez la chair en un seul morceau.

D Coupez en rondelles assez minces (de 10 à 12 rondelles).

E Disposez-les sur les carapaces déjà emplies de macédoine à la mayonnaise. Le tout est présenté sur feuilles de laitue.

Sauce mayonnaise
(recette de base)

Préparation : 10 mn

Pour un bol de mayonnaise, il faut :

1 jaune d'œuf,
1/4 de litre d'huile,
1 cuil. à café de moutarde forte,
1 cuil. à café de vinaigre,
sel, poivre.

1. Dans un bol, battez au fouet : jaune d'œuf, sel, poivre, moutarde jusqu'à ce que le mélange soit parfaitement homogène.

2. Ajoutez-y l'huile presque goutte à goutte pour débuter. Quand la sauce commence à prendre un peu de consistance, versez l'huile plus abondamment. Tournez sans précipitation mais régulièrement pendant toute la durée de la préparation. Ajoutez 1 cuil. à café de vinaigre ou d'eau vers la fin pour la stabiliser.

Les secrets

de la mayonnaise réussie : tous les éléments doivent être à la même température pour favoriser l'émulsion ; un peu de vinaigre ou d'eau bouillante, ajouté à la fin de la préparation, la stabilise. Ce liquide amollit légèrement la mayonnaise et, cela peut surprendre, la mayonnaise trop dure a tendance à tourner rapidement. De plus, la mayonnaise ne «tournera» pas au réfrigérateur si elle est préparée avec de l'huile de tournesol qui ne fige pas à faible température (ce qui aurait pour effet de «casser» l'émulsion).

LES POISSONS

RECETTES

Plat principal

Pour mémoire

Les poissons

A force de ressasser qu'il est l'aliment idéal pour les estomacs «chagrins», les natures trop «fortes», idéal aussi pour les fins de mois difficiles, les périodes d'abstinence et de carême, on a fait au poisson une bien triste réputation !

Rien d'étonnant, donc, si le Français – né pourtant dans un pays de pêche – est un des plus modestes consommateurs de poisson.

Alors, j'ai décidé de réagir. Pour moi, le poisson évoque l'eau vive, la mer, la gaieté du port à l'heure du retour de la pêche, les bruyants marchés des bords de mer, les vacances... Et mille bonnes recettes, des plus simples aux plus subtiles. Imagineriez-vous un menu de réception sans poisson ?

Mettez donc du poisson dans vos menus. Vous savez que 100 g de poisson sans déchets sont aussi nourrissants que la même quantité de viande. Le poisson est tout spécialement recommandé pour les enfants et pour les personnes âgées. Mais, gare aux arêtes qu'ils ne voient pas très bien ; présentez-leur du poisson en filets, sans risque.

Enfin, n'achetez pas du colin à tout prix. Sachez aussi profiter des poissons pilotes offerts à très bas prix parce que pêchés et expédiés en abondance.

Choisissez :

Pour reconnaître un poisson frais, regardez :

L'œil, d'abord. Un œil de poisson ne ment pas. Creux, terne : mauvais signe. Bombé, transparent : le poisson est frais.

L'aspect général : la peau du poisson frais est brillante, les écailles bien adhérentes. Il peut être plus ou moins rigide selon la variété : harengs, maquereaux, dorades, sont très rigides quand ils sont bien frais. Par contre, merlans et colinots sont toujours assez mous.

Et si vous voulez être encore plus sûre, inspectez l'intérieur de l'ouïe qui doit être rouge et sans odeur.

... Mais si vous tenez à rester en bons termes avec votre poissonnier, il vaut mieux ne pas pousser les choses jusque-là !

Achetez par personne :

Poisson sans déchets (tranches, filets) : 120 à 150 g.

Poisson entier : de 250 à 300 g.

Faites connaissance avec d'autres poissons (car ils ont un air de famille)

Si vous aimez les :	Parce qu'ils se ressemblent et peuvent se préparer de la même façon, vous aimerez aussi :
Maquereau, hareng	sardine, chinchard, pilchard.
Merlan	rouget-barbet, grondin, capelan, tacaud.
Sole	limande, cardine, plie (ou carrelet), turbot, barbue.
Merlu (ou colin)	lieu (noir ou jaune), cabillaud (morue fraîche), congre (sauf la queue pleine d'arêtes).
Thon	germon (ou thon blanc), bonite.
Dorade	mulet, bar, pagre, mérou, saint-pierre, flétan.
Raie	roussette (ou saumonette), baudroie (ou lotte).

Le saviez-vous ?

Poissons maigres		**Poissons demi-gras**	**Poissons gras**
Barbue	Merlu (colin)	Alose	Anguille
Brochet	Morue	Baudroie	Lamproie
Cabillaud	Plie (carrelet)	Congre	Saumon
Églefin	Raie	Hareng	Thon
Grondin	Rascasse	Maquereau	
Haddock	Roussette	Mulet	
Lieu	Sole	Rouget	
Limande-sole	Truite	Sardine	
Merlan	Turbot		

Préparez :

Nettoyage du poisson :

Il comprend : l'écaillage et le vidage (le poissonnier s'en charge si vous le lui demandez) ; à vous de laver le poisson. N'oubliez pas d'ôter la peau noirâtre de l'intérieur du ventre. Si elle résiste, frottez-la avec du gros sel ; elle se détachera facilement.

Épongez très soigneusement le poisson, surtout si vous le préparez au four ou à la poêle. Utilisez du papier absorbant plutôt qu'un torchon qu'il faudrait laver ensuite.

Avec des ciseaux, coupez queue et nageoires. Le poisson tiendra moins de place.

Conservation du poisson :

Avec réfrigérateur

Vous pouvez sans crainte garder le poisson cru un jour ou deux dans le réfrigérateur. Plus longtemps serait imprudent. Enveloppez-le bien dans une feuille d'aluminium pour que l'odeur ne se répande pas dans l'appareil. Placez-le très près du freezer.

Il ne faut, en aucun cas, laisser séjourner un poisson dans l'eau sous prétexte de mieux le conserver.

Sans réfrigérateur

Pour quelques heures seulement : laissez-le dans son papier d'emballage dans un endroit frais et aéré. Ne le videz qu'à la dernière minute. Moins vous le manipulerez, mieux il se gardera. Le temps est à l'orage, écaillez et videz le poisson aussitôt après l'achat. Essuyez-le, aspergez-le de vinaigre, saupoudrez-le de sel fin et enveloppez-le d'un linge sec. Conservez dans un endroit aéré, mais pas longtemps.

Cuissons de base :

Au court-bouillon

Pour poissons gros et moyens.

Court-bouillon : faites bouillir 1/4 d'heure : 2 litres d'eau, 1/4 de verre de vinaigre, 2 oignons, 1 clou de girofle, 1 échalote, bouquet garni, sel, poivre. Laissez refroidir. Plongez-y le poisson nettoyé. Mettez sur feu doux. Juste avant l'ébullition (ou frissonnement), retirez du feu. Laissez tiédir dans le court-bouillon une dizaine de minutes.

Si le poisson doit être mangé froid, laissez-le refroidir complètement dans le court-bouillon.

Le poisson ne doit jamais bouillir. S'il bout, sa chair éclate et s'effiloche. Quelle que soit sa grosseur, il est suffisamment cuit lorsque, chauffé lentement, il arrive à ébullition.

Le vinaigre peut être remplacé par une quantité égale de jus de citron.

Ne faites pas de court-bouillon trop abondant. Il suffit que le poisson y baigne.

Solution express :

Pour un court-bouillon rapide : votre court-bouillon sera fait vraiment très concentré, avec moitié moins de liquide que d'habitude. Dès qu'il sera cuit, vous l'allongerez avec de l'eau froide. Ainsi, il sera tout de suite à bonne température pour recevoir le poisson à cuire et suffisamment corsé tout de même.

Meunière

Pour poissons moyens et petits, ou en tranches (incisez la chair le long de l'épine dorsale s'ils sont épais).

Trempez les poissons dans le lait salé et poivré. Farinez-les légèrement. Déposez-les dans une grande poêle contenant mi-beurre, mi-huile, une dizaine de minutes, à feu moyen. Retournez à mi-cuisson.

Utilisez une poêle assez grande pour que les poissons soient entièrement en contact avec le fond. Les poêles à revêtement anti-adhésif sont tout indiquées.

Si vous ne pouvez pas les cuire tous à la fois, faites attendre ceux qui sont déjà cuits dans le four doux.

Pour que les poissons n'attachent pas, mettez dès le départ une bonne quantité de corps gras dans la poêle. C'est mieux que d'en ajouter en cours de cuisson.

Secouez vigoureusement la poêle plutôt que de remuer les poissons avec une fourchette au risque de les briser.

Le secret

pour cuire 10 soles ou limandes, et plus... avec une seule poêle : c'est une simple question d'organisation. Quand le premier poisson est juste doré des deux côtés, il est déposé sur un plat à feu et glissé dans le four moyennement chaud où il continue de cuire un peu. Le deuxième poisson est vivement doré à son tour, puis le troisième et ainsi de suite. En somme, tous les poissons, juste saisis à la poêle - le dernier un peu plus cuit que les premiers - finissent de cuire plus ou moins dans le four et arrivent, cuits à point, et en même temps sur la table.

Au four

Pour poissons gros et moyens, en tranches, en filets.

Étalez au fond d'un plat à four, un léger hachis d'oignons et de persil. Mettez le poisson dessus avec sel, poivre, 1/2 verre de vin blanc sec, noix de beurre ou de margarine. Mettez à four chaud (th. 6-7) de 20 à 30 mn selon la grosseur du poisson.

Le vin blanc peut être remplacé par du citron (jus ou rondelles).

Échalotes, ail, thym effeuillé, romarin, fenouil, rondelles d'oignon, de carotte, fines herbes et épices diverses, sont des variantes agréables.

En friture

Pour «petite friture», poissons moyens ou en filets.

Essuyez les poissons avec du papier absorbant (ou un linge). Salez et poivrez. Passez-les dans la farine. Plongez-les dans le bain de friture chaud (comme pour les pommes frites).

Temps de cuisson : de 5 à 8 mn selon grosseur.

Le poisson frit est généralement présenté sans sauce, avec persil et quartiers de citron. Servez-le très chaud et bien égoutté.

Sur le gril

Pour poissons moyens et petits.

Si les poissons dépassent 200 g, entaillez peu profondément la peau pour faciliter la cuisson en profondeur. Le très gros poisson sera coupé en tronçons. Badigeonnez d'huile. Posez les poissons sur le gril très chaud. Retournez à mi-cuisson.

Les secrets

du poisson grillé moelleux, parfumé... entier : pour développer leur arôme, les poissons à griller (tranches, tronçons ou filets) sont mis à mariner avec citron, huile et aromates, 1/2 h au moins avant cuisson.

La cuisson des poissons un peu épais est souvent commencée sur le gril et terminée dans le four, pour éviter le dessèchement.

Retournez-les avec une palette car ils se brisent facilement.

Au micro-ondes

Pour petits poissons (200 à 300 g), en tranches et en filets.

La cuisson des aliments riches en eau, tels que le poisson, frais ou surgelé, donne d'excellents résultats au micro-ondes.

Le poisson surgelé entier devra être dégelé avant cuisson. Ce qui est inutile pour les filets et tranches.

Les corps gras ne sont pas nécessaires, cela va dans le sens d'une cuisine légère tant conseillée.

N'y ajoutez pas de liquide (court-bouillon, vin) ou très peu, le poisson lui-même rendant du jus et peu d'évaporation se produisant en cours de cuisson.

Au besoin, préparez, à part, sur le feu, une réduction aromatique (court-bouillon ou vin) presque entièrement évaporée avant d'y déposer le poisson à cuire.

Cuisson : dans un plat, ou plats à œufs, ou même une assiette, placez le poisson - filets ou tranches. Salez, poivrez (vous pouvez parsemer de noisettes de beurre, persil ou autres fines herbes hachées, lamelles de champignons, jus de citron, mais ce n'est pas indispensable).

Couvrez toujours d'une assiette ou d'un film étirable (surtout pas de feuille d'aluminium).

Cuisez à la puissance maxi du micro-ondes, de 2 à 10 mn selon la grosseur ou la quantité de poisson.

Laissez reposer 2 ou 3 mn avant de servir.

Entrée chaude

FACILE
RAISONNABLE
PETITES RÉCEPTIONS
TOUTES SAISONS

Biscuit roulé au poisson

Préparation et cuisson : 50 mn

Pour 6 ou 8, il faut :

Pâte :

150 g de farine,
75 g de beurre ou de margarine,
1 cuil. à café de levure chimique,
1 œuf,
sel.

Farce :

300 g de poisson cuit,
1 oignon,
30 g de beurre ou de margarine,
1 citron,
30 g de beurre ou de margarine,
1 citron,
sel, poivre.

Pour dorer :

un peu de lait.

1. Pâte : mélangez farine, levure, sel, beurre ou margarine en morceaux, en pressant et frottant les paumes des mains l'une contre l'autre. Ajoutez l'œuf battu à cette pâte granuleuse. Pétrissez vivement. Mettez en boule. Écrasez-la avec la paume de la main. Remettez en boule. Cela 3 fois. Laissez reposer au frais si possible.

2. Farce : hachez l'oignon. Faites-le revenir avec une noix de beurre ou de margarine sans

A

B

C

D

E

le laisser colorer. Ajoutez le poisson émietté et le jus du citron. Salez, poivrez.

3. Étalez la pâte à 3 mm d'épaisseur, en un rectangle de 25 x 30 cm. Tartinez la farce dessus (photo A). Enfermez-la à l'intérieur de la pâte que vous roulez sur elle-même (photo B). Badigeonnez de lait (photo C). Pincez à l'endroit de la soudure (photo D). Badigeonnez de lait à nouveau (photo E). Faites cuire à four bien chaud (th. 7-8) de 20 à 25 mn. Servez assez chaud, tel quel, ou avec une sauce tomate. Découpez avec un couteau scie ou un couteau électrique pour obtenir de belles tranches.

MICRO-ONDES

Il est déconseillé de réchauffer un plat en croûte dans un four à micro-ondes : il en sortirait tout ramolli et spongieux.

Utilisez au besoin votre four traditionnel ou tenez le biscuit au chaud sous une double épaisseur de feuille d'aluminium.

Plat principal ou entrée chaude

TRÈS FACILE
RAISONNABLE
PETITES RÉCEPTIONS
TOUTES SAISONS

Pour 4, il faut :

800 g de lotte,
200 g de chorizo fort,
4 feuilles de laurier,
100 g de bacon,
3 cuil. à soupe d'huile d'olive,
1/2 citron,
sel, poivre.

Sauce :

40 g de beurre,
1/2 citron,
sel, poivre.

Brochettes de lotte à l'Espagnole

Préparation et cuisson : 25 mn
+ marinade : 1 h

1. Coupez la lotte en gros dés. Laissez-la macérer 1 h avec huile, jus de citron, sel, poivre.

2. Embrochez, en intercalant : dés de lotte, tranches de chorizo, morceaux de feuilles de laurier et lamelles de bacon. Faites cuire sur le gril de contact, barbecue, ou sous le grilloir du four, à chaleur vive, 10 mn au plus. En cours de cuisson, badigeonnez souvent avec l'huile et la marinade.

3. Sauce : présentez les brochettes accompagnées d'une saucière de beurre fondu avec le jus d'1/2 citron, sel et poivre. Du riz nature est l'accompagnement souhaitable.

Entrée froide

FACILE
CHER
PETITES ET GRANDES RÉCEPTIONS
TOUTES SAISONS

Pour 4 ou 5, il faut :

1 kg de colin.

Court-bouillon :

2 litres d'eau,
1/4 de verre de vinaigre,
2 oignons,
1 clou de girofle,
1 échalote,
bouquet garni,
sel.

Salade russe :

1 grande boîte de macédoine de légumes,
1 bol de mayonnaise,
1 boîte d'anchois.

Colin froid à la Russe

Préparation et cuisson : 45 mn
+ attente : 1 h

1. Court-bouillon : faites bouillir eau, vinaigre, oignons, sel, échalote, clou de girofle, bouquet garni, 15 mn. Laissez refroidir. Plongez le poisson dedans. Faites chauffer le court-bouillon lentement. Retirez du feu juste avant l'ébullition. Laissez refroidir dans le court-bouillon.

2. Versez les légumes dans une passoire pour qu'ils aient le temps d'égoutter parfaitement. A la dernière minute, assaisonnez-les avec une partie de la mayonnaise.

3. Égouttez le poisson. Enlevez la peau en la grattant légèrement. Disposez le poisson sur un grand plat long.

4. Décor : mettez un peu de macédoine de chaque côté du colin. Décorez celui-ci avec des filets d'anchois disposés en croisillons, de la mayonnaise. Servez le reste de macédoine dans un saladier.

Le secret

pour cuire un grand poisson entier sans poissonnière : à défaut d'une grille de poissonnière, très pratique pour cuire un gros poisson mais bien encombrante pour un emploi occasionnel, utilisez un grand torchon ou un linge blanc. Et plongez le poisson dans le court-bouillon, complètement enveloppé dans le torchon, vous pouvez même le ligoter aux deux bouts. Après cuisson, vous saisirez le linge par ses extrémités et soulèverez le tout sans accident.

Plat principal

Dorade martiniquaise en tronçons

TRÈS FACILE
RAISONNABLE
TOUTES SAISONS

Préparation et cuisson : 35 mn

Pour 4, il faut :

1 grosse dorade en 4 tronçons,
40 g de beurre ou de margarine,
1 oignon,
2 gousses d'ail,
1 verre de vin blanc sec,
thym, laurier, persil,
curry,
sel, poivre.

1. Beurrez un plat à four. Étalez l'oignon haché au fond. Déposez les tronçons de dorade dessus en reconstituant le poisson.

2. Parsemez d'ail haché, thym effeuillé, 2 feuilles de laurier coupées, 1 cuil. à soupe de curry, sel, poivre. Arrosez de vin blanc, noix de beurre ou de margarine dessus. Mettez à four chaud (th. 6-7) 25 mn. Servez dans le plat de cuisson avec un peu de persil haché.

Plat principal

Dorade au safran

TRÈS FACILE
RAISONNABLE
TOUTES SAISONS

Préparation et cuisson : 40 mn
+ marinade : 2 h

Pour 4, il faut :

1 dorade de 1,500 kg vidée et coupée en tronçons,
40 g de beurre ou de margarine,
4 tomates,
2 oignons,
vinaigre,
1 g de safran,
sel, poivre.

1. Essuyez la dorade avec soin et mettez-la à mariner 2 h avec 1 verre de vinaigre, sel et poivre. Hachez les oignons. Faites-les blondir dans une cocotte avec 40 g de beurre ou de margarine. Ajoutez les tomates en morceaux, safran, sel et poivre.

2. Couvrez et laissez mijoter 15 mn.

3. Égouttez les morceaux de dorade et mettez-les à leur tour dans la cocotte. Couvrez et laissez cuire de nouveau 20 mn environ. Servez avec du riz ou des pâtes.

Plat principal ou entrée chaude

DIFFICILE
BON MARCHÉ
PETITES RÉCEPTIONS
TOUTES SAISONS

Pour 4, il faut :

8 encornets,
8 bâtonnets pour les fermer.

Farce :

1 tranche de jambon cru,
25 g de beurre ou de margarine,
1 oignon,
2 carottes,
2 tomates,
2 jaunes d'œufs,
10 olives noires,
persil,
sel, poivre.

Sauce :

30 g de beurre ou de margarine,
1 oignon,
1 carotte,
1 tomate,
1 verre de vin blanc sec,
vinaigre,
persil,
sel, poivre.

Encornets farcis à la Portugaise

Préparation et cuisson : 2 h 15
Cuisson en autocuiseur : 30 mn

L'encornet dépouillé : (photo A) à gauche : tout ce qui est comestible ; à droite : ce que l'on jette - poche d'encre, boyaux jaunâtres, cartilages transparents - exception faite pour les tentacules que l'on peut hacher pour les ajouter à la farce.

A

B

1. Farce : hachez finement l'oignon. Faites-les mijoter dans une casserole avec une noix de beurre ou de margarine. Couvrez. Passez à la moulinette jambon, carottes, tentacules des encornets et persil. Épluchez et épépinez les tomates. Ajoutez le tout dans la casserole. Salez, poivrez. Couvrez et laissez cuire à feu doux 5 mn. Retirez du feu et incorporez 2 jaunes d'œufs. Remettez sur feu vif quelques instants en mélangeant rapidement pour assécher la farce sans la laisser attacher. Ajoutez-y enfin les olives coupées finement.

2. Sauce : dans une cocotte, mettez 30 g de beurre ou de margarine, oignon, carotte, tomate, le tout coupé en lamelles. Salez, poivrez. Laissez mijoter 10 mn.

3. Tassez la farce dans les poches d'encornets (photo B). Maintenez-les fermées avec des piques en bois (piques à cocktail) (photo C). Déposez-les dans la cocotte contenant déjà la sauce. Ajoutez-y 1 cuil. à soupe de vinaigre, vin blanc, persil. Couvrez et faites cuire à feu doux 1 h 30 (en autocuiseur : 30 mn). Servez chaud avec du riz nature ou en pilaf. Mais ce plat est également très bon, froid, en entrée.

C

2 farces pour poisson au four

Pour un poisson de 1,500 kg

Farce fine :

200 g de champignons,
20 g de beurre ou de margarine,
1 échalote,
60 g de mie de pain,
1/2 verre de lait,
1 jaune d'œuf,
persil,
sel, poivre.

1. Émiettez la mie de pain dans le lait froid.

2. Hachez l'échalote. Otez le pied sableux des champignons. Lavez-les rapidement. Coupez-les en lamelles. Faites vivement sauter champignons et échalote dans une poêle, avec 20 g de beurre ou de margarine. Mélangez-les avec la mie de pain pressée, jaune d'œuf cru, persil haché, sel, poivre.

Farce économique :

150 g de mie de pain,
1 verre de lait,
thym, fines herbes,
sel, poivre,
muscade.

Trempez la mie de pain dans le lait chaud puis pressez-la pour faire sortir l'excès de liquide. Malaxez-la avec une grosse cuillerée à soupe de fines herbes hachées, thym effeuillé, sel, poivre et 2 pincées de muscade râpée.

Plat principal

FACILE
RAISONNABLE
PETITES RÉCEPTIONS
TOUTES SAISONS

Pour 4, il faut :

4 gros filets de dorade,
50 g de beurre,
2 branches d'estragon,
6 cuil. à soupe d'huile,
1 gousse d'ail,
1/2 citron,
sel, poivre.

Filets de dorade grillés à l'estragon

Préparation et cuisson : 15 mn
+ marinade : 2 h

1. 2 h à l'avance, faites mariner les filets de dorade avec l'huile, la gousse d'ail, la moitié des feuilles d'estragon et quelques gouttes de citron.

2. Beurre Maître-d'Hôtel : malaxez le beurre bien mou avec le reste des feuilles d'estragon coupées finement, un peu de jus de citron, sel, poivre.

3. Disposez les filets de poisson sur la grille placée elle-même sur la plaque creuse du four (lèchefrite). Glissez sous le grilloir bien chaud et laissez cuire de 5 à 6 mn sur chaque face, porte du four ouverte. Présentez chaque filet sur une assiette chaude avec une noix de beurre «Maître-d'Hôtel».

Variantes :

Les filets de dorade peuvent également cuire sur un grilloir de contact en fonte. Retournez-les avec une palette ou le plat d'un couteau à lame large car ils se brisent facilement.

L'estragon peut être remplacé, hors saison, par des herbes sèches : thym, romarin, marjolaine.

Plat principal ou entrée chaude

DIFFICILE
CHER
PETITES ET GRANDES RÉCEPTIONS
TOUTES SAISONS

Pour 4, il faut :

9 filets de sole,
20 g de beurre,
2 cuil. à soupe de crème fraîche,
1 petit blanc d'œuf,
200 g de champignons,
1 verre de vin blanc,
sel, poivre.

Filets de sole farcis

Préparation et cuisson : 45 mn

1. Écrasez en purée la chair crue d'un seul filet de poisson, au mixer ou à la moulinette. Ajoutez une bonne cuillerée à soupe de crème fraîche, un petit blanc d'œuf, sel, poivre.

2. Étalez un peu de cette farce sur chaque filet. Roulez-les. Ficelez-les en croix. Lavez rapidement les champignons à l'eau vinaigrée. Coupez-les en lamelles minces. Disposez-les dans le fond d'un plat à gratin, les filets farcis dessus. Recouvrez de vin blanc et d'une feuille d'aluminium. Faites cuire à four moyen (th. 5-6) 15 à 20 mn.

3. Égouttez les filets. Otez-en les fils. Disposez les filets sur le plat de service tenu au chaud. Reportez la sauce, dans une casserole, sur feu vif. Malaxez soigneusement à la fourchette 1 cuil. à café de beurre mou avec la même quantité de farine. Ajoutez à la sauce par petits morceaux. Laissez bouillir un instant sans cesser de tourner. Incorporez, à la fin, 1 cuil. de crème fraîche. Versez sur les filets de sole et servez avec des pommes vapeur ou du riz nature.

MICRO-ONDES

La cuisson des filets de sole farcis peut se faire au micro-ondes (§ 1 et 2). Mais ajoutez-y très peu de vin blanc. Et couvrez le plat d'un film étirable, en excluant **absolument** l'aluminium qui endommagerait votre appareil.

Vous obtiendrez un meilleur résultat en cuisant les filets quatre par quatre.

Temps de cuisson pour 4 filets farcis : 3 mn 30 à 4 mn (puiss. maxi).

Plat principal

FACILES
RAISONNABLES
TOUTES SAISONS

Filets de poisson

Préparation et cuisson : en 20 mn au plus

Ils sont sans arêtes, ce qui en simplifie la préparation, la cuisson et la dégustation. Pour les enfants surtout.

Les filets de poisson peuvent être cuits à la poêle ou à la friture, quand on est pressée. Et quand on l'est moins, ils peuvent être préparés dans un court-bouillon très aromatique ou au four, ou en paupiettes et présentés avec des sauces raffinées.

En goujonnette

10 mn

Coupez les filets de poisson à chair ferme (sole) en bâtonnets de 2 cm, en biais. Salez, poivrez. Passez-les dans du lait, puis dans de la farine. Jetez dans la friture chaude. Servez avec quartiers de citron et bouquets de persil.

A la vapeur

10 mn

Mettez les filets dans une assiette à soupe posée sur une casserole d'eau en train de bouillir. Salez, poivrez. Arrosez de jus de citron. Couvrez d'une seconde assiette. Au bout de 8 mn, les filets sont cuits. Servez-les avec persil haché et beurre fondu.

A la vapeur (micro-ondes)

Mis directement dans l'assiette, avec sel, poivre et jus de citron, hermétiquement couverts d'un film étirable. Les filets de poisson cuiront dans leur propre vapeur. Résultat excellent.

Temps pour 4 filets moyens, étalés côte à côte : 3 mn 30 (puiss. maxi).

(Tournez le plat à mi-cuisson, à défaut de plateau tournant.)

Panés

15 mn

Passez les filets successivement dans : farine, œufs battus, chapelure. Tapotez pour faire adhérer. Faites cuire à la poêle avec pas mal de beurre ou de margarine, quelques minutes de chaque côté, sur feu moyen.

Variante :

Ajoutez quelques pincées de curry ou de safran dans les œufs battus.

Aux cornichons

20 mn

Les filets sont mis à cuire tels quels au court-bouillon. Pendant ce temps, préparez le roux (mélange beurre-farine). Mouillez-le avec du court-bouillon de poisson. Coupez dedans 2 ou 3 cornichons, des feuilles d'estragon. Présentez les filets bien égouttés et recouverts de sauce.

Parmentier

20 mn

Dans le même temps : des œufs sont mis à durcir, les filets sont cuits au court-bouillon et de la purée-express est préparée. Le grilloir du four est allumé. Il ne reste qu'à disposer, dans un plat à gratin : une couche de purée, le poisson bien égoutté et effeuillé, les œufs durs en rondelles. Une deuxième couche de purée, gruyère râpé, chapelure. Le tout gratine au four très chaud 5 mn. Si vous êtes trop pressée, supprimez l'opération «gratin».

Plat principal

Gigot de mer à la Provençale

FACILE
CHER
PETITES RÉCEPTIONS
TOUTES SAISONS

Préparation et cuisson : 1 h 15

Pour 4, il faut :

1,500 kg de lotte,
20 g de beurre ou de margarine,
huile,
1 carotte,
1 oignon,
3 gousses d'ail,
1/2 verre de vin blanc sec,
farine,
sel, poivre.

Garniture :

3 tomates,
40 g de beurre ou de margarine,
huile,
250 g de champignons,
1 gousse d'ail,
persil,
sel, poivre.

1. Piquez le tronçon de lotte avec des morceaux d'ail. Salez, poivrez, farinez légèrement. Faites dorer rapidement dans une poêle, avec 20 g de beurre ou de margarine et un peu d'huile. Retirez du feu.

2. Épluchez et coupez en dés : carotte, oignon et les queues (seulement) de champignons. Mettez ce hachis dans un plat à feu. Déposez la lotte dessus. Arrosez avec 1/2 verre de vin blanc, sel, poivre. Faites cuire à four moyen (th. 5-6) de 30 à 40 mn.

3. Garniture : 15 mn avant la fin de la cuisson du poisson, coupez les têtes de champignons en lamelles fines. Faites sauter à la poêle avec une noix de beurre ou de margarine. Salez, poivrez. Ajoutez un peu d'ail et de persil haché. Tenez au chaud. Coupez les tomates en deux. Mettez-les à cuire dans une poêle avec un peu d'huile très chaude, 5 mn sur la face coupée, puis 5 mn sur l'autre. Salez et poivrez à la fin.

4. Déposez la lotte dans le plat de service chaud. Versez 1/2 verre d'eau dans le plat de cuisson resté sur le feu. Délayez quelques instants en grattant le fond du plat. Versez sur le poisson. Décorez le plat avec les demi-tomates sautées recouvertes de lamelles de champignons sautés.

Présentez avec des pommes vapeur, du riz nature ou de grosses coquillettes.

Maquereaux à l'ail

TRÈS FACILE
BON MARCHÉ
TOUTES SAISONS

Pour 4, il faut :

8 petits maquereaux,
40 g de beurre
ou de margarine,
15 gousses d'ail,
1 citron,
sel, poivre.

Préparation et cuisson : 35 mn

1. Plongez les gousses d'ail, non épluchées, 2 ou 3 mn dans de l'eau en ébullition. Égouttez-les. Écrasez-les légèrement au fond d'un plat à gratin. Disposez les maquereaux dessus. Salez, poivrez, parsemez de noisettes de beurre ou de margarine.

2. Mettez à four chaud (th. 6-7) 20 mn environ. Servez les maquereaux dans le plat de cuisson, garnis de rondelles de citron.

MICRO-ONDES

Disposez les gousses d'ail au fond du plat de cuisson. Recouvrez d'eau bouillante. Cuisez 2 ou 3 mn au micro-ondes. Et procédez comme au § 1.

Cuisez au micro-ondes les petits maquereaux étalés dessus (4 par 4, c'est mieux), 4 ou 5 mn (puiss. maxi). Inutile de couvrir.

Merlans à la Biarrotte

FACILE
BON MARCHÉ
TOUTES SAISONS

Pour 4, il faut :

4 merlans,
30 g de beurre
ou de margarine,
huile,
farine,
3 gousses d'ail,
3 cornichons,
1 jaune d'œuf,
vinaigre,
persil,
sel, poivre.

Préparation et cuisson : 30 mn

1. Coupez les poissons en tranches assez épaisses. Salez, poivrez et farinez-les légèrement. Faites-les cuire dans une grande poêle contenant 20 g de beurre ou de margarine et un peu d'huile, une dizaine de minutes, sur feu moyen. Retournez à mi-cuisson.

2. Hachez l'ail et le persil.

3. Déposez les poissons cuits dans le plat de service tenu au chaud. Remettez une noix de beurre dans la poêle, avec le hachis d'ail, de persil et 1 cuil. à café rase de farine. Mélangez sur le feu, tout en ajoutant 3/4 de verre d'eau, sel, poivre et rondelles de cornichons.

4. Sauce : délayez dans un bol 1 jaune d'œuf avec 3 cuil. à soupe de vinaigre. Incorporez vivement dans la poêle retirée du feu, en battant avec un fouet à sauce. Le mélange épaissit légèrement (sinon remettez sur feu doux quelques instants, en continuant de mélanger). Versez-la sur les poissons et servez aussitôt.

Plat principal

Merlans en lorgnettes

DIFFICILE
BON MARCHÉ
TOUTES SAISONS

Préparation et cuisson : 35 mn

Pour 4, il faut :

4 merlans,
1 œuf,
farine,
chapelure,
1 citron,
persil,
sel, poivre.

Bain de friture.

Demandez au poissonnier de «lever» les filets sans les détacher de la tête. Sinon, préparez-les vous même de la façon suivante :

1. Pour lever les filets, faites glisser la lame du couteau à plat, tout le long de l'arête (photo A).

2. Coupez l'arête le plus près possible de la tête (photo B).

3. Panez les filets en les passant successivement dans la farine, l'œuf battu en omelette puis dans la chapelure.

4. Roulez en paupiettes les filets panés (photo C).

5. Transpercez, de part en part, avec une brochette pour maintenir les paupiettes roulées (photo D).

6. Plongez-les dans la friture chaude. Quand les merlans sont dorés, égouttez-les bien sur du papier absorbant. Débarrassez-les de leurs brochettes et servez-les très chauds, avec quartiers de citron et bouquet de persil.

A

B

C

D

Plat principal

FACILE
RAISONNABLE
PETITES RÉCEPTIONS
TOUTES SAISONS

Pour 4, il faut :

4 filets de poisson,
1 branche d'estragon,
vinaigre,
bouquet garni,
sel, poivre.

Sauce :

1 cuil. à soupe très pleine de farine,
30 g de beurre ou de margarine,
1 bol de court-bouillon,
crème fraîche ou jaune d'œuf.

MICRO-ONDES

La cuisson des paupiettes de poisson se fait très bien au micro-ondes.

Pour 4 paupiettes, comptez 2 mn 30 à 3 mn (puiss. maxi).

Paupiettes de filets de poisson à la crème

Préparation et cuisson : 25 mn

1. Salez, poivrez les filets de poisson. Mettez quelques feuilles d'estragon au milieu de chacun. Roulez-les sur eux-mêmes, en paupiettes. Piquez un bâtonnet dans chacune ou nouez un fil pour les maintenir enroulées.

2. Disposez-les, bien serrées, dans un poêlon. Couvrez-les tout juste d'eau. Ajoutez un filet de vinaigre et bouquet garni. Mettez sur feu très doux. Arrêtez juste avant l'ébullition.

3. Sauce : délayez, sur feu doux, le beurre ou la margarine avec la farine. Lorsque le mélange commence à mousser, versez-y 1 bol de court-bouillon. Remuez jusqu'à épaississement. Laissez mijoter doucement une dizaine de minutes. Incorporez 2 cuil. à soupe de crème fraîche ou, hors du feu, 1 jaune d'œuf.

4. Égouttez bien les paupiettes. Débarrassez-les des bâtonnets ou du fil. Disposez-les dans un plat. Arrosez de sauce. Servez aussitôt, avec du riz nature ou des pommes vapeur.

☞

FACON DE ROULER
UN FILET DE POISSON EN PAUPIETTE

A Aplatissez le filet en appuyant tout le long le plat du couteau (mouillez-le pour qu'il ne colle pas).

B Roulez le filet sur lui-même en commençant par la pointe.

C Transpercez-le entièrement avec une petite pique de bois pour maintenir le filet roulé en paupiette.

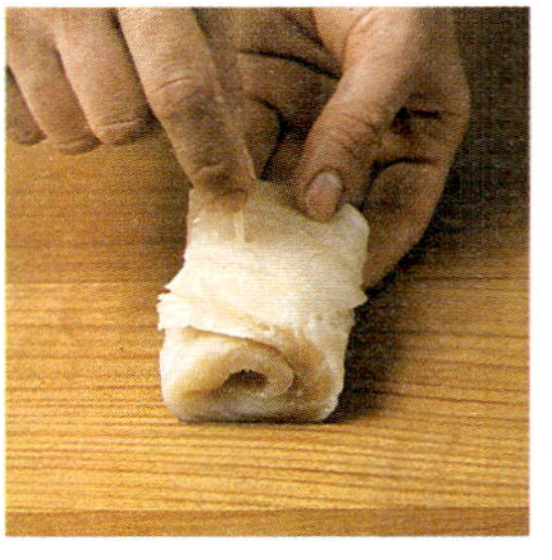

Entrée froide ou plat principal

Poissons à la Spetsaï

TRÈS FACILE
RAISONNABLE
TOUTES SAISONS

Préparation et cuisson : 40 mn

Pour 4, il faut :

1 dorade,
2 rougets,
1 verre de vin blanc sec,
huile,
3 tomates,
1 citron,
2 clous de girofle,
persil haché,
chapelure,
thym, romarin, laurier,
sel, poivre.

1. Coupez les poissons en tronçons. Lavez-les et épongez-les avec du papier absorbant. Déposez-les dans un plat à feu.

2. Passez les tomates à la moulinette. Versez leur jus sur les poissons. Ajoutez : vin blanc, 4 ou 5 cuil. à soupe d'huile, jus de citron, clous de girofle, persil haché, thym, laurier, romarin, sel, poivre. Laissez cuire 25 mn à four bien chaud (th. 7-8).

3. Retirez du four. Parsemez avec un peu de chapelure. Remettez 5 mn tout en haut du four, ou sous le grilloir, juste pour faire gratiner. Servez au sortir du four ou complètement refroidi.

Le saviez-vous ?

La chapelure peut être préparée à la maison avec des restes de pain rassis ou séchés au four, ou avec des biscottes. Écrasez-les avec un rouleau à pâtisserie ou passez-les à la moulinette.

Quenelles de poisson

FACILE
RAISONNABLE
PETITES RÉCEPTIONS
TOUTES SAISONS

Pour 4, il faut :

400 g de filets de poisson cru (brochet ou merlan),
quelques noix de beurre ou de margarine,
2 blancs d'œufs,
2 cuil. à soupe de crème fraîche,
cayenne,
sel, poivre.

Sauce :
(voir page 508)

1 cuil. à soupe très pleine de farine,
30 g de beurre ou de margarine,
1 bol de court-bouillon concentré,
2 cuil. à soupe de crème fraîche ou 1 jaune d'œuf,
25 g de gruyère râpé,
sel, poivre.

Préparation et cuisson : 35 mn
+ attente : 1 h

1. Coupez les filets de poisson cru. Passez-les à la moulinette pour obtenir une purée. Versez dans une grande terrine.

2. Ajoutez-y, peu à peu, 2 blancs d'œufs (non battus) en travaillant énergiquement 5 mn avec une cuiller en bois. La pâte doit prendre la consistance d'une mayonnaise très épaisse. Ajoutez-y enfin, sel, poivre, cayenne et crème fraîche. Mélangez bien et mettez au réfrigérateur au moins 1 h (ou même jusqu'au lendemain).

3. Cuisson : dans une grande casserole d'eau salée (juste sur le point de bouillir), laissez tomber, par cuillerées à soupe, une partie de votre préparation à quenelles. N'en mettez pas trop pour qu'elles puissent gonfler à l'aise. Laissez frémir 8 à 10 mn. Égouttez parfaitement sur un papier absorbant.

4. Disposez les quenelles dans un plat à gratin. Recouvrez-les de sauce au gruyère et à la crème, quelques noix de beurre ou de margarine et au four chaud (th. 6-7) une dizaine de minutes.

Pratique :

Les quenelles peuvent être non seulement préparées, mais cuites à l'avance. Laissez-les dans leur eau de cuisson au réfrigérateur. Il suffira de les passer au four, recouvertes de sauce, pour les réchauffer tout en les gratinant.

Entrée chaude

Rougets en papillotes

FACILE
CHER
PETITES RÉCEPTIONS
TOUTES SAISONS

Préparation et cuisson : 40 mn

Pour 4, il faut :

4 rougets barbets,
50 g de beurre ou de margarine,
huile,
250 g de champignons,
1 échalote,
1/2 verre de lait,
farine,
sel, poivre.

Papillotes :

1 feuille d'aluminium,
huile.

1. Lavez les champignons rapidement. Hachez-les finement avec l'échalote. Faites les mijoter sans couvrir sur feu doux, avec 25 g de beurre ou de margarine, sel, poivre, jusqu'à évaporation de l'eau rendue par les champignons. Au cours de la cuisson, mélangez avec une cuiller en bois.

2. Passez les rougets (vidés ou non) dans le lait salé et poivré, puis dans la farine. Déposez-les dans une poêle contenant 25 g de beurre ou de margarine et un peu d'huile. Laissez cuire sur feu moyen 5 mn environ de chaque côté.

3. Papillotes : coupez 4 carrés de papier d'aluminium (ou de papier sulfurisé) beaucoup plus grands que les poissons. Badigeonnez-les d'huile. Déposez sur chacun le quart des champignons et un rouget. Repliez le papier en chausson, sans serrer, car il doit rester gonflé. Appuyez sur les bords pour fermer hermétiquement.

4. Au moment de servir, mettez les papillotes dans le four bien chaud (th. 7-8) 5 mn environ, le temps de les faire souffler. Servez immédiatement.

Variante :

Vous pouvez remplacer les champignons par de la crème d'anchois malaxée avec un peu de beurre. Dans ce cas, poivrez mais ne salez pas.

☞

Le saviez-vous ?

Le rouget barbet (qu'il ne faut pas confondre avec le rouget grondin) est considéré, par les amateurs, comme le plus fin des poissons. On l'appelle aussi : surmulet.

C'est un poisson mi-rond, d'un rose soutenu. Sa tête de la grosseur normale, porte 2 barbillons à la mâchoire inférieure. D'où le nom de barbet. Sa grosseur est très variable, du simple au double: de 15 à 30 cm. Peu d'arêtes, à part l'arête dorsale qui s'enlève très facilement. Sa chair, très ferme, permet des préparations diverses. On peut le vider comme les autres poissons, mais pour ce qui est des petits rougets de roche, de Méditerranée, on les met à griller non vidés - comme la bécasse... c'est pour cela qu'on les appelle aussi bécasses de mer.

Rougets barbets aux aromates

FACILE
CHER
TOUTES SAISONS

Préparation et cuisson : 30 mn

Pour 4, il faut :

2 gros rougets barbets,
30 g de beurre ou de margarine,
huile d'olive,
1 oignon,
1 gousse d'ail,
romarin,
1 citron,
4 pincées de safran ou de gingembre,
1/2 verre de vin blanc sec,
sel, poivre.

1. Un peu à l'avance, laissez mariner les rougets, avec un peu d'huile d'olive, romarin effeuillé, rondelles d'oignon, de citron, ail. Enveloppez dans une feuille d'aluminium.

2. Beurrez un plat à gratin. Disposez les rougets dedans côte à côte, avec les aromates avec lesquels ils ont mariné. Ajoutez sel, poivre, safran ou gingembre. Mettez dessus les rondelles de citron et quelques noisettes de beurre ou de margarine et 1/2 verre de vin blanc sec. Enfournez à four très chaud (th. 8-9) 25 mn environ.

Plat principal

La roussette en 6 recettes

FACILES
BON MARCHÉ
TOUTES SAISONS

Toutes ces recettes sont pour 4 personnes.

La «roussette» dite aussi «saumonette» n'est pas un beau poisson. Il a l'aspect d'un serpent rose écorché vif ! Ne vous laissez pas rebuter par cette apparence car la roussette est pleine de qualités : pas chère, sans déchets, sans arêtes et délicieuse.

A l'Anglaise

20 mn

1 kg de roussette,
25 g de beurre ou de margarine,
huile,
farine,
8 tranches de bacon,
1 citron,
sel, poivre.

Faites d'abord frire les tranches de bacon (coupées en 2 ou 3) à la poêle avec mi-beurre, mi-huile. Retirez-les. A la place, mettez le poisson coupé en minces rondelles légèrement farinées. Faites dorer des 2 côtés. Servez les rondelles de poisson surmontées de bacon frit, avec quartiers de citron.

A la cocotte

30 mn
(en autocuiseur : 5 mn + 5 mn)

1 kg de roussette,
60 g de beurre ou de margarine,
1 kg de pommes de terre,
250 d'oignons,
persil haché,
sel, poivre.

Faites dorer ensemble oignons et pommes de terre (petites ou coupées en dés) avec le beurre ou la margarine, pendant 15 mn. Ajoutez ensuite le poisson, sel, poivre. Laissez mijoter, couvert, 1/4 d'heure. Persil haché avant de servir.

Panée

10 mn

1 kg de roussette,
2 œufs,
farine,
chapelure,
1 citron,
sel, poivre.

Bain de friture.

Coupez la roussette en tranches assez fines. Salez, poivrez. Retournez dans l'œuf battu, puis farinez légèrement et passez dans la chapelure. Jetez dans la friture assez chaude. Aussitôt dorées, servez avec quartiers de citron.

Marseillaise

30 mn

1 kg de roussette,
50 g de beurre
ou de margarine,
500 g de tomates,
4 oignons,
2 gousses d'ail,
1 g de safran,
1/3 de verre de vin
blanc sec,
4 tranches de pain
de mie,
sel, poivre.

Faites d'abord dorer les oignons hachés avec le beurre ou la margarine. Ajoutez l'ail et la chair des tomates coupées, vin (ou eau), sel, poivre, sur feu vif, 5 mn. Ensuite, mettez le poisson coupé en 4 tronçons et le safran. Cuisez 10 mn à couvert. Présentez chaque tronçon sur une tranche de pain préalablement grillée.

Provençale

30 mn

1 kg de roussette,
40 g de beurre
ou de margarine,
3 oignons,
3 tomates,
2 gousses d'ail,
150 g
de champignons,
chapelure,
persil haché,
sel, poivre.

Faites dorer les oignons hachés avec le beurre ou la margarine. Ajoutez : ail, tomates et champignons finement coupés, persil haché, sel, poivre, 1/2 verre d'eau. Laissez mijoter 10 mn à découvert. Dans un plat à four, disposez le poisson, la purée de tomates, chapelure, noisettes de beurre ou de margarine. Au four chaud (th. 6-7) 15 mn.

Sauce anchois

30 mn

1 kg de roussette,

Eau,
bouquet garni,
oignon,
1 clou de girofle,
sel, poivre.

6 filets d'anchois,
1 cuil. à soupe très pleine de farine,
30 g de beurre,
1 bol de court-bouillon,
crème fraîche ou 1 jaune d'œuf,
1 citron,
sel, poivre.

Le poisson cuit au court-bouillon (voir p. 121).

Sauce : mélangez sur le feu beurre et farine, puis le court-bouillon, poivre, sel. Laissez mijoter 10 mn.

En fin de cuisson, ajoutez les filets d'anchois coupés en très petits morceaux (ou 1 cuil. à soupe de crème d'anchois), le jus de citron. Puis, hors du feu, 2 cuil. à soupe de crème fraîche ou 1 jaune d'œuf.

Le saviez-vous ?

Le fumet de poisson est un court-bouillon très corsé et parfumé, qui sert principalement à la confection de sauces pour le poisson et pour «pocher» des filets de poisson, un peu fades par eux-mêmes.

Pour le préparer, mettez dans une casserole une grosse noix de beurre, oignon, échalote et champignons coupés en morceaux. Ajoutez ensuite les déchets du poisson : arêtes, tête et queue. Puis versez dessus 1 verre de vin blanc sec et 1 litre d'eau. Aromatisez avec poivre, persil, thym, laurier. Ne salez qu'en fin de cuisson. Laissez bouillir, à découvert, 20 mn. Passez le fumet encore chaud à travers une passoire fine.

Vous pouvez, sans crainte, le conserver 48 h dans le réfrigérateur.

Entrée froide

Saumon en gelée

DIFFICILE
CHER
GRANDES RÉCEPTIONS
TOUTES SAISONS

Pour 10 ou 12, il faut :

1 saumon de 3 kg frais ou surgelé,
1 bouteille de vin blanc sec,
2 carottes,
2 oignons,
bouquet garni,
sel, poivre.

Décor :

2 sachets de gelée,
1 tomate,
1 œuf dur,
1 poireau.

Préparation et cuisson : 2 h

1. Court-bouillon : dans une poissonnière (ou un grand récipient ovale), faites bouillir 2 litres d'eau, vin blanc, oignons et carottes en rondelles, bouquet garni, sel, poivre, 1/2 h. Laissez tiédir. Plongez le saumon dans le court-bouillon qui doit recouvrir le poisson. Portez doucement à ébullition. Laissez frémir (non bouillir) 10 mn, puis refroidir dans le court-bouillon.

2. Préparez la gelée. Versez-en une petite couche au fond d'un plat long. Laissez prendre au frais.

3. Égouttez le poisson avec soin. Découpez sur le dessus un morceau de peau bien net sur lequel vous placerez un décor. Badigeonnez tout le dessus avec la gelée froide mais encore liquide. Trempez dans la gelée les morceaux de tomate, poireau et blanc d'œuf dur et disposez-les avec art, sur le poisson. Badigeonnez-le une 2e fois avec la gelée. Déposez-le sur le plat long. Entourez le saumon d'un cordon de gelée hachée (voir photos p. 152).

Le secret

pour cuire un grand poisson entier dans un récipient trop petit : si votre poisson n'entre pas dans la poissonnière, coupez-le en deux. Vous le reformerez, une fois cuit, et masquerez la fente avec de la gelée hachée. Sa présentation ne souffrira pas de ce petit subterfuge.

A Découpez des rondelles à la surface de la tomate non épluchée.

B Appuyez fortement sur la peau pour faire redresser le pourtour et donner du relief aux «pétales». Découpez tige, feuilles et base du bouton de rose, dans du vert de poireau.

DÉCOR DU SAUMON

A

B

Démoulage et façonnage de la gelée* :

Vous pouvez décorer avec de la gelée coupée en cubes, en losanges, à l'emporte-pièce, ou simplement hachée.

Versez la gelée liquide (il suffit de la faire chauffer un peu) sur une épaisseur de 1 cm 1/2, dans un plat. Laissez refroidir.

A Passez la lame d'un couteau entre la paroi et la gelée. Soulevez une extrémité pour introduire de l'air sous la gelée, la masse se décollera ensuite très facilement.

B Découpez en bandes, puis détaillez en petites pièces de formes variées.

C Hachez les chutes de gelée sur un torchon (pour éviter qu'elles ne sautent). Vous l'utiliserez telle quelle pour un décor.

D Ou pour faire très bien les choses, mettez-la, une fois hachée, dans une poche à douille. Poussez tout autour de la pièce à décorer.

A

B

C

D

* La gelée est vendue en poudre, en sachet ou en boîte en fer s'il s'agit de plus grande quantité. On peut aussi s'en procurer chez le charcutier. Elle est alors toute prête à consommer. Il suffit de la faire tiédir pour l'utiliser comme expliqué ci-dessus.

Entrée chaude

Soupe de poisson

FACILE
RAISONNABLE
TOUTES SAISONS

Préparation et cuisson : 1 h 15

Pour 4, il faut :

1,200 kg de poissons de roche ou autres (sauf poissons gras),
2 oignons,
3 gousses d'ail,
2 tomates,
bouquet garni,
romarin,
4 cuil. à soupe d'huile d'olive,
1 g de safran,
1 cuil. à soupe de pastis,
3 cuil. à soupe de gros vermicelle (facultatif),
sel, poivre.

Gruyère râpé,
croûtons aillés.

1. Videz les poissons. Ne les étêtez pas. Lavez-les.

2. Faites revenir dans un fait-tout avec 4 cuil. d'huile d'olive, les oignons coupés en 4, puis les tomates en morceaux et l'ail, le bouquet garni et le brin de romarin. Ajoutez-y le poisson. Laissez cuire sur feu vif. Écrasez avec une cuiller en bois au fur et à mesure de la cuisson.

3. Au bout d'une dizaine de minutes, quand le poisson est en bouillie, ajoutez 2 litres d'eau, pastis, sel, poivre, safran. Portez à forte ébullition continue pendant une demi-heure.

4. Passez la soupe à la moulinette pour écraser les arêtes au maximum. Vous pouvez l'épaissir ou non avec du gros vermicelle : reportez à ébullition. Jetez 3 cuil. à soupe de vermicelle dans la soupe. Laissez bouillir 3 mn. Servez avec des croûtons frottés d'ail et du gruyère râpé.

Note :

A défaut de poissons de roche, mettez dans la soupe : congre, rouget-grondin*, merlan, lotte, voire de petites étrilles. Mais proscrivez à tout prix les poissons gras (maquereaux, harengs, mulets, etc.) qui la gâteraient.

* Voir «Le saviez-vous ?» page 154.

Solution express :

Faites la soupe de poisson dans un autocuiseur, en 10 mn de cuisson. Et passez-la au mixer qui pulvérise tout, ou presque. On économise du temps et aussi du poisson. Juste avant de servir, liez avec un soupçon de farine délayée avec 1 ou 2 cuil. à soupe de crème fraîche.

Le saviez-vous ?

Le rouget-grondin, ce vilain poisson rose à grosse tête, est généralement très bon marché. Ce n'est pas qu'il soit mauvais. Il a même bon goût, mais il est bourré d'arêtes. En plus, avec sa grosse tête, il laisse beaucoup de déchets. Ce rouget-grondin est tout indiqué pour les soupes de poisson auxquelles il donnera beaucoup de saveur.

Le secret

d'une bonne soupe de poisson : pendant la cuisson, écrasez la chair des poissons, avec une cuiller en bois, pour les réduire en bouillie ; ainsi ils rendent tous leurs sucs qui donnent un goût incomparable à la soupe. Pour le moelleux, vous maintiendrez une forte ébullition tout le temps de la cuisson.

Entrée chaude

DIFFICILE
CHER
GRANDES RÉCEPTIONS
TOUTES SAISONS

Pour 10 ou 12, il faut :

1 saumon frais ou surgelé de 3 kg,
1 bouteille de vin blanc sec,
2 carottes,
persil,
2 citrons,
2 oignons,
bouquet garni,
sel, poivre.

Sauce mousseline :

5 jaunes d'œufs,
4 cuil. à soupe d'eau,
250 g de beurre,
2 citrons,
5 cuil. à soupe de crème fraîche,
sel, poivre.

Saumon sauce mousseline

Préparation et cuisson : 1 h
+ attente : 30 mn

1. Dans une poissonnière, faites bouillir : 2 litres d'eau, vin blanc, oignons et carottes en rondelles, bouquet garni, sel, poivre, 1/2 h. Laissez refroidir. Déposez le saumon sur la grille de la poissonnière. Plongez le tout dans le court-bouillon. Portez doucement à ébullition et laissez frémir 10 mn.

2. Sauce mousseline : dans un poêlon épais, mettez jaunes d'œufs, eau, sel, poivre et le jus d'un citron. Fouettez vigoureusement sur feu très doux - ou au bain-marie - jusqu'à ce que le mélange épaississe et tienne aux branches du fouet. Veillez à ce que la casserole ne soit jamais assez chaude pour brûler la main. Retirez du feu. Incorporez le beurre, noix par noix, et le jus du deuxième citron en tournant sans cesse, puis la crème fraîche. Maintenez chaud dans un bain-marie.

3. Présentation : ôtez délicatement toute la peau du poisson, sauf celle de la tête. Déposez-le sur un plat garni au fond d'une serviette blanche pliée (pour absorber l'eau). Décorez de fines rondelles de citron garnies de persil. Servez entouré de petites pommes de terre cuites à l'eau avec une saucière de sauce mousseline.

Note :

Si le saumon est surgelé, laissez-le dégeler une nuit dans le réfrigérateur.

Thon bonne femme

TRÈS FACILE
RAISONNABLE
PRINTEMPS-ÉTÉ-AUTOMNE

Pour 4, il faut :

1 tranche de thon de 800 g,
50 g de corps gras,
5 oignons,
4 tomates,
2 verres de vin blanc sec,
4 cornichons,
1 cuil. à soupe rase de farine,
persil haché,
bouquet garni,
sel, poivre.

Préparation et cuisson : 1 h
Cuisson en autocuiseur : 15 mn

1. Faites dorer le thon des deux côtés dans la cocotte avec 20 g de beurre ou de margarine et huile. Retirez-le ensuite.

2. A la place, mettez les oignons coupés en lamelles et 30 g de beurre ou de margarine. Laissez cuire doucement quelques instants sans laisser colorer. Saupoudrez d'1 cuil. à soupe de farine. Mélangez. Ajoutez les tomates coupées en morceaux, 2 verres de vin blanc, autant d'eau, bouquet garni, sel, poivre. Remettez le thon dessus. Fermez la cocotte. Laissez mijoter 45 mn (en autocuiseur : 15 mn).

3. Présentez le thon arrosé de sauce, parsemé de cornichons en rondelles et de persil haché. Accompagnez-le de pommes de terre à l'eau.

Le saviez-vous ?

Le thon est saisonnier, de mai à octobre/novembre. Il est pêché dans les mers chaudes et tempérées : côtes de la Méditerranée, golfe de Gascogne.

Il en existe plusieurs variétés : le thon blanc Germon, remonte sur les côtes bretonnes. Ce qui n'est pas le cas du thon rouge que l'on pêche sur les côtes, plus chaudes, de Méditerranée ou du Pays Basque. Ni du petit thon : thoune ou thounine pêché aux alentours de Nice et de Sète.

Plat principal ou entrée froide

FACILE
RAISONNABLE
PRINTEMPS-ÉTÉ-AUTOMNE

Pour 4 ou 5, il faut :

1 kg de thon,
1 noix de beurre,
3 cuil. à soupe d'huile,
8 filets d'anchois,
750 g de tomates,
2 oignons,
3 gousses d'ail,
1/3 de bouteille de vin blanc sec,
1 cuil. à soupe de câpres,
persil,
sel, poivre.

Marinade :

1/2 verre d'huile,
1 citron,
thym, laurier,
romarin,
8 grains de poivre.

Thon Provençale

Préparation et cuisson : 1 h
+ marinade : la veille

1. La veille, piquez le thon avec les filets d'anchois et faites-le mariner avec huile, thym, laurier, romarin, poivre en grains, jus de citron. Couvrez et mettez au frais. Retournez le thon plusieurs fois dans la marinade.

2. Le jour même, égouttez le thon avec soin et faites-le dorer de toute part avec un peu d'huile. Hachez les oignons et l'ail. Pelez les tomates et coupez-les en morceaux. Ajoutez-les au poisson ainsi que le hachis d'oignons et d'ail, le vin blanc, 1/2 verre d'eau, sel, poivre. Couvrez. Laissez mijoter 40 mn.

3. Déposez le thon égoutté dans un plat au chaud. Si nécessaire, reportez la sauce sur le feu vif pour la faire réduire. Ajoutez-y les câpres, le persil haché et une noix de beurre. Versez sur le thon en le présentant à table.

Ce plat peut également être consommé très froid, en entrée.

Plat principal

Tranches de poisson au plat

(cabillaud, lieu, saumon)

Préparation et cuisson : 30 mn

TRÈS FACILE
RAISONNABLE
TOUTES SAISONS

Pour 4, il faut :

4 tranches de poisson (de 180 à 200 g),
2 échalotes hachées,
quelques brins de ciboulette, de fenouil, d'aneth ou de persil,
30 g de beurre,
1 quartier de citron,
sel, poivre.

1. Étalez le hachis d'échalotes au fond du plat à four (ou dans 4 plats à œufs individuels). Placez les tranches de poisson dessus.

2. Déposez, sur chacune, une noix de beurre, sel, poivre et l'herbe aromatique de votre choix, finement coupée. Arrosez d'un peu de citron.

Mettez à four très chaud (th. 7-8) de 15 à 20 mn.

MICRO-ONDES

Vous obtiendrez un excellent résultat en cuisant des tranches de poisson au micro-ondes. Inutile d'y ajouter du beurre si votre régime vous l'interdit !

Temps de cuisson au micro-ondes (puiss. maxi) :

– 5 à 6 mn pour 4 tranches ensemble, dans un grand plat ;

– 3 à 4 mn pour 2 tranches, dans 2 plats individuels ;

– 2 mn pour 1 tranche, dans 1 plat individuel.

(Couvrez pour accélérer la cuisson).

Entrée chaude ou froide

TRÈS FACILE
RAISONNABLE
PETITES RÉCEPTIONS
TOUTES SAISONS

Truites au bleu

Préparation et cuisson : 45 mn

Pour 4, il faut :

4 truites vivantes,
vinaigre.

Court-bouillon :

1 carotte,
1 oignon,
1 verre de vinaigre,
bouquet garni,
sel.

125 g de beurre.

1. Court-bouillon : faites bouillir 15 mn, 2 litres d'eau avec carotte et oignon en fines rondelles, vinaigre, bouquet garni, sel.

2. Assommez les truites en les frappant sur la tête. Retirez les ouïes - une partie des tripes viendra avec. Glissez dans la fente le manche d'une petite cuiller pour ôter le reste des déchets. Lavez rapidement les truites. Arrosez-les abondamment de vinaigre. Puis plongez-les dans le court-bouillon en ébullition. Laissez chauffer doucement et retirez du feu juste avant que le court-bouillon ne frémisse à nouveau.

3. Mettez au fond du plat les rondelles de carotte et d'oignon et un peu de bouillon de cuisson. Déposez les truites dessus. Servez aussitôt avec une saucière de beurre fondu, des pommes vapeur et du persil.

Variante :

Les truites au bleu peuvent être servies froides, laissez-les alors refroidir dans le court-bouillon.

Le secret

de la couleur bleue des truites «au bleu» : pour rester bien bleues, les truites doivent être plongées, aussitôt assommées, dans le court-bouillon fortement vinaigré. Ne vous étonnez pas si elles se recroquevillent et si la chair se brise un peu au contact du court-bouillon en ébullition. C'est inévitable.

Entrée chaude

Truites à la ciboulette

FACILE
RAISONNABLE
PETITES RÉCEPTIONS
TOUTES SAISONS

Préparation et cuisson : 40 mn

Pour 4, il faut :

4 truites,
1 noix de beurre,
1 échalote,
2 verres de vin blanc sec ou d'eau,
ciboulette,
1/2 citron,
4 cuil. à soupe de crème fraîche,
sel, poivre.

1. Beurrez un plat allant au four. Parsemez le fond d'échalote hachée. Déposez dessus les truites nettoyées et essuyées. Ajoutez le vin blanc, 1 cuil. à soupe de ciboulette coupée, sel, poivre, jus de citron. Faites cuire à four bien chaud (th. 7-8) 10 mn.

2. Égouttez les truites parfaitement et gardez-les au chaud dans le plat de service. Reportez la sauce de cuisson sur le feu, dans une petite casserole. Incorporez-y la crème fraîche tout en laissant bouillir quelques instants pour laisser la sauce épaissir un peu. Versez sur les truites et servez aussitôt.

Des pommes vapeur légèrement persillées les accompagnent très bien.

Note :

Le jus de citron peut être ajouté en fin de cuisson seulement et en quantité plus ou moins grande, selon le goût.

MICRO-ONDES

Les truites peuvent être cuites, 2 par 2, tête-bêche, au micro-ondes avec un peu de vin blanc et de jus de citron.

Comptez, pour 2 truites, 2 mn 30 à 3 mn (puiss. maxi). Ne couvrez pas.

La cuisson de la sauce se fera sur le feu.

Le secret

pour obtenir des truites non éclatées après cuisson : videz (ou faites-les vider...) par les ouïes, de manière à ne pas ouvrir le ventre du poisson. Il risquera moins d'éclater en cuisant et sera beaucoup plus présentable.

LES ABATS

RECETTES

Les abats

Les abats peuvent être la plus chère des viandes si vous choisissez les ris de veau, les rognons, les somptueuses garnitures de vol-au-vent réservés aux dimanches et jours de fête. Mais ils sont aussi la viande la plus économique si vous vous régalez de tripes, de pieds, de tête ou de cœur... et j'en passe. Car il existe une vaste gamme d'abats sur laquelle on peut jouer, selon les hauts et les bas du porte-monnaie.

La qualité n°1 des abats doit être la fraîcheur. Les tripiers nous la garantissent à coup sûr. Les diététiciens, de leur côté, garantissent la qualité nutritive des abats. Elle est remarquable car les abats sont très riches en protéines, fer, graisses, vitamines A, B et C.

Les abats surgelés

Pratiques et abordables,
ils se préparent presque comme les abats frais.

Préparation	Cuisson
Cervelle d'agneau Laissez dégorger 1 h à l'eau froide.	Au court-bouillon bouillant. A feu doux. Retirez du feu juste avant ébullition. Laissez 10 mn dedans (voir aussi page 166).
Foie de génisse entier Dégeler lentement sur une grille dans le réfrigérateur.	Cuisson habituelle (voir page 173).
Langue de bœuf Dégeler dans le réfrigérateur : 24 h. Ou dans la cuisine : 12 h à l'eau froide.	Cuisson habituelle (voir page 179).
Ris de veau Dégeler lentement dans le réfrigérateur. Ou plus rapidement, dans la cuisine, à l'eau froide (laisser dans l'enveloppe transparente).	Cuisson habituelle (voir page 184).

Façon de préparer un rognon avant de le cuire :

Otez la pellicule qui entoure le rognon (photo A : rognon de mouton).

Otez les déchets et l'excès de graisse (photo B : rognon de mouton) (photo C : rognon de veau).

Vous le coupez ensuite, par moitié (mouton et veau), en tranches ou en dés pour les plus gros (veau, génisse et bœuf).

A

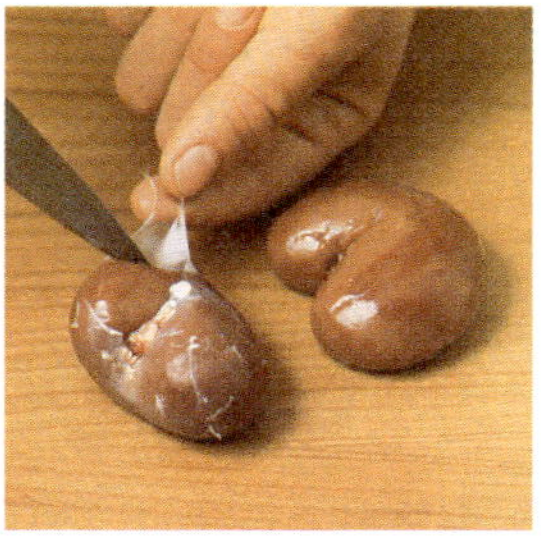

B

C

A

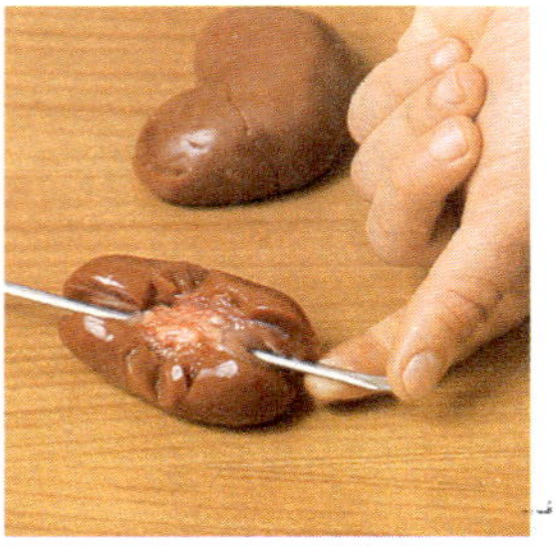

Les brochettes, façon de les piquer :

De mouton

Ouvrez le rognon à plat. Transpercez-le de part en part avec la brochette afin de le maintenir ouvert (photo A).

De veau

Piquez la brochette dans le rognon, ressortez-la. Piquez une 2e fois et ressortez la brochette (comme pour faire 2 points de devant) (photo B).

Avec une seconde brochette, embrochez en croix de la même manière, pour maintenir le rognon ouvert (photo C).

B

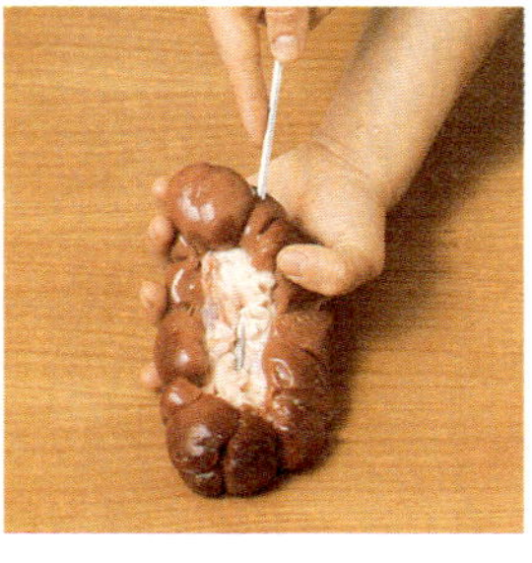

C

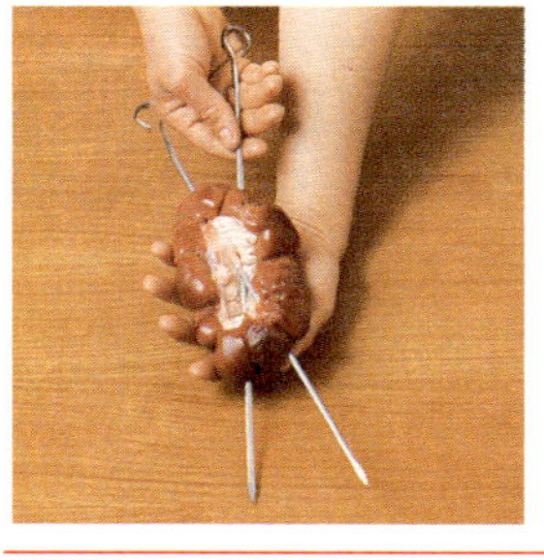

	BŒUF		VEAU		GÉNISSE		MOUTON		PORC		
	Cuisson	Pour 4	Cuisson	Pour 4	Cuisson	Pour 4	Cuisson	Pour 4	Cuisson	Pour 4	
Amourettes	10 mn	500 g	10 mn	500 g	10 mn	500 g					** au court-bouillon bouillant : portez lentement à ébullition, retirez du feu et laissez «pocher» hors du feu, jusqu'à refroidissement.* ** meunière, maître d'hôtel, beignets ou garniture de vol-au-vent.*
Cervelle	20 mn	1	10 mn	2	10 mn	2	5 mn (fraîche-surgelée)	4	5 mn	4	
Cœur	2 h	1	1 h 30	1 ou 2	2 h	1 ou 2	1 h	4			** braisé, farci.* *En steaks (5 mn à la poêle).*
Foie	braisé slt 30 mn par livre	1 kg	5 mn	500 g	5 mn	500 g	5 mn	500 g	5 mn	500 g	** sauté, brochettes.* *Braisé.*
Fraise			1 h 30 (court-bouillon	800 g à 1 kg							** sautée, vinaigrette, gribiche (parfois vendue déjà cuite)*(1).
Gras-double et Tripes	3 h	1 kg									** frits, sautés, au gratin, en ragoût, à la poulette. (parfois vendus déjà cuits)*(1).
Joue	3 h à 4 h	800 g à 1 kg									** pot-au-feu, daube, bourguignon.*
Langue	2.30 à 3 h (fraîche-surgelée)	1/2	1 h 45	1			45 mn	4			** bouillie, braisée, sauce madère, sauce tomate, sauce piquante.*
Pieds			1 h 30	4			1 h 30	4 ou 6	15 mn (au four)	4	** bouillis avec sauce poulette, vinaigrette. Braisés. (pieds de porc vendus déjà cuits).*
Ris			30 mn frais-surgelé	1			30 mn	2			** au court-bouillon (5 mn) puis braisés (25 mn), garniture de vol-au-vent.*
Rognon	braisé slt 1.30 à 2 h	1 ou 1 1/2		2	brochettes 10 mn, ou sauté 5 mn	2		4 ou 6		3	** sauté, flambé, cocotte, brochettes.*
Tête			1 h 30	1					3 à 4 h	1/2	** court-bouillon puis fines herbes, sauces câpres, tartare, rémoulade, aïoli, moutarde. - En terrine.*
Tétine					8 mn	4 tranch.					** sautée avec hachis d'ail et de persil. (vendue demi-cuite, en tranches).*
MICRO-ONDES	Les temps de cuisson des abats au micro-ondes sont difficiles à déterminer en raison de la fragilité de ces produits.										

(1) **Fraise, Tripes et Gras-double** sont vendus sous deux formes : presque cuits ou juste ébouillantés (blanchis). Dans ce dernier cas, ils nécessitent une cuisson assez longue au court-bouillon. Renseignez-vous auprès de votre tripier au moment de l'achat. Il se peut aussi que vous aimiez les tripes moelleuses ou encore croquantes sous la dent. Toutes ces raisons peuvent vous amener à modifier le temps de cuisson indiqué dans ce tableau.

Cervelle meunière

FACILE
RAISONNABLE
TOUTES SAISONS

Préparation et cuisson : 50 mn

Pour 4, il faut :

cervelle pour 4 (voir tableau p. 165),
40 g de beurre ou de margarine,
vinaigre,
farine,
bouquet garni,
gousse d'ail,
2 clous de girofle,
1/2 citron,
persil,
sel, poivre.

1. Laissez baigner la cervelle 15 mn dans de l'eau froide vinaigrée. Puis, avec les doigts, sous l'eau du robinet, ôtez la membrane et les filaments qui l'entourent (A).

2. Court-bouillon : mettez dans une casserole : eau, sel, bouquet garni, ail, filet de vinaigre, 2 clous de girofle. Faites bouillir 5 mn. Plongez ensuite la cervelle dans le court-bouillon bouillant. Reportez très doucement à ébullition. Retirez du feu aussitôt. Laissez tiédir, ou même refroidir, dans le court-bouillon.

3. Égouttez-la très soigneusement. Coupez-la en tranches d'un bon centimètre d'épaisseur (B). Salez légèrement, poivrez et farinez les morceaux.

4. Faites chauffer 40 g de beurre ou de margarine dans une grande poêle. Mettez les tranches de cervelle farinées dedans. Quand elles sont dorées d'un côté, retournez-les avec une spatule. Laissez cuire encore quelques minutes sur feu doux.

A

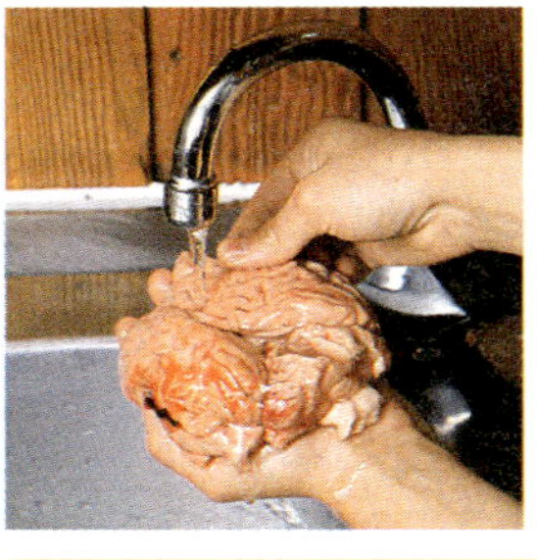

B

Disposez sur un plat chaud. Arrosez de sauce de cuisson, de jus de citron et parsemez de persil haché.

Économique :

La cervelle de bœuf, très ferme, est tout indiquée pour ce genre de préparation. Profitez-en puisqu'elle est moins chère que la cervelle de veau.

Le secret

de la cervelle bien ferme : elle ne doit jamais bouillir. Sinon elle se désagrège et perd la consistance à la fois ferme et moelleuse qui lui donne tout son prix. Il suffit pour la cuire de la laisser une dizaine de minutes dans le court-bouillon retiré du feu juste avant ébullition.

Cœurs de veau Bonne Femme

TRÈS FACILE
RAISONNABLE
TOUTES SAISONS

Pour 4, il faut :

2 cœurs de veau,
50 g de beurre ou de margarine,
200 g de lard maigre,
200 g de petits oignons,
800 g de pommes de terre,
bouquet garni,
persil,
sel, poivre.

Préparation et cuisson : 1 h 30
Cuisson en autocuiseur : 25 mn

1. Faites dorer les cœurs de toutes parts avec 50 g de beurre ou de margarine. Ajoutez ensuite 1/2 verre d'eau et laissez mijoter, bien couvert, 20 mn (en autocuiseur : 10 mn. Diminuez la quantité d'eau de moitié).

2. Mettez dans la cocotte : lard et pommes de terre en dés, oignons, sel, poivre, bouquet garni, 1/2 verre d'eau. Couvrez et laissez cuire très doucement 50 mn (en autocuiseur : 15 mn). Parsemez de persil haché au moment de servir.

Économique :

Le cœur de bœuf, beaucoup plus gros, est nettement moins cher que le cœur de veau. Mais la cuisson est plus longue, comptez presque deux heures de mijotage (ou 50 mn en autocuiseur).

Cœurs de veau farcis

FACILE
RAISONNABLE
TOUTES SAISONS

Pour 4, il faut :

2 cœurs de veau,
30 g de beurre ou de margarine,
crépine,
500 g de carottes,
1 cuil. à café de tomate concentrée,
1 cuil. à café de farine,
1/2 verre de vin blanc,
1 verre 1/2 d'eau,
1 oignon,
bouquet garni,
sel, poivre.

Farce :

50 g de graisse de rognon de veau,
1 noix de beurre ou de margarine,
70 g de mie de pain,
1 oignon,
1 œuf,
persil,
sel, poivre.

Préparation et cuisson : 1 h 30
Cuisson en autocuiseur : 25 mn

1. Farce : faites légèrement dorer un oignon coupé finement avec une noix de beurre ou de margarine. Hachez la graisse de rognon et le persil. Mélangez avec la mie de pain émiettée, 1 œuf, sel, poivre et l'oignon doré.

2. Ouvrez les cœurs. Éliminez les lambeaux de chair, mais vous les remettrez plus tard dans la cocotte, pour donner du goût. Tassez la farce à l'intérieur et dans toutes les cavités.

3. Enveloppez les cœurs farcis dans la crépine. Faites dorer à la cocotte ainsi que l'oignon coupé avec 30 g de beurre ou de margarine. Saupoudrez de farine. Mélangez. Ajoutez : carottes en rondelles, tomate concentrée, vin blanc, eau, bouquet garni, sel, poivre. Laissez mijoter couvert pendant 1 h (25 mn en autocuiseur).

Le saviez-vous ?

La crépine est une fine membrane de la panse du porc ou du mouton que l'on vend aussi sous le nom de «toilette».

Entrée chaude

FACILE
RAISONNABLE
PETITES RÉCEPTIONS
PRINTEMPS-AUTOMNE-HIVER

Croustades d'amourettes

Préparation et cuisson : 1 h

Pour 8 tartelettes, il faut :

500 g d'amourettes,
1 litre d'eau,
1 cuil. à soupe de vinaigre,
bouquet garni,
sel, poivre.

Pâte brisée :

150 g de farine,
75 g de beurre ou de margarine,
environ 1/2 verre d'eau,
1/2 cuil. à café de sel.

Sauce Mornay :

1 cuil. à soupe pleine de farine,
15 g de beurre ou de margarine,
1 cuil. à soupe de gruyère râpé,
1/4 de litre de lait,
1 jaune d'œuf,
sel, poivre.

16 moules de 7 cm de Ø.

1. Pâte brisée : mélangez farine, sel, beurre ou margarine en pressant et en frottant les paumes des mains l'une contre l'autre. Ajoutez l'eau à cette pâte granuleuse. Pétrissez vivement. Mettez en boule. Écrasez-la avec la paume de la main. Remettez en boule. Cela 3 fois. Étalez la pâte très finement dans les moules à tartelettes (voir photos). Faites cuire à four bien chaud (th. 7-8) 10 mn seulement.

2. Otez la membrane des amourettes (comme pour la cervelle). Laissez-les tremper un peu dans de l'eau vinaigrée. Mettez-les ensuite dans de l'eau bouillante salée et aromatisée (bouquet garni, vinaigre). Quand l'eau est sur le point de bouillir à nouveau, retirez du feu. Laissez tiédir 10 mn au moins dans ce court-bouillon.

3. Sauce Mornay : mélangez sur feu doux beurre ou margarine et farine, puis le lait froid d'un seul coup, sel, poivre. Remuez jusqu'à ébullition. Laissez mijoter 10 mn. Hors du feu, incorporez jaune d'œuf, gruyère et amourettes coupées en dés.

4. Emplissez les tartelettes de ce mélange (photos). Remettez au four chaud (th. 6-7) 10 mn.

A Déposez la pâte sur les moules côte à côte, en lui donnant un peu de jeu pour qu'elle tombe facilement au fond.

B Passez le rouleau dessus.

Solution express :

Des tartelettes toutes préparées, ou achetées en boîte, même surgelées. Il suffit de les passer au four avant de les emplir pour leur rendre la fraîcheur perdue. Mais remettez à nouveau au four avec la garniture.

C Détachez la pâte.

D Faites adhérer la pâte, en pressant contre le fond et le bord. La pâte doit déborder légèrement.

E Emboîtez un second moule dedans pour que la pâte ne se déforme pas ; retirez à mi-cuisson pour laisser dorer.

F Emplissez les tartelettes.

Foie aux anchois

TRÈS FACILE
BON MARCHÉ
TOUTES SAISONS

Préparation et cuisson : 20 mn

Pour 4, il faut :

4 tranches de foie,
30 g de beurre ou de margarine
2 anchois salés,
2 cuil. à soupe de fines herbes hachées,
1 citron,
farine,
poivre.

1. Retirez l'arête des anchois. Passez-les sous l'eau tiède pour les dessaler rapidement. Écrasez-les à la fourchette.

2. Dans une grande poêle, faites juste fondre 30 g de beurre ou de margarine. Ajoutez-y la purée d'anchois, les fines herbes et laissez mijoter de 3 à 4 mn sur feu doux.

3. Farinez les tranches de foie. Ajoutez-les dans la poêle. Laissez cuire 3 mn de chaque côté, à feu assez doux. Poivrez. Aspergez avec le jus d'un demi-citron. Disposez dans un plat chaud. Arrosez avec le jus de cuisson. Décorez chaque tranche d'une rondelle de citron.

Économique :

La fine saveur du foie de veau passerait totalement inaperçue dans cette recette assez relevée. Utilisez donc plutôt du foie d'agneau ou de génisse, plus économique, d'autant plus qu'ils donnent dans cette recette, ainsi que dans celles du foie «aux oignons» et «en meurette», d'aussi bons résultats que le «cher» foie de veau.

Foie en meurette

FACILE
BON MARCHÉ
TOUTES SAISONS

Préparation et cuisson : 30 mn

Pour 4, il faut :

4 tranches épaisses de foie de génisse ou d'agneau,
50 g de beurre ou de margarine,
2 verres de vin rouge,
1 oignon,
1 brin de thym,
1/4 de feuille de laurier,
farine,
persil haché,
sel, poivre.

1. Coupez le foie en dés. Roulez ceux-ci dans la farine. Faites-les sauter à la poêle avec 30 g de beurre ou de margarine, 3 mn, sur feu moyen. Retirez-les. Gardez-les au chaud.

2. A la place, faites blondir l'oignon haché dans la poêle. Ajoutez 2 verres de vin rouge, thym, laurier, sel, poivre. Laissez bouillir 5 mn sur feu vif.

3. Malaxez une noix de beurre avec 1 cuil. à café de farine. Ajoutez-la, par petits morceaux, dans la poêle, tout en laissant bouillir quelques instants.

Présentez le foie en meurette dans une couronne de riz ou avec des pommes vapeur. Arrosez-le de sauce et parsemez-le de persil.

Une présentation :

A Tassez le riz dans un moule à savarin.
B Retournez sur le plat de service.
C Versez le foie en meurette au milieu de la couronne.

A

B

C

Foie aux oignons

FACILE
BON MARCHÉ
TOUTES SAISONS

Préparation et cuisson : 20 mn

Pour 4, il faut :

4 tranches de foie,
40 g de beurre ou de margarine,
2 oignons,
persil,
1/2 verre à moutarde de vinaigre de vin,
farine,
sel, poivre.

1. Coupez finement les oignons. Dans une petite casserole, faites-les cuire très doucement avec une noix de beurre ou de margarine, sel, poivre et juste assez d'eau pour les couvrir, jusqu'à évaporation presque complète du jus (5 mn environ).

2. Hachez le persil. Salez, poivrez et farinez légèrement les tranches de foie. Faites-les cuire à la poêle, sur feu moyen, avec une noix de margarine ou de beurre chaud, de 2 à 3 mn de chaque côté.

3. Ajoutez ensuite au foie : oignons et vinaigre. Laissez bouillir une minute.

4. Présentez les tranches de foie sur un plat chaud, avec persil haché et toute la sauce. Servez avec des pommes de terre vapeur ou des pâtes.

Le secret

du foie qui n'éclabousse pas en cuisant : farinez-le avant cuisson. La farine absorbant l'humidité forme une croûte qui dore doucement dans le beurre chaud, sans éclabousser.

Entrée chaude

Fraise ou gras-double à la Lyonnaise

TRÈS FACILE
BON MARCHÉ
TOUTES SAISONS

Préparation et cuisson : 25 mn

Pour 4, il faut :

1 kg de fraise ou de gras-double cuits,
30 g de beurre ou de margarine,
2 oignons,
2 cuil. à soupe de vinaigre,
persil,
sel, poivre.

1. Épluchez et hachez les oignons. Faites-les dorer légèrement dans une poêle avec 30 g de beurre ou de margarine. Ajoutez-y la viande, sel, poivre. Laissez cuire 15 mn en remuant souvent la poêle.

2. Mettez dans un plat chaud la viande et les oignons. Dans la poêle restée sur le feu, versez 2 cuil. à soupe de vinaigre. Laissez bouillir un instant. Arrosez-en le plat. Parsemez de persil haché. Servez très chaud.

Note :

Si vous utilisez du gras-double cru, faites-lui subir une cuisson préalable au court-bouillon de 1 h 30 en fait-tout ordinaire ou 45 mn en autocuiseur.

Fraise ou gras-double en persillade

TRÈS FACILE
BON MARCHÉ
TOUTES SAISONS

Préparation et cuisson : 20 mn

Pour 4, il faut :

1 kg de fraise ou de gras-double cuits,
50 g de beurre ou de margarine,
2 gousses d'ail,
persil,
sel, poivre.

1. Coupez le gras-double ou la fraise en lanières.

2. Faites sauter à la poêle avec 50 g de beurre ou de margarine, sur feu vif. Salez, poivrez. Laissez cuire pendant une dizaine de minutes. En fin de cuisson, parsemez d'un hachis abondant de persil et d'ail.

Économique :

Fraises, tripes et gras-doubles peuvent s'accommoder selon les mêmes recettes. Ils sont économiques et font bon ménage avec le légume le plus modeste : la pomme de terre sous toutes ses formes, sautée, frite, à l'anglaise, en purée. C'est alors un plat de résistance suffisamment copieux.

MICRO-ONDES

Fraise, gras-double et tripes cuisent mal au micro-ondes mais s'y réchauffent très bien.

Il est préférable de réchauffer une ration à la fois (250 g environ), en terrine ou en bol avec couvercle.

Comptez pour une petite terrine ou un bol : 2 mn 30 au micro-ondes (puiss. maxi).

Plat principal

Gras-double au gratin

TRÈS FACILE
BON MARCHÉ
TOUTES SAISONS

Pour 4, il faut :

1 kg de fraise ou de gras-double cuits,
75 g de gruyère râpé.

Sauce tomate :

1 petite boîte de concentré de tomate,
30 g de beurre ou de margarine,
1 tomate fraîche,
1 petite carotte,
1 oignon,
1 cuil. à café bombée de farine,
1 cuil. à café de sucre,
1/2 verre de vin blanc,
1/2 litre d'eau,
bouquet garni,
sel, poivre.

Préparation et cuisson : 1 h 15

1. Sauce tomate : coupez finement carotte et oignon. Faites-les dorer légèrement dans une casserole avec 30 g de beurre ou de margarine. Saupoudrez de farine. Mélangez bien. Ajoutez : concentré de tomate, tomate fraîche en morceaux, vin blanc, sucre, eau, bouquet garni, sel, poivre. Remuez jusqu'à ébullition. Couvrez à demi et laissez mijoter 30 mn environ.

2. Pendant ce temps, coupez le gras-double ou la fraise en lamelles, étalez-le dans un plat à gratin. Recouvrez avec la moitié du gruyère râpé. Puis la sauce tomate et le reste de gruyère. Faites gratiner à four bien chaud (th. 7-8), 30 mn. Servez avec des pommes de terre à l'anglaise.

Solution express :

La sauce tomate en boîte qui vous fera gagner une petite demi-heure de préparation et de cuisson.

Gras-double à la Provençale

TRÈS FACILE
RAISONNABLE
TOUTES SAISONS

Cuisson en autocuiseur : 1 h 30
(Spécial autocuiseur)

Pour 4 ou 6, il faut :

1 kg à 1,500 kg de gras-double cru,
40 g de beurre ou de margarine,
100 g de lard de poitrine,
farine,
1 oignon moyen piqué de 2 clous de girofle,
bouquet garni,
1 gousse d'ail,
2 cuil. à soupe de tomate concentrée,
2 verres de vin blanc,
1 verre à liqueur de cognac,
sel, poivre.

1. Faites blanchir le gras-double : plongez-le dans l'eau froide salée. Portez à ébullition 10 mn. Égouttez.

2. Dans l'autocuiseur, faites chauffer 40 g de beurre ou de margarine. Faites-y dorer le lard coupé en dés. Saupoudrez d'une cuillerée de farine. Mélangez. Ajoutez le concentré de tomate et le vin blanc.

3. Coupez le gras-double en morceaux de 5 cm environ. Mettez-le dans l'autocuiseur avec ail, oignon, bouquet garni, sel, poivre. Arrosez de cognac. Faites flamber.

4. Fermez l'autocuiseur. Laissez mijoter 1 h 30 à partir du chuchotement de la soupape.

Pratique :

Peut être préparé entièrement d'avance et réchauffé dans le four traditionnel ou, beaucoup plus rapidement, dans le micro-ondes, par portions individuelles de 250 g (en bol couvert d'une assiette).

Comptez 2 mn 30 au micro-ondes (puiss. maxi) pour un bol à la fois.

Plat principal

FACILE
RAISONNABLE
PETITES ET GRANDES RÉCEPTIONS
TOUTES SAISONS

Pour 10, il faut :

1 langue de bœuf,
2 carottes,
2 poireaux,
1 petit navet,
1 oignon,
3 gousses d'ail,
bouquet garni,
1 clou de girofle,
sel, poivre.

Sauce madère :

50 g de beurre ou de margarine,
50 g de farine,
1 petite boîte de concentré de tomate,
1 grand verre de madère.

Garniture :

Pommes Duchesse (recette page 548).

Langue de bœuf sauce madère

Préparation et cuisson : 3 h 15
Cuisson en autocuiseur : 1 h

1. Plongez la langue dans l'eau bouillante salée. Au bout de 5 mn d'ébullition, égouttez. Remettez dans le fait-tout avec tous les légumes, sel et poivre. Couvrez d'eau froide. Faites cuire 2 h 30, feu moyen.

2. Sauce madère : 1/2 h avant la fin de la cuisson de la langue, retirez 2 bols de bouillon. Délayez sur feu doux, 50 g de beurre ou de margarine et 50 g de farine. Ajoutez-y tomate concentrée, 1/2 verre de madère et le bouillon. Remuez jusqu'à ébullition. Laissez mijoter 30 mn, couvrez à demi.

3. Pendant ce temps, préparez des pommes Duchesse que vous disposez sur le grand plat de service destiné à la langue de bœuf.

4. Égouttez la langue. Retirez les déchets. Pelez-la en incisant la peau sans entamer la chair (A) et tirez (B). Coupez en biais des tranches minces (C). Déposez-les au centre du plat garni de pommes Duchesse. Arrosez la langue de sauce, servez le reste à part.

☞

PHOTOS DE LA LANGUE DE BŒUF SAUCE MADÈRE

A

B

C

PHOTOS DES MOUSSELINES DE FOIE

A

B

C

Entrée chaude

Mousselines de foie

FACILE
RAISONNABLE
PETITES RÉCEPTIONS
TOUTES SAISONS

Préparation et cuisson : 50 mn

Pour 4, il faut :

250 g de foie de porc ou de volaille,
1 noix de beurre ou de margarine,
1 oignon,
2 cuil. à soupe de crème fraîche,
1 œuf,
persil, sel, poivre.

Béchamel épaisse :

1 cuil. à soupe rase de farine,
15 g de beurre ou de margarine,
1 verre de lait, sel, poivre.

Garniture :

2 tomates,
1 noix de beurre,
persil.

4 petits moules.

1. Béchamel : délayez beurre ou margarine et farine jusqu'à ce que le mélange mousse. Ajoutez-y le liquide froid. Salez, poivrez. Mélangez jusqu'à épaississement.

2. Hachez finement foie, oignon et persil. Incorporez Béchamel, œuf, crème, sel, poivre.

3. Beurrez les moules (A). Emplissez-les à 1/2 cm du bord (ils gonflent à la cuisson) avec la préparation (B). Faites cuire au bain-marie dans le four chaud (th. 6-7), 30 mn.

4. Épluchez, épépinez les tomates. Faites-les sauter avec 1 noix de beurre, sel, poivre.

5. Démoulez les mousselines de foie (C). Décorez-les avec la fondue de tomates fraîches et de petits bouquets de persil.

Variante :

A la place de tomates, une tête ou des lamelles de champignons, préalablement sautés ou cuits à l'eau, font un joli décor. Arrosez alors d'un peu de crème fraîche tiède.

Entrée chaude

Pieds de porc panés

TRÈS FACILE
BON MARCHÉ
TOUTES SAISONS

Préparation et cuisson : 25 mn

Pour 4, il faut :
4 pieds de porc panés,
1 cuil. à soupe d'huile,
diverses moutardes,
cornichons,
salade.

Enduisez d'huile un plat à feu. Déposez les pieds panés dedans. Mettez à cuire à four chaud (th. 6-7) de 15 à 20 mn. Servez les pieds panés bien chauds avec différentes sortes de moutardes, des cornichons et de la salade verte.

Le saviez-vous ?

Les pieds de porc sont vendus déjà cuits. Il ne reste plus qu'à les faire griller ou réchauffer. Inutile de saler et poivrer car ils sont généralement déjà assaisonnés par le charcutier.

Entrée chaude

Ris de veau en brioche

FACILE
CHER
PETITES RÉCEPTIONS
PRINTEMPS-AUTOMNE-HIVER

Préparation et cuisson : 2 h

Pour 6, il faut :

1 ris de veau,
40 g de beurre,
1 tranche de jambon,
125 g de langue écarlate,
125 g de champignons,
1 boîte de miettes de truffes,
1 carotte,
1 oignon,
1 cuil. à soupe de tomate concentrée,
1 cuil. à soupe rase de farine,
2 verres de vin blanc sec,
1 verre de madère,
bouquet garni,
sel, poivre.

1 grosse brioche à tête.

1. A l'avance : préparez le ris de veau et mettez-le sous presse (voir photo «ris de veau cocotte»). Puis procédez exactement comme au § 3 du «vol-au-vent Financière» (recette page 195).

2. Nettoyez les champignons, coupez-les et faites-les sauter rapidement avec une noix de beurre. Ajoutez ensuite : langue et jambon finement coupés, miettes de truffes et leur jus, reste de madère, jus de cuisson du ris de veau et celui-ci coupé en dés. Laissez mijoter 10 mn à couvert.

3. Creusez la brioche. Gardez la tête à part. Mettez à tiédir 5 mn à four chaud (th. 6-7). Au moment de servir, versez la garniture dans la brioche chaude. Couvrez avec la tête de brioche.

Organisation :

Toute la préparation (§ 1 et 2) peut être faite plusieurs heures d'avance, ou même la veille. Mais ce n'est qu'au dernier moment que sera garnie la brioche.

Ris de veau cocotte

FACILE
CHER
PETITES ET GRANDES RÉCEPTIONS
TOUTES SAISONS

Préparation et cuisson : 1 h 30

Pour 4, il faut :

1 ou 2 ris de veau,
30 g de beurre,
1 cuil. à soupe rase de farine,
sel.

Fond de braisage :

1 carotte,
2 oignons,
20 g de beurre,
20 g de farine,
1 cuil. à café de concentré de tomate,
1/2 tablette de bouillon,
sel, poivre.

1. Fond de braisage : coupez carotte et oignons en dés. Faites-les dorer dans une cocotte avec une noix de beurre. Saupoudrez de farine. Mélangez. Ajoutez 1 bol d'eau bouillante avec le bouillon concentré, tomate concentrée, sel, poivre. Laissez mijoter, sans couvrir, 1 h environ.

2. Cuisson des ris : plongez-les dans une casserole d'eau froide salée. Portez lentement à ébullition et laissez frémir 5 mn, sans bouillir tout à fait. Égouttez-les et passez-les sous l'eau froide. Détachez les déchets, puis aplatissez les ris avec un poids, une heure environ (photo).

3. Farinez légèrement les ris. Faites-les dorer dans une poêle, sur feu assez vif, avec 30 g de beurre. Égouttez-les. Mettez-les à mijoter une petite demi-heure, avec le fond de braisage passé à travers une passoire.

Les ris de veau cocotte pourront être présentés avec des petits pois braisés ou des pommes de terre rissolées, persillées.

des ris de veau bien fermes : un poids (pas trop lourd...) pour les aplatir après une courte cuisson à l'eau. Ils prennent ainsi de la consistance en refroidissant et, s'il y a lieu, peuvent être découpés en tranches bien nettes.

Plat principal

FACILE
CHER
PETITES RÉCEPTIONS
TOUTES SAISONS

Pour 4, il faut :

2 rognons de veau,
50 g de beurre ou de margarine,
1 verre à liqueur de cognac,
100 g de champignons de paris,
1 tranche de jambon de Paris assez épaisse,
vinaigre,
100 g de crème fraîche,
sel, poivre.

Rognons flambés Baugé

Préparation et cuisson : 20 mn

1. Nettoyez les champignons. Coupez-les en dés et le jambon en bâtonnets. Faites cuire le tout rapidement sur feu assez vif, avec une noix de beurre ou de margarine. Puis, ajoutez-y sel, poivre, crème fraîche. Laissez bouillir 2 mn.

2. Coupez les rognons en dés. Faites-les sauter vivement dans 30 g de beurre ou de margarine, à feu vif. Ajoutez sel, poivre, cognac. Faites flamber sur le feu. Mettez les rognons aussitôt dans un plat chaud. Versez tout l'accompagnement dessus. Servez avec des croûtons grillés (facultatif).

Le secret

des rognons tendres : ils ont cuit très peu de temps sur feu vif - ou très longtemps sur feu doux.

Il est coutumier de dire ; «2 mn ou 2 h de cuisson». Sinon gare aux rognons aussi résistants que du caoutchouc !

Rognons Maître d'Hôtel

FACILE
CHER
PETITES RÉCEPTIONS
TOUTES SAISONS

Pour 4, il faut :

rognons de veau ou d'agneau (voir tableau p. 165),
30 g de beurre ou de margarine,
sel, poivre.

Beurre Maître d'Hôtel :

20 g de beurre,
persil,
1/2 citron,
sel, poivre.

Cresson,
pommes chips.

Préparation et cuisson : 15 mn
+ 1 h à macérer

1. Otez la pellicule qui entoure les rognons. Fendez les rognons en deux sans les ouvrir complètement. Otez les déchets (voir photos A, B, C, page 164).

2. Faites-les sauter rapidement dans la poêle avec 30 g de margarine ou de beurre bien chaud, de 2 à 3 mn sur chaque face. Salez, poivrez dès qu'ils sont cuits. Déposez-les sur une grille afin qu'ils égouttent. Gardez-les au chaud.

3. Beurre Maître d'Hôtel : pendant ce temps, malaxez quelques noix de beurre avec persil haché, jus de citron, sel, poivre.

4. A chaque extrémité d'un plat chaud, disposez 1 bouquet de cresson non assaisonné, les rognons au milieu, avec une noix de beurre Maître d'Hôtel sur chacun. Présentez à part des pommes chips tiédies.

Le secret

des rognons savoureux et parfumés : avant cuisson, ils ont macéré un moment avec des herbes aromatiques émiettées (thym, laurier, oignon) et un peu d'huile.

Plat principal

FACILE
CHER
PETITES RÉCEPTIONS
TOUTES SAISONS

Pour 4, il faut :

rognons pour 4 (voir tableau p. 165), ouverts en deux ou coupés en dés,
40 g de beurre ou de margarine,
4 saucisses chipolatas,
4 têtes de champignons,
1 verre de vin blanc,
1 cuil. à soupe de moutarde forte,
sel, poivre.

Rognons sautés à la moutarde

Préparation et cuisson : 15 mn

1. Faites sauter rapidement à la poêle les chipolatas et les têtes de champignons, avec une noix de beurre ou de margarine. Salez, poivrez et tenez au chaud.

2. Remettez 30 g de beurre ou de margarine dans la poêle, pour y faire cuire les rognons, sur feu doux, de 3 à 5 mn. Salez. Retirez-les de la poêle. Mettez-les au chaud, sur une grille, pour les laisser égoutter.

3. Versez le vin blanc dans la poêle restée sur le feu. Laissez bouillir tout en délayant afin de faire réduire. Puis retirez du feu et incorporez la moutarde forte, en mélangeant vigoureusement. Versez sur les rognons accompagnés de chipolatas et de champignons.

Le secret

de la moutarde qui ne tourne pas à la cuisson : c'est hors du feu qu'elle est ajoutée dans une sauce ou une préparation très chaude. Vivement incorporée au fouet ou à la cuiller en bois, elle ne retourne à aucun prix sur le feu. S'il faut la réchauffer, seul le bain-marie ne lui sera pas fatal.

Plat principal

Rognons sautés au porto

TRÈS FACILE
CHER
PETITES RÉCEPTIONS
TOUTES SAISONS

Préparation et cuisson : 15 mn

Pour 4, il faut :

2 ou 3 rognons de veau (ou de porc),
50 g de beurre ou de margarine,
1 verre de porto,
1/2 cuil. à café de farine,
1 petite boîte de miettes de truffes,
1 quartier de citron,
sel, poivre.

1. Coupez les rognons en dés. Faites-les sauter à feu vif dans la poêle avec 30 g de beurre ou de margarine. Salez et poivrez. Au bout de 4 ou 5 mn, aspergez de citron. Retirez les rognons de la poêle, mais laissez les sucs de cuisson. Conservez les rognons au chaud sur une grille pour qu'ils égouttent.

2. Dans la poêle, ajoutez un verre de porto, les miettes de truffes et leur jus. Faites bouillir 2 mn. Pendant ce temps, malaxez avec une fourchette une grosse noix de beurre assez mou avec 1/2 cuil. à café de farine. Incorporez à la sauce par petits morceaux gros comme des pois, en fouettant jusqu'à ébullition.

3. Remettez les rognons dans la poêle un instant, juste pour les enrober de sauce, et servez avec pommes vapeur, riz ou chips.

Le secret

des rognons sans «petit goût bizarre» : mettez-les dans une passoire. Plongez celle-ci dans une casserole d'eau en ébullition, légèrement vinaigrée. Dès que l'eau recommence à bouillir, égouttez les rognons et arrosez-les abondamment d'eau froide.

Entrée chaude ou froide

FACILE
BON MARCHÉ
PRINTEMPS-AUTOMNE-HIVER

Pour 4, il faut :

1 tête de veau roulée ou 4 pieds de veau,
vinaigre,
1 carotte,
bouquet garni,
1 cui. à soupe de gros sel,
12 grains de poivre.

Tête ou pieds de veau au court-bouillon

Préparation et cuisson : 2 h 15
Cuisson en autocuiseur : 45 mn

1. Mettez la viande dans une grande marmite d'eau froide. Faites bouillir 10 mn. Égouttez-la et arrosez-la d'eau froide.

2. Remettez à nouveau de l'eau dans la marmite avec gros sel, 2 cuil. à soupe de vinaigre, la carotte fendue en deux, bouquet garni, grains de poivre. Quand elle bout, plongez-y la tête de veau ou les pieds («blanc» facultatif, voir le secret).

3. Laissez cuire 2 h (en autocuiseur 45 mn).

La tête et les pieds de veau s'accommodent de la même manière. Les sauces qui conviennent à l'une conviennent aux autres.

Vous les servirez chauds ou tièdes selon la sauce choisie.

Le secret

de la tête et des pieds de veau bien blancs : ils ont cuit dans un blanc dont voici la recette :

Mettez 2 cuil. à soupe de farine dans une passoire-tamis métallique. Plongez celle-ci dans l'eau en ébullition, en battant vigoureusement au fouet pour délayer. Attention, cela déborde facilement.

Sauces pour abats

Chaudes

Poulette

Sur feu doux, délayez 30 g de farine et 30 g de beurre jusqu'à ce que le mélange soit mousseux. Ajoutez-y 1/2 litre de liquide (jus des champignons, plus eau de cuisson du veau), sel, poivre. Remuez jusqu'à ébullition. Laissez mijoter 10 mn. Hors du feu, incorporez-y : le jus d'un demi-citron, 1 jaune d'œuf et 1 petite boîte de champignons coupés en lamelles.

Charcutière

Hachez 4 oignons, faites revenir avec 50 g de beurre sans coloration. Saupoudrez d'une demi-cuillerée à soupe de farine. Mélangez. Ajoutez 1 grand verre de vin blanc sec, 1 cuil. à soupe de vinaigre, jus de viande (facultatif), sel, poivre. Laissez mijoter 10 mn. Avant de servir, ajoutez moutarde et cornichons.

Aux câpres

Commencez comme pour la sauce poulette. Puis, hors du feu, ajoutez 50 g de beurre, 1 cuil. à soupe de câpres, 1 cuil. à soupe de vinaigre et de fines herbes hachées.

Froides

Gribiche

Écrasez le jaune d'un œuf cuit dur, ajoutez 1 cuil. à café de moutarde forte, sel, poivre, puis l'huile goutte à goutte, comme si vous faisiez une mayonnaise. Une fois la sauce prise et terminée, relevez-la avec un peu de vinaigre, des cornichons hachés, des câpres, fines herbes hachées (persil, cerfeuil et estragon). Ajoutez en dernier lieu le blanc haché de l'œuf cuit dur.

Tartare

Préparez d'abord une mayonnaise. Incorporez avant de servir 1 cuil. supplémentaire de moutarde forte, hachis de cornichons, câpres et fines herbes.

Aïoli

Pilez 5 à 7 gousses d'ail très finement. Ajoutez-y 1 jaune d'œuf, sel et poivre. Mélangez vigoureusement avec un fouet à sauce. Ajoutez, peu à peu, l'huile d'olive. Quand la sauce prend, versez l'huile plus généreusement. Ajoutez-y 1 cuil. à soupe d'eau chaude et le jus d'un demi-citron pour terminer.

... et naturellement la **vinaigrette** et la **mayonnaise**.

Tête ou pieds de veau aux olives

FACILE
BON MARCHÉ
PRINTEMPS-AUTOMNE-HIVER

Pour 4, il faut :

1 tête ou 4 pieds de veau (fendus en deux),
40 g de beurre ou de margarine,
250 g d'olives vertes,
1 cuil. à soupe bombée de farine,
50 g de tomate concentrée,
2 cuil. à soupe de vinaigre,
2 carottes,
1 oignon,
2 clous de girofle,
1 poireau,
bouquet garni,
sel, poivre.

Préparation et cuisson : 2 h 30
Cuisson en autocuiseur : 45 mn

1. Mettez la viande dans une grande marmite d'eau froide. Faites bouillir 10 mn. Égouttez et arrosez d'eau froide.

2. Remettez de l'eau dans la marmite avec vinaigre, carottes fendues en 2, oignon, girofle, poireau, bouquet garni, sel. Quand l'eau bout, plongez-y la viande. Laissez mijoter 30 mn (en autocuiseur : 10 mn).

3. Égouttez en gardant le bouillon de cuisson. Mélangez sur feu doux 40 g de beurre ou de margarine et 1 cuil. à soupe bombée de farine. Incorporez un bol de bouillon et la tomate concentrée. Mélangez jusqu'à ébullition. Ajoutez la viande et les olives plongées 5 mn dans de l'eau bouillante. Poivrez. Couvrez et laissez mijoter 1 h 30 (en autocuiseur : 35 mn).

Servez avec des pommes de terre vapeur.

Pratique :

Peut être préparé d'avance et réchauffé.

Le secret

des olives à saveur discrète : elles ont perdu leur excès d'âcreté et de sel dans de l'eau bouillante. Elles y ont trempé plusieurs minutes avant de rejoindre la préparation qu'elles doivent enrichir.

Tripes à la Mode d'Alger

FACILE
BON MARCHÉ
PRINTEMPS-AUTOMNE-HIVER

Pour 4 ou 6, il faut :

1,500 kg de gras-double blanchi,
100 g de beurre ou de margarine,
1/2 pied de veau,
10 gousses d'ail,
4 piments doux,
1 bouquet garni,
1 tomate,
poivre de Cayenne,
3 ou 4 pincées de cumin arabe,
1 pincée de cannelle,
sel.

Préparation et cuisson : 4 h 30
Cuisson en autocuiseur : 1 h 15

1. Épépinez les piments et coupez-les en dés. Coupez le gras-double en lanières.

2. Dans la cocotte, faites chauffer le beurre ou la margarine. Jetez-y les gousses d'ail épluchées et ne laissez pas colorer. Ajoutez-y les piments, tomate, bouquet garni, sel, cayenne, cumin, cannelle, 2/3 de litre d'eau, puis le gras-double coupé et le demi-pied de veau. Fermez la cocotte. Laissez cuire très doucement, hermétiquement couvert, pendant 4 h 30 environ (1 h 15 en autocuiseur).

Pour les accompagner, présentez du riz, des pommes de terre, des pâtes, ou même du couscous nature.

Pratique :

Peut être préparé entièrement d'avance et réchauffé.

Le secret

des tripes bien mijotées : c'est dans le four qu'elles cuisent lentement et plus régulièrement que sur le feu. L'ustensile idéal est une cocotte en fonte dont les poignées peuvent être protégées de la chaleur du four par du papier d'aluminium.

Plat principal

Tranches de foie sautées

FACILE
RAISONNABLE OU CHER
TOUTES SAISONS

Pour 4, il faut :

4 tranches de foie,
50 g de beurre
ou de margarine,
farine,
1 ou 2 cuil. à soupe
de vinaigre,
persil,
sel, poivre.

Préparation et cuisson : 15 mn

1. Déposez le foie sur du papier absorbant. Salez, poivrez (A). Farinez légèrement le foie, vous éviterez ainsi les éclaboussures (B).

A

B

2. Dans une poêle, faites chauffer 30 g de margarine ou de beurre. Lorsqu'il est moyennement chaud, déposez les tranches de foie dedans et laissez cuire sur feu doux, 2 ou 3 mn de chaque côté. Déposez dans un plat chaud.

3. Remettez dans la poêle une noix de beurre ou de margarine et 1 ou 2 cuil. à soupe de vinaigre. Laissez bouillir sur feu vif un instant. Versez sur le foie. Saupoudrez de persil haché et servez.

Variante : ***Le foie à l'américaine***

Faites d'abord revenir quelques instants dans la poêle, de petits morceaux de lard de poitrine. Retirez-les de la poêle et, à la place, faites cuire le foie. ☞

Tranches de foie sautées

Servez ces tranches de foie recouvertes de lardons et de persil haché. C'est un peu inhabituel et très bon.

Économique :

Le foie d'agneau ou celui de génisse ; frais et de bonne qualité, ils valent mieux qu'un foie de veau médiocre.

Le secret

du foie tendre et rosé à coeur : un feu assez doux qui cuit la tranche harmonieusement dans son épaisseur sans saisir exagérément la surface, ce qui aurait pour effet de la racornir ou de durcir le foie.

Entrée chaude

Vol-au-vent Financière

FACILE
CHER
PETITES ET GRANDES RÉCEPTIONS
TOUTES SAISONS

Pour 6 ou 8, il faut :

1 ris de veau,
150 g d'amourettes,
30 g de beurre,
1 cervelle de bœuf,
1 boîte de quenelles,
12 olives vertes dénoyautées,
bouquet garni,
1 cuil. à café de vinaigre,
1 cuil. à soupe de farine,
1 carotte,
1 oignon,
1 cuil. à soupe de tomate concentrée,
1 petite truffe,
125 g de champignons,
2 verres de vin blanc sec,
1 verre de madère,
sel, poivre.

1 vol-au-vent de 22 cm de Ø ou 8 bouchées.

Préparation et cuisson : 1 h 30

1. Faites cuire le ris de veau comme dans la recette du ris de veau cocotte (§ 2).

2. Nettoyez cervelle et amourettes (photos). Mettez-les ensemble à l'eau bouillante salée et vinaigrée. Remettez sur feu très doux. Retirez du feu juste avant ébullition. Laissez refroidir dans le court-bouillon.

3. Faites dorer le ris avec une noix de beurre. Retirez-le de la cocotte. A la place, mettez à dorer : oignon, carotte en dés, déchets de ris de veau, farine, puis tomate, vin blanc, la moitié de madère, bouquet garni, sel et poivre. Ajoutez le ris. Couvrez et laissez mijoter 15 mn.

4. Nettoyez et coupez les champignons en 4. Faites-les sauter rapidement avec une grosse noix de beurre. Ajoutez-y la truffe finement coupée et son jus, ris, amourettes et cervelle en dés, quenelles en rondelles épaisses, olives vertes, reste de madère, jus de cuisson du ris, poivre. Couvrez et remettez à mijoter 10 mn.

5. Mettez la croûte de vol-au-vent à réchauffer au four. Emplissez-la avant de servir.

Le secret

de la truffe en boîte qui donne du parfum : elle est utilisée avec son jus car c'est dans ce jus qu'est passée une bonne partie de l'arôme de la truffe.

LE BŒUF

RECETTES

Sauce

Pour mémoire

Le bœuf

Choisissez :

Le bœuf de qualité se reconnaît : à sa chair, d'un beau rouge franc, sillonnée de fines veines grasses blanc ivoire, autrement dit «persillée». N'oubliez pas qu'une viande savoureuse est obligatoirement grasse.

Notez que : bœuf rouge pâle = bête trop jeune ; bœuf rouge brun avec une graisse jaune cireux = bête âgée. Dans les deux cas, la viande est dure.

La viande de bœuf est officiellement classée en 3 catégories. N'en déduisez pas que «3e catégorie» signifie viande médiocre car tous les morceaux d'une bête de qualité sont bons s'ils sont préparés de la bonne manière.

Pour notre usage personnel, simplifions les choses. Répartissons en 2 groupes, les morceaux du bœuf que nous avons à cuisiner :

– dans le 1er groupe : les morceaux à cuisson rapide, à rôtir, à griller ;

– dans le 2e groupe : les morceaux à cuisson lente, braisés et bouillis.

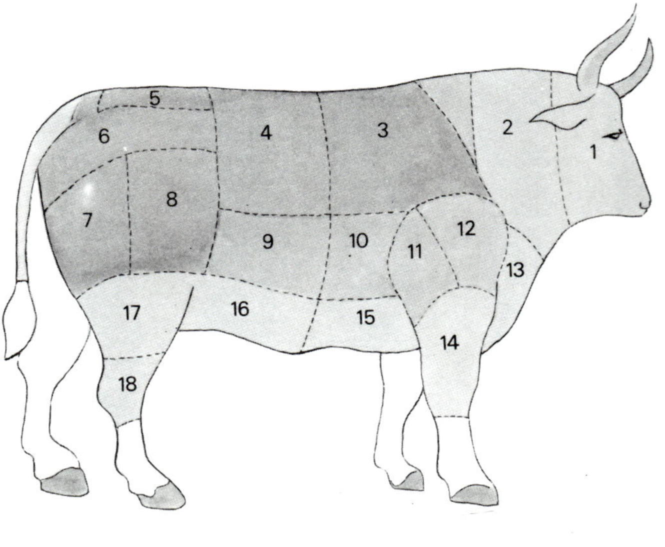

1 Tête
2 Collet
3 Carré des côtes
4 Filet et faux-filet
5 Rumsteak
6 Culotte
7 Gîte à la noix
8 Tranche
9 Bavette d'aloyau hampe
10 Plates côtes
11 Macreuse
12 Épaule ou paleron
13 et **15** Poitrine
14 et **17** Gîte
16 Flanchet
18 Jarret

Le saviez-vous ?

La richesse linguistique et la diversité provinciale de la France donnent au même morceau de bœuf des noms bien différents.

Exemples :

- le *filet* s'appelle aussi filet mignon, penon ;
- les *entrecôtes* : côtes fines ;
- le *rond* : boule d'aloyau, ouverture, rose, badart, mollet ;
- le *gîte* : bec de cane, galinette, maquereau ;
- les *plates côtes couvertes* : chapet, gâteau du boucher, raccourçures ;
- la *pièce parée de l'épaule* : levure, grumeau, persillée ;
- le *dessous de macreuse* : surprise ;
- le *jumeau à pot-au-feu* : rond de jambe.

Choisissez :

Il est important de savoir choisir le morceau qui convient à la recette que l'on veut préparer. Il ne suffit pas d'acheter le morceau le plus cher pour obtenir le meilleur résultat.

Ainsi, vous ne choisirez pas du rumsteak ou du contre-filet pour faire du bœuf en daube, sous prétexte de régaler vos invités. Ce serait, croyez-moi, au détriment de votre plat et de votre porte-monnaie. Un morceau à cuisson lente (du 2e groupe), tel que «griffe» ou «macreuse à pot-au-feu» ferait beaucoup mieux l'affaire, à tout point de vue.

LE BŒUF : CHOIX DES MORCEAUX		
Pour		Caractéristiques
STEAKS ET RÔTIS Au choix :	**Filet**	Extrêmement tendre... et cher. Pas de déchets.
	Faux-filet, Rumsteak	Très tendre. Beaucoup de goût. Peu de déchets.
	Entrecôte	Très «goûteux». Des déchets.
	Tranche	Tendre et peu de déchets.
STEAKS	**Bavette, hampe, onglet, araignée**	Viande longue et juteuse. Très savoureuse. Tendre quand elle est «rassise».
RÔTIS	**Côte de bœuf (1,5 kg minimum)**	Très savoureuse, si bien persillée.
POT-AU-FEU, BOURGUIGNON, BŒUF MODE, CARBONADE, DAUBE, GOULASH.	**Dessus de côte**	Gras sur une face
	Griffe	Morceau mince entrelardé. Beaucoup de goût.
	Macreuse	Gras ou gélatineux selon l'emplacement.
	Jumeau	Gélatineux.
	1er ou 2e talon	Plus ou moins maigre.
	Plate-côte	Avec os, moelleux si un peu gras, mais très «goûteux».
POT-AU-FEU (et braisés, exceptionnellement)	**Bavette**	Grassouillette et sans os.
	Poitrine, tendron, flanchet	Morceaux avec os, assez gras.
	Gîte-gîte	Gélatineux et moelleux, os.
	Queue	Très moelleuse et savoureuse. Beaucoup d'os.

Préparez :

Le b.a. ba du bœuf

Steak sauté

Déposez la viande dans la poêle très chaude avec un peu de beurre ou de margarine. Lorsqu'elle est saisie, sur feu vif, d'un côté (au bout de 1 à 2 mn environ), retournez-la, salez, poivrez. Laissez cuire sur l'autre face jusqu'à ce que le sang perle à la surface du côté déjà cuit. A ce moment, la viande est «à point».

MICRO-ONDES

Avant la cuisson au micro-ondes, toute viande sera rissolée sur feu vif, à la poêle (il n'y a rien de tel) ou dans un plat brunisseur préchauffé plusieurs mn.

Cette opération est indispensable pour colorer la viande (le micro-ondes ne le fait pas) et pour conserver le sang à l'intérieur du morceau.

Les secrets

du steak sauté : un steak «bleu» est rapidement saisi à feu vif. L'intérieur en est presque cru et... bleu.

«A point» : le steak est saisi d'un côté puis de l'autre. Il est assez cuit lorsque le sang perle à la surface. L'intérieur est rose.

«Bien cuit» : il est d'abord saisi à feu très vif, puis cuit sur feu moyen plus longtemps que le précédent. Il sera rose grisâtre à l'intérieur.

Un bouquet de cresson non assaisonné «habille» le plus simple des steaks.

Steak grillé

(**Sous le grilloir** du four ou de la rôtissoire préchauffés 10 mn.)

Badigeonnez les steaks d'huile. Saupoudrez-les de quelques pincées d'herbes aromatiques sèches. Déposez sur la grille. Mettez assez près du grilloir. Dessous, glissez la plaque creuse du four ou un plat. Laissez griller 1 à 2 mn sur chaque face (ne fermez pas la porte du four pendant la cuisson). Salez et poivrez au moment de servir seulement.

(Ou **sur le gril de contact** très chaud posé directement sur la flamme quelques minutes d'avance).

Procédez de la même façon que précédemment. Pour obtenir un quadrillage, faites pivoter le steak d'1/4 de tour sur lui-même à mi-cuisson.

Les secrets

du steak grillé : plus un steak est mince, plus il doit cuire vite et plus la grille doit être rapprochée de la source de chaleur.

Comptez :

1 mn	de chaque côté : feu très vif, steak de 1 cm d'épaisseur.
2 à 3 mn	de chaque côté : feu vif, steak de 2 cm d'épaisseur.
3 à 4 mn	de chaque côté : feu modéré, steak de 3 cm d'épaisseur.

Les viandes grillées sont meilleures marinées avant cuisson, dans une marinade composée d'herbes variées, sèches et fraîches (thym, laurier, romarin, persil, etc.). 1 ou 2 cuil. d'huile et poivre. Retournez plusieurs fois (sans piquer). 1 h de marinade au moins.

Rôti à la broche

Temps de cuisson : un peu plus long que dans le four

Faites chauffer la rôtissoire (ou le gril du four) un peu à l'avance. Le rôti doit être le plus régulier possible sur toute sa longueur. Embrochez-le en l'équilibrant bien. Saupoudrez de sel et de poivre. Faites tourner. Glissez un plat sous la viande pour recueillir son jus. Vous pouvez arroser, mais à mi-cuisson seulement.

BŒUF RÔTI AU MICRO-ONDES

Cette cuisson n'est conseillée que pour une pièce de viande de 6 à 7 cm, d'épaisseur peu importante et de forme régulière : une côte de bœuf ou un rôti de 800 à 900 g, par exemple.

Rissolez sur feu vif, puis comptez 7 à 8 mn de cuisson au micro-ondes (puiss. maxi). Ne couvrez pas. Retournez à mi-cuisson. Laissez reposer 3 mn avant de découper.

Les secrets

du rôti à la broche : si le tournebroche est incorporé dans le four, il est indispensable de laisser la porte ouverte tout le temps de la cuisson.

Pour parfumer le jus du rôti, déposez au fond du plat qui le recueille, fines herbes, thym, laurier, romarin, etc.

Comme le rôti au four, le rôti à la broche doit reposer un peu avant d'être découpé.

Rôti en cocotte

Temps de cuisson : 12 à 15 mn par livre

Mettez la viande à revenir sur toutes ses faces dans une cocotte, sur feu vif, avec un peu de beurre ou de margarine.

Puis, à bon feu, laissez cuire sans couvrir. Au cours de la cuisson, retournez plusieurs fois la viande sans la piquer. Couvrez à demi pendant le dernier quart d'heure. Modérez la flamme. Salez et poivrez.

Déposez le rôti dans un plat chaud. Délayez le jus de cuisson resté au fond de la cocotte avec 1 ou 2 cuil. à soupe d'eau. Laissez bouillir un instant. Salez, poivrez. Servez ce jus dans une saucière.

Les secrets

du rôti cocotte : faites plutôt revenir le rôti dans une poêle (mais oui !) et cuisez-le ensuite dans la cocotte comme indiqué plus haut. Il sera mieux doré... et vous n'aurez couru aucun risque de vous brûler.

Si le rôti est entouré de lard, égouttez le gras (indigeste) quand la viande sera dorée. Vous remettrez un peu de beurre ou de margarine pour terminer la cuisson à feu plus doux.

Ajoutez 1/2 carotte coupée en dés et 1 ou 2 oignons à la viande en train de roussir puis, plus tard, 1 gousse d'ail et 1 bouquet garni.

Rôti au four

**Temps de cuisson : 12 à 15 mn par livre,
mis à four bien chaud (th. 7-8)**

Allumez le bas du four 15 à 20 mn avant d'y enfourner le rôti.

Déposez le rôti dans un plat à four le contenant juste. Si le rôti n'est pas bardé de lard, tartinez la viande de beurre ou de margarine. Mettez à four bien chaud (th. 7-8) de 12 à 15 mn par livre. Retournez la viande et arrosez-la pendant la cuisson. Salez et poivrez, un peu avant la fin.

Les secrets

du rôti au four : cuit dans un plat trop grand, le rôti éclabousse le four.

Le rôti sera plus tendre s'il n'est pas déposé directement dans le plat à rôtir, mais sur une grille, elle-même posée au fond de ce plat. La grille évite au rôti de mijoter dans son jus, ce qui aurait pour effet de le durcir.

Il pourra attendre 1/2 h sans refroidir si, au sortir du four, vous l'enveloppez complètement dans du papier d'aluminium.

Laissez reposer le rôti quelques minutes dans le four éteint et entrouvert avant de le découper. Pendant que la viande repose, ses fibres se détendent : le rôti sera plus tendre. (Comptez 5 mn de cuisson en moins.)

Pour une sauce de rôti exceptionnelle : mettez dans le plat 1 oignon et 1/2 carotte en rondelles au départ. Puis un peu d'eau chaude à mi-cuisson (pas sur la viande). Ce jus, bouillant, servira à arroser la viande en cours de cuisson.

Entrée froide ou buffet ou pique-nique

DIFFICILE
RAISONNABLE
PETITES RÉCEPTIONS
PRINTEMPS-ÉTÉ-AUTOMNE

Pour 6, il faut :

1,500 kg d'aiguillette baronne,
40 g de beurre ou de margarine,
1 pied de veau,
os de veau,
1 carotte,
sel.

Marinade :

1 verre de banyuls (ou porto),
1/2 verre à vin de cognac,
1/2 bouteille de vin blanc sec,
20 petits oignons,
8 carottes,
3 gousses d'ail,
bouquet garni,
1 oignon,
3 clous de girofle,
poivre, 4 épices.

Aiguillette en gelée

Préparation et cuisson : 4 h 30 à 5 h 30
Cuisson en autocuiseur : 1 h 45
+ à mariner : 2 h
+ au froid : 1 nuit

1. 2 h d'avance, mettez à macérer l'aiguillette avec les éléments de la marinade. Pendant ce temps, plongez pied de veau fendu par le boucher et os de veau à l'eau froide. Faites bouillir 5 mn. Égouttez et passez sous l'eau.

2. Retirez l'aiguillette de la marinade. Essuyez-la. Faites-la dorer, de toute part, dans une grande cocotte avec 40 g de beurre ou de margarine. Ajoutez-y ensuite la marinade et ses aromates, pied et os de veau, 1/4 de litre d'eau, sel. Fermez la cocotte et laissez cuire très doucement dans le four doux (th. 4-5) 4 à 5 h (en autocuiseur : 1 h 45).

3. Dans une grande terrine à pâté, versez du jus de cuisson à 1 cm 1/2 de hauteur. Laissez prendre au froid 1/2 h. Désossez le pied de veau. Coupez-le en dés. Déposez l'aiguillette sur la couche de gelée, les morceaux de pied de veau. Recouvrez avec la plus grande partie du jus de cuisson passé à travers un tamis. Versez le reste au fond du plat de présentation. Mettez au froid toute la nuit.

4. Présentation : démoulez et tranchez avec soin la viande en gelée sur une planche à découper. Déposez-la sur la couche de gelée prise au fond du plat de présentation. Garnissez le pourtour avec des rondelles de carottes dentelées cuites à part (photos p. 209), feuilles de laitue, cornichons, etc.

Rondelles de carottes dentelées (décor) :

Choisissez une grosse carotte de forme régulière.

Utilisez-les crues pour décorer un plat de crudités ou des filets de harengs ; ou cuites (10 mn à l'eau salée) pour garnir un plat de viande tel que l'aiguillette en gelée.

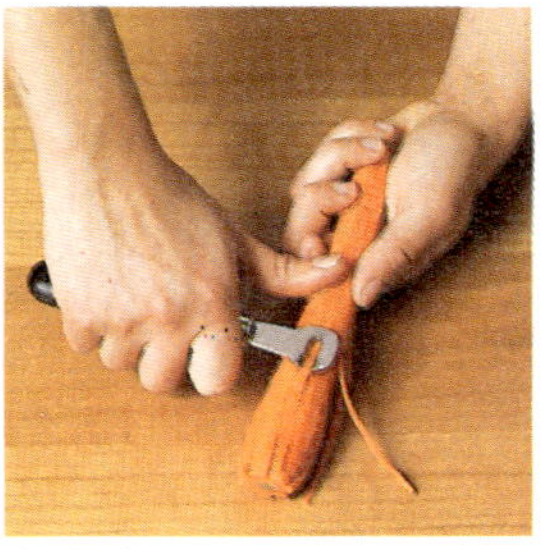

A Enfoncez le couteau à canneler assez profondément en haut de la carotte crue. Tirez-le jusqu'en bas. Faites 7 ou 8 entailles de cette façon.

B Coupez ensuite la carotte en rondelles très fines, sur la planche à découper.

Le secret

du bouillon de viande sans écume : viande et os surtout produisent de l'écume qui déborde facilement et trouble le bouillon. Pour l'éviter, mettez os et viande à l'eau froide, portez à ébullition quelques minutes, puis rincez à l'eau courante. La cuisson se fera ensuite normalement mais vous constaterez que la formation d'écume est minime.

Pot-au-feu

Préparation et cuisson : 3 h 30
Cuisson en autocuiseur : 1 h 30

Pour 1,500 kg de viande, il faut :

1 os à moelle,
4 poireaux,
4 carottes,
2 navets,
1 petite branche de céleri,
1 oignon piqué de 3 clous de girofle,
1 gousse d'ail,
bouquet garni,
sel.

Quelques cornichons, gros sel.

Épluchez les légumes. Mettez-les dans une grande marmite avec 3 litres d'eau froide ainsi qu'un oignon piqué de clous de girofle, ail, céleri, bouquet garni, sel. Lorsque l'eau bout, plongez la viande dedans. Laissez cuire à petits bouillons réguliers de 2 h 30 à 3 h (en autocuiseur : 1 h 30). Écumez, de temps en temps.

1 h avant la fin de la cuisson, ajoutez l'os à moelle. Présentez la viande égouttée avec les légumes sur un plat chaud. A part, du gros sel, des cornichons et la moelle retirée de l'os.

Les secrets

du pot-au-feu : réunissez toujours 2 ou 3 morceaux différents dans un même pot-au-feu de manière à mélanger des viandes grasses, maigres et moelleuses. Personnellement, j'aime beaucoup un morceau de queue de bœuf dans le pot-au-feu. Elle y ajoute goût et moelleux. La viande bouillie perd près de 40 % de son poids. Tenez-en compte. Trop de légumes et peu de viande donnent un résultat médiocre.

Ne laissez jamais séjourner les légumes dans le bouillon que vous conservez. Même au réfrigérateur, les légumes feraient très vite surir le bouillon. Passez-le et, au besoin, gardez les légumes à part.

Voulez-vous un très bon bouillon : mettez la viande à l'eau froide. Si vous mettez la viande à l'eau bouillante ce sera au détriment du bouillon, mais la viande sera meilleure.

Bœuf à la ficelle

TRÈS FACILE
CHER
PETITES RÉCEPTIONS
TOUTES SAISONS

Pour 6, il faut :

1,500 kg de faux-filet (ou d'aiguillette), non bardé,
1 oignon,
1 clou de girofle,
1 carotte,
bouquet garni,
sel, poivre.

Gros sel,
cornichons,
horseradish sauce,
moutardes.

Préparation et cuisson : 45 mn

1. Faites bouillir, dans un fait-tout profond, de l'eau avec 1 oignon piqué d'1 clou de girofle, carotte en rondelles, bouquet garni, sel, poivre, pendant une vingtaine de minutes.

2. Plongez la viande dans cette eau en ébullition, sans lâcher le morceau de ficelle. Attachez-le à l'anse de la marmite. Couvrez et laissez bouillir 20 mn, pour obtenir une viande saignante.

3. Retirez la viande en tirant sur la ficelle. Déposez-la sur un plat. Découpez-la en tranches. Présentez-les simplement avec gros sel, cornichons, horseradish sauce et moutardes variées. Des pommes de terre à l'eau sont tout indiquées.

Note :

Demandez au boucher de ficeler le rôti (non bardé) et de laisser pendre un morceau de ficelle de 30 cm au moins.

Le secret

du «bœuf à la ficelle» à l'Anglaise : il est mis dans le court-bouillon en ébullition, pendant un temps aussi court que s'il était rôti dans le four. Ne soyez pas déçue par son aspect grisâtre au sortir du court-bouillon, dès la première tranche, il apparaîtra parfaitement saignant et son goût sera délicieux.

Carbonade

FACILE
RAISONNABLE
AUTOMNE-HIVER

Préparation et cuisson : 3 h 30
Cuisson en autocuiseur : 50 mn

Pour 4, il faut :
1 kg de bœuf à carbonade *(voir p. 202),*
50 g de beurre ou de margarine,
5 oignons moyens,
farine,
1/2 litre de bière,
1 cuil. à soupe de sucre,
bouquet garni,
sel, poivre.

1. Faites dorer la viande à feu vif, dans une cocotte, avec 50 g de beurre ou de margarine. Épluchez les oignons. Coupez-les en rondelles minces. Ajoutez-les à la viande.

2. Lorsque les oignons commencent à blondir à leur tour, saupoudrez d'une cuil. à soupe rase de farine. Mélangez. Ajoutez 1/2 litre de bière, autant d'eau, 1 cuil. à soupe de sucre, bouquet garni, sel, poivre. Couvrez. Laissez mijoter, sur feu doux, 2 h 30 à 3 h (en autocuiseur : 1 h). Présentez avec des pommes de terre à l'eau.

Côte de bœuf à l'échalote

TRÈS FACILE
RAISONNABLE
TOUTES SAISONS

Préparation et cuisson : 45 mn (9 à 10 mn par livre)
+ avant cuisson : repos au réfrigérateur

Pour 4, il faut :

1 côte de bœuf de 1,500 kg,
un peu d'huile,
thym, laurier,
100 g de beurre mou,
1 échalote hachée très finement,
sel,
poivre concassé (mignonnette).

1. Enduisez la viande d'huile. Parsemez-la de thym effeuillé, laurier émietté et poivre concassé. Enveloppez d'aluminium et laissez reposer un moment (même jusqu'au lendemain, dans le réfrigérateur).

2. Cuisson : déposez la côte sur la grille du four. Glissez celle-ci dans le four très chaud (th. 7-8) - ou sous le grilloir. Placez en dessous un grand plat pour recueillir le jus. Laissez cuire de 9 à 10 mn par livre (soit environ 30 mn au total). Retournez à mi-cuisson.

3. Beurre d'échalote : faites revenir doucement l'échalote hachée avec un tout petit peu de beurre, sans laisser colorer. Une fois tiédie, incorporez-la au reste du beurre en malaxant avec une fourchette.

4. Un peu avant la fin de cuisson, coupez les ficelles entourant la viande pour qu'elle se détende. Salez, poivrez.

Pour servir, tranchez la côte verticalement (horizontalement, c'est beaucoup plus difficile).

Présentez sur des assiettes chaudes avec le beurre d'échalote.

MICRO-ONDES

Vous pouvez y cuire, de façon satisfaisante, une petite côte de bœuf (800 à 900 g environ).

Après un dorage préalable à la poêle, sur feu vif, mettez dans le micro-ondes, 5 à 6 mn (selon épaisseur), puiss. maxi. Ne couvrez pas. Et ne prolongez pas la cuisson ; cela aurait pour effet de durcir la viande.

A mi-cuisson, retournez la viande. Ajoutez sel et hachis d'échalote et remettez en cuisson.

Laissez reposer 3 mn avant de découper.

Pour obtenir un jus de cuisson légèrement onctueux, délayez-le avec le beurre mou et remettez au micro-ondes 30 s. Fouettez avant de servir.

Entrée ou dessert

Pâte à 2 fourchettes

(pour celles qui n'aiment pas «pâtisser» avec la main)

FACILE
BON MARCHÉ
TOUTES SAISONS

Proportions pour le filet de bœuf (ou pour 1 tarte pour 8) : il faut :

250 g de farine,
250 g de margarine,
1 verre à moutarde d'eau,
1 cuil. à café rase de sel.

Préparation : 10 mn
(plusieurs heures d'avance ou la veille)

1. Étalez la farine sur la planche. Dans le large creux du milieu, coupez la margarine moelleuse. Versez le verre d'eau salée (photo A).

2. Mélangez et pétrissez complètement avec les deux fourchettes. Ramassez bien toute la farine en la ramenant sur la pâte qui prend la forme d'une boule (photo B).

3. Avec une seule main (tout de même...) finissez de façonner la boule. Enveloppez-la d'une feuille d'aluminium et mettez-la au froid (photo C).

A

B

C

(Cette pâte étant très riche en matière grasse, il est indispensable, avant de l'étaler, de la laisser reposer un moment au froid pour lui laisser «prendre du corps». Elle sera facile à étaler.)

Entrecôte bordelaise

FACILE
CHER
PETITES RÉCEPTIONS
TOUTES SAISONS

Préparation et cuisson : 30 mn

Pour 4, il faut :

2 entrecôtes de 400 g,
25 g de beurre ou de margarine,
50 g de moelle de bœuf,
persil,
sel, poivre.

Sauce bordelaise :

2 échalotes,
20 g de beurre,
1 verre de bordeaux,
1 cuil. à café rase de concentré de tomate,
thym, laurier,
1 cuil. à café de farine,
sel, poivre.

1. Sauce : hachez les échalotes, faites-les blondir légèrement avec une noix de beurre. Ajoutez-y 1/4 de verre de vin, un peu de thym et de laurier. Laissez cuire sur feu doux jusqu'à évaporation complète. Ajoutez alors le reste du vin, concentré de tomate, 1/2 verre d'eau, sel et poivre. Malaxez la farine avec une noix de beurre. Incorporez peu à peu à la sauce et laissez mijoter sur feu très doux 15 mn.

2. Coupez la moelle en rondelles épaisses, avec un couteau préalablement trempé dans de l'eau bouillante (photo A). Mettez-les dans une passoire métallique. Plongez celle-ci dans de l'eau salée bouillante. Laissez bouillir 1 mn seulement (photo B). Retirez du feu mais attendez 2 mn avant d'égoutter. Tenez au chaud.

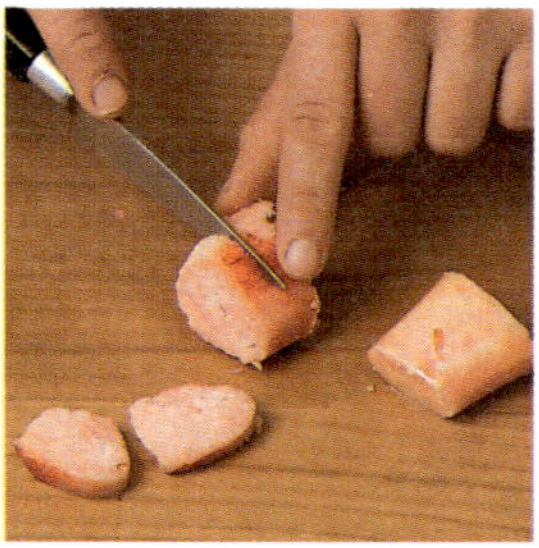

A

B

3. Faites chauffer 25 g de beurre ou de margarine dans une grande poêle. Attendez qu'elle soit très chaude avant d'y déposer les entrecôtes. Laissez cuire environ 2 mn de chaque côté. Salez, poivrez.

4. Mettez les entrecôtes sur un plat chaud, les rondelles de moelle dessus. Versez la sauce dans la poêle. Laissez-la bouillir quelques instants en mélangeant les sucs de viande attachés au fond avec une cuiller en bois. Versez-la sur les entrecôtes et parsemez-les de persil haché juste avant de servir.

MICRO-ONDES

Vite faite et bien faite, la sauce Bordelaise au micro-ondes :

Dans un bol, mettez les échalotes hachées et 3 cuil. à soupe de vin. Faites réduire presque complètement au micro-ondes, sans couvrir, environ 2 mn (puiss. maxi).

Ajoutez 20 g de beurre, 1 cuil. à soupe (légèrement bombée) de farine, 1 verre de liquide (vin et eau), thym, laurier, sel, poivre. Mélangez. Mettez au micro-ondes 2 mn. Puis fouettez bien. Repassez au micro-ondes 2 mn en fouettant à la mi-temps pour éviter les grumeaux.

Terminez la sauce comme il est dit au § 4 de la recette.

Le secret

de la finesse d'une sauce à l'échalote : l'échalote a cuit très doucement sans colorer du tout. En dorant, elle perd toute sa saveur et prend un goût amer qui gâte la sauce.

Entrée chaude

DIFFICILE
CHER
PETITES ET GRANDES RÉCEPTIONS
PRINTEMPS-AUTOMNE-HIVER

Pour 6, il faut :

1,500 kg de filet (non bardé),
20 g de beurre ou de margarine,
1 jaune d'œuf,
sel, poivre.

Pâte à 2 fourchettes :

page 214.

Sauce madère :

voir "filet sauce madère" p. 221.

Filet de bœuf en croûte

Préparation et cuisson : 1 h 30

1. Faites dorer la viande de toute part, dans une poêle, sur feu vif, avec 2 noix de beurre ou de margarine. Salez, poivrez. Puis terminez la cuisson dans le four très chaud (th. 8-9) 5 mn de chaque côté. Laissez refroidir complètement sur une grille.

2. Préparez la pâte «à 2 fourchettes». Laissez-la au froid un moment.

3. 1 h avant le repas, étalez la pâte à 1/2 cm d'épaisseur en lui donnant la forme d'un grand rectangle. Déposez la viande froide dessus. Humectez les bords de la pâte tout autour (dessin A). Repliez sur la viande en pressant les deux épaisseurs de pâte, pour bien les souder (dessin B). Percez deux trous dans la pâte. Maintenez-les ouverts avec du papier d'aluminium roulé (dessin C).

☞

A

B

C

4. Décor : découpez des motifs avec un couteau pointu (feuilles, losanges...) dans les chutes de pâte. Humectez une des faces. Appliquez le côté humide sur la pièce à décorer.

Badigeonnez le tout de jaune d'œuf délayé avec un peu d'eau.

5. Faites cuire à four bien chaud (th. 7-8) 20 mn environ. Servez chaud avec une sauce madère (voir p. 221).

Organisation :

Le filet en croûte peut être entièrement préparé d'avance : la viande complètement cuite et refroidie, la pâte tenue au frais et la sauce mijotée le temps voulu, bien avant le repas. Il suffira de 3/4 d'heure, juste avant le repas, pour enfermer le filet dans la pâte, cuire au four et réchauffer la sauce.

Le secret

du filet en croûte facile à envelopper de pâte : la viande doit être cuite et refroidie avant d'être enfermée dans la pâte. Si la viande est mise chaude sur la pâte, elle ramollit celle-ci, l'humidifie et la rend extrêmement difficile à manipuler et à souder.

DIFFICILE
CHER
PETITES ET GRANDES RÉCEPTIONS
TOUTES SAISONS

Pour 4, il faut :

1 kg de filet de bœuf (non bardé),
50 g de beurre ou de margarine,
1 cuil. à soupe bombée de farine,
1 tablette de bouillon concentré,
2 cuil. à soupe de gelée de groseille,
2 cuil. à soupe de crème,
sel, poivre.

Marinade :

1/2 bouteille de vin rouge,
1/2 verre de vinaigre,
2 cuil. à soupe d'huile,
1 oignon,
2 carottes,
2 échalotes,
2 gousses d'ail,
1/2 branche de céleri,
bouquet garni,
3 grains de poivre,
2 clous de girofle.

Filet de bœuf grand veneur

Préparation et cuisson : 1 h 15
+ marinade : 2 jours

1. Deux jours à l'avance, mettez la viande à mariner au frais avec tous les éléments de la marinade. Retournez-la de temps en temps.

2. Sauce : égouttez les légumes et les aromates de la marinade. Faites-les rissoler dans une casserole avec 30 g de beurre ou de margarine. Saupoudrez-les de farine. Mélangez jusqu'à ce que la préparation blondisse. Versez dessus la marinade, 1/2 litre d'eau et 1 tablette de bouillon. Remuez jusqu'à ébullition. Laissez mijoter sur feu doux, 30 mn environ, sans couvrir, pour que la sauce réduise en s'évaporant. Goûtez pour vous assurer de l'assaisonnement.

3. Essuyez la viande. Tartinez-la de beurre ou de margarine. Faites-la cuire à four bien chaud (th. 7-8) de 20 à 25 mn seulement pour obtenir un rôti saignant. Salez et poivrez en fin de cuisson.

4. Terminez la sauce, passez-la à travers un tamis. Puis incorporez-y la crème fraîche sur le feu. Laissez bouillir un instant, en continuant de mélanger. Ajoutez la gelée de groseille dans la sauce au moment de verser en saucière.

Servez avec des pommes vapeur, des pommes dauphine (p. 546) ou même des nouilles plates au beurre.

FACILE
CHER
PETITES ET GRANDES RÉCEPTIONS
TOUTES SAISONS

Pour 4, il faut :

1 kg de filet,
50 g de beurre ou de margarine,
150 g de raisins secs,
250 g de petits oignons,
farine,
1/2 tablette de bouillon concentré,
sel, poivre.

Marinade :

1/4 de bouteille de porto,
1 échalote,
1 gousse d'ail,
cannelle,
muscade,
thym, laurier, persil.

Filet de bœuf à la Portugaise

Préparation et cuisson : 45 mn
+ marinade : quelques heures

1. Plusieurs heures d'avance, faites macérer la viande avec les éléments de la marinade.

2. Mettez les oignons épluchés dans une casserole avec une noix de beurre. Couvrez-les tout juste d'eau. Laissez cuire très doucement, couvert à demi, jusqu'à évaporation complète du liquide. Mettez les raisins à l'eau froide, sur feu doux. Retirez du feu dès l'ébullition. Laissez gonfler dans l'eau.

3. Cuisson : essuyez la viande avant de la faire dorer (à la poêle) avec 30 g de margarine. Déposez-la ensuite dans le plat à rôtir. Mettez à four bien chaud (th. 7-8). Dans la poêle (vidée de sa matière grasse), délayez la marinade sur feu vif avec le bouillon concentré. Ajoutez au rôti. Au bout de 20 mn, joignez-y les raisins égouttés et les oignons cuits. Remettez au four 10 mn. Salez et poivrez.

4. Retirez le rôti du plat de cuisson. Malaxez à la fourchette 1 noix de beurre et 1 cuil. à café rase de farine. Incorporez ce mélange dans le jus du rôti. Laissez bouillir quelques instants tout en mélangeant avec une cuiller en bois. Présentez le rôti découpé et nappé de cette sauce légèrement liée.

Des timbales de riz (voir p. 635) seront parfaites pour accompagner ce plat.

Plat principal

FACILE
CHER
PETITES ET GRANDES RÉCEPTIONS
TOUTES SAISONS

Pour 8, il faut :

1,500 kg de filet (non bardé),
30 g de beurre ou de margarine,
sel, poivre.

Sauce madère :

40 g de farine,
40 g de beurre ou de margarine,
1 oignon,
1 boîte (1/4) de champignons de Paris,
1/2 litre de liquide (vin blanc + jus des champignons + eau),
1 verre de madère,
sel, poivre.

Cresson.

Filet de bœuf sauce madère

Préparation et cuisson : 1 h

1. Tartinez la viande de beurre ou de margarine. Déposez-la dans un plat à feu de sa dimension. Glissez dans le four très chaud (th. 8-9) et laissez cuire de 40 à 45 mn (12 à 15 mn par livre). Retournez la viande et arrosez-la en cours de cuisson. Salez et poivrez.

2. Sauce madère : égouttez les champignons mais conservez le jus. Hachez finement l'oignon. Faites-le dorer légèrement avec 40 g de beurre ou de margarine. Saupoudrez de farine. Mélangez sur le feu avec une cuiller en bois jusqu'à ce que la préparation blondisse. Incorporez 1/2 litre de liquide froid (1 verre de vin blanc + jus des champignons + eau), sel, poivre. Remuez jusqu'à ébullition. Laissez mijoter sur feu doux 20 mn environ. En fin de cuisson, ajoutez les champignons en lamelles, juste pour les réchauffer et, au dernier moment seulement, le verre de madère.

3. Découpez le rôti en tranches sur un grand plat chaud, un petit bouquet de cresson à chaque extrémité. Présentez la sauce à part, dans une saucière chaude.

Raffinement :

1 ou 2 cuil. à soupe de fond de sauce ajoutées à la sauce madère. Ce fond de sauce peut être préparé à la maison (recette p. 233) ou acheté, en petits flacons.

Fricadelles

TRÈS FACILE
BON MARCHÉ
TOUTES SAISONS

Préparation et cuisson : 20 mn

Pour 4, il faut :

300 g de steak haché,
30 g de margarine,
125 g de mie de pain frais,
1 verre de lait,
1 œuf,
1 oignon,
farine,
persil,
muscade,
sel, poivre.

1. Mettez la mie de pain à tremper dans une terrine avec le lait.

2. Hachez l'oignon. Faites-le sauter à la poêle avec une grosse noix de margarine.

3. Égouttez et pressez la mie de pain pour ôter l'excès de lait. Ajoutez l'œuf, la viande hachée, persil haché, oignon cuit, une pincée de muscade, sel, poivre. Malaxez bien le tout.

4. Formez 4 boulettes plates. Farinez-les légèrement de toute part. Faites-les cuire à la poêle dans la margarine bien chaude, de 3 à 4 mn de chaque côté.

Servez avec des légumes verts braisés, une purée de tomates fraîches ou une ratatouille niçoise.

Fondue bourguignonne

TRÈS FACILE
CHER
PETITES RÉCEPTIONS
TOUTES SAISONS

Pour 4, il faut :

800 g de filet,
1/2 litre d'huile,
thym, laurier.

Sauces et condiments divers.
Service à fondue :

1 poêlon épais,
1 réchaud,
4 fourchettes à long manche isolant et 4 fourchettes ordinaires.

Le succès de la fondue bourguignonne, c'est que dix minutes de préparation suffisent : coupez la viande en dés, ouvrez des tubes, des boîtes et des flacons de sauces épicées. Préparez poêlon d'huile, réchaud, allumettes et apportez le tout à table,

... les invités feront le reste !

1. Coupez la viande crue en cubes dans 4 grandes assiettes (ou des assiettes à fondue). Préparez les sauces dans des coupelles.

2. Apportez à table ainsi que les assiettes garnies, le réchaud à alcool et le poêlon empli d'huile aux 2/3. Quand l'huile sera très chaude, chacun y fera frire un morceau de viande piqué sur sa propre fourchette. Puis il l'enrobera de sauce dont il aura déposé un assortiment sur son assiette avant de déguster.

Organisation :

2 fourchettes par convive sont indispensables pour éviter de se brûler : l'une pour cuire (elle est généralement brûlante), et l'autre pour détacher la viande et la porter à la bouche.

Un seul plat de légume convient à la fondue : une énorme salade la plus panachée possible.

☞

Sauces et condiments

Sans préparation

Toutes les moutardes fortes et aromatisées ; câpres, petits oignons, cornichons, pickles, chutney ; sauce tomate plus ou moins épicée, arissa.

A préparer

Les sauces fortes :

Sauce enragée

Pour 4, il faut :

6 œufs durs,
6 petits piments forts séchés,
6 cuil. à soupe d'huile,
3 cuil. à soupe de vinaigre,
1/2 g de safran,
sel, poivre.

Coupez les œufs durs en deux. Écrasez les jaunes dans un saladier. Incorporez-y peu à peu les piments finement écrasés, huile, vinaigre, safran, sel, poivre. Faites chauffer légèrement la purée obtenue sans cesser de remuer.

(Les blancs d'œufs seront utilisés dans une salade).

Sauce rouille

Pour 4, il faut :

2 gousses d'ail,
1 petit piment fort,
mie de pain,
1/2 tasse de lait,
6 cuil. à soupe d'huile,
sel, poivre.

Faites tremper une petite poignée de mie de pain dans le lait tiède. Essorez et pressez pour obtenir la consistance d'une bouillie épaisse. Écrasez ensemble gousses d'ail et piment. Mélangez avec la mie de pain, sel, poivre. Incorporez-y, petit à petit, 6 cuil. à soupe d'huile en mélangeant vigoureusement avec une cuiller en bois ou au fouet électrique. La rouille doit prendre consistance, comme une mayonnaise.

Les sauces douces :

Crème fraîche, fines herbes, jus de citron, sel et poivre.

Crème fraîche, estragon.

Yaourt, hachis d'ail et ciboulette.

Mironton

TRÈS FACILE
BON MARCHÉ
TOUTES SAISONS

Pour 4, il faut :

500 g de bœuf bouilli,
20 g de beurre
ou de margarine,
chapelure,
persil haché,
sel, poivre.

Sauce lyonnaise :

3 oignons,
40 g de beurre
ou de margarine,
1/2 verre de vin
blanc sec,
1/2 verre de vinaigre,
sel, poivre,
jus de rôti
(facultatif).

Préparation et cuisson : 1 h

1. Sauce lyonnaise : coupez les oignons en rondelles. Faites-les dorer légèrement avec le beurre ou la margarine. Puis mouillez-les de vin blanc et de vinaigre, salez, poivrez. Si possible, ajoutez-y du jus de rôti. Laissez mijoter sans couvrir de 15 à 20 mn.

2. Coupez le bœuf bouilli froid en lamelles très fines.

3. Étalez une couche de sauce lyonnaise au fond d'un plat à gratin, les tranches de viande, puis le reste de sauce. Parsemez de chapelure, sel, poivre et de noisettes de beurre ou de margarine. Mettez à four chaud (th. 6-7) de 20 à 25 mn. Présentez le plat tel quel ou ceinturé d'un cordon de purée (en flocons) assez sèche.

Variantes :

La sauce lyonnaise peut s'agrémenter de fondue de tomate ou de concentré, en quantité modérée. Quelques cornichons en rondelles sont également appréciés.

Le saviez-vous ?

Appelez-le «mironton» ou «miroton» comme vous voudrez, car «miroton» serait une déformation du mot ancien «mironton» qui, vraisemblablement, doit sa notoriété à «Malbrough s'en va-t-en guerre».

Plat principal

Rôti haché au bacon

FACILE
BON MARCHÉ
TOUTES SAISONS

Pour 4, il faut :

600 g de steak haché,
30 g de beurre ou de margarine,
chapelure,
lard de poitrine fumé (en sachet plastique),
sel, poivre.

Fil blanc épais.

Préparation et cuisson : 40 mn

1. Mélangez à la main, viande, sel, poivre et 1 petite tasse de chapelure (celle-ci est indispensable pour conserver le jus à l'intérieur). Formez une sorte de gros boudin compact (photo A).

2. Sur la planche, disposez les fils et les tranches de lard de poitrine (photo B).

3. Dessus, déposez le rôti reformé. Repliez le lard de poitrine en commençant par les 2 extrémités, puis ceinturez avec les autres tranches. Maintenez en nouant les fils, sans trop serrer (photo C). Nouez un dernier fil en travers, sur toute la longueur du rôti reconstitué qui «tient» grâce au lard.

4. Tartinez de beurre ou de margarine. Salez et poivrez. Mettez dans le four très chaud (th. 8-9) 20 mn.

Présentez avec des pommes de terre frites ou sautées ou avec un bon plat de pâtes.

Raffinement :

Quelques brins de thym ou morceaux de laurier seront glissés sur les tranches de lard avant d'y déposer la viande.

A

B

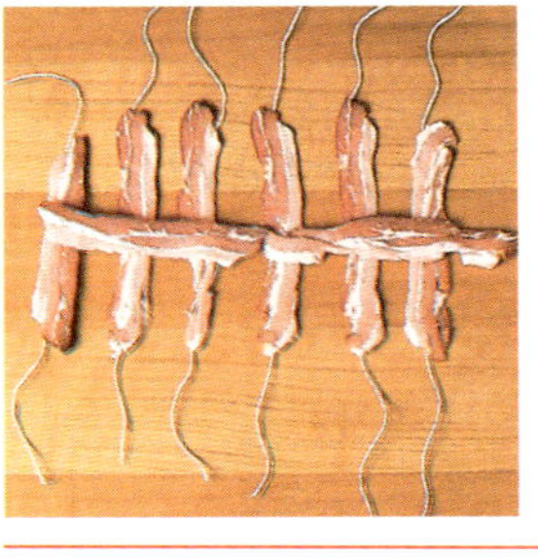

C

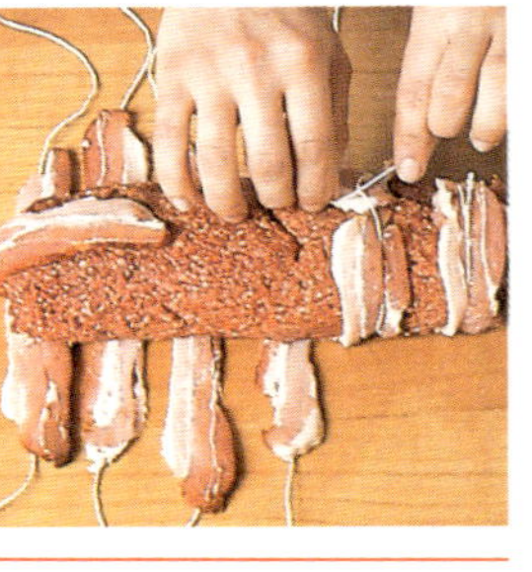

Sauté de bœuf en marcassin

FACILE
RAISONNABLE
PETITES RÉCEPTIONS
AUTOMNE-HIVER

Pour 4, il faut :

1,500 kg de bœuf à bourguignon,
40 g de beurre ou de margarine,
150 g de pruneaux,
1 cuil. à soupe rase de farine,
2 cuil. à soupe de cognac,
sel, poivre.

Marinade :

1/2 bouteille de vin rouge,
1/2 verre de vinaigre,
2 cuil. à soupe d'huile,
1 oignon,
2 carottes,
2 échalotes,
2 gousses d'ail,
1/2 branche de céleri,
bouquet garni,
3 grains de poivre,
2 clous de girofle.

Préparation et cuisson : 2 h 30
Cuisson en autocuiseur : 55 mn
+ marinade : 2 jours

1. Deux jours à l'avance, coupez la viande en cubes. Mettez à mariner au frais. Retournez de temps en temps.

2. Cuisson : égouttez et épongez la viande. Faites-la dorer de toute part dans une cocotte, sur feu vif, avec 40 g de beurre ou de margarine bien chaud. Retirez la viande. A la place, faites revenir sur feu vif les légumes de la marinade préalablement égouttés. Remettez la viande dans la cocotte. Saupoudrez de farine. Mélangez. Laissez roussir. Ajoutez ensuite le cognac. Faites flamber sur le feu. Versez enfin la marinade dans la cocotte. Laissez bouillir doucement 10 mn, sans couvrir.

3. Mettez assez d'eau bouillante dans la cocotte pour couvrir la viande, mais pas davantage. Salez, poivrez. Couvrez. Laissez mijoter 2 h environ (en autocuiseur : 50 mn).

4. Ajoutez enfin les pruneaux et laissez cuire 25 à 30 mn supplémentaires (en autocuiseur : 10 à 15 mn).

Présentez avec de la purée de pommes de terre ou de pois cassés.

Steak flambé au poivre

FACILE
CHER
PETITES RÉCEPTIONS
TOUTES SAISONS

Préparation et cuisson : 50 mn

Pour 4, il faut :

4 steaks de 200 g chacun (filet, rumsteak),
25 g de beurre ou de margarine,
3 cuil. à soupe de cognac,
sel,
1 cuil. à soupe de poivre en grains.

Fond de sauce :

voir p. 233, «Tournedos Rossini».

1. Préparez le fond de sauce : voir «Tournedos Rossini» p. 233.

2. Écrasez le poivre grossièrement à l'aide d'un rouleau à pâtisserie ou avec le fond d'une casserole épaisse. Enrobez-en la viande entièrement.

3. Faites cuire les steaks à la poêle, sur feu vif, avec 25 g de beurre ou de margarine. Tenez-les au chaud.

4. Videz la poêle sans la laver. Versez le cognac dedans. Reportez sur feu vif. Faites flamber. Ajoutez-y le fond de sauce passé. Faites bouillir. Versez un peu de sauce sur chaque steak et le reste en saucière.

Présentez avec des pommes dauphine ou des chips.

Note :

Le poivre ainsi concassé «en mignonnette» est bien moins piquant que finement pulvérisé par le moulin à poivre.

Le secret

des steaks au poivre qui restent enrobés de poivre après cuisson : ils sont saisis à feu très vif au départ. C'est une condition essentielle pour que le poivre concassé «tienne» à la viande.

Steak haché fin-de-mois

TRÈS FACILE
BON MARCHÉ
TOUTES SAISONS

Préparation et cuisson : 15 mn

Pour 4, il faut :
400 g de steak haché,
30 g de margarine,
50 g de pain très sec,
moutarde forte,
persil ou ciboulette,
sel, poivre.

1. Écrasez le pain rassis très sec (au besoin, passez-le au four) très finement avec la moulinette ou au rouleau à pâtisserie pour obtenir de la chapelure fine.

2. Hachez le persil ou la ciboulette. Mettez dans une terrine avec la viande hachée, la moitié de la chapelure, sel, poivre, 1 cuil. à soupe de moutarde. Malaxez bien et formez 8 petites croquettes ou 4 grosses. Passez-les entièrement dans le reste de chapelure. Faites cuire dans une grande poêle contenant 30 g de margarine bien chaude, 2 mn de chaque côté, sur feu vif d'abord, puis moyen.

Présentez avec de la purée ou des spaghetti au gruyère.

Plat principal

Steak au poivre vert

FACILE
CHER
PETITES RÉCEPTIONS
TOUTES SAISONS

Préparation et cuisson : 15 mn

Pour 4, il faut :

4 steaks de 200 g chacun (filet, rumsteak),
*2 cuil. à soupe de grains de poivre vert *,*
25 g de beurre ou de margarine,
1 cuil. à soupe d'huile,
2 cuil. à soupe de cognac (ou de rhum),
2 cuil. à soupe de crème fraîche,
sel.

1. Enrobez les steaks de poivre vert légèrement écrasé. Déposez-les dans la poêle très chaude contenant un peu de beurre ou de margarine et 1 cuil. d'huile. Saisissez-les, 1 ou 2 mn de chaque côté, selon votre goût. Retirez les steaks de la poêle et tenez-les au chaud.

2. Égouttez la graisse de la poêle. Ajoutez-y 2 cuil. à soupe de cognac (ou même, de rhum). Faites flamber sur le feu. Incorporez la crème fraîche et salez. Délayez avec une cuiller en bois tout en laissant bouillir 1 ou 2 mn. Versez sur les steaks avant de servir avec des pommes chips ou frites et des tomates grillées, par exemple.

* Le poivre vert est vendu en petits bocaux ou, plus rarement, surgelé. Sa saveur est très agréable et beaucoup moins piquante que celle du poivre séché. Méfiez-vous tout de même!

Steak beurre maître d'hôtel

Les steaks sont cuits à la poêle et présentés avec la présentation ci-contre.

C'est une préparation simple, à faire d'avance et à conserver dans le réfrigérateur. Il suffit de couper en rondelles au fur et à mesure des besoins.

MICRO-ONDES

Avec du beurre trop ferme, vous n'obtiendrez pas un «Maître d'Hôtel» homogène.

Passez-le au micro-ondes, quelques secondes seulement, position «décongélation», juste pour le ramollir mais pas pour le faire fondre !

Mélangez à la fourchette 100 g de beurre légèrement ramolli, avec quelques gouttes de jus de citron, sel, poivre, persil haché (ou cerfeuil, estragon, ciboulette).

Modelez cette préparation en rouleau dans une feuille d'aluminium et mettez au frais un moment. Vous y découperez des rondelles à l'aide d'un couteau plongé dans de l'eau chaude. Elles seront déposées sur les aliments ou présentées dans une saucière emplie de glaçons pour les garder fermes.

Variantes :

A la moutarde

Travaillez 100 g de beurre assez mou avec 1 cuil. à soupe de moutarde forte.

A l'échalote

Hachez finement 1 échalote et malaxez-la avec 100 g de beurre ramolli, sel, poivre.

A l'anchois

Malaxez le beurre avec 2 cuil. à café de crème d'anchois et jus de citron.

Au raifort

Égouttez avec soin 1 cuil. à café de raifort en conserve (c'est piquant). Incorporez 100 g de beurre assez mou.

A la menthe

Hachez quelques feuilles de menthe fraîche. Malaxez avec 100 g de beurre, sel, poivre.

Au ketchup

Travaillez le beurre avec 3 cuil. à café de ketchup, sel, poivre.

Entrée froide ou buffet ou pique-nique

TRÈS FACILE
BON MARCHÉ
PETITES RÉCEPTIONS
PRINTEMPS-ÉTÉ-AUTOMNE

Pour 4 ou 6, il faut :

1 queue de bœuf en tronçons,
1 pied de veau,
40 g de beurre ou de margarine,
3 tomates,
2 gousses d'ail,
sel, poivre.

Marinade :

1 bouteille de vin blanc sec,
huile,
1 verre à apéritif de cognac,
1 échalote,
1 oignon,
1 clou de girofle,
1 carotte,
thym, laurier,
muscade,
romarin,
1 petit piment.

Terrine de queue de bœuf

Préparation et cuisson : 4 h 30
+ marinade : 1 nuit
Cuisson en autocuiseur : 1 h 30 à 1 h 45

1. La veille, mettez à macérer les morceaux de queue et le pied de veau avec tous les éléments de la marinade. Couvrez.

2. Le jour même, égouttez viande et pied de veau. Faites bien dorer de toute part avec du beurre ou de la margarine dans une grande cocotte, en plusieurs fois si nécessaire.

3. Ajoutez ensuite les tomates épluchées, l'ail, la marinade et tous les aromates. Salez et poivrez bien. Fermez hermétiquement la cocotte. Laissez cuire 4 h à petit feu ou mieux dans le four doux (th. 4-5) (en autocuiseur : 1 h 30 à 1 h 45).

4. Laissez tiédir la viande avant de la désosser. Coupez le pied de veau en petits morceaux. Tassez le tout dans 1 ou 2 terrines. Recouvrez avec la sauce et laissez au froid quelques heures. Quand la viande sera prise en gelée, dégraissez la surface. Démoulez sur un plat garni de feuilles de salade. Servez accompagné de cornichons et de moutardes variées.

Le secret

de la queue de bœuf qui «s'épluche» sans difficulté : elle doit cuire très longtemps. Alors le décorticage est sans problème. Vous vous impatienterez encore moins en vous servant de 2 fourchettes pour détacher la chair de l'os.

Plat principal

FACILE
CHER
PETITES ET GRANDES
RÉCEPTIONS
TOUTES SAISONS

Pour 4, il faut :

4 tournedos (filet) épais,
70 g de beurre ou de margarine,
4 tranches de pain de mie rond,
4 tranches de foie gras (ou de mousse),
4 lamelles de truffe,
1/2 verre de porto,
sel, poivre.

Fond de sauce :

1 os de veau,
30 g de margarine ou d'huile,
1 carotte,
1 oignon,
farine,
vin blanc sec,
1/2 cuil. à café de concentré de tomate,
bouquet garni,
sel, poivre.

Tournedos Rossini

Préparation et cuisson : 1 h
(Sans fond de sauce : 15 mn)

1. Fond de sauce : faites revenir, dans un fait-tout, sur feu vif : l'os de veau cassé en deux, carotte et oignon coupés en dés, avec 30 g de margarine ou un peu d'huile. Saupoudrez d'1 cuil. à café de farine. Mélangez jusqu'à épaississement. Ajoutez 1/2 verre de vin blanc, 1 verre d'eau, concentré de tomate, bouquet garni, sel, poivre. Remuez jusqu'à ébullition. Laissez mijoter sur feu très doux, sans couvrir, 30 mn environ.

2. Faites dorer les tranches de pain, des deux côtés, avec 40 g de beurre. Tenez-les au chaud.

3. Cuisez les tournedos à la poêle avec 30 g de beurre ou de margarine, sur feu vif, environ 2 mn sur chaque face. Salez et poivrez.

4. Déposez-les sur les tranches de pain dorées. Dessus, mettez sur chacun, une fine tranche de foie gras et de truffe. Gardez au chaud dans le four tiède.

5. Versez le porto dans la poêle, sur le feu. Grattez le fond avec une cuiller en bois pour délayer les sucs de la viande. Ajoutez-y le fond de sauce passé. Goûtez pour vous assurer de l'assaisonnement. Versez un peu de sauce sur les tournedos et le reste dans une saucière chaude.

LE MOUTON

RECETTES

Le mouton

Choisissez :

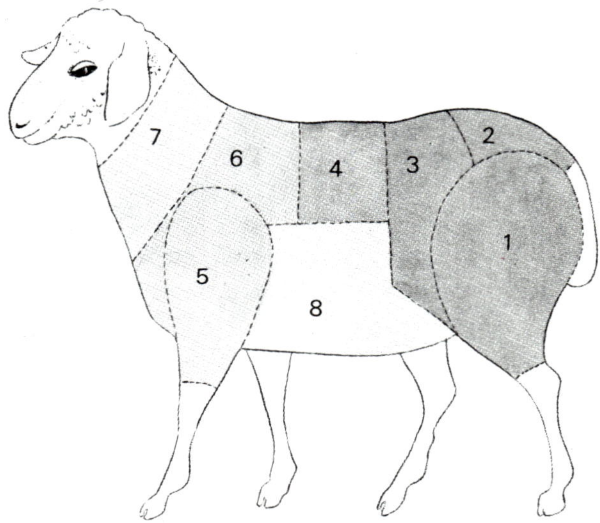

1. Gigot	Rarement vendu entier, parce que trop important, il est presque toujours détaillé en gigot raccourci et selle, qui à son tour peut être vendue entière ou en tranches.
2. Selle	Souvent désossée et ficelée, en petits rôtis ou en tranches destinées à la poêle et au gril.
3. Filet	Il peut être coupé en tranches épaisses sous le nom de : mutton chop ou côtelettes dans le filet.
4. Carré couvert	Train de côtes courant de l'échine à l'épaule, il est, le plus souvent, débité en côtelettes premières (9e à 13e côtes), côtelettes secondes (6e, 7e et 8e côtes).
5. Épaule	Désossée et roulée, elle se coupe difficilement en tranches, une fois cuite. Rôtie avec os, elle est plus savoureuse et se découpe un peu comme le gigot. Coupée en morceaux, elle fait de bons ragoûts assez maigres.
6. Carré découvert	Précède le carré couvert, donne les côtes découvertes, souvent sans manche ou presque, ou basses côtes. (Ce sont les meilleures pour cuire au gril ou au barbecue.)
7. Collier	Ou collet, très osseux. La partie la plus avantageuse parce que la plus charnue, est celle située vers le corps plutôt que vers la tête. Donne de bons ragoûts, assez maigres.
8. Poitrine	Ou haut de côtelettes avec le gros bout de poitrine. Elle donne des ragoûts «goûteux», mais un peu gras. Morceaux excellents pour griller sur barbecue.

A Il faut entamer le gigot par la partie la plus charnue, la plus ronde, c'est-à-dire la plus éloignée de l'articulation que je montre.

B Ayez le manche bien en main. Puis découpez la lame légèrement en biais, sans appuyer, mais en donnant un mouvement de scie (petits va-et-vient rapides).

C Quand vous avez tranché jusqu'à l'os, retournez le gigot. Procédez au découpage de la même manière.

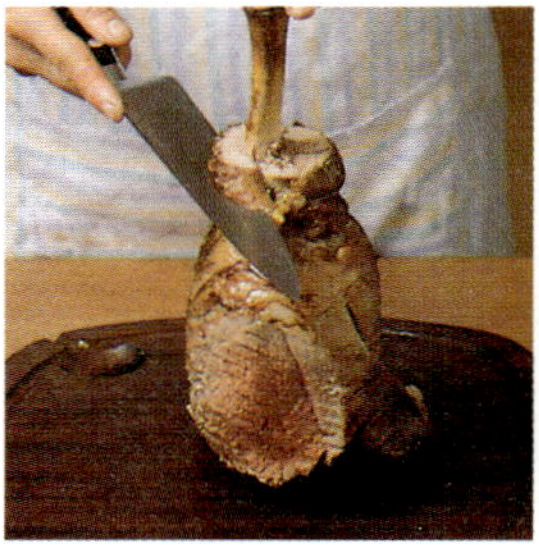

D Pour découper la «souris», autour du manche, passez d'abord la lame entre la viande et l'os, puis découpez horizontalement tout autour du manche.

Servez le mouton dans des assiettes chaudes. Sa graisse fige très vite sur la vaisselle froide, c'est désagréable à voir et difficile à digérer.

Piquez l'ail entre la souris et le manche du gigot. Il sera facile d'éviter de servir une tranche à l'ail aux convives qui n'apprécient pas son parfum.

Mais n'en mettez pas trop dans un gigot ou un rôti destiné à être mangé froid. L'arôme de l'ail prend trop d'importance en séjournant dans la viande.

L'épaule roulée est plus avantageuse et plus tendre, braisée à la cocotte. Quand elle n'est pas désossée elle est parfaite, rôtie au four comme le gigot mais plus difficile à découper (voir page 240)

Le mouton se mange plutôt saignant : il suffit de 10 à 12 mn de cuisson par livre ou mieux encore d'1/4 d'h pour la première livre et 10 mn pour les autres. Tandis que l'agneau doit être plus cuit, rosé dans toute son épaisseur. Il est recommandé de saisir la viande à feu très vif afin que se forme une croûte qui gardera sucs et sang à l'intérieur du morceau.

Les légumes de haut goût conviennent au mouton : navets, oignons, haricots verts et haricots grains, fenouil, céleri, jardinière de légumes, etc.

MICRO-ONDES

Faites chauffer vos assiettes au moment de servir. Pour le mouton, c'est indispensable : humectez les assiettes. Passez-les au micro-ondes 2 par 2, en les superposant, pendant 30 s (puiss. maxi). Puis essuyez-les.

Aucun risque de casse sous l'effet des micro-ondes.

**DÉCOUPAGE
DE L'ÉPAULE RÔTIE
EN GIGOT**
(avec son os)

A Entamez à la base de l'épaule, le couteau presque à plat, parallèle à l'os.

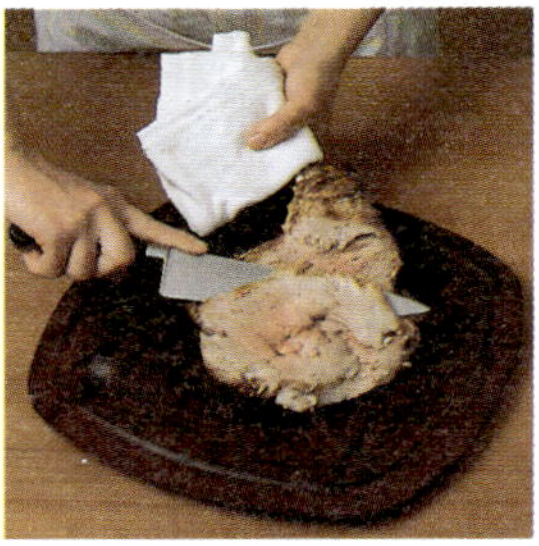

B Continuez jusqu'à la jointure.

C Quand toutes les belles tranches sont terminées, retournez l'épaule et taillez en contournant l'os.

Demandez au boucher d'ôter l'os de la palette,
pour ne conserver que le manche.

**DÉCOUPAGE
DE LA SELLE**

A Dégagez la viande de chaque côté des vertèbres en enfonçant la lame le plus profondément possible, tout contre l'os.

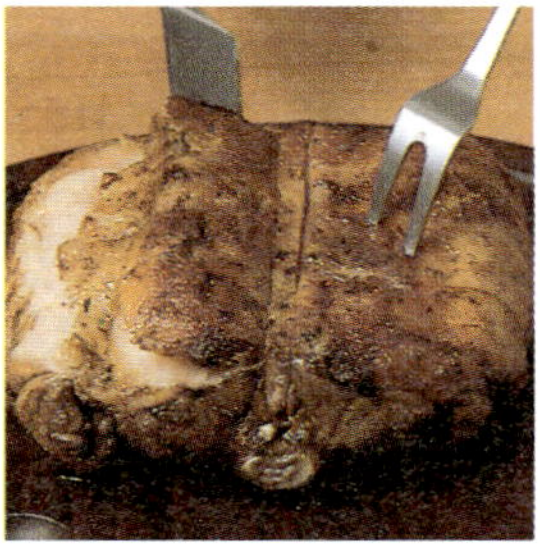

B Puis coupez horizontalement la première tranche le plus fin possible car elle est trop grasse pour être servie.

C Continuez les fines tranches jusqu'au bout.

(Les parties grasses, roulées sur elles-mêmes,
seront remises à griller au four.)

FABRICATION DES PAPILLOTES

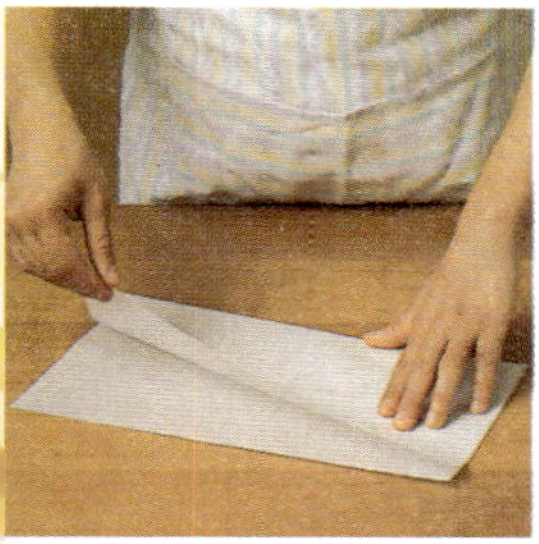

A Pliez en deux, dans sa longueur, un rectangle de papier blanc parcheminé.

B Effrangez la pliure en coupant jusqu'à la moitié seulement.

C Dépliez.

D Puis repliez à l'envers autour d'une règle plate, pour faire gonfler la frange.

E Enroulez la papillote autour de deux doigts, et fixez-la avec du papier adhésif.

Il ne restera qu'à glisser la papillote autour du manche du gigot ou de l'épaule,avant de présenter à table.

Plat principal

Gigot et rôti au four

TRÈS FACILE
CHER
PETITES ET GRANDES RÉCEPTIONS
TOUTES SAISONS

Pour 6, il faut :

1 gigot de 2 kg
ou 1 rôti sans os
de 1,500 kg environ.

1. Allumez le four (th. 7-8).

2. Glissez l'ail entre le manche et la souris pour le gigot, ou dans le gras et la chair. Salez, poivrez. Déposez dans un plat à four assez grand. Mettez à four bien chaud (gigot : 35 mn - épaule : 45 mn).

3. Arrosez avec le jus pendant la cuisson. Laissez reposer dans le four éteint 10 mn.

AIDE-MÉMOIRE DE CUISSON			
Gigot Selle	Rôti	10/12 mn par livre	Four bien chaud th. 7-8
Carré (7/8 côtes)	Rôti	15 mn au total	Four bien chaud th. 7-8
Épaule	Rôtie à la cocotte	15/20 mn par livre 20/25 mn par livre	Four chaud th. 6-7 Sur feu moyen
Côtelettes	Poêle Gril	3/4 mn sur chaque face 2/3 mn sur chaque face	Sur feu vif Sur feu vif
Ragoût	Cocotte Autocuiseur	1 h 30 de 30 à 40 mn	Sur feu doux Sur feu doux

MICRO-ONDES

Avant la cuisson au micro-ondes, toute viande sera rissolée sur feu vif, à la poêle, ou dans un plat brunisseur préchauffé plusieurs mn, pour la colorer.

Un rôti se réchauffe entier et couvert pour éviter le dessèchement. S'il est déjà coupé, il faut le reconstituer pour qu'il ne subisse pas un nouveau début de cuisson.

Le secret

du gigot ou du rôti chaud à cœur et qui se découpe bien : il repose de 15 à 30 mn avant d'être découpé. Ainsi les fibres de la viande ont eu le temps de se détendre. La chaleur et le sang se sont répartis dans toute sa masse. Et si vous avez pris soin d'envelopper la viande dans 2 ou 3 épaisseurs de feuilles d'aluminium, puis de la recouvrir d'un grand torchon, elle sera encore bien chaude au moment du découpage.

Adjem Pilaf

TRÈS FACILE
RAISONNABLE
PRINTEMPS-AUTOMNE-HIVER

Pour 4, il faut :

1,800 kg de collier de mouton en morceaux,
20 g de beurre ou de margarine,
2 oignons,
1 gousse d'ail,
250 g de riz,
2 pincées de muscade,
bouquet garni,
sel, poivre.

Préparation et cuisson : 1 h 10
Cuisson en autocuiseur : 25 mn

1. Dans la cocotte, faites bien dorer les morceaux de viande de toute part avec 1 noix de beurre ou de margarine. Ajoutez ensuite les oignons coupés en 4, de l'eau bouillante juste à hauteur de la viande, ail, bouquet garni, muscade râpée, sel, poivre. Couvrez. Laissez mijoter 40 mn (en autocuiseur : 15 mn).

2. Au bout de ce temps, ajoutez le riz dans la cocotte. Le bouillon de cuisson doit recouvrir tout juste la viande. Remettez au besoin un peu d'eau bouillante. Laissez cuire très doucement, hermétiquement couvert, 20 mn supplémentaires (en autocuiseur : 5 ou 6 mn). Retirez le bouquet garni avant de servir.

MICRO-ONDES

Ne vous risquez pas à effectuer ce mijotage, relativement long, au micro-ondes. Vous seriez déçue du résultat.

L'autocuiseur est, ici, beaucoup plus indiqué.

Plat principal

Bitoks d'agneau

TRÈS FACILE
RAISONNABLE
TOUTES SAISONS

Préparation et cuisson : 30 mn

Pour 4, il faut :

400 g d'épaule crue hachée,
20 g de beurre ou de margarine,
40 g de pain rassis,
40 g de gruyère râpé,
3 cuil. à soupe de lait,
2 cuil. à soupe de farine,
1 œuf,
sel, poivre.

1. Faites tremper le pain avec le lait, dans une terrine. Malaxez-le avec viande hachée, gruyère râpé, l'œuf entier, sel et poivre.

2. Façonnez 4 boulettes. Aplatissez-les en tassant bien. Farinez-les légèrement.

3. Faites chauffer le beurre ou la margarine dans une grande poêle. Mettez à dorer les bitoks dedans, de 3 à 4 mn, de chaque côté.

Présentez les bitoks avec de la sauce tomate toute préparée ou un assortiment de moutardes.

Comme accompagnement : pâtes, couscous ou pommes chips et salades.

Le secret

du mouton (ragoût ou blanquette) **qui n'a pas le goût un peu fort de... brebis :** il a subi une courte cuisson à l'eau bouillante, préalablement à sa cuisson proprement dite. Puis il a été rafraîchi sous le robinet. Autrement dit il a été «blanchi».

Blanquette d'agneau

FACILE
BON MARCHÉ
PRINTEMPS-AUTOMNE-HIVER

Pour 4, il faut :

1,200 kg de collier ou de poitrine,
30 g de beurre ou de margarine,
1 cuil. à soupe bombée de farine,
1/4 de litre de vin blanc sec,
1 oignon,
2 clous de girofle,
1 carotte,
1 gousse d'ail,
1 jaune d'œuf,
1/2 citron,
bouquet garni,
persil,
sel, poivre.

Préparation et cuisson : 1 h 40
Cuisson en autocuiseur : 45 mn

1. Plongez la viande 2 mn dans de l'eau en ébullition. Égouttez et mettez-la dans une casserole avec vin blanc, oignon, girofle, carotte, ail, bouquet garni, sel, poivre. Complétez avec de l'eau, à hauteur de la viande. Couvrez. Laissez mijoter 1 h.

2. Sauce : mélangez, sur feu doux, 30 g de beurre ou de margarine et 1 cuil. à soupe bombée de farine. Incorporez 1 bol de bouillon de cuisson de viande. Remuez jusqu'à ébullition. Ajoutez les morceaux de viande égouttés. Laissez mijoter ensemble 15 mn.

3. Mélangez jaune d'œuf, citron (photo A). Puis quelques cuillerées de sauce (photo B). Reversez le tout dans la blanquette. Mélangez et parsemez de persil avant de servir.

A

B

Plat principal

FACILE
CHER
PETITES ET GRANDES RÉCEPTIONS
PRINTEMPS-AUTOMNE-HIVER

Pour 4, il faut :

1 carré d'agneau (fendu à la base de chaque côte),
30 g de beurre ou de margarine,
1 gousse d'ail,
chapelure,
persil,
sel, poivre.

Carré d'agneau persillade

Cuisson : 15 mn + 5 mn

1. Faites d'abord dorer le carré à la poêle, sur feu vif, avec un peu de beurre ou de margarine. Mettez-le ensuite dans un grand plat à feu et à four très chaud (th. 8-9) 15 mn seulement. A mi-cuisson, salez, poivrez et retournez.

2. Hachez ail et persil. Mélangez ce hachis avec de la chapelure, sel et poivre. Étalez-le sur le côté gras de la viande. Tapotez avec une spatule pour faire adhérer. Parsemez de noisettes de beurre. Remettez quelques minutes à four très chaud.

Organisation :

Le carré peut être cuit un peu à l'avance (de 15 à 20 mn) et tenu au chaud dans 2 ou 3 épaisseurs de papier d'aluminium (§ 1). Au dernier moment, il sera enrobé de hachis persillé (§ 2) et remis dans le four chaud 5 mn, ce qui sera suffisant pour le réchauffer.

Le laps de temps pendant lequel votre four sera vide (mais chaud), vous permettra d'y faire cuire une entrée telle que quiche lorraine, soufflé au fromage, gratin, ou d'y réchauffer un plat tout préparé.

Découpage du carré d'agneau :

Selon les mêmes principes que pour le gigot, tranchez avec un couteau solide. Quand vous atteignez l'os, cherchez avec la base du couteau l'articulation ou la brisure de l'os pratiquée par le boucher.

Plat principal

Côtelettes d'agneau Champvallon

TRÈS FACILE
CHER
PRINTEMPS-AUTOMNE-HIVER

Préparation et cuisson : 1 h

Pour 4, il faut :

4 côtelettes découvertes,
30 g de beurre ou de margarine,
1 kg de pommes de terre,
2 gros oignons,
2 gousses d'ail,
1 tablette de bouillon,
1/2 litre d'eau,
bouquet garni,
sel, poivre.

1. Épluchez et coupez en rondelles oignons et pommes de terre.

2. Salez et poivrez les côtelettes. Faites-les dorer à la poêle sur les deux faces avec 30 g de beurre ou de margarine. Retirez-les. Puis faites sauter pommes de terre et oignons.

3. Mettez la moitié des légumes dans une cocotte basse. Dessus, rangez côtelettes, gousses d'ail, bouquet garni (photo A). Puis, le reste des pommes de terre et des oignons. Délayez la tablette de bouillon avec l'eau chaude. Versez dans la cocotte à mi-hauteur de son contenu (photo B). Couvrez. Faites cuire à feu doux de 30 à 40 mn.

A

B

MICRO-ONDES

La cuisson au micro-ondes est déconseillée pour ce plat.

Par contre, les pommes de terre cuites se réchauffant sans inconvénient au micro-ondes, vous pourrez y mettre ce plat préparé d'avance, couvert d'un film étirable, pour le porter à bonne température au moment de consommer. (Pour réchauffer 4 portions : de 3 à 4 mn (puiss. maxi).

Le secret

des «Champvallon» parfaites : elles commencent de cuire sur le feu mais sont ensuite mijotée dans le four. La bonne température est «four moyen» (th. 5-6). Le temps de cuisson est un peu plus long.

Plat principal

FACILE
CHER
PETITES RÉCEPTIONS
TOUTES SAISONS

Pour 4, il faut :

4 ou 8 côtes d'agneau (faites-les aplatir par le boucher),
30 g de beurre ou de margarine,
6 cuil. à soupe de chapelure,
3 cuil. à soupe de farine,
1 ou 2 œufs,
50 g de gruyère ou de parmesan râpé,
1 citron,
sel, poivre.

Côtelettes d'agneau panées Milanaise

Préparation et cuisson : 30 mn

1. Mélangez fromage râpé et chapelure. Salez et poivrez les côtes d'agneau. Passez-les successivement dans la farine, l'œuf battu et le mélange fromage-chapelure (photo A). Tapotez avec le plat d'un couteau pour faire adhérer la panure (photo B).

2. Dans une grande poêle, faites chauffer le beurre ou la margarine. Déposez les côtes dedans et laissez-les cuire et blondir sur feu moyen, environ 3 mn de chaque côté. Servez avec des quartiers de citron.

Pour accompagner, sont tout indiqués : des spaghetti, des courgettes, aubergines ou tomates sautées à la poêle avec ail et persil, des haricots verts, petits pois ou même des champignons de Paris.

A Passez-les successivement dans la farine, l'œuf battu et le mélange fromage-chapelure.

B Tapotez avec le plat d'un couteau pour faire adhérer la panure.

Côtelettes

TRÈS FACILE
CHER
TOUTES SAISONS

Pour 4, il faut :

4 côtelettes d'agneau,
30 g de beurre
ou de margarine,
1 citron,
persil,
sel, poivre.

Préparation et cuisson : 10 mn

1. Faites cuire les côtelettes à la poêle avec un peu de beurre ou de margarine, sur feu assez vif - ou sur le gril très chaud - 3 mn environ de chaque côté. Salez et poivrez en fin de cuisson.

2. Présentez les côtelettes sur un plat bien chaud avec quartiers de citron et persil.

Garnitures express
pour côtelettes «minute» :

Pâtes au beurre, purée, chips et tous légumes en conserve, juste réchauffés : petits pois, haricots verts ou blancs, céleris, fenouils, choux de Bruxelles, purée de marrons, macédoine, salsifis, ratatouille, etc.

Côtelettes de mouton au genièvre

FACILE
CHER
PETITES RÉCEPTIONS
TOUTES SAISONS

Préparation et cuisson : 1 h 30

Pour 4, il faut :

4 ou 8 côtelettes,
50 g de beurre ou de margarine,
1 oignon,
1 carotte,
1 gousse d'ail,
10 baies de genièvre,
1 cuil. à café de tomate concentrée,
1 cuil. à soupe rase de farine,
1 verre à dégustation de genièvre,
1 cuil. à soupe de vinaigre,
2 verres de vin rouge,
bouquet garni,
4 grains de poivre,
sel.

1. Sauce : détachez os et déchets des côtelettes. Faites-les revenir (sans la viande) dans une casserole avec une noix de beurre ou de margarine, oignon et carotte en dés. Lorsque le tout est doré, ajoutez ail, baies de genièvre écrasées, tomate concentrée. Saupoudrez de farine, mélangez. Arrosez de genièvre. Flambez. Ajoutez enfin : vinaigre, vin rouge, sel, grains de poivre, bouquet garni. Couvrez. Laissez mijoter très doucement 1 h environ. Passez la sauce.

2. Au moment du repas, faites cuire les côtelettes à la poêle avec une noix de beurre ou de margarine. Tenez-les au chaud dans le plat de service. Dans la poêle restée sur le feu, versez une cuillerée à soupe de genièvre puis toute la sauce. Laissez bouillir quelques minutes. Hors du feu, incorporez quelques noisettes de beurre et versez sur la viande.

Présentez avec des pommes de terre à l'eau ou des pâtes au beurre.

Entrée chaude ou plat principal

FACILE
RAISONNABLE
AUTOMNE-HIVER

Pour 4 ou 6, il faut :

1 kg d'épaule de mouton avec os,
30 g de beurre ou de margarine,
1 chou pommé,
60 g de riz,
1 œuf,
8 gousses d'ail,
50 g d'olives noires,
sel, poivre,
poivre de Cayenne,
1 boîte de sauce tomate.

Dolmas

(Petits choux farcis)

Préparation et cuisson : 2 h
Cuisson en autocuiseur : 45 mn

1. Hachez la viande (gardez les os à part). Ajoutez-y le riz cru, bien lavé. Malaxez le tout avec jaune d'œuf, sel, poivre, pointe de cayenne et noix de beurre.

2. Prenez les plus grandes feuilles du chou. Plongez-les 2 mn dans de l'eau bouillante salée (photo A). Otez-en les côtes dures.

3. Dans une grande cocotte, faites légèrement colorer les os avec une noix de beurre ou de margarine.

4. Mettez 1 cuil. de farce et 1 ou 2 gousses d'ail (selon goût) sur chaque feuille de chou (photo B). Roulez comme un gros cigare en repliant aux deux extrémités (photo C). Ficelez (photo D). Rangez-les au fur et à mesure dans la cocotte contenant les os. Recouvrez de sauce tomate et laissez mijoter le tout 1 h 30 (en autocuiseur : 45 mn). Ajoutez les olives noires en fin de cuisson, juste pour les réchauffer.

A

B

C

D

Plat principal

Épaule braisée farcie aux aromates

FACILE
CHER
PETITES RÉCEPTIONS
TOUTES SAISONS

Préparation et cuisson : 1 h 15

Pour 4 ou 6, il faut :

1 épaule de mouton désossée de 1,200 kg,
1 verre de vin blanc sec,
thym,
1 cuil. à soupe d'huile.

Farce :

thym, romarin, origan, basilic (facultatif),
50 g de beurre,
persil haché,
2 gousses d'ail,
1 œuf entier,
sel, poivre.

1. Farce : travaillez à l'aide d'une fourchette le beurre avec hachis de persil et d'ail, oeuf, sel, poivre et 1 pincée de chaque aromate : thym, romarin, origan et basilic (facultatif).

2. Tartinez cette farce sur l'intérieur de l'épaule (photo A). Roulez-la sur elle-même et repliez les extrémités pour enfermer la farce (photo B). Ficelez en longueur d'abord, puis tout autour à 2 cm d'intervalle (photo C). Déposez sur la plaque du four garnie de branches de thym. Arrosez d'huile.

3. Mettez à four très chaud (th. 8-9) une dizaine de minutes. Retournez la viande entre temps. Quand elle est bien colorée, égouttez-la et jetez toute la graisse fondue. Remettez la viande dans le four. Arrosez-la d'un verre de vin blanc sec. Laissez cuire à four moyen (th. 5-6) 45 mn environ. Arrosez souvent.

4. Présentez la viande coupée en tranches, accompagnée de son jus de cuisson.

A Tartinez cette farce sur l'intérieur de l'épaule.

B Roulez-la sur elle-même et repliez les extrémités pour enfermer la farce.

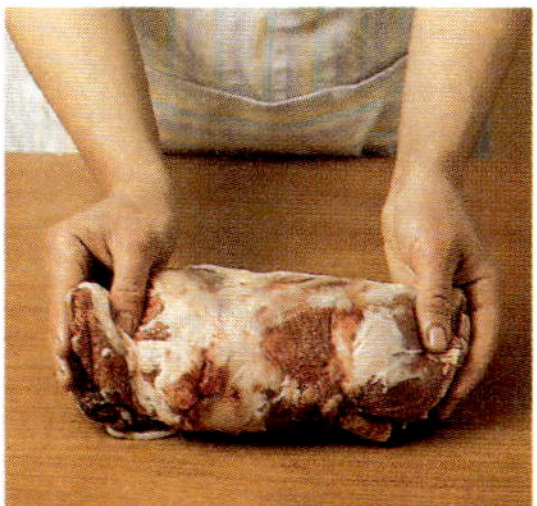

C Ficelez en longueur d'abord, puis tout autour à 2 cm d'intervalle.

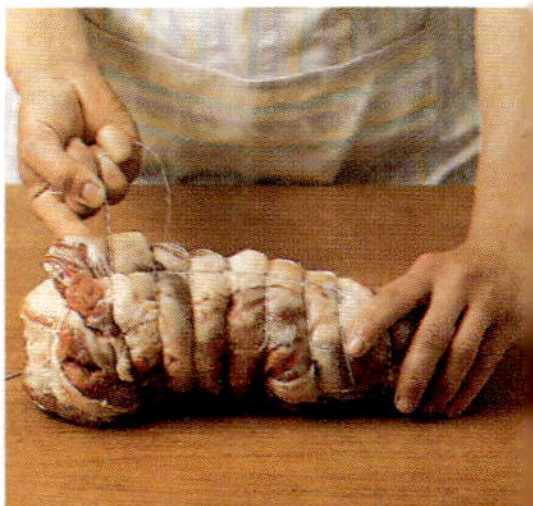

Gigot boulangère

FACILE
CHER
PETITES RÉCEPTIONS
PRINTEMPS-AUTOMNE-HIVER

Préparation et cuisson : 1 h 15

Pour 8, il faut :

1 gigot de 2 kg,
50 g de beurre ou de margarine,
250 g d'oignons,
1,500 kg de pommes de terre,
bouquet garni,
sel, poivre.

1. Faites d'abord dorer le gigot de toute part, dans une grande poêle, avec une noix de beurre ou de margarine. Mettez-le ensuite dans le four bien chaud (th. 7-8) pendant 10 mn, sans matière grasse.

2. Faites blondir les oignons en rondelles avec 30 g de beurre ou de margarine, sur feu très doux. Coupez les pommes de terre en rondelles fines.

3. Retirez le gigot du plat à four. Étalez les pommes de terre et les oignons au fond de ce plat. Ajoutez bouquet garni, sel, poivre et de l'eau bouillante jusqu'à hauteur des pommes de terre. Remettez le gigot dessus et réenfournez 35 mn environ.

MICRO-ONDES

Le gigot, plus encore que toute autre viande rôtie, exige d'être servi sur des assiettes chaudes car son jus fige vite.

Utilisez votre micro-ondes pour chauffer les assiettes au moment du service :

– passez-les sous le robinet pour les humecter légèrement. Empilez-les, par 2 ou 3, dans le micro-ondes. En 30 s (puiss. maxi), elles seront chaudes à point, sans risque de se fêler.

Essuyez-les avant de servir.

Plat principal

FACILE
CHER
PETITES ET GRANDES RÉCEPTIONS
TOUTES SAISONS

Pour 8, il faut :

1 gigot de 2 kg
60 g de beurre ou de margarine,
2 gousses d'ail,
1 kg de pommes de terre,
4 tomates,
8 fonds d'artichauts cuits,
sel, poivre.

Farce :

30 g de beurre,
2 échalotes,
125 g de champignons,
1/2 verre de vin blanc sec,
sel, poivre.

Gigot Richelieu

Préparation et cuisson : 1 h

1. Plongez les pommes de terre épluchées dans une casserole d'eau. Portez à ébullition. Égouttez et épongez. Dans une grande casserole, faites chauffer 50 g de beurre ou de margarine. Mettez-y les pommes de terre. Laissez dorer, salez, poivrez, puis couvrez à demi jusqu'à cuisson complète (45 mn).

2. Glissez l'ail entre le manche du gigot et la viande. Salez et poivrez. Mettez à four bien chaud (th. 7-8) 10 à 12 mn par livre.

3. Farce : dans une casserole, mettez 30 g de beurre, échalotes et champignons hachés. Faites blondir. Ajoutez vin blanc, sel et poivre. Laissez bouillir sans couvrir pour laisser réduire presque complètement.

4. Coupez les tomates en 2. Faites-les rissoler à la poêle, 5 mn sur la face coupée et 5 mn sur l'autre. Réchauffez les fonds d'artichauts avec une noix de beurre.

5. Sur un grand plat, disposez le gigot découpé en partie. Avec pommes de terre, fonds d'artichauts et tomates garnis de farce.

Organisation :

Choisissez un très grand plat ou, à défaut, un plateau que vous garnirez de papier d'aluminium. Tout autour, disposez la garniture de légumes. Tenez au chaud. Découpez en partie le gigot. Déposez-le, ainsi que les tranches, sur le plat déjà garni de légumes.

Irish Stew

TRÈS FACILE
BON MARCHÉ
PRINTEMPS-AUTOMNE-HIVER

Pour 4, il faut :

1,500 kg de collier de mouton coupé en morceaux,
1 kg de pommes de terre farineuses,
250 g d'oignons,
1 ou 2 échalotes,
bouquet garni,
sel, poivre.

Préparation et cuisson : 2 h 15
Cuisson en autocuiseur : 35 mn

1. Mettez la viande dans une cocotte avec juste assez d'eau pour la couvrir, bouquet garni, sel, poivre. Portez à ébullition.

2. Épluchez et coupez les pommes de terre en rondelles. Étalez 1/3 seulement des pommes de terre sur la viande. Puis les oignons, les échalotes et le reste de pommes de terre. Salez et poivrez encore. Couvrez et laissez cuire doucement 2 h environ. Mélangez délicatement de temps à autre (en autocuiseur : 35 mn avec un peu moins d'eau).

MICRO-ONDES

Ce plat, s'il était préparé dans le micro-ondes, ne donnerait pas un bon résultat car les pommes de terre y cuisent mal en grande quantité.

Et c'est le cas dans cette recette.

Par contre, le réchauffage au micro-ondes conviendra parfaitement.

Plat principal

Mouton à la Grecque

FACILE
RAISONNABLE
PRINTEMPS-AUTOMNE-HIVER

Pour 4, il faut :

800 g d'épaule de mouton en dés,
50 g de beurre ou de margarine,
300 g d'oignons,
200 g de raisins de Corinthe,
150 g de riz,
1 cuil. à soupe de concentré de tomate,
1 cuil. à soupe de paprika,
1 feuille de laurier,
sel, poivre.

Préparation et cuisson : 3 h 15
Cuisson en autocuiseur : 1 h

1. Laissez gonfler les raisins à l'eau tiède.

2. Faites dorer la viande dans une cocotte, avec une noix de beurre ou de margarine. Salez, poivrez. Déposez-la dans un plat. Remettez une noix de beurre ou de margarine dans la cocotte vide avec les oignons hachés. Laissez blondir doucement.

3. Plongez le riz dans de l'eau en ébullition. Laissez bouillir 3 mn. Égouttez. Passez sous l'eau froide. Égouttez à nouveau.

4. Beurrez un moule à soufflé. Disposez dedans, en alternant : le riz, le mouton mélangé avec concentré de tomate et paprika, raisins bien égouttés, oignons, laurier (photo A). Recouvrez le moule de papier d'aluminium (photo B). Déposez-le dans un plat à feu ou sur la plaque creuse du four contenant de l'eau (bain-marie). Faites cuire à four chaud (th. 6-7) de 2 h 30 à 3 h. Remettez de l'eau dans le plat à feu en cours de cuisson.

A

B

Solution express :

Faites cuire ce plat dans un autocuiseur, mais au fond de celui-ci mettez quelque chose pour surélever le moule (exemple : dessous de plat ou plat à œuf). Déposez dessus le moule empli, soigneusement recouvert de papier d'aluminium pour éviter les retombées de vapeur sur la préparation à cuire. Versez de l'eau dans l'autocuiseur jusqu'au tiers du moule et laissez cuire 1 h à feu doux.

Navarin

TRÈS FACILE
RAISONNABLE
PRINTEMPS-ÉTÉ-AUTOMNE

Préparation et cuisson : 1 h 30
Cuisson en autocuiseur : 20 mn

Pour 4, il faut :

environ 1,200 kg de mouton avec os,
50 g de beurre ou de margarine,
500 g de carottes,
500 g de navets,
4 oignons,
1 kg de pois (frais ou surgelés),
500 g de pommes de terre nouvelles,
1 cuil. à soupe de concentré de tomate,
1 cuil. à soupe rase de farine,
bouquet garni,
sel, poivre.

1. Dans une grande cocotte, faites bien dorer les morceaux de viande avec 50 g de beurre ou de margarine. Ajoutez les oignons coupés en 4. Laissez blondir. Saupoudrez de farine. Mélangez sur le feu puis ajoutez concentré de tomate, bouquet garni, sel, poivre et de l'eau juste à hauteur de la viande. Couvrez et laissez mijoter 40 mn (en autocuiseur : 15 mn).

2. Mettez dans la cocotte carottes, navets et pois. Au bout de 15 mn, ajoutez les pommes de terre en morceaux et laissez cuire ensemble 25 à 30 mn (en autocuiseur : 10 mn).

MICRO-ONDES

Seulement le réchauffage au micro-ondes.

La cuisson du navarin - comme toute longue cuisson - ne donne pas de résultat satisfaisant avec le micro-ondes.

Ragoût de mouton

TRÈS FACILE
RAISONNABLE
TOUTES SAISONS

Pour 4, il faut :

1,200 kg de mouton (poitrine, collier),
50 g de beurre ou de margarine,
4 oignons
1 gousse d'ail,
1 cuil. à soupe de concentré de tomate,
1 cuil. à soupe rase de farine,
bouquet garni,
sel, poivre.

Préparation et cuisson : 1 h 30
Cuisson en autocuiseur : 40 mn

Dans une cocotte, mettez la viande à dorer de toute part avec 50 g de beurre ou de margarine. Ajoutez les oignons coupés. Saupoudrez de farine. Mélangez sur le feu. Ajoutez de l'eau à hauteur de la viande, tomate concentrée, ail, sel, poivre, bouquet garni. Couvrez et laissez mijoter 1 h 15 environ (en autocuiseur : 40 mn).

Variante :

Vous pouvez enrichir votre ragoût en mettant du vin blanc sec plutôt que de l'eau ou bien moitié eau, moitié vin.

Organisation :

Les légumes de votre choix pourront cuire en même temps que le ragoût.

Ils y seront ajoutés en cours de cuisson: Navets nouveaux, pois frais : 45 mn avant fin de cuisson. Pommes de terre, pois surgelés : 30 mn avant fin de cuisson. Haricots secs préalablement cuits à l'eau : 15 mn avant fin de cuisson. Pois, haricots en boîte : à la dernière minute.

Plat principal

Poitrine de mouton farcie aux épinards

DIFFICILE
BON MARCHÉ
TOUTES SAISONS

Préparation et cuisson : 1 h 15

Pour 4, il faut :

1 poitrine de mouton désossée,
60 g de beurre ou de margarine,
1 kg d'épinards,
1 œuf,
50 g de pain,
1/2 verre de lait,
1 verre d'eau,
sel, poivre.

1. Épluchez et lavez les épinards. Plongez-les 5 mn dans de l'eau en ébullition. Égouttez-les. Coupez-les grossièrement.

2. Versez le lait chaud sur le pain, dans une grande terrine. Ajoutez-y l'œuf entier, sel, poivre, épinards, 30 g de beurre fondu. Malaxez intimement le tout. Tassez à l'intérieur de la poche de la poitrine. Recousez l'ouverture avec du gros fil (photos A, B, C, D).

3. Déposez la viande dans un plat à four. Enduisez-la très légèrement de beurre ou de margarine. Salez, poivrez. Mettez à four moyen (th. 5-6) 45 mn environ. A mi-cuisson, retournez et ajoutez 1 verre d'eau chaude. Découpez avec précaution (photo E).

Solution express :

Les épinards surgelés offrent 2 avantages : on les trouve en toutes saisons et ils demandent peu de préparation, il suffit de les cuire comme des épinards frais (§ 1).

FARCIR LA POITRINE

A Pratiquez une ouverture à une extrémité de la poitrine.

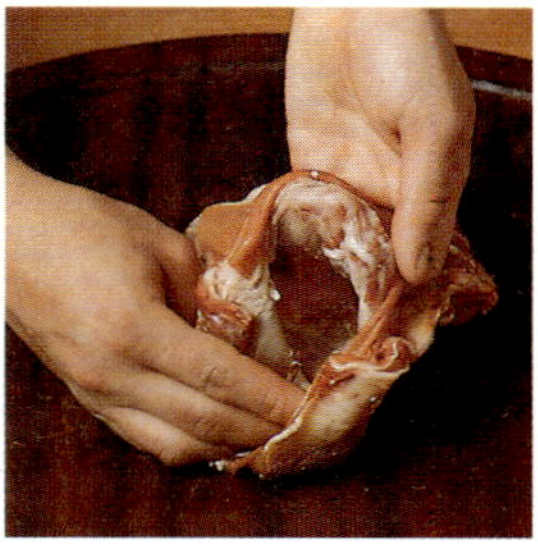

B Formez la poche en décollant la peau de la chair presque jusqu'au bout.

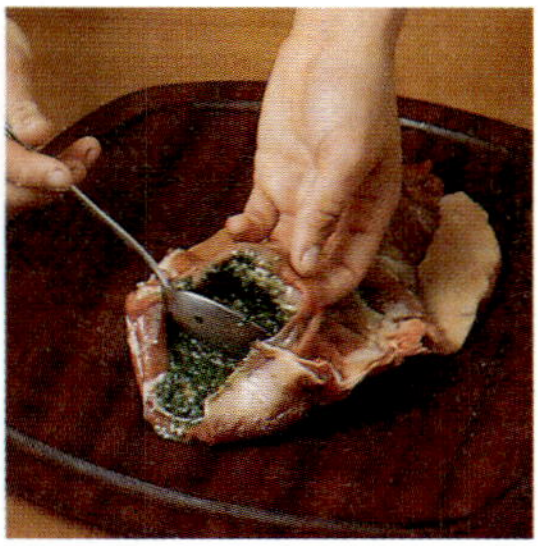

C Tassez la farce le plus régulièrement possible jusqu'au fond.

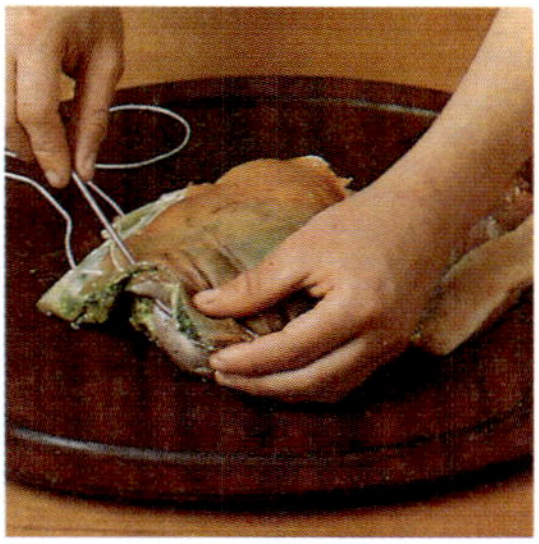

D Recousez l'ouverture avec une grande aiguille à brider.

E Découpez avec précaution à l'aide d'un couteau-scie pour éviter de presser sur la viande et de faire sortir les épinards.

Le secret

du découpage d'une viande farcie : elle doit attendre un petit moment, après sa sortie du four, afin d'être suffisamment tiédie. Sans cette précaution, la farce a toutes les chances de se défaire.

Entrée chaude

Pie Windsor

DIFFICILE
RAISONNABLE
PETITES RÉCEPTIONS
AUTOMNE-HIVER

Préparation et cuisson : 1 h 30

Pour 4, il faut:

300 g de mouton (épaule sans os),
1 oignon,
75 g de jambon cuit,
1 œuf,
thym,
sel, poivre.

Pâte brisée :

150 g de farine,
75 g de beurre ou de margarine,
environ 1/2 verre d'eau,
1/2 cuil. à café de sel.
1 plat «à pie» peu profond de 17 cm de Ø.

Pour souder :

eau ou lait.

1. Pâte brisée : mélangez farine, sel et beurre ou margarine en morceaux, en pressant et en frottant les paumes des mains l'une contre l'autre. Ajoutez l'eau à ce mélange granuleux. Pétrissez. Mettez en boule. Aplatissez avec la paume de la main. Remettez en boule. Cela 3 fois. Laissez reposer.

2. Hachez la viande, l'oignon et le jambon. Mélangez bien le tout avec l'œuf, thym effeuillé, sel et poivre. Étalez la pâte en deux disques, un peu plus larges que le moule à pie. Piquez, de part en part, avec une fourchette. Le hachis de viande étant dessus, humectez très légèrement le bord de la pâte. Posez le second disque dessus. Découpez au ras du bord. Faites adhérer en pinçant la pâte tout autour. Badigeonnez d'eau ou de lait. Cuisez à four chaud (th. 6-7) 50 mn (voir le film de préparation).

Le secret

du pie (ou de la tourte) bien cuit à l'intérieur : faites un trou au milieu du pie pour laisser échapper la vapeur pendant la cuisson.

A Hachez la viande, l'oignon et le jambon. Mélangez bien le tout avec l'œuf, thym effeuillé, sel et poivre.

B Étalez la pâte en deux disques, un peu plus larges que le moule à pie. Piquez, de part en part, avec une fourchette.

C Le hachis de viande étant dessus, humectez très légèrement le bord de la pâte.

D Posez le second disque dessus.

E Découpez au ras du bord.

F Faites adhérer en pinçant la pâte tout autour.

G Badigeonnez d'eau ou de lait.

H Faites un trou au milieu du pie. Cuisez à four chaud (th. 6-7) 50 mn.

Sauté d'agneau

TRÈS FACILE
BON MARCHÉ
TOUTES SAISONS

Pour 4, il faut :

1,200 kg d'agneau (poitrine, collet ou haut de côtelettes),
50 g de beurre ou de margarine,
200 g d'oignons,
1 carotte,
2 gousses d'ail,
1 cuil. à soupe de farine,
2 cuil. à soupe de tomate concentrée,
1/4 de litre de vin blanc sec,
1/4 de litre d'eau,
bouquet garni,
sel, poivre.

Cuisson : 1 h environ
Cuisson en autocuiseur : 20 à 25 mn

1. Dans une cocotte, mettez à dorer les morceaux de viande avec du beurre ou de la margarine. Ajoutez des oignons coupés en 4, 1 carotte en rondelles, l'ail écrasé. Saupoudrez de farine. Mélangez sur feu vif pour laisser roussir le tout.

2. Ajoutez ensuite : vin blanc, eau, tomate concentrée, bouquet garni, sel et poivre. Couvrez. Laissez mijoter sur feu doux 1 h environ (en autocuiseur : 20 à 25 mn).

Variantes :

Garniture de fenouil : plongez les bulbes de fenouil, coupés en deux, 20 mn à l'eau bouillante salée. Ajoutez-les ensuite, bien égouttés, à mi-cuisson du sauté.

Garniture de riz : lavez-le à grande eau. Égouttez-le puis ajoutez-le à la viande 20 mn avant la fin de sa cuisson. Mettez un peu d'eau en même temps si le jus vous paraît insuffisant. Un peu de curry, comme assaisonnement, sera apprécié.

LE PORC

RECETTES

Le porc

Choisissez :

1 Jambon ou cuisse
2 Filet ou côtes-filet
3 Carré de côtes
4 Pointe
5 Palette
6 Épaule
7 Échine
8 Jambonneau
9 Poitrine
10 Travers de côtes
11 Plat de côtes

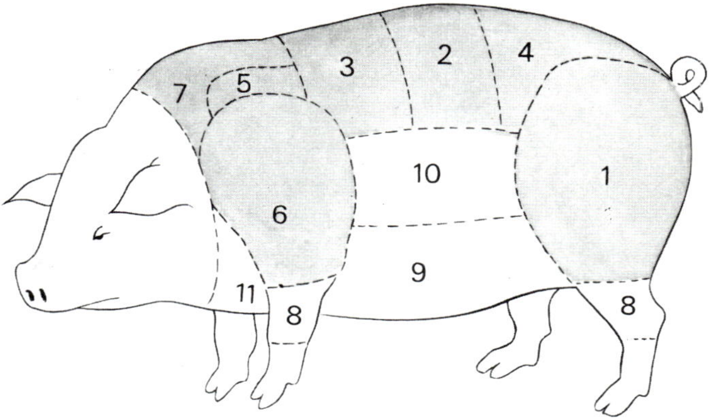

Dans le cochon... tout est bon

Le porc peut être vendu frais, salé, demi-sel ou fumé.

Frais : il est parfois moins cher.

Salé : il cuit plus vite.

Fumé : attention, car il communique son goût de fumé aux aliments cuisinés en sa compagnie.

La porc de qualité est pâle et nacré. Le grain de sa chair est fin et serré. Son lard est très blanc et ferme. A l'exception toutefois de l'échine et des tranches de grillade nettement plus rouges et plus molles.

Les grillades (dessus de carré) sont sans déchets. La palette comporte 12 % d'os environ ; le filet, l'échine, le carré (côtes 1res et basses côtes) ont de 18 à 20 % d'os.

Un rôti long et étroit est plus avantageux, les tranches sont plus petites et régulières, et plus facile à découper.

Préparez :

LE MORCEAU QUI CONVIENT			
	Quantité par personne		
Pour	Sans os	Avec os	Carré avec filet : d'une belle présentation avec ses manches de côtelettes. Pointe de filet (plus avantageux, plus «goûteux» ; froid se découpe mieux que chaud). Palette : tendre et assez maigre. Échine : moelleuse et économique.
Un rôti	175 g	250 g	
La poêle	150 g 150 g	200 g	Carré (côtes 1res) : assez maigre. Basses côtes : plus moelleuses. Échine : très savoureuse, un peu grasse. Grillades (dessus de carré, travers ou échine).
Le ragoût	200 g	300 g	Poitrine fraîche (gras). Échine.
Une potée		300 g	Palette, plat de côtes, échine, jarret, petit salé.

Le saviez-vous ?

Barde : fine tranche de lard gras.

Barder : envelopper avec une barde suffisamment large, un rôti ou une volaille ayant tendance à dessécher à la cuisson.

Blanchir : courte cuisson d'un aliment plongé dans l'eau froide pour le raffermir, le dessaler, atténuer son goût de fumé ou pour lui ôter de l'âcreté.

Couenne : peau du porc, assez épaisse. Elle est utilisée pour garnir le fond de la cocotte où braiser de la viande, ou pour protéger le fond d'un pâté. Elle produit de la gelée au bout d'un certain temps de cuisson.

Lard : le lard gras est la graisse blanche du porc située entre la couenne et la chair, le long de l'échine ;

le lard maigre, ou lard de poitrine, comporte des couches de chair intercalées entre le gras.

Larder : piquer des bâtonnets de lard dans un morceau de viande assez sec (exemple : rôti de porc ou de veau, daube, bœuf mode), de préférence dans le sens des fibres.

Servez-le avec :

Des pâtes, du riz, des pommes de terre en purée, en croquettes, en beignets, au four, à la cocotte.

Des aubergines, blettes, brocolis, cardons, céleri-rave, choux verts, choux de Bruxelles, choux-fleurs, choucroute, crosnes, endives, épinards, fenouil, fèves fraîches, haricots verts ou écossés, lentilles, marrons, navets, pois frais, pois cassés, salsifis, topinambours...

Et aussi avec des ananas, des bananes, des pommes-fruits et des pruneaux.

MICRO-ONDES

Avant la cuisson au micro-ondes, toute viande sera rissolée sur feu vif, à la poêle (il n'y a rien de tel) ou dans un plat brunisseur préchauffé plusieurs mn.

Cette opération est indispensable pour colorer la viande (le micro-ondes ne le fait pas) et pour conserver le jus à l'intérieur du morceau.

Backenhofen

TRÈS FACILE
RAISONNABLE
AUTOMNE-HIVER

Pour 6 ou 8, il faut :

500 g de bœuf à braiser,
500 g d'épaule de mouton désossée,
1 kg de porc (collet ou échine),
1,500 kg de pommes de terre,
sel, poivre.

Marinade :

2 gros oignons,
le blanc de 3 poireaux,
1/2 céleri-rave,
1 carotte,
6 gousses d'ail,
bouquet garni,
3 clous de girofle,
1/2 bouteille de vin blanc sec.

MICRO-ONDES

Si ce plat, longuement mijoté, ne peut être cuit au micro-ondes, il peut parfaitement y être réchauffé, par petites portions surtout, pour 2 ou 3 personnes.

Préparation et cuisson : 3 h
+ Marinade : la veille
Cuisson en autocuiseur : 1 h

1. La veille, marinage : préparez les légumes de la marinade. Hachez-les grossièrement. Étalez ce hachis dans un grand saladier ainsi que bouquet garni et clous de girofle. Déposez les viandes dessus. Arrosez avec le vin. Couvrez d'une feuille d'aluminium et gardez dans le réfrigérateur jusqu'au lendemain.

2. Le jour même : pelez les pommes de terre et coupez-les en rondelles régulières.

3. Dans la cocotte, étalez par couches : un quart des pommes de terre, la viande de bœuf, un autre quart des pommes de terre, le mouton, un quart des pommes de terre, le porc et le reste des pommes de terre.

4. Couvrez tout juste avec la marinade, ses légumes et aromates, sel et poivre.

5. Portez à ébullition. Puis couvrez et mettez la cocotte dans le four moyen (th. 5-6) de 2 h 30 à 3 h (en autocuiseur : 1 h environ ; diminuez la quantité de liquide).

Le secret

pour obtenir une sauce un peu liée : farinez très légèrement la viande avant de la déposer dans la cocotte.

Plat principal

FACILE
RAISONNABLE
PETITES RÉCEPTIONS
TOUTES SAISONS

Pour 4, il faut :

1,500 kg de carré non désossé,
30 g de beurre ou de margarine,
1 oignon,
1 carotte,
concentré de tomate,
2 gousses d'ail,
1 verre de vin blanc sec,
4 oranges,
liqueur d'orange,
bouquet garni,
sel, poivre.

Carré de porc braisé à l'orange

Préparation et cuisson : 2 h

1. Dans une très grande cocotte, faites dorer de toute part le carré non désossé avec 30 g de beurre ou de margarine. Ajoutez-y oignon et carotte en rondelles, 1 cuil. à café de concentré de tomate, ail, vin blanc, bouquet garni, sel, poivre. Couvrez. Laissez mijoter sur feu doux, de 1 h à 1 h 15.

2. Pelez le zeste (peau colorée) de 2 oranges avec un couteau économe. Coupez-les en fins bâtonnets. Plongez-les 3 mn dans de l'eau en ébullition. Égouttez-les et faites-les bouillir quelques minutes dans le jus des 2 oranges.

3. Retirez la viande de la cocotte. Tenez-la au chaud. Passez la sauce. Remettez-la 5 mn sur le feu avec les zestes et 1 petit verre de liqueur d'orange.

4. Pelez les 2 autres oranges à vif (jusqu'à la pulpe juteuse). Coupez-les en rondelles. Présentez le carré entouré de rondelles d'oranges et arrosé de sauce.

Le saviez-vous ?

Quelques minutes d'ébullition suffisent pour débarrasser le zeste d'orange d'une certaine amertume, peu agréable. Et lorsqu'on le remet à bouillir ensuite dans du jus d'orange, sa saveur naturelle s'en trouve renforcée. Ne négligez donc pas ces deux détails.

Entrée chaude

FACILE
RAISONNABLE
PETITES ET GRANDES
RÉCEPTIONS
TOUTES SAISONS

Pour 4, il faut :

4 tranches de jambon maigre,
1 boîte de mousse de foie.

Sauce madère :

30 g de farine,
40 g de beurre ou de margarine,
1 oignon haché,
1/3 de litre de liquide (vin blanc et bouillon),
1 verre de madère,
sel, poivre.

Purée de pois frais :

600 g de pois frais ou surgelés,
1 laitue,
2 cuil. à soupe de crème fraîche,
1 sucre,
20 g de beurre,
sel, poivre.

2 moules à cornet.

Cornets de jambon à la purée de pois frais

Préparation et cuisson : 45 mn

1. Sauce madère : faites dorer l'oignon avec 40 g de beurre ou de margarine. Saupoudrez de farine. Mélangez jusqu'à ce que la préparation soit bien colorée. Mouillez avec 1/3 de litre de liquide (vin blanc, bouillon). Salez, poivrez. Remuez jusqu'à épaississement. Laissez mijoter 15 mn sur feu très doux. 5 mn avant la fin de la cuisson, ajoutez le madère.

2. Préparez les cornets selon les photos «façonnage des cornets» et farcissez-les de mousse de foie. Tenez-les sur une casserole d'eau bouillante, pour les tiédir, pendant la préparation de la purée.

3. Purée de pois frais : faites bouillir 10 mn pois et laitue dans 1 bol d'eau avec sel et sucre. Égouttez et passez au moulin à légumes pour éliminer les peaux. Incorporez crème, poivre, beurre en battant énergiquement.

4. Présentez les cornets farcis sur un plat. Arrosez-les de sauce madère très chaude. Servez la purée de pois frais à part.

Le secret

de la sauce madère qui a le goût de madère : celui-ci n'est ajouté qu'à la fin, afin que son arôme ne se volatilise pas avec les vapeurs de la sauce. Ou si vous préférez, mettez le madère en deux fois, à mi-cuisson et au dernier moment.

FAÇONNAGE DES CORNETS

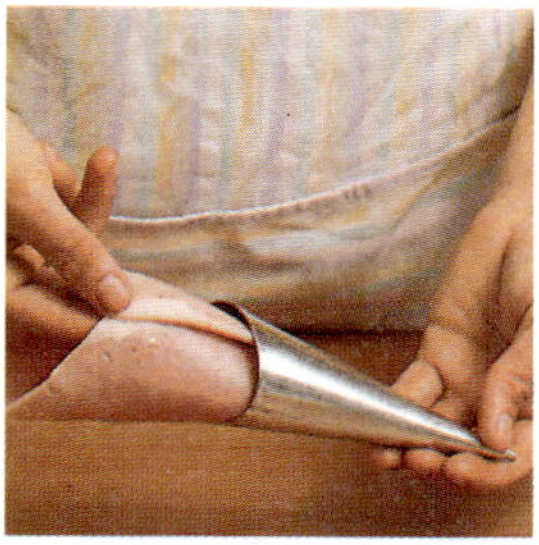

A Roulez la tranche en cornet, en laissant le gras (s'il y en a) à l'extérieur. Introduisez le jambon jusqu'au fond du moule.

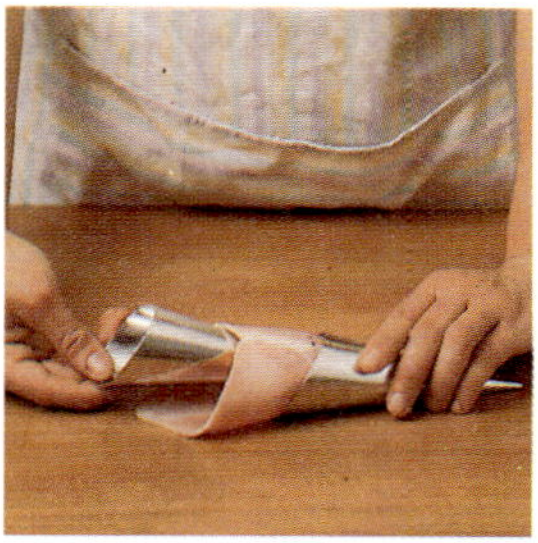

B Emboîtez le deuxième moule dedans.

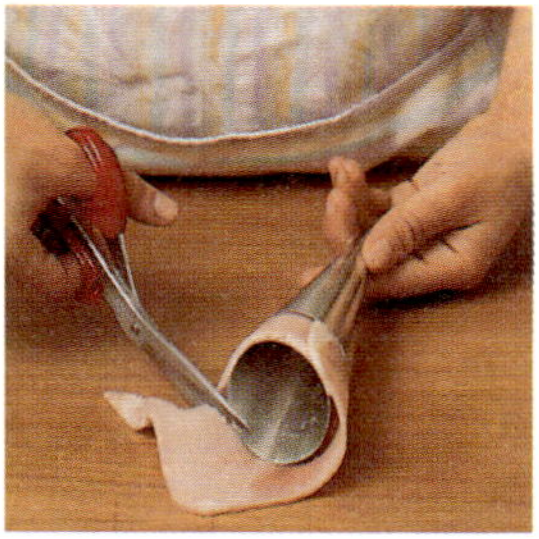

C Découpez tout autour. Retirez le moule intérieur.

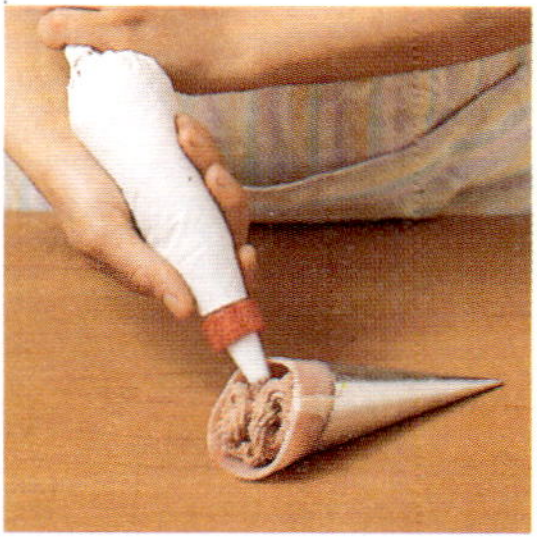

D Poussez la mousse de foie dedans à l'aide d'une poche à douille.

E Démoulez sur la main pour ne pas briser le cornet. Déposez sur le plat.

Choucroute

FACILE
CHER
AUTOMNE-HIVER

Pour 6 ou 8, il faut :
2 kg de choucroute crue,
100 g de saindoux,
500 g d'épaule fumée,
1 palette fumée,
300 g de couennes,
500 g de lard fumé,
1 pied de veau,
12 saucisses de Francfort ou de Strasbourg,
1 saucisson à l'ail,
1 carotte,
1 oignon,
1 clou de girofle,
1/2 litre de vin blanc sec,
500 g de pommes de terre,
20 baies de genièvre,
bouquet garni,
sel, 20 grains de poivre.

Préparation et cuisson : 2 h 30
Cuisson en autocuiseur : 1 h

1. Mettez la choucroute crue dans une grande bassine pour la rincer à grande eau. Si la choucroute est vieille, laissez-la tremper quelques heures. Renouvelez l'eau. Puis pressez-la fortement, et «désenchevêtrez-la».

2. Mettez lard, pied de veau fendu et couennes dans une casserole d'eau. Portez à ébullition et égouttez.

3. Étalez la couenne au fond d'un grand fait-tout, la moitié de la choucroute, lard, épaule, palette, pied de veau, saucisson, saucisses, oignon, girofle, carotte, baies de genièvre, bouquet garni, sel, poivre, saindoux, reste de choucroute. Ajoutez vin et eau à hauteur. Couvrez hermétiquement et laissez mijoter 2 h (en autocuiseur : 1 h). A la fin de la cuisson, le liquide doit être peu abondant.

4. Au bout d'1/2 heure, retirez saucisson et saucisses. Puis au bout de 1 h 30 : épaule, palette et lard. Ajoutez les pommes de terre épluchées. Laissez cuire ensemble 1/2 h. Ajoutez saucisses, saucisson et viandes pour les réchauffer.

Voir la recette de la «choucroute légère».

Côtes de porc à l'étouffée

FACILE
BON MARCHÉ
AUTOMNE-HIVER

Pour 4, il faut :

4 côtes de porc,
50 g de beurre ou de margarine,
8 pommes de terre,
8 gousses d'ail,
thym,
sel, poivre.

Préparation et cuisson : 1 h
Cuisson en autocuiseur : 15 mn

Faites chauffer 50 g de beurre ou de margarine dans une cocotte. Au fond, disposez des demi-pommes de terre avec sur chacune : 1/2 gousse d'ail et du thym. Recouvrez avec les côtes. Salez, poivrez. Couvrez et laissez cuire à feu très doux, 50 mn (en autocuiseur : 15 mn).

Truc :

Mettez quelques petits morceaux de couenne ou de barde de lard au fond de la cocotte avant d'y déposer les pommes de terre. C'est une assurance de ne pas attacher au fond.

Choucroute «légère» :

Vous pouvez aussi préparer la choucroute-légume, sans corps gras, pour la servir avec du porc (côtes ou rôtis), de la volaille (oie, dinde) et du poisson fumé, tel que le haddock.

Comptez 800 g de choucroute crue pour 4 à 6 convives. Préparez-la comme dit au § 1. Puis étalez-la dans l'autocuiseur avec bouquet garni, oignon piqué de 3 clous de girofle, 10 grains de poivre, carotte fendue, sel. Mouillez avec 4 ou 5 verres d'eau (ou mi-eau, mi-vin blanc) pour arriver à peine à hauteur de la choucroute. Fermez l'autocuiseur. Laissez cuire doucement, 1 h à partir du chuchotement de la soupape.

Côtes de porc panées

FACILE
BON MARCHÉ
TOUTES SAISONS

Pour 4, il faut :

4 côtes de porc,
2 cuil. à soupe de farine,
1 œuf,
4 cuil. à soupe de chapelure,
50 g de beurre ou de margarine,
2 cuil. à soupe de vinaigre,
sel, poivre.

Préparation et cuisson : 40 mn

1. Passez les côtes successivement dans la farine, l'œuf battu salé et poivré et la chapelure. Tapotez avec le plat d'un couteau pour faire adhérer.

2. Faites chauffer 50 g de beurre ou de margarine dans une grande poêle. Déposez les côtes panées dedans et laissez cuire, sur feu moyen, de 8 à 10 mn sur chaque face. Mettez dans un plat.

3. Reportez la poêle sur le feu avec 2 cuil. à soupe de vinaigre. Faites bouillir 1 à 2 mn en mélangeant avec une cuiller en bois. Versez sur la viande. Servez aussitôt.

Plat principal

Côtes de porc en saupiquet

FACILE
RAISONNABLE
TOUTES SAISONS

Préparation et cuisson : 35 mn

Pour 4, il faut :
4 côtes de porc,
30 g de beurre ou de margarine,
2 oignons,
6 cuil. à soupe de vinaigre,
3 cornichons,
1 cuil. à soupe de moutarde forte,
thym, laurier,
sel, poivre.

1. Faites dorer les côtes des 2 côtés, sur feu vif, avec 30 g de beurre ou de margarine. Retirez-les de la poêle.

2. A la place, mettez 2 oignons hachés, sur feu moyen. Quand ils sont dorés, arrosez-les avec tout le vinaigre. Laissez bouillir 1 ou 2 mn, sur feu vif. Ajoutez ensuite 1/2 bol d'eau, sel, poivre, 1/2 feuille de laurier, thym effeuillé. Remettez la viande. Couvrez et laissez mijoter doucement 30 mn.

3. Coupez les cornichons en rondelles. Ajoutez-les dans la poêle en fin de cuisson. Tartinez les côtes de moutarde. Retournez-les aussitôt. Tartinez le second côté. Retournez encore, pour que la moutarde se délaie dans le jus tout en le liant. Servez aussitôt sans laisser cuire davantage.

MICRO-ONDES

Les côtes de porc en sauce préalablement cuites à la poêle, se réchaufferont très bien le lendemain dans le micro-ondes, directement dans l'assiette recouverte de film étirable. Comptez de 15 à 20 s (puiss. maxi) par côte.

Le secret

d'une sauce au vinaigre sans acidité : laissez-la bouillir fortement, sans couvrir, après y avoir ajouté le vinaigre, 2 mn suffisent pour que l'acidité excessive du vinaigre disparaisse, en même temps que s'élimine l'alcool. Il n'en reste que l'arôme, mi-acide, mi-doux que l'on recherche pour certaines préparations un peu relevées.

Entrée chaude

Farci saintongeais

FACILE
BON MARCHÉ
PRINTEMPS-AUTOMNE-HIVER

Préparation et cuisson : 2 h

Pour 6, il faut :

250 g de porc haché,
30 g de beurre
ou de margarine,
250 g de pain,
1 verre 1/2 de lait,
400 g de chou,
250 g d'épinards,
laitue,
60 g d'oseille,
1 oignon,
4 œufs,
fines herbes,
sel, poivre.

1. Faites tremper le pain dans le lait tiède. Faites dorer l'oignon haché avec une noix de beurre ou de margarine.

2. Hachez sur la planche, avec un grand couteau : chou, épinards, quelques feuilles de laitue, oseille, fines herbes. Mélangez avec la mie de pain pressée, le hachis de porc, l'oignon haché et doré, les œufs, sel et poivre. Travaillez le tout énergiquement.

3. Beurrez un plat à gratin. Versez la préparation dedans. Faites cuire à four chaud (th. 6-7) 1 bonne heure.

Plat principal

Goulash de porc

FACILE
RAISONNABLE
AUTOMNE-HIVER

Pour 4, il faut:
1,200 kg d'échine en dés,
50 g de beurre ou de margarine,
4 oignons hachés,
4 tomates,
800 g de pommes de terre,
1 cuil. à soupe de concentré de tomate,
paprika,
1 gousse d'ail,
bouquet garni,
sel, poivre.

Préparation et cuisson : 1 h 30
Cuisson en autocuiseur : 25 mn

1. Faites dorer les oignons hachés avec 50 g de beurre ou de margarine, en compagnie des morceaux de viande. Puis ajoutez : 1 ou 2 cuil. à café de paprika, dés de tomates épluchées et épépinées, concentré de tomate, ail haché, sel, poivre, bouquet garni, 1/2 bol d'eau. Couvrez et laissez mijoter 40 mn (en autocuiseur : 12 ou 15 mn - 1/4 de bol d'eau suffit).

2. Épluchez et coupez les pommes de terre en 4. Joignez-les à la viande. Laissez cuire 30 mn supplémentaires (en autocuiseur : 10 mn).

Le secret

de la goulash bien fondue : elle cuit lentement dans le four doux (th. 4-5) dans une cocotte en fonte très épaisse. Ce n'est pas une fantaisie de cordon bleu d'un autre âge, mais un raffinement dont vous apprécierez la valeur.

Grillades farcies

FACILE
RAISONNABLE
TOUTES SAISONS

Pour 4, il faut :

4 grillades,
40 g de beurre
ou de margarine,
200 g de mie de pain,
1 cœur
de céleri-branches,
3 cuil. à soupe de lait,
farine,
sel, poivre.

Préparation et cuisson : 45 mn

1. Hachez très finement du céleri pour en obtenir 2 cuil. à soupe. Malaxez-le dans un bol avec de la mie de pain passée à la moulinette (ou de la chapelure), 3 cuil. à soupe de lait, sel, poivre et 1 grosse noix de beurre ou de margarine.

2. Déposez de la farce sur une moitié de chaque grillade (photo A). Refermez et maintenez avec des bâtonnets (photo B). Salez, poivrez et passez dans la farine.

3. Faites dorer à la poêle des deux côtés, avec 20 g de beurre ou de margarine. Disposez dans un plat à gratin. Couvrez avec une feuille d'aluminium. Glissez dans le four moyen (th. 5-6) une vingtaine de minutes.

A Déposez la farce sur une moitié de la grillade.

B Refermez comme un chausson aux pommes. Pour maintenir les bords ensemble, transpercez les deux épaisseurs de viande à l'aide de 3 bâtonnets : aux deux extrémités et sur le côté.

Plat principal

Grillades Lyonnaise

FACILE
BON MARCHÉ
TOUTES SAISONS

Pour 4, il faut :

4 minces grillades,
30 g de beurre ou de margarine,
2 oignons,
farine,
1 cuil. à café de tomate concentrée,
persil,
sel, poivre.

Préparation et cuisson : 20 mn

1. Faites dorer les grillades dans une grande poêle avec 30 g de beurre ou de margarine, sur feu vif, 5 mn de chaque côté. Puis retirez-les et tenez-les au chaud entre deux assiettes posées sur une casserole d'eau bouillante.

2. Mettez les oignons hachés dans la poêle restée sur le feu. Laissez blondir sur feu moyen. Saupoudrez d'1 cuil. à soupe rase de farine. Mélangez. Ajoutez 1 verre d'eau bouillante, tomate concentrée, sel, poivre. Laissez bouillir quelques minutes sur feu vif sans couvrir.

3. Versez cette sauce sur les grillades parsemées de persil haché. Présentez avec des spaghetti ou des pommes de terre à l'eau.

MICRO-ONDES

Il est parfait, ici, pour réchauffer une grillade cuite et sa garniture, disposées sur une assiette.

Comptez de 15 à 20 s au micro-ondes (puiss. maxi) par assiette couverte.

Plat principal

DIFFICILE
CHER
GRANDES RÉCEPTIONS
TOUTES SAISONS

Pour 8 ou 10, il faut :

1 jambon de 3,500 kg,
50 g de beurre ou de margarine,
2 kg d'os de veau cassés,
2 oignons,
2 carottes,
2 échalotes,
2 gousses d'ail,
1 cuil. à soupe de tomate concentrée,
300 g de champignons,
1/2 bouteille de madère,
1/2 bouteille de vin blanc sec,
farine,
bouquet garni,
sel, poivre.

Jambon braisé au madère

Préparation et cuisson : 1 h 40

Quelques jours avant la réception, commandez au charcutier un jambon. Demandez-lui de le cuire aux 3/4 seulement et de vous le livrer débarrassé de sa couenne et d'une partie de sa graisse 1 h ou 2 avant le repas.

Vous le ferez braisez vous-même 1/2 h pour terminer sa cuisson.

1. Dans une grande cocotte, faites revenir les os de veau et un hachis d'oignons, de carottes, d'échalotes et 1/3 des champignons avec 50 g de beurre ou de margarine. Saupoudrez d'1 cuil. à soupe de farine. Mélangez.

A Découpage du jambon. Entamez le jambon à la base de l'os. Coupez tout autour. Vous obtiendrez des tranches rondes. Pour détacher les tranches, fendez-les perpendiculairement sur la partie la plus étroite.

B Les épinards braisés accompagnant le jambon au madère sont moulés en biseau dans des croûtes à tartelettes, préalablement cuites à vide (ou achetées toutes préparées). Cette présentation est valable pour d'autres légumes (crosnes, pois, haricots verts, pointes d'asperges, etc.)

Ajoutez madère et vin blanc, ail écrasé, bouquet garni, poivre, très peu de sel. Portez à ébullition quelques minutes, sans couvrir. Puis déposez le jambon dans la cocotte. Couvrez hermétiquement. Laissez mijoter 1/2 h. Retournez pendant la cuisson.

2. Égouttez le jambon et tenez-le au chaud dans le four doux, enveloppé d'une feuille d'aluminium. Faites bouillir la sauce quelques minutes, à découvert, sur feu vif pour la laisser épaissir légèrement.

3. Coupez le reste des champignons en lamelles. Ajoutez-les dans la sauce préalablement passée. Laissez cuire quelques minutes, pendant que vous découperez le jambon (photo A). Présentez les tranches sur un grand plat chaud, accompagnées de barquettes d'épinards (photo B) et d'une saucière de sauce au madère.

MICRO-ONDES

Pensez au micro-ondes pour réchauffer les tranches de jambon que vous présenterez une deuxième fois à table.

Disposez-les sur un plat adapté à votre micro-ondes (elles peuvent se chevaucher, au besoin). Nappez-les de sauce.

Pour être chaudes à point, sans recuire ni durcir, il suffira de 45 s à 1 mn (puiss. maxi).

Entrée chaude ou plat principal

DIFFICILE
CHER
GRANDES RÉCEPTIONS
TOUTES SAISONS

Proportion de pâte brisée pour 1 jambon de 3,500 kg :

400 g de farine,
200 g de beurre ou de margarine,
1/4 de litre d'eau,
1 cuil. 1/2 à café de sel.

Pour dorer :

1 œuf.

Jambon en croûte

Préparation et cuisson : 1 h 30

Le jambon peut être complètement cuit et même découpé, puis reconstitué par le charcutier qui a le tour de main pour le faire parfaitement. Mais si vous le préparez vous-même, voyez p. 282, le «jambon braisé au madère».

Préparation de la pâte brisée : voir p. 288 «pâté de porc et de pommes de terre».

Étalez 1/3 de la pâte en une large feuille. Elle doit dépasser le jambon de 4 cm environ. Mettez sur la plaque beurrée.

Faites cuire à four chaud (th. 6-7) 1 h environ. Si la coloration est trop rapide, couvrez d'une feuille d'aluminium et réduisez la chaleur (th. 5-6). Vous pourrez habiller le manche d'une papillote, au sortir du four.

Accompagnez le jambon en croûte d'une sauce madère p. 272 et d'un légume : épinards braisés, pois ou purée de pois frais p. 272.

A Déposez dessus le jambon froid, préalablement découpé et reconstitué. Humectez légèrement tout autour, avec de l'œuf battu.

B Recouvrez avec le reste de pâte étalée en une feuille beaucoup plus large que le jambon.

A

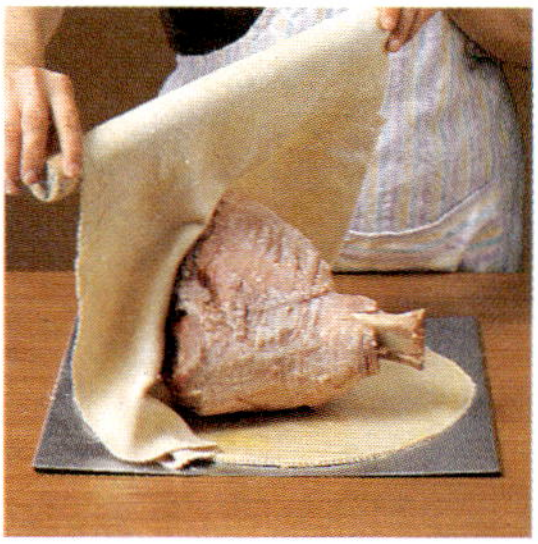

B

C Avec les mains, faites épouser la forme du jambon à la pâte. Pressez les deux épaisseurs ensemble. Le manche dépasse.

D Découpez avec une roulette à pâtisserie à 2 cm du bord.

C

D

E Pincez tout autour pour souder solidement les bords.

F Décor : A l'aide d'un emporte-pièce, découpez de petites rondelles dans les chutes de pâte pour former feuilles et pétales qui seront collés au jaune d'œuf sur le dessus de la croûte pour décorer. Pincez les pétales pour leur donner du relief.

E

F

Plat principal

Jambon Florentine

FACILE
RAISONNABLE
PETITES RÉCEPTIONS
TOUTES SAISONS

Préparation et cuisson : 45 mn

Pour 4, il faut :

4 tranches épaisses de jambon cuit,
1 verre de porto,
30 g de beurre ou de margarine,
1,500 kg d'épinards,
3 cuil. à soupe de crème fraîche,
fécule,
sel, poivre.

1. Mettez de l'eau salée à bouillir dans une marmite. Épluchez et lavez les épinards avec soin. Plongez-les dans l'eau en ébullition 5 mn. Égouttez-les en pressant fortement avec une écumoire pour en exprimer l'eau. Puis coupez-les grossièrement.

2. Déposez le jambon dans un plat à feu. Arrosez de porto. Couvrez d'un couvercle ou d'une feuille d'aluminium et faites réchauffer à four très doux (th. 2-3) 25 mn environ.

3. Pendant ce temps, faites chauffer 30 g de beurre ou de margarine dans une cocotte. Mettez les épinards dedans. Remuez-les avec une cuiller en bois, sur feu vif, 2 ou 3 mn, pour les dessécher. Ajoutez ensuite 2 cuil. à soupe de crème fraîche, sel, poivre. Couvrez et laissez mijoter très doucement 15 mn.

4. Étalez les épinards dans un grand plat. Posez les tranches de jambon égouttées dessus.

5. Délayez 1 cuil. à soupe de crème fraîche avec 1/2 cuil. à café de fécule. Incorporez au jus du jambon resté sur feu doux. Faites bouillir un instant et versez sur le jambon. Servez aussitôt.

Solution express :

Les épinards surgelés, prêts à cuire, vous permettront de préparer ce plat en 30 mn seulement. Comptez 1 paquet de 450 g pour 3 ou 4 personnes.

Plat principal

Paupiettes au fenouil

FACILE
RAISONNABLE
PETITES RÉCEPTIONS

Pour 4, il faut :

4 grillades minces,
40 g de beurre ou de margarine,
1 bulbe de fenouil,
1 tomate,
tomate concentrée,
1 oignon,
1 gousse d'ail,
8 lamelles de gruyère,
farine,
1/3 de verre de vin blanc sec,
1 carotte,
1 verre d'eau,
bouquet garni,
sel, poivre.

Ficelle fine de cuisine.

Préparation et cuisson : 1 h 30
Cuisson en autocuiseur : 25 mn

1. Déposez sur chaque grillade : 1 lamelle de gruyère, 1 rondelle de fenouil épaisse d'un centimètre, 1 lamelle de gruyère, sel, poivre. Roulez en paupiettes et ficelez en croix.

2. Faites dorer ces paupiettes à la cocotte avec 40 g de beurre ou de margarine. Ajoutez oignon, carotte en rondelles, ail haché, 1 cuil. à café rase de farine, la tomate épluchée en morceaux, 1 cuil. à soupe rase de tomate concentrée, bouquet garni, sel, poivre, vin blanc et eau. Couvrez. Laissez mijoter 1 h 10 sur feu doux, ou à four doux (th. 4-5) (en autocuiseur : 25 mn - moitié de liquide seulement).

Présentez avec des lazagnes au beurre ou des pommes vapeur.

Variante :

Peut-être trouverez-vous plus facile de préparer 2 très grandes grillades en paupiettes et de les couper par moitié au moment de servir.

Le secret

de l'onctuosité d'un jus de viande mijoté : un morceau de couenne, préalablement blanchie à l'eau bouillante, est mis au fond de la cocotte sous la viande pour communiquer, au fur et à mesure de la lente cuisson, un velouté incomparable.

Entrée chaude

DIFFICILE
BON MARCHÉ
PETITES RÉCEPTIONS
AUTOMNE-HIVER

Pour 4 ou 6, il faut :

400 g d'échine désossée,
40 g de beurre ou de margarine,
500 g de pommes de terre,
2 oignons,
6 cuil. à soupe de vin blanc sec,
persil, thym, laurier,
sel, poivre.

Pâte brisée :

300 g de farine,
150 g de beurre ou de margarine,
1 verre d'eau,
sel.

Pour dorer :

1 œuf.

Pâté de porc et de pommes de terre

Préparation et cuisson: 2 h 15
+ à mariner : la veille

1. La veille, faite mariner la viande en petits morceaux avec vin blanc, persil et oignons hachés, thym, laurier, sel, poivre.

2. Le jour du repas, préparez la pâte brisée: mélangez farine, sel et beurre ou margarine en morceaux en pressant et en frottant les paumes des mains l'une contre l'autre. Ajoutez l'eau à ce mélange granuleux. Pétrissez vivement. Mettez en boule. Aplatissez avec la paume de la main. Remettez en boule. Cela 3 fois. Laissez reposer.

3. Pelez et coupez les pommes de terre en rondelles fines. Lavez et épongez-les. Égouttez la viande et les aromates. Faites sauter le tout (thym et laurier exceptés) avec 40 g de beurre ou de margarine, sur feu vif.

4. Étalez 1/3 de la pâte en lui donnant la forme d'un rectangle de 18 cm sur 30 cm environ. Déposez une couronne rectangulaire de rondelles de pommes de terre sur la pâte étalée sur une tôle à pâtisserie beurrée. Laissez 2 cm tout autour (photo A). Une couche épaisse de viande au milieu (photo B). Un étage de pommes de terre, de viande (photo C). Terminez par des rondelles de pommes de terre (photo D). Vous recouvrirez avec une seconde couche de pâte en procédant de la même façon que pour le jambon en croûte (voir p. 284).

A

B

C

D

5. Faites un trou au milieu du pâté. Maintenez-le ouvert avec une feuille d'aluminium roulée. Faites cuire à four moyen (th. 5-6) 1 h 15. Servez chaud ou tiède.

Petit conseil :

Utilisez un couteau scie ou un couteau électrique pour obtenir des tranches présentables. Ce pâté chaud est excellent mais s'effondre inévitablement quand on l'entame.

Plat principal

Porc farci aux pruneaux Suédoise

FACILE
RAISONNABLE
TOUTES SAISONS

Préparation et cuisson : 1 h 30

Pour 4, il faut :

1 rôti de 1 kg,
50 g de beurre ou de margarine,
1 quinzaine de pruneaux,
1 kg de pommes-fruits,
sel, poivre.

1. Dénoyautez les pruneaux. Glissez-les à l'intérieur du rôti (photos A, B et C).

2. Faites-le dorer de toute part, dans une poêle, sur feu vif, avec 30 g de beurre.

3. Transvasez-le ensuite dans un plat à feu. Salez et poivrez. Mettez à four chaud (th. 6-7). Au bout de 10 mn, versez un verre d'eau bouillante dans le plat, à côté de la viande. Puis arrosez de temps en temps.

4. Épluchez les pommes en les laissant entières. Retirez le cœur avec un vide-pomme pour glisser à la place 1 ou 2 pruneaux et une noisette de beurre. Disposez-les autour du rôti et laissez cuire 30 mn supplémentaires. La cuisson du rôti doit durer, en tout, une bonne heure.

Comment le farcir :

A Demandez au boucher de transpercer le rôti, ou faites-le vous-même à l'aide d'un fusil à aiguiser ou d'un manche de cuiller en bois.

B Introduisez dedans les pruneaux dénoyautés. Poussez-les à l'aide du manche de la cuiller.

C Laissez reposer le rôti une dizaine de minutes. Il se tranchera plus facilement ensuite.

Porc laqué

FACILE
RAISONNABLE
PETITES RÉCEPTIONS
TOUTES SAISONS

Pour 8, il faut :

2,500 kg d'échine ou de basses-côtes avec os et couenne,
30 g de beurre ou de margarine,
5 épices,
soja,
sucre,
miel liquide,
sel.

Préparation et cuisson: 2 h 15
+ attente : 2 h

1. Frottez la viande avec 4 cuil. à soupe de soja, 2 cuil. à soupe de 5 épices et un peu de sel. Déposez-la, du côté couenne, dans un plat allant au four. Laissez macérer 1 ou 2 h.

2. Faites d'abord dorer la viande à la poêle, avec 30 g de beurre ou de margarine. Remettez-la dans le plat à four, sur le côté couenne. Arrosez avec 1 verre d'eau. Laissez cuire à four moyen (th. 5-6) 30 mn.

3. Retournez la viande (couenne dessus) en la piquant profondément en maints endroits avec un couteau pointu. Mélangez sucre, miel et eau (3 cuil. à soupe de chaque). Badigeonnez-en abondamment la viande, tous les quarts d'heure, ainsi qu'avec le jus de cuisson. Laissez cuire environ 2 h en tout (four moyen, puis doux). Servez avec sauce et riz nature.

Le secret

de la laque du porc laqué : c'est la qualité du badigeon très sucré... et du badigeonnage qu'il faut effectuer très régulièrement et souvent. Le résultat vaut l'effort de persévérance !

Plat principal

Potées campagnardes

FACILES
RAISONNABLES
AUTOMNE-HIVER

Cuisson : 2 h 30 environ
Cuisson en autocuiseur : 1 h

Le porc, s'il est très salé, sera préalablement mis à dessaler plusieurs heures à l'eau froide. Au besoin, renouvelez-la pour activer le dessalage.

Limousine

Pour 6 ou 8, il faut :
500 g de petit salé,
200 g de lard maigre,
4 saucisses chipolatas,
1 chou,
250 g de carottes,
800 g de pommes de terre.
250 g de navets,
250 g de poireaux,
2 gousses d'ail,
bouquet garni,
poivre.

Mettez le chou, en quatre, dans l'eau bouillante, 10 mn. Égouttez. Dans un pot-au-feu d'eau bouillante, jetez petit salé (non dessalé), lard et légumes. Pas de sel.

Laissez cuire 2 h (en autocuiseur : 45 mn). Ajoutez ensuite les pommes de terre. Laissez cuire 30 mn (en autocuiseur : 10 mn).

Faites rissoler les saucisses chipolatas à part. Servez avec la potée.

Alsacienne

Pour 6 ou 8, il faut :
Jambonneau ou palette fumé,
saucisson à l'ail,
mêmes légumes que pour la potée limousine.

Même préparation, mais ajoutez le saucisson avec les pommes de terre.

Lorraine

Pour 6 ou 8, il faut :
500 g d'épaule fumée,
200 g de lard maigre,
1 saucisson à cuire,
4 carottes, 2 navets,
1 chou, 4 poireaux,
100 g de haricots secs,
125 g de mange-tout,
1 gousse d'ail,
2 oignons,
6 pommes de terre,
3 clous de girofle,
laurier, thym, persil, cerfeuil,
1 branche de céleri,
sel, poivre.

Dans une marmite : carottes, navets, poireaux, 1 oignon en rondelles, 1 oignon piqué de clous de girofle, ail, laurier, persil, cerfeuil, céleri, thym et l'épaule. Couvrez de l'eau. Laissez mijoter 1 h.

Ajoutez ensuite : lard, chou effeuillé, mange-tout, haricots secs préalablement blanchis 10 mn à l'eau non salée. Mijoter 1 h supplémentaire.

Joignez-y enfin, saucisson et pommes de terre. Salez et poivrez au besoin. Prolongez la cuisson de 30 mn.

Champenoise

Pour 6 ou 8, il faut :
500 g de lard,
500 g de carré demi-sel,
6 ou 8 saucisses,
250 g de jambon fumé,
3 carottes,
3 navets,
1 chou-pomme,
500 g pommes de terre,
sel, poivre.

Cuisez porc et lard (préalablement dessalés) avec 4 litres d'eau.

Laissez bouillir doucement 30 mn.

Ajoutez carottes, navets et chou.

Cuire doucement 1 h 30. Salez légèrement.

Puis mettez : pommes de terre, saucisses et jambon fumé. Prolongez la cuisson de 30 mn.

Présentez le bouillon en soupière sur des tranches de pain de campagne : viandes et légumes à part.

Rôti de porc aux aromates

FACILE
RAISONNABLE
TOUTES SAISONS

Pour 4, il faut :

1 kg de porc,
25 g de beurre
ou de margarine,
12 feuilles de sauge,
sel, poivre.

Marinade :

1 oignon,
4 clous de girofle,
1 cuil. à soupe d'huile,
thym, laurier,
1 verre de vin blanc,
poivre.

Préparation et cuisson : 1 h 45
+ marinade : 12 h

1. La veille, mettez la viande à mariner avec l'oignon en rondelles et tous les éléments de la marinade. Retournez de temps en temps.

2. Cuisson : égouttez la viande. Avec le doigt, glissez les feuilles de sauge à l'intérieur du rôti. Faites cuire à four moyen (th. 5-6) avec 25 g de beurre ou de margarine, sel, poivre. Au bout de 45 mn environ, retournez la viande. A plusieurs reprises, arrosez avec quelques cuillerées de marinade passée. Laissez cuire encore 45 mn. Aux 3/4 de la cuisson, protégez le dessus du rôti avec une feuille d'aluminium pour l'empêcher de dessécher.

Servez le rôti accompagné de pommes de terre à l'eau, en gratin, avec des pâtes ou des légumes verts de saison préalablement cuits à l'eau et braisés avec du beurre.

Rôti de porc boulangère

FACILE
RAISONNABLE
AUTOMNE-HIVER

Pour 4, il faut :

1 rôti de 1 kg,
25 g de beurre ou de margarine,
1 kg de pommes de terre,
3 oignons,
2 clous de girofle,
thym, laurier,
sel, poivre.

Marinade:

1 oignon,
4 clous de girofle,
1 cuil. à soupe d'huile,
thym, laurier,
1 verre de vin blanc,
poivre.

Préparation et cuisson : 2 h 30
Cuisson en autocuiseur : 45 mn
+ mariner : 12 h

1. La veille, faites mariner le rôti (comme dans la recette «rôti de porc aux aromates»).

2. Épluchez et coupez en fines rondelles pommes de terre et oignons. Beurrez généreusement une cocotte assez grande. Au fond, mettez la moitié des pommes de terre et des oignons. Salez légèrement. Déposez le rôti dessus. Recouvrez entièrement avec le reste des pommes de terre et des oignons. Salez et poivrez. Ajoutez 1 brin de thym, 1/2 feuille de laurier et clous de girofle.

3. Versez la marinade passée dans la cocotte. Parsemez de noisettes de beurre ou de margarine. Couvrez la cocotte et laissez mijoter 2 h sur feu doux ou, dans le four moyen (th. 5-6) (en autocuiseur : 45 mn).

Pratique :

Pour éviter que les pommes de terre n'attachent au fond, glissez un diffuseur, en amiante ou en métal, entre la source de chaleur et la cocotte. C'est très efficace contre les accidents de cuisson, toujours possibles avec les plats longuement mijotés que l'on se fatigue de surveiller !

Rôti de porc braisé

FACILE
RAISONNABLE
TOUTES SAISONS

Pour 4, il faut :

1 kg de porc,
30 g de beurre ou de margarine,
2 oignons,
2 cuil. à soupe de vin blanc sec,
bouquet garni,
sel, poivre.

Préparation et cuisson : 1 h 30
Cuisson en autocuiseur : 40 mn

1. Faites chauffer 30 g de beurre ou de margarine dans une cocotte. Mettez le rôti à dorer dedans, sur feu assez vif.

2. Ajoutez les oignons coupés en 4 pour qu'ils dorent à leur tour. Versez ensuite 2 cuil. à soupe de vin blanc sec et autant d'eau bouillante. Mettez le bouquet garni, sel, poivre. Couvrez et laissez cuire doucement de 1 h 15 à 1 h 30 (en autocuiseur: 40 mn). Retournez la viande plusieurs fois.

A

B

Le secret

du rôti de porc moelleux et rosé du charcutier : il réside dans sa cuisson menée de façon assez particulière.

Faites bien dorer le rôti partout avec du beurre ou de la margarine (photo A). Ajoutez ensuite oignons, girofle, carotte, ail, bouquet garni, eau chaude à hauteur de la viande (photo B). Couvrez. Laissez cuire le temps voulu. Attendez qu'il soit tout à fait refroidi pour l'égoutter et le découper.

Rôti de porc au four

FACILE
RAISONNABLE
TOUTES SAISONS

Pour 4, il faut :

1 kg de porc,
1 noix de beurre ou de margarine,
sel, poivre.

Préparation et cuisson : 1 h 30

1. Déposez le rôti dans un plat à feu. Salez, poivrez. Parsemez d'1 ou 2 noisettes de beurre ou de margarine. Faites cuire à four moyen (th. 5-6) 15 mn.

2. Ajoutez alors 1 verre d'eau bouillante. Laissez cuire 1 h supplémentaire. Arrosez pendant la cuisson. Laissez reposer 10 ou 15 mn dans le four chaud, mais éteint, avant de découper.

Raffinement :

Les amateurs de saveurs fortes aimeront certainement le rôti de porc piqué de gousses d'ail, comme le gigot. Les autres le préféreront aromatisé de thym, de sauge ou de romarin dont les brindilles seront glissées, à intervalles réguliers, sous la ficelle du rôti.

Truc :

Si le rôti est destiné à être consommé froid, enveloppez-le, encore très chaud, au sortir du four, dans du papier d'aluminium. Ainsi il restera très moelleux.

MICRO-ONDES

Temps : 15 mn (puiss. maxi).

800 g à 1 kg,
1 noix de beurre
1 oignon,
1/2 carotte,
thym effeuillé,
sel, poivre.

Faites d'abord dorer le rôti à la poêle avec un peu de beurre. A mi-opération, ajoutez thym effeuillé, oignon et carotte en rondelles, sel et poivre.

Transvasez dans une cocotte en Pyrex. Mettez au micro-ondes, sans couvrir, pendant 15 mn (puiss. maxi). Retournez 2 ou 3 fois en cours de cuisson. Laissez reposer avant de découper.

Note : ne prolongez pas la cuisson sous peine de voir l'entame du rôti se racornir en refroidissant.

Plat principal

Turban de porc haché

FACILE
BON MARCHÉ
AUTOMNE-HIVER

Préparation et cuisson : 1 h 20

Pour 4, il faut :

750 g de chair à saucisse,
30 g de beurre ou de margarine,
1 gros oignon,
2 gousses d'ail,
1 œuf,
50 g de mie de pain,
sel, poivre.

Sauce tomate en boîte.

1. Faites dorer un oignon haché, dans une petite casserole, avec une noix de beurre ou de margarine. Mettez-le dans une terrine avec chair à saucisse, mie de pain écrasée, 1/2 cuil. à café de sel, poivre, ail haché, œuf battu. Pétrissez le tout.

2. Beurrez un moule en couronne (diamètre 18 cm). Tassez la préparation dedans. Faites cuire au bain-marie, à four moyen (th. 5-6) 1 h.

3. Démoulez sur un plat chaud. Nappez de sauce tomate. Entourez de purée, de pâtes ou de légumes verts braisés.

LE VEAU

RECETTES

Le veau

Choisissez :

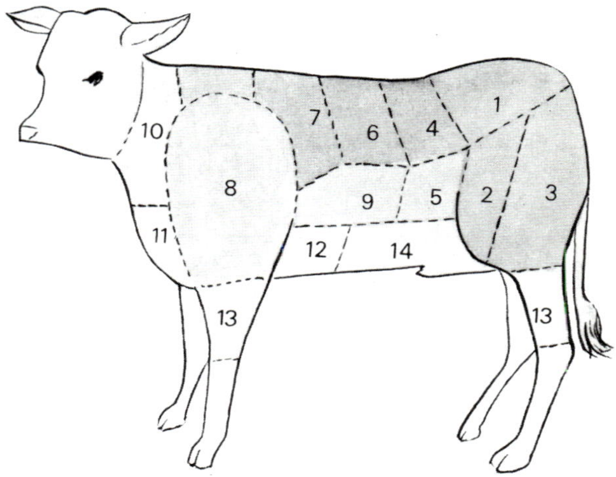

1 Quasi ou culotte
2 Noix
3 Sous-noix
4 Longe
5 Bavette
6 Côtes premières
7 Côtes secondes
8 Épaule
9 Travers de côtes
10 Collet
11 Poitrine
12 Tendron
13 Jarret
14 Flanchet

Vous reconnaîtrez le veau de 1re qualité :

– à sa chair d'un rose très pâle, légèrement nacrée ;
– à sa graisse abondante, ferme et blanche ;
– à la finesse du grain de sa chair ;
– au jus qu'elle rend en abondance pendant la cuisson.

La viande de veau est classée en 3 catégories

Cela ne veut pas dire que les morceaux de 3e catégorie sont de moins bonne qualité que ceux de la 1re catégorie. Ils demandent une préparation différente. C'est tout.

Par exemple :

– les morceaux de 1re et 2e catégories : à rôtir, à braiser et à sauter à la poêle ;
– les morceaux osseux de 3e catégorie : en ragoûts, blanquettes, osso-bucco, etc.

Pour	Choisissez	Caractéristique
Escalopes, paupiettes et rôtis.	Noix Sous-noix ou noix pâtissière Quasi ou culotte.	Tendre et maigre. Un peu plus sec parfois. Belles tranches. Tendre et moelleux.
Rôtis, braisés et rognonnade.	Longe ou filet. Épaule Roulé ou bas de carré	Très moelleux. Cher. Plus ou moins sec selon emplacement. Assez économique. Maigre.
Côtelettes (poêle et gril).	Carré côtes filet – premières – secondes	Très moelleux. Assez sec. Plus moelleux.
Sautés, braisés Blanquettes, fricassées, ragoûts.	Épaule Poitrine Tendron Flanchet	Raisonnable. Économique. Morceaux avec os. Moelleux et goûteux.
Pot-au-feu, blanquettes, fricassées, braisés.	Jarret entier ou en rondelles.	Avantageux, viande moelleuse et gélatineuse.

TEMPS DE CUISSON (toujours approximatifs)		
		Autocuiseur
Escalopes	4 à 5 mn sur chaque face	
Côtes		
Rôtis : cocotte	1 h 15 par kg	25 mn par kg
– four chaud		
– broche	1 h par kg	
Paupiettes	45 mn	15 mn
Sautés, ragoûts	1 h 45	40 mn
Blanquette	1 h 15	20 à 25 mn

MICRO-ONDES

Avant la cuisson au micro-ondes, toute viande sera rissolée sur feu vif, à la poêle (il n'y a rien de tel) ou dans un plat brunisseur préchauffé plusieurs mn.

Il ne donne pas de résultats bien satisfaisants pour la cuisson des viandes blanches.

A la rigueur, de petites pièces, telles que des «paupiettes», de forme bien régulière, pourront y cuire en 10 ou 12 mn (voir recettes pages 315 et 318).

Côtes de veau savoyarde

FACILE
RAISONNABLE
PETITES RÉCEPTIONS
TOUTES SAISONS

Préparation et cuisson : 25 mn

Pour 4, il faut :

4 côtes de veau épaisses,
40 g de beurre ou de margarine,
4 tranches de bacon,
4 lamelles de gruyère,
1 citron,
sel, poivre.

1. Demandez au boucher de fendre les côtes de veau dans l'épaisseur jusqu'à l'os. Glissez à l'intérieur : 1 tranche de bacon, 1 lamelle de gruyère, poivre (photo A). Refermez et pressez avec la lame d'un couteau (photo B).

2. Dans une poêle, faites chauffer 30 g de beurre ou de margarine. Mettez les côtes à dorer dedans, 5 mn de chaque côté. Salez, poivrez. Couvrez et laissez mijoter 5 mn.

3. Quand les côtes sont cuites, rangez-les dans un plat à gratin. Parsemez-les de gruyère râpé et de noisettes de beurre ou de margarine. Mettez à gratiner dans le haut du four bien chaud (th. 7-8) une dizaine de minutes (photo C).

Avant de servir, aspergez de jus de citron. Présentez avec des spaghetti au beurre ou à la tomate.

A

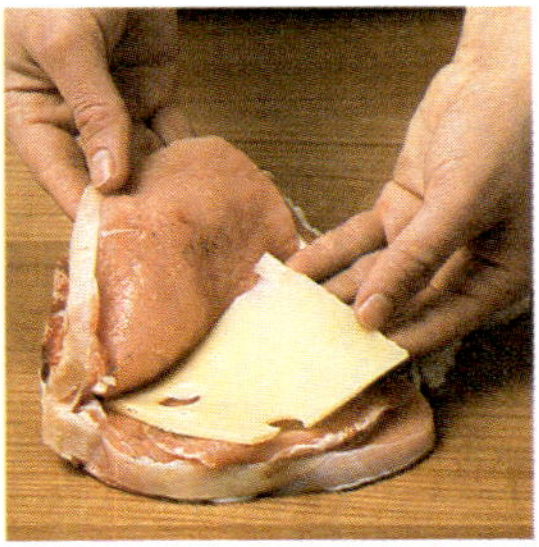

B

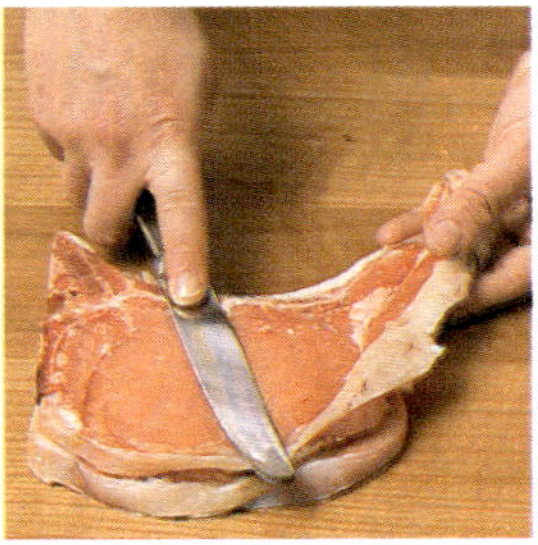

C

Plat principal

FACILE
RAISONNABLE
PETITES RÉCEPTIONS
PRINTEMPS-AUTOMNE-HIVER

Pour 4, il faut :

1 kg d'épaule en gros cubes,
40 g de beurre ou de margarine,
2 cuil. à soupe pleines de farine,
1 oignon,
2 clous de girofle,
1 carotte,
bouquet garni,
2 bols d'eau,
persil haché,
sel, poivre.

Liaison :

1 jaune d'œuf,
2 cuil. à soupe de crème fraîche.

Blanquette à l'ancienne

Préparation et cuisson : 1 h 45
Cuisson en autocuiseur : 25 mn

1. Faites revenir légèrement la viande dans une cocotte avec 40 g de beurre ou de margarine, la carotte et l'oignon coupés. Saupoudrez avec 2 cuil. à soupe pleines de farine. Mélangez pour laisser cuire légèrement cette dernière.

2. Ajoutez 2 bols d'eau chaude, bouquet garni, 2 clous de girofle, sel, poivre. Couvrez. Laissez cuire à feu doux 1 h 15 environ (en autocuiseur : 25 mn).

3. Quand la viande est cuite, égouttez-la avec soin, et tenez-la au chaud dans le plat de service. Laissez la cocotte à découvert sur le feu pour laisser réduire la sauce de cuisson. Otez le bouquet garni et la carotte.

4. Liaison : dans une grande terrine, délayez jaune d'œuf et crème. Puis, petit à petit, incorporez toute la sauce en tournant vivement avec un fouet à sauce ou une cuiller en bois. Versez sur la viande. Saupoudrez avec un peu de persil haché. Servez aussitôt avec pommes de terre à l'eau ou riz.

MICRO-ONDES

(*) Les champignons cuisent parfaitement au micro-ondes.

Dans un bol, pour 100 g de petits champignons, 5 cuillerées à soupe d'eau, sel, poivre, jus de citron couvert d'un film étirable :

– en lamelles : 1 mn 30 (puiss. maxi).

– entiers : 4 mn (puiss. maxi).

Raffinement :

Ajoutez des petits champignons (*) de Paris préalablement revenus à la casserole, avec un peu de beurre et de jus de citron, 15 mn avant la fin de cuisson de la blanquette.

Le secret

de la liaison de la blanquette : 1 ou 2 cuil. de sauce très chaude, dans un bol, avec jaune d'œuf et crème en tournant sans arrêt (photo).

Puis incorporez ce mélange à la totalité de la sauce sur feu très doux, en mélangeant vigoureusement avec un fouet à sauce quelques secondes. Retirez du feu et versez sur la viande parfaitement égouttée.

Pour faire attendre la blanquette : une seule solution : le bain-marie.

Plat principal

FACILE
CHER
PETITES RÉCEPTIONS
TOUTES SAISONS

Pour 4, il faut :

4 minces côtes de veau,
600 g de girolles,
60 g de beurre ou de margarine,
1 cuil. à soupe d'huile,
4 cuil. à soupe de vin blanc sec,
vinaigre,
sel, poivre.

Côtes de veau aux girolles en papillotes

Préparation et cuisson : 1 h

1. Coupez juste une lamelle à la base du pied des girolles. Lavez-les rapidement mais plusieurs fois dans de l'eau vinaigrée. Égouttez-les en les pressant avec la main. Mettez-les dans une grande poêle, avec 1 cuil. à soupe d'huile. Faites-les cuire sur feu moyen 5 mn, pour leur faire rendre leur jus. Égouttez-les dans une passoire.

2. Faites dorer les côtes dans une grande poêle avec 40 g de margarine ou de beurre bien chaud. Retirez-les de la poêle. A leur place, faites sauter les girolles avec sel, poivre, vin blanc, sur feu assez vif, pendant 5 ou 6 mn.

3. Dans une feuille d'aluminium ou de papier blanc parcheminé, découpez 4 très grands coeurs (photo A). Sur une moitié, déposez 1 côte de veau recouverte du quart des girolles et de 2 noisettes de beurre (photo B). Refermez et roulottez pour bien faire adhérer les deux bords ensemble (photo C). Faites

A

cuire à four chaud (th. 6-7) 20 mn. Servez dans la feuille d'aluminium que les convives ouvriront dans leur assiette.

B

C

Le secret

d'une viande en papillote bien gonflée : il faut voir grand en taillant la papillote car la viande ne doit pas être comprimée dedans. Pensez que le morceau de viande sera placé sur une moitié de la feuille (puisque l'autre moitié sera repliée dessus pour l'enfermer). Mais, en plus, laissez une marge de 3 ou 4 cm tout autour afin que le papier, non serré sur la viande, ait la possibilité de gonfler pendant la cuisson au four.

Côtes de veau Vallée d'Auge

FACILE
CHER
PETITES RÉCEPTIONS
TOUTES SAISONS

Préparation et cuisson : 30 mn

Pour 4, il faut :

4 côtes de veau,
30 g de beurre ou de margarine,
250 g de champignons,
quelques petits oignons,
2 verres à liqueur de calvados,
4 cuil. à soupe de crème fraîche,
un peu de farine,
sel, poivre.

1. Épluchez les oignons. Plongez-les 5 mn dans de l'eau en ébullition. Égouttez. Nettoyez les champignons et coupez-les en morceaux.

2. Salez, poivrez, farinez les côtes de veau. Dans une très grande poêle, faites-les dorer légèrement des deux côtés avec 30 g de margarine ou de beurre assez chaud. Ajoutez oignons et champignons. Laissez mijoter 20 mn environ. Couvrez à mi-cuisson.

3. En fin de cuisson, ajoutez le calvados. Faites flamber sur le feu. Retirez la viande. Versez la crème dans le jus resté dans la poêle. Laissez bouillir quelques instants, tout en tournant sans arrêt avec une cuiller en bois. Salez et poivrez encore si nécessaire. Versez sur les côtes et servez avec des pommes de terre, pâtes ou riz nature qui s'accommodent bien d'une sauce à la crème.

Le secret

des escalopes ou des côtes de veau qui ne rendent pas d'eau dans la poêle : saisissez-les à feu vif. Ce n'est que lorsqu'elles seront dorées des deux côtés que vous continuerez la cuisson à feu plus doux (pas trop doux, tout de même) en couvrant à demi, au besoin, pour ne pas laisser s'évaporer tout le jus.

Plat principal

Escalopes Lucullus

TRÈS FACILE
RAISONNABLE
PETITES RÉCEPTIONS
TOUTES SAISONS

Pour 4, il faut :

4 fines escalopes,
30 g de beurre ou de margarine,
1 cuil. à soupe de farine,
2 tranches de jambon,
4 lamelles de gruyère,
1 citron,
sel, poivre.

Préparation et cuisson : 15 mn

1. Farinez légèrement les escalopes. Faites-les dorer dans une poêle avec 30 g de margarine ou de beurre bien chaud, 4 mn sur chaque côté.

2. Quand les escalopes sont cuites, arrosez-les de jus de citron. Recouvrez chacune d'une demi-tranche de jambon et d'une lamelle de gruyère.

3. Déposez-les dans un plat à gratin, avec leur sauce de cuisson. Mettez à gratiner sous le grilloir ou dans le haut du four très chaud, de 5 à 10 mn.

Présentez avec des tagliatelles ou avec un légume vert de saison : épinards, petits pois, haricots verts ou endives braisées.

Escalopes à la Normande

FACILE
RAISONNABLE
PETITES RÉCEPTIONS
TOUTES SAISONS

Préparation et cuisson : 25 mn

Pour 4, il faut :

4 escalopes,
30 g de beurre ou de margarine,
estragon,
1 cuil. à soupe de farine,
1/2 verre de vin blanc sec,
3 cuil. à soupe de crème fraîche,
sel, poivre.

1. Faites dorer les escalopes à la poêle avec 30 g de margarine ou de beurre bien chaud, 3 à 4 mn de chaque côté. Ajoutez le vin blanc, les tiges d'estragon effeuillées (les feuilles seront utilisées plus tard). Couvrez et laissez cuire sur feu doux 10 mn.

2. Mettez les escalopes cuites dans un plat tenu au chaud. Laissez le jus dans la poêle. Délayez dedans 1 ou 2 cuil. à soupe d'eau. Faites bouillir 1 mn. Retirez-en les tiges d'estragon. Incorporez à ce jus la crème et les feuilles d'estragon coupées. Laissez bouillir encore 1 mn. Versez sur la viande.

Servez avec des pommes-fruits épluchées et cuites au four, sans sucre, ou simplement coupées en quartiers et sautées à la poêle avec un peu de beurre.

Variante :

Cette recette peut être préparée avec des côtes de veau. C'est d'ailleurs le cas de toutes les recettes d'escalopes. Une nuance : le temps de cuisson est un peu plus long car les côtes sont généralement plus épaisses.

Plat principal

Escalopes à l'orange

TRÈS FACILE
RAISONNABLE
PETITES RÉCEPTIONS
TOUTES SAISONS

Préparation et cuisson : 20 mn

Pour 4, il faut :

4 escalopes,
40 g de beurre ou de margarine,
1 cuil. à soupe de farine,
2 oranges,
sel, poivre.

1. Salez et poivrez les escalopes puis farinez-les légèrement sur toute leur surface. Faites-les dorer dans une poêle contenant 30 g de margarine ou de beurre déjà chaud, 4 mn de chaque côté.

2. Pendant la cuisson, arrosez-les avec le jus des oranges pressées plus 2 cuil. à soupe d'eau. Couvrez et laissez mijoter 5 mn supplémentaires.

3. Mettez les escalopes dans un plat chaud. Ajoutez une noix de beurre au jus resté dans la poêle. Mélangez vigoureusement avec une cuiller en bois, sur le feu. Versez sans attendre sur les escalopes.

Le riz nature est le plus indiqué pour accompagner ce plat.

Raffinement :

Pour obtenir un plat joliment décoré, hachez finement le zeste d'une orange et mettez une pincée de ce zeste sur chaque escalope.

Le secret

des escalopes dont les bords ne se recroquevillent pas à la cuisson : faites quelques incisions tout autour avec la pointe du couteau. Ainsi les escalopes resteront bien plates.

Escalopes panées

FACILE
RAISONNABLE
TOUTES SAISONS

Préparation et cuisson : 20 mn

Pour 4, il faut :

4 escalopes minces,
40 g de beurre ou de margarine,
2 cuil. à soupe de farine,
2 œufs,
2 tasses de chapelure,
1 citron,
sel, poivre.

1. Prenez 3 assiettes. Mettez la farine dans la première, les oeufs battus en omelette dans la deuxième et la chapelure dans la dernière. Passez les escalopes successivement dans la farine, les oeufs battus, puis la chapelure. Tapotez avec le plat d'un couteau pour bien faire adhérer.

2. Dans une poêle, faites chauffer modérément 40 g de beurre ou de margarine. Laissez cuire les escalopes 5 mn sur chaque côté. Décorez avec une rondelle de citron.

Organisation :

Votre poêle est trop petite ! Faites cuire les escalopes deux par deux. Tenez les premières au chaud. Remettez beurre ou margarine dans la poêle entre chaque cuisson car la chapelure en absorbe beaucoup. Et si elle cuit «à sec», elle brûle vite.

Le secret

des escalopes panées au sortir de la poêle : elles ont été très enrobées de farine, d'œuf et de chapelure, sur toute leur surface sans exception. Aussi ne lésinez surtout pas sur la chapelure. Versez-en en abondance dans l'assiette pour y retourner les escalopes à l'aise.

De plus, laissez reposer les escalopes panées dans le réfrigérateur 1 h avant de les cuire.

Escalopines à la crème et au porto

TRÈS FACILE
RAISONNABLE
PETITES RÉCEPTIONS
TOUTES SAISONS

Pour 4, il faut :

4 escalopes minces,
40 g de beurre ou de margarine,
un peu de farine,
2 verres à liqueur de porto,
sauge, marjolaine ou herbes de Provence,
3 cuil. à soupe de crème fraîche,
sel, poivre.

Préparation et cuisson : 15 mn

1. Coupez les escalopes en petits carrés. Passez-les dans la farine et secouez-les pour qu'elles n'en retiennent pas beaucoup.

2. Faites chauffer le beurre ou la margarine dans une grande poêle. Mettez la viande à dorer dedans, sur feu moyen, 2 à 3 mn de chaque côté. Saupoudrez de 4 pincées de marjolaine séchée, de romarin ou d'un peu de mélange d'herbes de Provence.

3. Retirez les escalopines de la poêle. Tenez-les au chaud dans un plat. Dans la poêle restée sur le feu, versez le porto. Faites bouillir quelques instants en grattant le fond de la poêle avec une cuiller en bois pour délayer les sucs de viande. Ajoutez la crème. Mélangez en laissant bouillir quelques instants. Puis versez sur les escalopines et servez avec des pâtes ou des épinards.

Jarret de veau à la cuiller

TRÈS FACILE
RAISONNABLE
TOUTES SAISONS

Préparation et cuisson : 3 h 15
Cuisson en autocuiseur : 1 h 10

Pour 4, il faut :

1 jarret de veau,
30 g de beurre ou de margarine,
1 oignon,
2 clous de girofle,
1 échalote,
2 carottes,
1 navet,
3 petites branches de céleri,
citron,
bouquet garni,
sel, poivre.

1. Faites revenir le jarret de veau de toute part dans une cocotte contenant la margarine ou le beurre très chaud.

2. Ajoutez l'oignon piqué de clous de girofle, carottes et navet en rondelles, échalote, céleri, bouquet garni, sel, poivre et 1 verre d'eau. Couvrez et laissez cuire très doucement 1 h 30 (en autocuiseur : 35 mn).

3. Pelez un citron très légèrement pour n'en retirer que la fine peau jaune (zeste). Ajoutez ce zeste dans la cocotte ainsi qu'un peu d'eau si nécessaire. Laissez mijoter encore 1 h 30 (en autocuiseur : 35 mn). Présentez le jarret avec les légumes de cuisson, arrosé de son jus très réduit et débarrassé du zeste de citron. Des pommes de terre à l'eau ou des pâtes l'accompagneront parfaitement.

MICRO-ONDES

Jamais conseillé pour une longue cuisson.

Paupiettes cordon bleu

FACILE
RAISONNABLE
PETITES RÉCEPTIONS
TOUTES SAISONS

Pour 4, il faut :

4 escalopes larges et fines,
50 g de beurre ou de margarine,
4 tranches de gruyère,
2 tranches de jambon cuit,
1 cuil. à soupe de moutarde forte,
sel, poivre.

Panure :

2 œufs,
un peu de farine et de chapelure.

Préparation et cuisson : 1 h

1. Salez et poivrez les escalopes. Sur chacune disposez 1/2 tranche de jambon tartinée de moutarde et 1 tranche de gruyère. Roulez (photo A) et repliez les extrémités pour enfermer la farce. Ficelez en croix avec du gros fil (photo B).

2. Passez les paupiettes successivement dans l'œuf battu, la farine, puis la chapelure pour qu'elles soient parfaitement enrobées.

3. Mettez à cuire dans une cocotte contenant 50 g de beurre ou de margarine, de 30 à 40 mn sur feu moyen, à couvert (ou mieux, dans le four moyen). Présentez-les avec des pommes Dauphine (toutes préparées) ou, plus simplement, avec des pâtes.

A

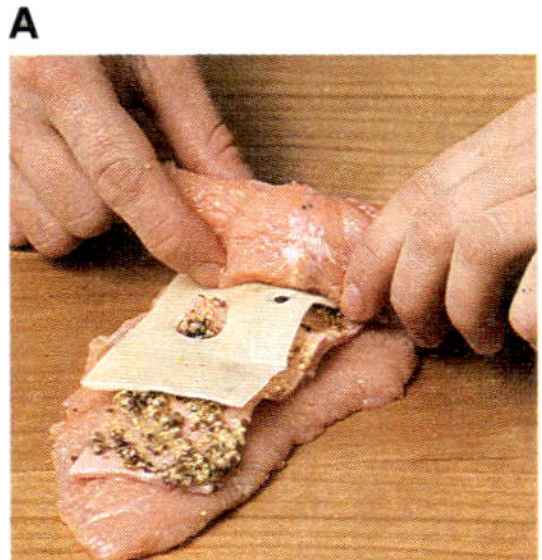

B

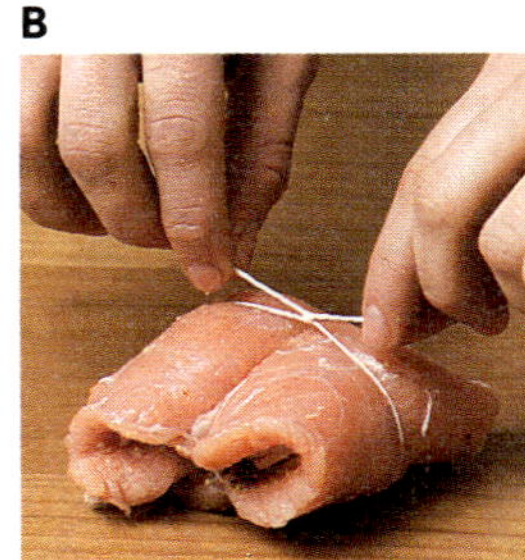

MICRO-ONDES

Faites d'abord dorer les paupiettes à la poêle (sans les enduire d'œuf, de farine et de chapelure) avec beurre, oignon en rondelles et feuilles de thym.

Puis, dans une cocotte en Pyrex, mettez au micro-ondes 6 mn (puiss. maxi) sans couvrir.

Ajoutez 2 cuil. à soupe de vin blanc sec, autant d'eau, sel, poivre. Remettez 5 mn (puiss. maxi).

Osso-buco

FACILE
RAISONNABLE
PETITES RÉCEPTIONS
TOUTES SAISONS

Pour 4, il faut :

1,200 kg de jarret de veau en rondelles,
80 g de beurre ou de margarine,
1 oignon,
un peu de farine,
1 cuil. à soupe de tomate concentrée,
1 verre de vin blanc sec,
3 verres d'eau,
3 tomates fraîches,
1 gousse d'ail,
bouquet garni,
1/2 citron,
sel, poivre.

250 g de spaghetti,
parmesan ou gruyère râpé,
sel.

Préparation et cuisson : 1 h 45
Cuisson en autocuiseur : 25 mn

1. Passez les morceaux de viande dans la farine. Faites-les bien dorer de toute part dans une cocotte avec 50 g de beurre ou de margarine, sur feu assez vif. Puis ajoutez l'oignon finement haché.

2. Ajoutez 1 cuil. à soupe de tomate concentrée, 1 verre de vin blanc. Faites bouillir quelques instants. Puis mettez: 3 verres d'eau, le bouquet garni, la gousse d'ail écrasée, le sel, le poivre. Couvrez. Laissez cuire doucement 1 h (en autocuiseur : 20 mn). Épluchez les tomates, coupez-les en les épépinant. Joignez-les à la viande ainsi que le zeste du citron. Laissez mijoter encore 15 mn (en autocuiseur : 5 ou 7 mn).

3. Faites cuire les spaghetti dans beaucoup d'eau bouillante salée, le temps indiqué sur le paquet. Égouttez-les aussitôt pour qu'ils restent fermes. Mélangez avec du beurre pour éviter qu'ils ne collent les uns aux autres.

4. Retirez le bouquet garni de la cocotte ainsi que le zeste de citron. Hachez celui-ci. Disposez les spaghetti dans un grand plat creux et, dessus, la viande couverte de sauce et garnie du zeste de citron haché. Présentez à part le fromage râpé.

Variante :

L'osso-buco peut être présenté avec du riz nature ou pilaf, voire du couscous. Des petits pois sont également agréables mélangés aux spaghetti ou au riz.

Raffinement :

Arrosez la viande, quand elle est dorée, avec 1 verre à liqueur de cognac et faites flamber avant d'ajouter tous les éléments nécessaires à sa cuisson. La sauce sera encore plus savoureuse.

Et pour une présentation plus appétissante encore, mettez le plat d'osso-buco sous le grilloir, après l'avoir abondamment saupoudré de râpé pour obtenir un beau gratin.

Paupiettes provençales

FACILE
RAISONNABLE
PETITES RÉCEPTIONS
TOUTES SAISONS

Pour 4, il faut :

4 escalopes,
50 g de beurre ou de margarine,
1 large barde de lard,
100 g d'olives vertes dénoyautées,
sel, poivre.

Farce :

100 g de pain rassis,
4 cuil. à soupe de lait,
100 g de champignons,
1 gousse d'ail,
1 cuil. à soupe de persil haché,
sel, poivre.

Préparation et cuisson : 1 h
Cuisson en autocuiseur : 20 mn

1. Farce : émiettez le pain dans un bol. Versez le lait dessus. Nettoyez et lavez les champignons. Hachez-les avec persil et ail. Égouttez et pressez le pain pour qu'il ne soit pas trop mouillé. Incorporez-le au mélange ainsi que sel et poivre.

2. Répartissez la farce dans les escalopes. Pliez chacune d'elles en quatre. Entourez-les de barde de lard et ficelez en croix pour maintenir la farce enfermée.

3. Faites dorer les paupiettes sur toutes les faces dans une cocotte avec 50 g de margarine ou de beurre bien chaud. Salez, poivrez. Couvrez. Laissez mijoter sur feu doux 30 mn (en autocuiseur : 12 mn).

4. Faites bouillir 5 mn les olives. Égouttez-les et passez-les sous l'eau froide. Ajoutez-les dans la cocotte. Laissez mijoter 10 à 15 mn supplémentaires (en autocuiseur : 5 mn). Retirez ficelle et barde de chaque paupiette. Présentez avec des tomates provençales ou grillées et des spaghetti.

MICRO-ONDES

Les paupiettes provençales, dorées à la poêle, cuiront au micro-ondes à découvert (10 - 12 mn, puiss. maxi).

A mi-cuisson, les olives ébouillantées y seront ajoutées et la cocotte sera couverte d'un papier absorbant pour éviter le dessèchement.

Le secret

des paupiettes faciles à farcir : elles sont préparées avec des escalopes extrêmement minces et très larges. Demandez au boucher de les tailler dans un morceau qui ne s'effiloche pas, ou de les aplatir au maximum. Il possède l'outil adéquat pour faire cela sur son billot.

Entrée chaude ou froide

TRÈS FACILE
RAISONNABLE
TOUTES SAISONS

Pour 4, il faut :

300 g de veau haché,
20 g de beurre ou de margarine,
2 gros oignons,
100 g de lard de poitrine,
fines herbes,
1 cuil. à soupe de cognac,
1 œuf,
50 g de pain de mie,
2 cuil. à soupe de lait,
sel, poivre.

MICRO-ONDES

Ne tentez pas de cuire au micro-ondes ces petits pâtés en papillote ; vous en retireriez, au bout de quelques minutes, des boulettes de viande compactes qui se transformeraient en petits cailloux en refroidissant.

Petits pâtés bretons

Préparation et cuisson : 45 mn

1. Faites dorer les oignons hachés avec 20 g de beurre ou de margarine. Humectez légèrement le pain avec un peu de lait.

2. Dans une terrine, mélangez oignons, hachis de veau, de fines herbes, pain émietté et le lard coupé en dés. Pétrissez avec l'oeuf, sel, poivre et cognac.

3. Découpez 4 ou 8 carrés de papier d'aluminium. Déposez une part de farce sur chacun. Refermez hermétiquement sans serrer. Mettez à four chaud (th. 6-7) de 20 à 30 mn suivant la grosseur. Servez chaud ou froid dans la papillote d'aluminium.

Variante :

Un mélange de fines herbes de saison, tel que persil, cerfeuil, ciboulette, estragon est tout indiqué. Mais, à défaut, thym, laurier et sauge séchés, utilisés avec modération, peuvent convenir.

Plat principal

Poitrine de veau farcie

DIFFICILE
RAISONNABLE
TOUTES SAISONS

Préparation et cuisson : 2 h 30
Cuisson en autocuiseur : 40 mn

Pour 8 ou 10, il faut :

2 kg de poitrine ou de flanchet désossé,
50 g de beurre ou de margarine,
1 petit oignon,
1 carotte,
1 branche de céleri,
bouquet garni,
sel, poivre.

Farce :

150 g de chair à saucisse,
150 g de mie de pain,
1 verre de lait,
1 œuf,
2 œufs durs,
persil haché,
sel, poivre,
muscade.

ficelle fine,
1 grosse aiguille.

Sauce Mornay :

1 cuil. à soupe pleine de farine,
30 g de beurre ou de margarine,
1 bol de lait,
50 g de gruyère râpé,
1 jaune d'œuf,
sel, poivre.

1. Pratiquez une ouverture à une seule extrémité de la poitrine. Formez une poche en décollant la peau de la chair, presque jusqu'au bout, la poche doit rester fermée (voir photos de la «poitrine de mouton farcie aux épinards», p. 260).

2. Farce : dans une terrine, mettez la mie de pain émiettée (à la moulinette), 1 verre de lait et 1 œuf entier, chair à saucisse, persil haché, sel, poivre, un peu de muscade râpée. Malaxez le tout avec une fourchette.

3. Tassez la farce le plus régulièrement possible jusqu'au fond de la poche, les oeufs durs étant au centre. Recousez l'ouverture avec une grande aiguille (à brider).

4. Faites chauffer 50 g de beurre ou de margarine dans une cocotte. Mettez la viande à dorer dedans. Ajoutez l'oignon coupé en 4, la carotte en rondelles, bouquet garni, céleri, 1 verre d'eau bouillante, sel, poivre. Couvrez et laissez cuire à feu doux de 1 h 30 à 2 h (en autocuiseur : 40 mn environ).

5. Sauce Mornay : délayez 30 g de beurre ou de margarine avec 1 cuil. à soupe pleine de farine jusqu'à ce qu'elle mousse. Versez le lait froid d'un seul coup. Salez, poivrez. Mélangez jusqu'à épaississement et laissez mijoter une dizaine de minutes. Hors du feu, incorporez jaune d'œuf et gruyère.

6. Quand la poitrine farcie est cuite, découpez-la. Disposez les tranches sur le plat de service et recouvrez de sauce Mornay avant d'apporter à table.

Variante :

La poitrine farcie froide est très bonne. C'est un plat très apprécié pour les pique-niques, buffets et repas froids. Supprimez, dans ce cas, la sauce Mornay qui sera remplacée par un accompagnement plus relevé : cornichons, pickles, moutardes variées.

MICRO-ONDES

Vous pouvez très bien réchauffer au micro-ondes les tranches de poitrine farcie cuites, même nappées de sauce Mornay.

Recouvrez ce plat - ou l'assiette - d'un film étirable pour éviter le dessèchement. 1 ou 2 mn suffiront (puiss. maxi).

Plat principal

Poitrine de veau paysanne

FACILE
BON MARCHÉ
AUTOMNE-HIVER

Préparation et cuisson : 2 h 30
Cuisson en autocuiseur : 30 mn

Pour 4, il faut :

1,500 kg de poitrine en morceaux,
200 g de lard salé,
1 cœur de chou,
4 carottes,
2 navets,
1 oignon,
1 clou de girofle,
1 gousse d'ail,
bouquet garni,
sel, poivre.

Sauce :

1 cuil. à soupe de farine,
25 g de beurre ou de margarine,
1 jaune d'œuf ou 1 cuil. à soupe de crème fraîche,
1/2 citron,
1 cornichon,
persil haché.

1. Mettez veau et lard dans la cocotte pleine d'eau non salée. Portez lentement à ébullition. Égouttez aussitôt (pour supprimer l'écume qui a tendance à se former pendant la cuisson).

2. Remettez la cocotte sur le feu avec de l'eau bouillante au tiers de la hauteur seulement, carottes, navets, oignon piqué du clou de girofle, ail, bouquet garni, sel, poivre.

3. Lavez le coeur du chou coupé en 4. Otez trognon et grosses côtes. Plongez-le 5 mn dans de l'eau en ébullition. Égouttez, puis ajoutez-le dans la cocotte ainsi que la viande. Couvrez. Laissez cuire doucement 1 h 30 (en autocuiseur : 30 mn).

4. Sauce : mélangez sur feu doux, 25 g de beurre ou de margarine avec 1 cuil. à soupe de farine, 1 bol de bouillon de viande. Remuez avec un fouet à sauce jusqu'à ébullition. Laissez mijoter 5 mn.

Présentez viande et légumes bien égouttés dans un plat creux et la sauce à part.

Le secret

de la sauce réussie est dans la liaison : délayez dans un bol le jus de citron avec 1 jaune d'œuf ou crème fraîche, cornichon en rondelles et persil haché. Incorporez à la sauce, sur feu doux, en mélangeant vivement quelques secondes. Retirez du feu aussitôt.

Rognonnade

TRÈS FACILE
CHER
PETITES RÉCEPTIONS
TOUTES SAISONS

Pour 4, il faut :

1 kg de rognonnade,
40 g de beurre ou de margarine,
thym,
sel, poivre.

Préparation et cuisson : 1 h 30

1. Frottez-la de thym effeuillé, sel et poivre. Faites dorer à la poêle, de tous côtés, avec un peu de beurre ou de margarine. Laissez cuire à four moyennement chaud, à la cocotte ou même à la broche, 1 h 15.

2. Laissez reposer la viande avant de la découper en tranches. Présentez-la entourée de légumes de saison: petits pois, bouquets de haricots verts, carottes, tomates grillées.

Le jus sera servi à part, dans une saucière.

Le saviez-vous ?

La rognonnade est un morceau de longe de veau dans lequel est enfermé un rognon. Il est prudent de la commander d'avance à votre boucher.

Rôti à la broche

TRÈS FACILE
CHER
PETITES RÉCEPTIONS
TOUTES SAISONS

Pour 4, il faut :

1 kg de rôti de veau,
25 g de beurre,
romarin
(sauge ou thym),
sel, poivre.

Marinade :

1 oignon,
4 clous de girofle,
1 cuil. à soupe d'huile,
thym, laurier,
1 verre de vin
blanc sec,
poivre.

Préparation et cuisson : 1 h 15
+ à mariner : 12 h

1. La veille, dans une terrine qui le contient juste, mettez le rôti à mariner avec l'oignon en rondelles et tous les éléments de la marinade. Couvrez. Retournez de temps en temps.

2. Cuisson : égouttez le rôti. Glissez des brins de romarin (sauge ou thym) sous les ficelles. Embrochez juste en son milieu pour l'équilibrer. Salez et poivrez. Fixez la broche à mi-hauteur de la rôtissoire ou du four. Le rôti est à point quand il est bien doré (1 h environ). Si le rôti est bardé de lard, dégraissez son jus avant de servir.

Le secret

du rôti à la broche : tous les quarts d'heure, frottez-le sur toute sa longueur avec un morceau de beurre qui glissera autour au fur et à mesure de la rotation du rôti. Badigeonnez également de marinade avec un pinceau, pour parfumer.

Rôti au four

FACILE
CHER
PETITES RÉCEPTIONS
TOUTES SAISONS

Pour 4, il faut :

1 kg de veau,
30 g de beurre ou de margarine,
sel, poivre.

Sauce :

Porto ou madère,
1 noix de beurre.

Préparation et cuisson : 1 h 30

1. Déposez le rôti dans un plat à feu. Tartinez-le de beurre ou de margarine. Salez et poivrez. Mettez à four chaud (th. 6-7) de 1 h à 1 h 15. Arrosez plusieurs fois la viande au cours de la cuisson. Laissez reposer le rôti une dizaine de minutes dans le four éteint avant de le découper.

2. Coupez la viande en tranches. Mettez-les au fur et à mesure sur un plat chaud.

3. Sauce : versez un tout petit peu d'eau bouillante dans le plat de cuisson. Grattez-en le fond pour récupérer les sucs de viande. Faites bouillir. Ajoutez un peu de porto ou de madère et une noix de beurre en tournant vigoureusement sur le feu. Présentez cette sauce dans une saucière chaude.

Le secret

d'un bon jus de rôti : mettez dans le plat à rôtir, en même temps que la viande, un oignon en rondelles et une demi-carotte finement coupée. A mi-cuisson, 1 ou 2 cuil. à soupe d'eau bouillante seront ajoutées dans le plat – surtout pas directement sur la viande – de manière à maintenir une certaine humidité dans le four et conserver le rôti moelleux. Il est possible, dans ce cas, que le jus soit suffisant en fin de cuisson, inutile alors de l'allonger avec un peu d'eau, le porto ou le madère suffira pour le corser.

Plat principal

TRÈS FACILE
RAISONNABLE
PETITES RÉCEPTIONS
AUTOMNE-HIVER

Pour 4, il faut :

1 rouelle de 1,500 kg,
50 g de beurre ou de margarine,
250 g de pruneaux,
50 g de raisins secs,
1 cuil. à soupe de farine,
2 oignons,
4 carottes,
bouquet garni,
sel, poivre.

Rouelle de veau aux pruneaux

Préparation et cuisson : 1 h 30
Cuisson en autocuiseur : 40 mn

1. Faites tremper les raisins pendant 1 h, à l'eau chaude. C'est inutile pour les pruneaux déjà suffisamment humides.

2. Salez, poivrez et farinez légèrement la rouelle. Dans une cocotte, mettez-la à dorer de toute part avec 50 g de beurre ou de margarine et les oignons coupés en 4. Ajoutez 1/2 litre d'eau, les carottes en rondelles, les pruneaux, bouquet garni, sel, poivre. Couvrez. Laissez mijoter 1 h 15 sur feu doux (en autocuiseur : 30 mn).

3. Égouttez les raisins. Ajoutez-les dans la cocotte et laissez cuire doucement 30 mn supplémentaires (en autocuiseur : 10 mn). Dans un plat creux, servez la viande recouverte de la sauce, des pruneaux et des raisins.

Organisation :

Il est indispensable de passer commande au boucher, un peu à l'avance car il est peu courant de nos jours de préparer un morceau de rouelle. La rouelle est une tranche de cuisseau, plus ou moins épaisse et large.

Plat principal

Sauté de veau à la Mentonnaise

TRÈS FACILE
BON MARCHÉ
TOUTES SAISONS

Préparation et cuisson : 2 h 15
Cuisson en autocuiseur : 35 mn

Pour 4, il faut :

1,500 kg de tendron coupé en 8,
40 g de beurre ou de margarine,
1 cuil. à soupe rase de farine,
1 oignon,
500 g de tomates,
2 gousses d'ail,
100 g d'olives vertes dénoyautées,
1 verre de vin blanc sec,
bouquet garni,
clou de girofle,
persil haché,
sel, poivre.

1. Mettez les olives à l'eau froide. Portez-les doucement à ébullition. Égouttez aussitôt afin de les dessaler en partie et leur ôter de l'âcreté. Épluchez les tomates. Coupez-les et videz-les de leur jus pour n'utiliser que la pulpe.

2. Faites revenir la viande dans une cocotte, avec 40 g de beurre ou de margarine. Saupoudrez d'1 cuil. à soupe rase de farine. Mélangez sur feu vif. Ajoutez: tomates, olives, oignon, girofle, bouquet garni, 1 verre de vin blanc, très peu de sel, mais pas mal de poivre. Couvrez. Laissez mijoter 1 h 45 (en autocuiseur: 35 mn).

3. Saupoudrez la viande de persil haché juste avant de la servir avec du riz nature ou des pâtes au beurre.

Le secret

d'un sauté à base de tomates fraîches qui ne nage pas dans le jus : les tomates, choisies mûres à point, sont entièrement vidées de leur eau et de leurs pépins. Cela se fait en même temps qu'on les pèle et qu'on les coupe. Si cette perte vous chagrine, consolez-vous en utilisant ces déchets pour un potage.

Sauté de veau à l'oseille

FACILE
RAISONNABLE
TOUTES SAISONS

Préparation et cuisson : 2 h 15
Cuisson en autocuiseur : 35 mn

Pour 4, il faut :

1 kg d'épaule en morceaux,
50 g de beurre ou de margarine,
500 g d'oseille,
2 oignons,
2 gousses d'ail,
1 cuil. à soupe rase de farine,
2 cuil. à soupe de crème fraîche,
1 verre de vin blanc sec,
bouquet garni,
sel, poivre.

1. Faites chauffer 40 g de beurre ou de margarine dans une cocotte. Mettez les morceaux de viande à dorer dedans, de toute part. Ajoutez-y ensuite les oignons hachés et la farine. Mélangez bien. Ajoutez 1 verre de vin blanc, autant d'eau, bouquet garni, gousses d'ail, sel, poivre. Couvrez. Laissez cuire 1 h 45 (en autocuiseur : 35 mn).

2. Retirez les nervures de l'oseille. Lavez-la et coupez-la grossièrement. Mettez-la dans une casserole avec une noix de beurre ou de margarine, sel, poivre. Laissez-la cuire doucement de 8 à 10 mn afin qu'elle rende une grande partie de son jus. Égouttez-la ensuite.

3. Quand le sauté est presque cuit, ajoutez-y la purée d'oseille et la crème fraîche. Salez et poivrez encore si nécessaire. Servez avec des coquillettes, du riz nature ou des pommes de terre.

Raffinement :

Vous pouvez présenter ce plat avec des croûtons grillés ou sautés à la poêle avec un peu de beurre ou de margarine.

Plat principal

Tendron de veau aux carottes

TRÈS FACILE
BON MARCHÉ
TOUTES SAISONS

Préparation et cuisson : 2 h 15
Cuisson en autocuiseur : 45 mn

Pour 4, il faut :

1,500 kg de tendron coupé en 8,
40 g de beurre ou de margarine,
1,500 kg de carottes,
3 oignons,
un peu de farine,
bouquet garni,
persil,
sel, poivre.

1. Coupez les carottes en fines rondelles. Mettez-les à cuire dans une cocotte large (ou une sauteuse) avec 2 oignons coupés et une grosse noix de beurre ou de margarine, sur feu vif pour les caraméliser légèrement. Ne couvrez pas.

2. Farinez la viande. Faites-la dorer à la poêle avec une noix de beurre ou de margarine. Puis mettez-la dans une cocotte avec 1 oignon, 2 verres d'eau, bouquet garni, sel, poivre. Couvrez. Laissez mijoter 1 h 45 (en autocuiseur : 45 mn). Ajoutez les carottes en cours de cuisson.

3. Déposez la viande dans un plat creux, carottes et oignons tout autour. Arrosez de jus de cuisson et saupoudrez de persil haché.

Le secret

du tendron de veau aux carottes : les carottes doivent commencer de cuire à part. Il faut rapidement les saisir, les caraméliser même sur feu assez vif, avant de les joindre à la viande avec laquelle elles doivent cuire. De cette façon, elles rendront beaucoup moins de jus, néfaste à la cuisson de la viande et au goût final de la sauce. Cela est valable – plus encore – pour la cuisson en autocuiseur.

Entrée chaude

Tourte à la viande

DIFFICILE
RAISONNABLE
PETITES RÉCEPTIONS
AUTOMNE-HIVER

Pour 6, il faut :

400 g d'épaule de veau,
200 g d'échine de porc,
2 œufs,
sel, poivre.

Marinade :

1/4 de litre de vin rouge,
1 carotte,
1 oignon,
1 échalote,
thym, laurier, persil,
sel, poivre.

Pâte brisée :

200 g de farine,
100 g de beurre ou de margarine,
3/4 de verre d'eau,
1 cuil. à café de sel.

ou 500 g de pâte feuilletée surgelée.

Préparation et cuisson : 1 h 40
+ marinade : 12 h

1. La veille, mettez la viande à macérer dans la marinade avec tous les ingrédients.

2. Pâte brisée : travaillez la farine, le sel et le beurre ou la margarine en morceaux entre les paumes des mains. Ajoutez l'eau à ce mélange granuleux. Pétrissez vivement. Mettez en boule. Écrasez à nouveau. Remettez en boule. Cela 3 fois. Divisez en 2 parts que vous aplatissez en deux rondelles. Placez-en une sur une tourtière (20 cm de Ø).

3. Égouttez la viande, hachez-la. Salez, poivrez. Déposez-la sur la pâte. Recouvrez avec la deuxième rondelle de pâte légèrement mouillée sur le pourtour. Soudez en pressant les 2 épaisseurs l'une contre l'autre.

4. Découpez un trou au centre. Pour le tenir ouvert, glissez dedans une petite cheminée de papier d'aluminium. Badigeonnez la surface de la tourte avec un peu d'oeuf battu. Mettez à four chaud (th. 6-7) 1 h environ. En fin de cuisson, délayez 2 jaunes d'oeufs avec 1/2 verre de marinade. Versez à l'intérieur de la tourte, par l'orifice de la cheminée. Remettez au four 5 mn. Servez chaud.

Le secret

d'une tourte au couvercle ne s'ouvrant pas à la cuisson : ne mouillez pas trop les bords du fond et du couvercle, trop d'humidité nuirait à l'adhérence de la pâte.

Entrée froide

Veau en gelée

TRÈS FACILE
RAISONNABLE
PRINTEMPS-ÉTÉ-AUTOMNE

Préparation et cuisson : 1 h 45 à 2 h 15
Cuisson en autocuiseur : 35 mn à 45 mn
+ au froid : 12h

Pour 4 ou 6, il faut :

1,500 kg de jarret de veau,
200 g de couenne,
4 gros oignons,
2 carottes,
bouquet garni,
1 verre de vin blanc sec,
500 g d'os de veau fendus,
2 clous de girofle,
sel, poivre.

1. Mettez les morceaux de couenne et d'os dans une casserole d'eau froide. Portez à ébullition 5 mn. Égouttez et passez sous l'eau froide.

2. Tapissez le fond de la cocotte avec les morceaux de couenne. Disposez dessus carottes et oignons en rondelles, puis la viande. Mettez autour les os cassés, le bouquet garni, clous de girofle. Salez et poivrez.

3. Arrosez d'un verre de vin blanc. Portez à ébullition. Au bout de quelques instants, ajoutez 2 verres d'eau. Couvrez. Laissez cuire très doucement 1 h 30 à 2 h (en autocuiseur : 35 à 45 mn).

4. Déposez la viande désossée et en morceaux dans un plat assez profond et pas trop grand. Recouvrez de jus de cuisson et de carottes. Laissez prendre en gelée jusqu'au lendemain. Présentez avec des cornichons et de la salade.

Le secret

d'une gelée transparente : les os et la couenne qui servent à la préparer doivent être, au préalable, blanchis, c'est-à-dire portés à ébullition quelques minutes puis passés sous l'eau froide. Cette opération a pour but de supprimer, en grande partie, l'écume se produisant pendant la cuisson.

Plat principal

Veau Orloff

FACILE
CHER
PETITES ET GRANDES RÉCEPTIONS
TOUTES SAISONS

Pour 8, il faut :

2 kg de sous-noix,
30 g de beurre ou de margarine,
2 oignons,
2 carottes,
2 os de veau,
2 verres d'eau,
sel, poivre.

Farce et sauce :

500 g de champignons,
90 g de beurre ou de margarine,
3 oignons,
2 jaunes d'œufs,
3 verres de lait,
1 cuil. à soupe très pleine de farine,
sel, poivre.

Préparation et cuisson : 1 h 15

1. Dans un plat à four, mettez carottes et oignons coupés en dés, le rôti enduit de beurre ou de margarine, os (cassés par le boucher), sel, poivre. Faites dorer le tout à four chaud (th. 6-7) 30 mn. Ajoutez ensuite 2 verres d'eau bouillante au fond du plat. Continuez la cuisson à four moyen (th. 5-6) 1 h.

2. Farce : hachez 3 oignons. Cuisez-les sur feu doux, 30 mn avec une noix de beurre ou de margarine. Couvrez. Ne laissez pas colorer. Passez-les en purée. Lavez et hachez très finement les champignons. Faites mijoter 15 mn avec une noix de beurre ou de margarine. Mélangez souvent pour ne pas laisser brûler. Ajoutez aux oignons.

3. Sauce : préparez une Béchamel épaisse en mélangeant, sur feu doux, 40 g de beurre ou de margarine, 1 cuil. à soupe très pleine de farine, 2 verres de lait, sel, poivre. Mélangez jusqu'à ébullition.

4. Mélangez les 3/4 de la farce avec 3 cuil. de Béchamel. Coupez le rôti en tranches. Tartinez l'entre-deux d'une couche du mélange farce-sauce (photo A).

5. Mélangez, sur le feu, le reste de farce avec le reste de Béchamel et 1 verre de lait. Hors du feu, incorporez les jaunes d'oeufs. Versez sur le rôti (photo B). Vous pouvez mettre quelques instants sous le grilloir pour le dessus. Servez le jus à part.

A

B

Les légumes d'accompagnement pourront être des pommes sautées, des tomates grillées et des coeurs de céleri (en boîte) mijotés dans du jus de rôti.

Pratique :

Le rôti Orloff peut être complètement cuit et farci 1 bonne heure à l'avance. Enveloppez-le très chaud dans plusieurs épaisseurs de feuille d'aluminium et tenez-le dans le four tiède. Un peu avant de servir, vous le retirerez du papier et le remettrez à four chaud 10 mn, ou sous le grilloir.

MICRO-ONDES

Vous pouvez y réchauffer un petit rôti Orloff (ou une moitié) en le laissant reconstitué dans son plat, nappé de sauce, prêt à servir. C'est bien pratique !

Couvrez-le d'un film étirable avant de le glisser dans le micro-ondes, de 5 à 8 mn (puiss. maxi), selon que le rôti est tiède ou complètement refroidi et plus ou moins épais. Fractionnez le temps de réchauffage en deux ou trois fois et tournez le plat pour obtenir une température bien répartie.

Le secret

du découpage du rôti Orloff : avant de le découper, laissez-le reposer dans le four éteint, mais chaud, 1/4 d'heure. Les fibres de la viande auront repris suffisamment de tenue. Alors vous découperez des tranches d'1/2 cm, sans les détacher tout à fait à la base (comme les feuilles d'un livre) et vous les farcirez comme indiqué dans la recette.

Plat principal

DIFFICILE
RAISONNABLE
PETITES RÉCEPTIONS
TOUTES SAISONS

Pour 4, il faut :

4 escalopes minces,
30 g de beurre ou de margarine,
1 cuil. à soupe d'huile,
1 œuf,
1 œuf dur,
1 citron,
4 olives,
4 filets d'anchois,
câpres,
persil haché,
chapelure,
farine,
sel, poivre.

Wiener Schnitzel

(Escalopes viennoises)

Préparation et cuisson : 45 mn

1. Passez chaque escalope dans la farine, dans un œuf battu salé et poivré puis dans la chapelure. Tapotez avec le plat d'un couteau pour faire adhérer.

2. Faites chauffer 30 g de beurre ou de margarine et 1 cuil. à soupe d'huile dans une très grande poêle. Faites cuire les escalopes dedans, sur feu doux, 5 mn de chaque côté.

3. Présentation : décorez l'extrémité du plat de présentation : en vous aidant avec la lame d'un couteau (ou de 2), formez des rangées nettes de : câpres, blanc et jaune d'œuf dur passés à la moulinette, persil haché (photos A et C). Une olive entourée d'un anchois complète le décor (photo B).

Présentez avec des tomates grillées, des épinards, des pommes dauphine ou sautées.

A

B

C

Variante :

Les escalopes viennoises sont – à Vienne – presque toujours cuites en pleine friture, dans de l'huile pas trop chaude, afin de ne pas brunir la chapelure avant que la viande ne soit cuite. Essayez les 2 cuissons pour vous faire une opinion.

Le secret

des escalopes panées uniformément dorées : il faut une poêle suffisamment grande pour les y cuire à l'aise, toute leur surface étant en contact avec le fond. Si cela n'est pas possible, mieux vaut cuire 1 ou 2 escalopes à la fois et tenir les premières cuites au chaud en attendant les suivantes.

Veau Marengo

FACILE
RAISONNABLE
TOUTES SAISONS

Pour 4, il faut :

1 kg d'épaule en morceaux,
40 g de beurre ou de margarine,
3 échalotes,
1 carotte,
1 cuil. à soupe bombée de farine,
2 cuil. à soupe de concentré de tomate,
1/4 de litre de vin blanc sec,
2 gousses d'ail,
125 g de champignons,
bouquet garni,
sel, poivre.

Préparation et cuisson : 1 h 50
Cuisson en autocuiseur : 35 mn

1. Mettez la viande à dorer dans la cocotte, avec 50 g de beurre ou de margarine. Quand elle est dorée de toute part, ajoutez les échalotes et la carotte finement coupées. Saupoudrez avec 1 cuil. à soupe bombée de farine. Mélangez pour mettre toute la farine en contact avec le beurre chaud.

2. Ajoutez ensuite : 2 cuil. à soupe de tomate concentrée, 1/4 de litre de vin blanc, autant d'eau, 2 gousses d'ail, bouquet garni, sel et poivre. Couvrez. Laissez mijoter 1 h 30 sur feu doux (en autocuiseur : 30 mn).

3. Pendant ce temps, ôtez le pied sableux des champignons. Lavez-les et coupez-les en lamelles. Ajoutez-les dans la cocotte. Couvrez. Laissez cuire 15 mn supplémentaires (en autocuiseur : 5 mn).

Présentez avec des pommes de terre cuites à l'eau ou à la vapeur.

Le secret

d'un bon Marengo : la sauce du Marengo doit être onctueuse et courte. Si, à la fin de la cuisson, elle vous paraît trop liquide, retirez les morceaux de viande et faites bouillir la sauce quelques minutes sans couvrir. A la bonne saison, utilisez des tomates fraîches. Vous y ajouterez tout de même un peu de concentré de tomate indispensable pour corser le goût.

LE GIBIER ET LE LAPIN

RECETTES

Gibier à plume

Le faisan

Somptueux et savoureux :

Si le faisan a la plus belle robe, c'est la poule faisane qui a la chair la plus douce, la plus savoureuse. L'un et l'autre devront attendre 3 jours au moins – 8 jours au plus – avant d'être utilisés.

Pour ce léger faisandage, conservez la bête, ni plumée, ni vidée, pendue par les pattes, dans un endroit frais et aéré. A la rigueur, si le temps est chaud, enfermez-la dans un réfrigérateur.

Truc :

Enveloppez hermétiquement le gibier dans plusieurs épaisseurs de papier d'aluminium avant de les garder au réfrigérateur. Vous éviterez ainsi que l'odeur ne se répande dans l'appareil et se communique aux autres denrées.

Bien connaître le faisan :

Un faisan de l'année est gras, son bec est souple. Voyez son aile : la première plume finit en pointe. Si elle est arrondie, la bête est plus âgée.

Préparez :

Comme la pintade ou même comme le poulet. Si vous le faites rôtir, entourez-le au préalable d'une barde de lard car sa chair est un peu sèche.

La perdrix et sa progéniture : le perdreau

Bien que féminin, le terme «perdrix» ne signifie pas du tout que l'oiseau soit une femelle. La perdrix, c'est simplement un perdreau qui a pris un peu d'âge – voyez le vieux dicton : «A la Saint-Rémi, perdreaux sont perdrix» – mais si votre chasseur vous rapporte une vieille perdrix, ne soyez pas déçue pour si peu car la chair de la perdrix a meilleure saveur que celle du perdreau.

Bien connaître perdrix et perdreaux :

Le perdreau jeune a le bec souple et la mandibule inférieure du bec très fragile. La première plume de ses ailes est pointue. Ses pattes sont presque sans écailles.

La perdrix rouge a la chair plus blanche que la perdrix noire, mais toutes deux se valent.

Préparez :

Ce gibier ne demande aucun faisandage.

La perdrix réclame une cuisson prolongée. Elle peut être bouillie en compagnie de légumes : choux, carottes, navets, champignons ou marrons et des aromates choisis.

Le perdreau se prépare comme le pigeon. C'est rôti qu'il est le meilleur. Un petit perdreau convient pour une personne. S'il est plus charnu, il suffira pour deux.

Gibier à poil

Le chevreuil

Bien connaître le chevreuil :

La selle est le morceau de choix. L'épaule est plus tendre que la gigue continuellement soumise à l'effort.

Il change de nom en prenant de l'âge :

Faon jusqu'à 18 mois
Brocard ou chevrette 2 ans
Daguet après 2 ans

Préparez :

La chair d'un jeune chevreuil est trop délicate pour être marinée, elle est souvent consommée immédiatement. Mais si elle doit attendre 2 ou 3 jours, enduisez-la abondamment d'huile, sans ajouter d'aromates d'aucune sorte, et mettez au réfrigérateur.

Par contre, une bête plus âgée pourra être mise à mariner, mais sans excès.

Le chevreuil peut être préparé en côtelettes, noisettes et rôtis.

Le sanglier

Bien connaître le sanglier :

La chair du jeune sanglier, jusqu'à l'âge de 6 mois, est à son maximum. Passé 1 an, elle devient coriace et prend un goût de sauvage très prononcé.

Suivant son âge, le sanglier est appelé :

Marcassin jusqu'à 6 mois
Bête rousse de 6 mois à 1 an
Bête de compagnie entre 1 an et 2 ans

Devenu vieux, c'est un «solitaire» ou «ermite».

Préparez :

Le marcassin se prépare comme le chevreuil : rôti, en civet, et même en escalopes, rapidement sautées à la poêle et accompagnées d'une sauce relevée.

Plus âgé, le sanglier doit être soumis à un marinage et à une cuisson prolongés.

Le lièvre

Bien connaître le lièvre :

Le jeune lièvre a les pattes fines, le poil luisant et les griffes cachées par les poils.

Selon le sexe ou l'âge, vous l'appellerez :

Bouquin si c'est un mâle
Hase si c'est une femelle
Financier jusqu'à 3 mois
Trois-quarts jusqu'à 6 mois
Capucin à 1 an

Préparez :

Frais ou mariné, il peut être préparé comme un simple lapin de chou ou un lapin de garenne. Il n'est pas indispensable de le faire mariner. Certains l'aiment frais tué, d'autres le préfèrent après 3 ou 4 jours de marinage.

C'est en civet que le lièvre est le plus apprécié.

Le lièvre surgelé est d'un prix avantageux et plus facile à préparer puisqu'il n'y a pas à le dépouiller, ni à le vider. **Il faut d'abord le laisser décongeler complètement,** et comme il a été surgelé très frais il vaut mieux le laisser mariner un peu, comme un lièvre ordinaire pour augmenter sa saveur.

Il se prépare comme du gibier frais. Une différence toutefois : comme toute viande surgelée, il doit être saisi à feu très vif au début de sa cuisson de manière à resserrer les fibres de la viande qui souffre toujours un peu de la surgélation.

A défaut du sang du lièvre (inexistant avec le lièvre surgelé) **vous lierez votre sauce avec du sang de porc acheté chez le charcutier**.

Le lapin de garenne et le lapin de chou

Préparez :

Leur saveur dépend beaucoup de leur nourriture. Le lapin de garenne, nourri d'herbes aromatiques sauvages, est généralement plus savoureux que le lapin domestique. Cependant, ils s'accommodent de même manière et selon les mêmes recettes.

Les bons lapins de choux doivent peser plus de 3 livres, sinon leur chair est trop fade. Ils sont râblés et leurs rognons sont enrobés de graisse blanche.

Comptez un lapin de 3 livres pour 4 à 6 convives.

MICRO-ONDES

Si le micro-ondes est déconseillé pour le gibier, il donne un meilleur résultat pour la cuisson du lapin, en petites quantités surtout (pas plus de 4 morceaux à la fois).

Choisissez des morceaux plutôt charnus (râbles, cuisses) de volumes à peu près identiques en éliminant la tête et le foie.

Pour ou contre le faisandage du gibier à plume ou à poil ?

La chair du gibier tué en plein effort est souvent coriace. Aussi, pour l'attendrir et en augmenter la saveur, la coutume a voulu qu'on lui fasse subir, à l'air libre, un faisandage plus ou moins prolongé. Cette opération doit être conduite avec une prudente attention car si le faisandage amollit la chair du gibier, il peut aussi favoriser le développement de toxines, principalement autour des plaies provoquées par les plombs de chasse.

Le gastronome Grimod de La Reynière déclarait «qu'un faisan tué le Mardi gras est à point d'être mangé le jour de Pâques». Dieu merci, le goût a évolué depuis cette époque. La voix des hygiénistes leur a fait entendre raison. Un peu de faisandage est parfois nécessaire, mais pas trop...

Une bonne solution : la marinade

On peut faire attendre sans dommage une pièce de gibier pendant plusieurs jours dans une marinade. Cette macération dans un bain acide aura pour résultat de conserver et d'attendrir la viande, de la parfumer ou de «couvrir» un goût de sauvage trop prononcé.

N'abusez pas toutefois de la marinade pour les chairs délicates du chevreuil ou autre jeune gibier. Leur saveur en pâtirait.

Marinade crue pour gibier et viande de boucherie

Pour 1 bouteille de vin rouge ou blanc :

1/2 verre de vinaigre,
3 cuil. à soupe d'huile,
1 petite carotte,
1 oignon,
1 ou 2 échalotes,
1 petite branche de céleri,
1 gousse d'ail,
1 queue de persil,
1 brin de thym,
1/4 de feuille de laurier,
3 grains de poivre,
1 clou de girofle.

Mettez la pièce à mariner dans un récipient juste assez grand pour la contenir. Ajoutez-y vin, carotte, oignon, échalotes coupés en rondelles, vinaigre, huile, clou de girofle, ail, thym, laurier, céleri, queue de persil, poivre en grains. Laissez mariner, au frais, 1 ou 2 jours en été et 3 ou 4 jours en hiver. Retournez la pièce fréquemment.

Marinade cuite

On l'emploie généralement pour réduire le temps de marinage.

Mêmes proportions que pour «marinade crue».

Faites colorer légèrement carotte, oignon, échalotes coupés finement avec une cuillerée à soupe d'huile. Ajoutez-y tous les autres aromates, le vin, le vinaigre, le reste d'huile et laissez cuire doucement 30 mn.

Laissez refroidir complètement avant de la verser sur la viande.

Marinade instantanée

(pour les petites pièces de gibier ou de viande : steaks, tournedos, côtelettes, escalopes)

Composition :

1/2 verre d'huile,
jus d'un demi-citron,
un brin de thym,
une feuille de laurier,
une petite branche de fenouil (facultatif),
sel, poivre.

Laissez mariner 1/2 heure au moins.

Les secrets

de la marinade : elle ne supporte que du vinaigre de vin, exclusivement.

L'huile assure la conservation des arômes en formant une couche isolante entre l'air et les aromates.

Elle doit être salée légèrement ou pas du tout.

La marinade au vin blanc masque moins le goût de la viande que celle du vin rouge.

La marinade au vin rouge, par contre, permet une sauce plus corsée, plus parfumée.

La viande doit être retournée plusieurs fois dans la marinade.

Temps de cuisson du gibier * :

	Au four chaud (th. 6-7)	A la cocotte	A la poêle
A plume			
Canard sauvage	25 à 30 mn		
Faisan	20 à 25 mn par livre	30 à 35 mn par livre	
Perdreau	20 à 30 mn	40 mn Perdrix : 2 h à 2 h 30	
Pintade	20 à 25 mn par livre	30 mn par livre	
A poil			
Chevreuil	Rôti : 15 à 20 mn par livre	Sauté : 1 h 30	Noisettes et côtelettes : 2 ou 3 mn de chaque côté
Marcassin	12 à15 mn par livre	Sauté : 1 h 30 à 2 h	
Lièvre	Râble : 15 à 20 mn par livre A la broche : 30 à 45 mn	Civet : 2 h à 2 h 30	
Lapin de garenne		Sauté : 45 mn	

MICRO-ONDES

La cuisson du gibier au micro-ondes est déconseillée.

Par contre, la décongélation au micro-ondes vous fera gagner du temps (voir tableau page 733).

* Les temps de cuisson sont toujours approximatifs.

Plat principal

Cailles aux raisins

FACILE
CHER
PETITES ET GRANDES RÉCEPTIONS
AUTOMNE-HIVER

Pour 4, il faut :

8 cailles bridées et bardées,
70 g de beurre ou de margarine,
1 verre à dégustation de cognac,
250 g de gros raisins muscat,
sel, poivre.

Garniture :

8 tranches de pain de mie,
50 g de beurre.

Préparation et cuisson : 30 mn

1. Faites dorer le pain à la poêle avec 50 g de beurre. Pelez les raisins.

2. Saisissez les cailles dans une cocotte avec 30 g de beurre ou de margarine. Puis couvrez et laissez cuire doucement 10 mn.

3. Faites rapidement sauter les foies avec une noix de beurre ou de margarine. Arrosez avec la moitié du cognac. Flambez. Écrasez les foies. Incorporez 20 g de beurre ou de margarine, sel, poivre. Étalez sur le pain. Mettez-les dans un plat tenu au chaud.

4. Détachez les bardes des cailles. Dégraissez la sauce. Remettez les cailles dans la cocotte. Arrosez de cognac. Faites flamber. Ajoutez les raisins. Couvrez. Laissez cuire 2 mn sur feu doux. Présentez les cailles sur le pain tartiné, arrosées de jus de cuisson et accompagnées des raisins.

Truc :

Avec un couteau pointu, la peau du raisin se pèle sans difficulté.

Variante :

Les perdreaux peuvent être accommodés selon la même recette. Les proportions sont valables pour 4 perdreaux, mais le temps de cuisson sera un peu plus long. Comptez 25 à 30 mn de cuisson, en cocotte.

Plat principal

FACILE
CHER
PETITES ET GRANDES RÉCEPTIONS
AUTOMNE-HIVER

Pour 6, il faut :

1 lièvre
250 g de lard de poitrine maigre frais,
100 g de beurre ou de margarine,
1 cuil. à soupe de farine,
1 verre à liqueur de cognac,
tomate concentrée,
12 petits oignons,
3 tranches de pain de mie,
400 g de champignons de Paris,
sel, poivre.

Marinade :

1 litre de vin rouge,
1 cuil. à soupe d'huile
3 cuil. à soupe de vinaigre,
1 carotte,
2 échalotes,
1 oignon,
1 gousse d'ail,
bouquet garni,
sauge, estragon,
6 grains de poivre,
2 clous de girofle.

Civet de lièvre

Préparation et cuisson : 3 h
+ marinade : 2 ou 3 jours

1. Marinade : videz le lièvre. Recueillez le sang dans une tasse. Gardez le liquide avec quelques gouttes de vinaigre. Retirez le fiel du foie. Mettez les morceaux de lièvre dans une terrine avec le foie et la marinade. Laissez au frais 2 ou 3 jours.

2. Cuisson : faites roussir les morceaux de lièvre bien égouttés (sauf le foie), puis les légumes de la marinade. Saupoudrez de farine. Mélangez. Arrosez de cognac. Faites flamber sur le feu. Ajoutez 1 cuil. à soupe de tomate concentrée, sel, poivre, et juste assez de marinade pour couvrir. Laissez mijoter sur feu doux 2 h environ.

3. Coupez le lard maigre en morceaux. Mettez-les à l'eau froide. Portez à ébullition. Égouttez. Faites-les dorer avec 30 g de beurre ou de margarine en compagnie des petits oignons. Couvrez à mi-cuisson.

4. Dans chaque tranche de pain de mie, coupez 4 triangles très pointus (photo p. 368). Faites-les dorer avec 40 g de beurre.

5. Tenez les morceaux de lièvre au chaud. Passez la sauce. Remettez-la sur le feu avec les petits oignons et les lardons cuits. Laissez bouillir quelques minutes.

6. Pendant ce temps, faites sauter rapidement les champignons à la poêle avec 30 g de beurre. Joignez-les au lièvre. Retirez la sauce du feu. Incorporez-y le sang peu à peu en tournant sans arrêt (voir photos). Versez sur le lièvre. Trempez la pointe des croûtons dans la sauce, puis dans le persil haché. La sauce fait adhérer le persil aux croûtons (photos «salmis de faisan», p. 368). Disposez-les autour du plat.

Le civet peut être accompagné de pommes de terre à l'eau ou de nouilles plates simplement préparées au beurre.

Solution express :

Les champignons lyophilisés qu'il suffit de réhydrater quelques secondes avant de les faire sauter à la poêle.

A

B

C

Le secret

de la liaison au sang : pour empêcher le sang de coaguler : versez-le dans un bol contenant un filet de vinaigre et mettez-le au frais en attendant de faire votre liaison.

Passez foie et sang à la moulinette. Ajoutez cognac et, facultatif, crème fraîche (photo A).

Incorporez-y une louche de sauce chaude du civet (photo B).

Puis versez dans la totalité de la sauce en mélangeant sans arrêt sur feu très doux. Ne laissez pas bouillir sinon le sang coagulerait (photo C).

Plat principal

FACILE
CHER
PETITES ET GRANDES RÉCEPTIONS
AUTOMNE-HIVER

Pour 4, il faut :

1 faisan,
60 g de beurre,
1 barde de lard,
1 carotte,
1 oignon,
bouquet garni,
4 tranches de pain de mie,
sel, poivre.

Farce :

250 g de noix décortiquées,
50 g de raisins secs de Smyrne,
2 verres à liqueur de cognac,
50 g de mie de pain,
1/2 verre de lait,
1 œuf,
sel, poivre.

Faisan farci

Préparation et cuisson : 1 h 30
+ 2 h à l'avance

1. Farce : mettez les raisins dans le cognac. Faites tremper la mie de pain dans le lait. Réservez 10 demi-noix et hachez le reste avec foie et cœur du faisan. Incorporez-y œuf, mie de pain, raisins. Salez, poivrez.

2. Tassez la farce dans le faisan. Salez et poivrez. Entourez d'une barde. Ficelez.

3. Faites dorer le faisan dans une cocotte avec 30 g de beurre. Ajoutez carotte et oignon en morceaux, bouquet garni. Mettez la cocotte à four moyen (th. 5-6) 10 mn. Puis couvrez et laissez cuire 1 h.

4. Pendant ce temps, coupez les tranches de pain de mie en triangles. Faites-les dorer à la poêle avec 30 g de beurre.

5. Retirez la barde du faisan. Disposez celui-ci sur un plat chaud. Entourez de croûtons dorés et de demi-noix. Dégraissez la sauce restée dans la cocotte avec une cuiller. Ajoutez le cognac dans lequel les raisins ont macéré. Portez à ébullition et faites flamber. Versez sur le faisan et servez.

Variante :

Les perdreaux peuvent se préparer de la même façon. Les proportions de cette recette sont valables pour 4 perdreaux. Le temps de cuisson, plus court, est ramené à 30 mn.

Plat principal

FACILE
CHER
PETITES ET GRANDES RÉCEPTIONS
AUTOMNE-HIVER

Pour 8, il faut :

1 gigue de 2 kg,
2 cuil. à soupe d'huile.

Sauce Grand Veneur :

voir sauce poivrade + 2 cuil. à soupe de crème fraîche,
1 cuil. à soupe de gelée de groseille.

Marinade :

1/2 litre de vin blanc sec,
1/2 verre d'huile,
1 oignon,
1 carotte,
2 échalotes,
1 gousse d'ail,
bouquet garni,
grains de poivre.

Gigue de chevreuil Grand Veneur

Préparation et cuisson : 3h
+ marinade : 2 jours

1. Au moins 48 h à l'avance, désossez la gigue. Retirez-en les parures (petits déchets et nerfs). Faites mariner avec tous les éléments de la marinade. Retournez la viande de temps en temps.

2. Préparez la sauce poivrade selon la recette p. 366.

3. Faites revenir la gigue sur le feu très vif, avec un peu d'huile. Pendant ce temps, mettez le plat de cuisson à chauffer dans le four très chaud (th. 8-9). Déposez la gigue dedans. Laissez cuire de 40 à 50 mn selon le degré de cuisson désiré.

4. Passez la poivrade. Ajoutez-y 2 cuil. à soupe de crème fraîche. Incorporez 1 cuil. à soupe de gelée de groseille et versez dans une saucière chaude. Servez également de la gelée de groseille, d'airelle ou de myrtille, à part. Présentez avec pommes Dauphine et croûtes à tartelettes emplies de gelée.

Solution express :

Les pommes Dauphine surgelées ou en sachets, prêtes à frire.

Lapereau à l'oseille

FACILE
RAISONNABLE
PETITES RÉCEPTIONS
TOUTES SAISONS

Préparation et cuisson : 1 h 30

Pour 4, il faut :

1 lapin coupé en morceaux
40 g de beurre ou de margarine,
2 cuil. à soupe d'huile,
15 petits oignons,
100 g de lard de poitrine (non fumé),
100 g d'oseille,
150 g de crème fraîche,
1 jaune d'œuf,
sel, poivre.

1. Dans une cocotte, faites roussir les morceaux de lapin, de toute part, avec 2 cuil. à soupe d'huile. Ajoutez ensuite lard et oignons dans la cocotte avec 30 g de beurre ou de margarine. Salez, poivrez. Couvrez et laissez mijoter, de 45 mn à 1 h.

2. Nettoyez l'oseille. Hachez-la et faites-la cuire quelques minutes, sur feu vif, avec une noix de beurre. Égouttez-la à fond.

3. Quand le lapin est cuit, déposez-le sur un plat chaud. A la place, dans la cocotte, mettez l'oseille et la crème fraîche. Laissez bouillir 1 mn tout en mélangeant. Puis incorporez le jaune d'œuf, hors du feu, pour ne pas le cuire. Versez sur les morceaux de lapin et servez aussitôt avec des pommes de terre à l'eau ou des pâtes.

MICRO-ONDES

La cuisson du lapin au micro-ondes donne généralement satisfaction.

Pour 800 g de lapereau coupé en morceaux, comptez de 11 à 12 mn de cuisson (puiss. maxi).

Il est indispensable de faire roussir les morceaux (à la poêle ou dans le plat brunisseur) avant de les disposer, côte à côte, dans le plat de cuisson. Couvrez hermétiquement. A mi-cuisson, retournez les morceaux et recouvrez.

La fin de la recette (§ 2 et 3) s'effectue hors micro-ondes.

Le secret

du bon goût des échalotes dans la cuisine : elles doivent mijoter sans prendre couleur, car les échalotes, en roussissant, deviennent amères.

Plat principal

Lapin aux échalotes

TRÈS FACILE
RAISONNABLE
PETITES RÉCEPTIONS
AUTOMNE-HIVER

Pour 4, il faut :

1 lapin coupé en morceaux,
6 échalotes,
1 cuil. à soupe rase de farine,
1 verre à moutarde de vin blanc sec,
4 cuil. à soupe d'huile,
persil, bouquet garni,
sel, poivre.

Préparation et cuisson : 45 mn
Cuisson en autocuiseur : 10 mn

1. Faites roussir les morceaux de lapin, sur feu vif, avec un peu d'huile.

2. Hachez les échalotes. Ajoutez-les au lapin ainsi que la farine. Mélangez. Puis, vin blanc, sel, poivre, bouquet garni. Laissez mijoter très doucement 25 mn bien couvert (en autocuiseur : 8 mn).

3. Hachez le persil. Ajoutez au lapin. Laissez cuire 5 mn supplémentaires.

Solution express :

Gagnez du temps en faisant revenir, dans le même temps, la moitié du lapin dans une grande poêle, l'autre moitié dans la cocotte. Tous les morceaux seront ensuite réunis dans celle-ci pour y mijoter.

MICRO-ONDES

Un jeune lapin, en morceaux, y cuira bien mieux qu'un sujet plus âgé dont la viande est fibreuse et relativement sèche.

Après rissolage à la poêle – plutôt qu'en plat brunisseur moins efficace –, les morceaux seront étalés (et non superposés) dans une cocotte Pyrex ou un plat creux assez large.

Ajoutez les échalotes légèrement revenues et la farine. Puis le vin – porté à ébullition dans la poêle –, le sel, le poivre et le bouquet garni. Couvrez hermétiquement la cocotte d'un film étirable.

Pour 800 g de lapin, comptez de 11 à 12mn au micro-ondes (puiss. maxi). Laissez reposer 2 ou 3 mn avant de servir. (Retournez les morceaux à mi-cuisson).

Ce plat peut être cuit 1 h à l'avance et, au moment du repas, réchauffé (bien couvert) au micro-ondes, pendant 1 ou 2 mn (puiss. maxi).

Plat principal

DIFFICILE
RAISONNABLE
PETITES RÉCEPTIONS
TOUTES SAISONS

Pour 4, il faut :

1 lapin de 3 livres,
petits oignons,
1 verre 1/2 de vin blanc sec,
1/2 verre d'alcool (calvados, eau-de-vie, cognac)
1 morceau de couenne,
125 g de champignons,
bouquet garni,
sel, poivre.

Farce :

2 foies de lapin,
250 à 300 g de jambon cuit, maigre,
1 tasse de mie de pain,
1 tasse de ciboulette,
1/2 cuil. à café de 4 épices,
1 verre à liqueur d'alcool,
1 œuf,
sel, poivre.

Marinade :

thym, laurier, romarin, poivre,
1 cuil. à soupe d'huile.

Lapin farci à la Normande

Préparation et cuisson : 2 h 30
+ marinade : la veille

1. La veille, faites ôter seulement pattes et tête du lapin. Frottez-le avec les aromates émiettés et un peu d'huile. Enveloppez-le de papier d'aluminium. Laissez dans le réfrigérateur jusqu'au lendemain.

2. Farce : passez à la moulinette : jambon, foies, pain, fines herbes. Mélangez intimement dans une terrine avec l'oeuf entier, 1 verre d'alcool, sel, poivre, 4 épices. Vous obtiendrez une pâte légèrement consistante. Étalez-la depuis le thorax du lapin jusqu'à la naissance des cuisses. Pour la maintenir enfermée, rabattez dessus la fine peau du thorax et rapprochez les cuisses. Cousez avec du fil, ou plus simplement épinglez les bords ensemble avec de petites brochettes (la farce tient bien à la cuisson).

3. Coupez le pied sableux des champignons. Lavez-les soigneusement, puis coupez-les menu et faites-les cuire 10 mn avec une noix de beurre ou de margarine, sur feu doux. Épluchez les petits oignons. Mettez-les à dorer légèrement.

4. Tapissez l'intérieur d'une très grande cocotte avec des morceaux de couenne. Au fond, étalez les 2/3 du hachis de champignons et les petits oignons. Déposez dessus le lapin replié sur lui-même. Ajoutez le reste de champignons, 1 verre 1/2 de vin blanc sec, le 1/2 verre d'alcool, le sel et le poivre. Commencez la cuisson sur le feu. Dès ébullition, faites flamber.

Couvrez hermétiquement. Glissez la cocotte dans le four moyen (th. 5-6). Laissez cuire doucement 1 h 30 environ. Présentez le lapin découpé.

MICRO-ONDES

N'attendez rien de bon de votre micro-ondes pour cette longue cuisson. Restez plutôt fidèle au four traditionnel. Même au prix d'une bonne dose de patience !

Les secrets

du lapin farci réussi : si possible «blanchissez» la couenne. Autrement dit, placez-la dans une casserole d'eau froide ; portez à ébullition 2 ou 3 mn. Égouttez. Utilisez-la ensuite comme dit dans la recette.

A défaut d'un second foie de lapin, du foie d'agneau ou de porc fera l'affaire.

Si le jus s'évapore un peu vite, ajoutez un peu d'eau bouillante en cours de cuisson. Toutefois, n'oubliez pas que plus courte est la sauce, meilleure elle est...

Lapin à la Flamande

FACILE
RAISONNABLE
PETITES RÉCEPTIONS
AUTOMNE-HIVER

Pour 4, il faut :

1 lapin coupé en morceaux,
30 g de beurre ou de margarine,
500 g de pruneaux,
1 cuil. à soupe de gelée de groseille ou de myrtille.

Marinade :

2 carottes,
3 oignons,
1 branche de céleri,
2 gousses d'ail,
1 échalote,
2 clous de girofle,
thym, laurier,
1/4 de litre de vinaigre,
1/4 de litre de vin blanc sec,
2 cuil. à soupe d'huile,
sel, poivre.

Préparation et cuisson : 1 h
+ marinade : la veille

1. Marinade : la veille, mettez à mariner les morceaux de lapin avec tous les éléments ci-contre, grossièrement hachés. Recouvrez de liquide (moitié vinaigre, moitié vin blanc).

2. Le jour même, égouttez bien le lapin. Faites-le roussir avec 30 g de beurre ou de margarine. Pendant ce temps, faites bouillir la marinade 5 mn. Passez-la et versez-la sur le lapin. Laissez mijoter de 30 à 45 mn. Ajoutez les pruneaux à mi-cuisson.

3. Disposez le lapin sur un plat chaud. Délayez sur feu doux 1 cuil. de gelée de groseille ou de myrtille avec le jus de cuisson un peu onctueux. Servez cette sauce à part.

Des pommes de terre à l'eau en sont le meilleur accompagnement.

MICRO-ONDES

Les pruneaux ne seront ajoutés au lapin que 2 ou 3 mn avant la fin de la cuisson.

Diminuez la quantité de marinade versée sur le lapin : 1 verre 1/2 à 2 verres devraient suffire puisque l'évaporation est faible pendant la courte cuisson au micro-ondes (12 mn - puiss. maxi).

Le secret

d'un jus onctueux : il doit être suffisamment réduit en fin de cuisson. Si ce n'est pas le cas, transvasez-le dans une casserole et faites-le bouillir à gros bouillons, sans couvrir, quelques minutes pour laisser évaporer.

Plat principal

Lapin mentonnaise

FACILE
RAISONNABLE
ÉTÉ-AUTOMNE

Pour 4, il faut :

1 lapin de 1,500 kg coupé en morceaux,
30 g de beurre ou de margarine,
2 cuil. à soupe d'huile d'olive,
2 gros oignons,
2 aubergines,
2 courgettes,
3 poivrons,
750 g de tomates,
1 cuil. à soupe de concentré de tomate,
2 gousses d'ail,
sel, poivre.

Pour décorer :

une dizaine d'olives noires dénoyautées.

Préparation et cuisson : 1 h 30
Cuisson en autocuiseur : 25 mn

1. Coupez les oignons en rondelles, les aubergines et les courgettes en morceaux, les poivrons en lanières. Faites revenir le tout à la cocotte avec 2 cuil. à soupe d'huile, sur feu vif. Ajoutez ensuite les tomates épluchées et épépinées, concentré de tomate, ail, sel, poivre.

2. Avec 30 g de beurre ou de margarine, faites dorer le lapin dans une poêle. Quand les morceaux sont bien colorés, déposez-les sur les légumes. Salez, poivrez et laissez mijoter 45 mn ou 1 h (en autocuiseur : 25 mn).

3. Déposez le lapin dans un plat creux, au chaud. Vérifiez l'assaisonnement de la ratatouille et, si nécessaire, remettez-la quelques minutes sur feu vif pour qu'elle épaississe. Versez-la sur le lapin. Décorez le plat avec quelques olives dénoyautées.

Lapin à la moutarde

(sauté)

Préparation et cuisson : 1 h

FACILE
RAISONNABLE
PETITES RÉCEPTIONS
TOUTES SAISONS

Pour 4, il faut :

1 lapin coupé en morceaux,
30 g de beurre ou de margarine,
1 cuil. à soupe d'huile,
1 cuil. à soupe rase de farine,
1 oignon,
2 cuil. à soupe de crème fraîche,
3 clous de girofle,
bouquet garni,
1 cuil. à soupe de moutarde forte,
sel, poivre.

1. Faites revenir les morceaux de lapin, à feu vif, avec un peu d'huile très chaude, dans une sauteuse ou une grande poêle.

2. Quand la viande est bien dorée, transvasez-la dans une cocotte sur feu vif. Ajoutez le beurre ou la margarine. Saupoudrez d'1 cuil. à soupe rase de farine. Mélangez avec une cuiller en bois pour que la farine au contact avec la matière grasse blondisse à son tour.

3. Ajoutez l'oignon piqué de 3 clous de girofle, bouquet garni, sel et poivre. Couvrez hermétiquement et laissez mijoter à feu doux 45 mn environ. Quand le lapin est cuit, déposez les morceaux dans un plat de service creux. Tenez au chaud.

4. Dans un bol, délayez 2 cuil. à soupe de crème fraîche avec environ 1 cuil. à soupe de moutarde forte (dosez au goût). Incorporez avec un fouet au jus de cuisson sur feu doux. Versez sur le lapin aussitôt. Présentez avec des pommes de terre à l'eau ou des pâtes.

MICRO-ONDES

Suivez les § 1 et 2 de la recette. Ajoutez dans la cocotte (Pyrex) l'oignon piqué des clous de girofle, le bouquet garni, le sel, le poivre. Cuisez couvert au micro-ondes 8 mn (puiss. maxi).

Puis, remettez au micro-ondes, 5 mn avec la crème et la moutarde (puiss. maxi).

Laissez reposer.

Le secret

de la sauce à la moutarde qui ne tourne pas : elle ne doit jamais bouillir. Il vaut mieux, généralement, l'incorporer hors du feu, à la sauce. Toutefois, si elle est jointe à une quantité importante de crème fraîche – comme dans le lapin à la moutarde – le mélange peut se faire sur le feu afin de réchauffer l'ensemble sans ébullition.

Plat principal

Lapin à la poulette

(blanquette)

FACILE
RAISONNABLE
PETITES RÉCEPTIONS
TOUTES SAISONS

Préparation et cuisson : 1 h 30

Pour 4, il faut :

1 lapin de 3 livres coupé en morceaux,
2 carottes,
1 oignon,
1 clou de girofle,
2 poireaux,
1 branche de céleri,
1 gousse d'ail,
200 g de champignons de Paris,
1 citron,
bouquet garni,
sel, poivre.

Sauce Poulette :

1 cuil. à soupe très pleine de farine,
30 g de beurre ou de margarine,
1/2 litre de bouillon,
1 jaune d'œuf.

1. Épluchez et lavez les légumes. Coupez finement carottes et poireaux.

2. Faites bouillir de l'eau. Plongez les morceaux de lapin dedans. Reportez à ébullition. Égouttez et passez sous l'eau froide.

3. Frottez le lapin avec du citron. Remettez-le dans la casserole vide ainsi que les carottes, poireaux, céleri, oignon, clou de girofle, ail, bouquet garni, sel, poivre. Couvrez d'eau froide et laissez bouillir doucement 45 mn.

4. Coupez les champignons en 4. Mettez à cuire 5 mn avec un peu de citron et bouillon du lapin. Égouttez en conservant leur jus.

5. Égouttez le lapin. Mettez-le, ainsi que les champignons, dans un plat creux au chaud.

6. Sauce poulette : mélangez, sur feu doux, 30 g de beurre et 1 cuil. à soupe très pleine de farine. Délayez avec 1/2 litre de liquide (bouillon de lapin et jus des champignons). Remuez jusqu'à ébullition. Laissez mijoter 5 mn. Dans un bol, délayez 1 jaune d'oeuf avec quelques cuillerées à soupe de sauce chaude. Remettez le tout dans la casserole, hors du feu, en fouettant vivement. Versez sur le lapin juste avant de servir.

Le secret

de la blanquette bien blanche : la viande est rapidement blanchie (comme au § 2) pour éviter l'écume grisâtre qui a tendance à se former pendant la cuisson. Puis elle est frottée de citron avant d'être mise à mijoter.

Plat principal

TRÈS FACILE
RAISONNABLE
PETITES RÉCEPTIONS
PRINTEMPS-AUTOMNE-HIVER

Pour 4, il faut :

1 lapin de 3 livres,
250 g de petits oignons,
250 g de pruneaux,
100 g de lard de poitrine fumé,
30 g de beurre ou de margarine,
1 cuil. à soupe bombée de farine,
sel, poivre.

Marinade :

1 bouteille de vin rouge,
1 verre à apéritif de cognac,
2 carottes,
2 gros oignons,
bouquet garni,
poivre.

Lapin aux pruneaux

Préparation et cuisson : 2 h
+ marinade : la veille

1. Marinade : la veille, coupez le lapin en morceaux et mettez-le à mariner dans un plat contenant vin, cognac, bouquet garni, 2 carottes et 2 oignons en rondelles, poivre.

2. Le jour même, égouttez soigneusement la viande. Faites revenir le lard coupé en dés et les petits oignons, dans une cocotte contenant 30 g de beurre ou de margarine. Retirez-les. A leur place, mettez les morceaux de lapin. Lorsque ceux-ci sont bien dorés, saupoudrez-les de farine. Mélangez. Salez, poivrez. Recouvrez-les tout juste de marinade passée. Couvrez. Laissez mijoter 45 mn.

3. Ajoutez alors lardons, oignons et pruneaux. Laissez mijoter 45 mn supplémentaires, dans la cocotte couverte.

Pratique :

Les pruneaux que l'on trouve à présent ont conservé un taux d'humidité suffisant pour être utilisés au sortir du sachet ou de la boîte, sans trempage préalable.

Lapin au roquefort

TRÈS FACILE
RAISONNABLE
PETITES RÉCEPTIONS
TOUTES SAISONS

Pour 4, il faut :

1 lapin coupé en morceaux,
30 g de beurre ou de margarine,
50 g de roquefort,
1 cuil. à soupe d'huile,
2 échalotes,
1 oignon,
2 ou 3 cuil. à soupe de crème fraîche,
sel, poivre.

Préparation et cuisson : 1 h 15

1. Faites dorer les morceaux de lapin, de toute part, avec un peu d'huile très chaude, si possible dans une grande poêle. Ajoutez l'oignon haché à la moitié de l'opération.

2. Mettez le beurre ou la margarine à fondre dans une cocotte. Transvasez le lapin doré dedans. Saupoudrez avec les échalotes hachées, un peu de sel, poivre. Mélangez. Couvrez et laissez cuire à feu moyen 1/2 h.

3. Râpez le roquefort ou écrasez-le à la fourchette. Délayez-le avec la crème fraîche. Versez sur le lapin. Laissez mijoter ensemble, sur feu doux, de 20 à 30 mn supplémentaires. Si la sauce est trop liquide, découvrez la cocotte pendant le dernier quart d'heure.

Présentez avec de simples pâtes au beurre.

MICRO-ONDES

Pour commencer procédez selon les § 1 et 2. Puis, pour la cuisson, glissez la cocotte (en verre ou en porcelaine à feu) hermétiquement couverte dans le micro-ondes pendant 10 mn (puiss. maxi).

Ajoutez enfin roquefort écrasé et crème fraîche.

Remettez 4 mn au micro-ondes.

Le secret

des plats au roquefort assaisonnés à point : surtout ne les salez pas trop car le fromage de roquefort est assez salé. Toutefois, ne lésinez pas sur le poivre dont il s'accommode fort bien.

Plat principal

FACILE
CHER
PETITES ET GRANDES RÉCEPTIONS
AUTOMNE-HIVER

Pour 4, il faut :

2 beaux perdreaux,
50 g de beurre ou de margarine,
2 fines bardes de lard,
2 tranches de pain de mie,
2 feuilles de vigne,
thym,
sel, poivre.

Perdreaux sur canapés

Préparation et cuisson : 30 mn

1. Mettez les foies de côté. Tartinez les perdreaux de beurre. Salez et poivrez. Sur le ventre des perdreaux, posez une feuille de vigne, puis une barde de lard. Maintenez avec du gros fil. Mettez à four chaud (th. 6-7) 20 mn. Arrosez souvent pendant la cuisson.

2. Faites dorer le pain à la poêle avec 25 g de beurre ou de margarine. Coupez les foies en dés. Faites revenir rapidement avec un peu de beurre. Ajoutez sel, poivre, thym effeuillé. Écrasez à la fourchette, étalez sur le pain. Déposez les canapés dans un plat.

3. Débarrassez les perdreaux des bardes et des feuilles de vigne. Mettez ces dernières de côté. Remettez les perdreaux 5 mn au four pour dorer. Présentez-les entourés d'une feuille de vigne et déposés sur un canapé. Dégraissez la sauce et présentez-la à part, en saucière.

Organisation :

Si vous comptez 1 perdreau par personne, prévoyez le double de feuilles de vigne, bardes et tranches de pain.

Le secret

pour dégraisser le jus de cuisson du gibier : portez-le à ébullition. Le bouillonnement repousse le gras contre la paroi en une couche plus ou moins épaisse qu'il est facile de recueillir avec une cuiller à soupe.

Plat principal

Perdrix en chartreuse

TRÈS FACILE
RAISONNABLE
PETITES RÉCEPTIONS
AUTOMNE-HIVER

Pour 4, il faut :

2 perdrix,
40 g de beurre ou de margarine,
300 g de lard de poitrine non fumé,
1 chou pommé de 1 kg,
2 carottes,
1 oignon,
1 saucisson à cuire de 200 g,
sel, poivre.

A

B

Préparation et cuisson : 2 h 30

1. Faites bouillir de l'eau dans un grand récipient. Tranchez le chou en 8. Détachez les grosses côtes. Plongez-le 10 mn dans l'eau en ébullition. Égouttez.

2. Faites fondre doucement le lard coupé dans une cocotte avec 30 g de beurre ou de margarine. Puis mettez les perdrix à dorer.

3. Ajoutez-y ensuite : chou, carottes, oignon, saucisson en rondelles, sel, poivre. Couvrez et laissez cuire, à feu très doux, de 1 h 30 à 2 h [mieux : mettez la cocotte fermée dans le four moyen (th. 5-6) et laissez cuire le même temps].

4. Beurrez l'intérieur d'un saladier à fond plat. Plaquez les rondelles de carottes et de saucisson contre cette paroi (photo A), avant de tasser le chou dedans. Démoulez ensuite et posez les perdrix dessus avant d'apporter à table (photo B).

Variante :

Un faisan peut être accommodé de la même manière, avec les proportions de la recette cidessus.

Sauce poivrade

FACILE
RAISONNABLE
PETITES ET GRANDES RÉCEPTIONS
AUTOMNE-HIVER

Il faut :

os et petits morceaux du gibier (parures),
os de veau cassé,
75 g de lard gras,
1 oignon,
1 gousse d'ail,
1 carotte,
2 cuil. à soupe pleines de farine,
2 verres de marinade de gibier,
1/2 litre de bouillon concentré,
bouquet garni,
2 cuil. à café de poivre en grains,
sel.

Préparation et cuisson : environ 2 h 30

1. Mettez à fondre doucement le lard coupé en dés, dans une casserole. Ajoutez-y les parures du gibier, l'os de veau (brisé par le boucher), oignon et carotte hachés.

2. Saupoudrez de farine. Faites blondir en mélangeant sur le feu. Ajoutez ail écrasé, marinade de gibier, bouillon, sel, bouquet garni. Laissez 2 h sur feu doux sans couvrir.

3. 1/2 h avant la fin de la cuisson, ajoutez le poivre grossièrement écrasé. Passez la sauce au tamis avant de la servir.

Variantes :

Sauce Diane : sauce poivrade + un peu de crème fraîche incorporée en fin de cuisson.

Sauce Grand Veneur : sauce poivrade + un peu de crème fraîche + 1 cuil. à soupe de gelée de groseille délayés sur feu doux.

Truc :

Écrasez le poivre sur une planche à découper avec un rouleau à pâtisserie ou une bouteille. Vous pouvez interposer un torchon pour éviter que les grains de poivre ne sautent dans tous les sens.

Le secret

des sauces à gibier veloutées : elles doivent être très réduites après un long mijotage. Les os de veau cassés sont également indispensables à leur velouté.

Plat principal

Sauté de marcassin

FACILE
RAISONNABLE
PETITES RÉCEPTIONS
AUTOMNE-HIVER

Préparation et cuisson : 1 h 30
Cuisson en autocuiseur : 30 mn
+ marinade : 2 ou 3 jours

Pour 4, il faut :

1 épaule de marcassin en morceaux,
3 cuil. à soupe d'huile,
1 cuil. à soupe de farine,
1 cuil. à café de concentré de tomate,
3 tomates,
1 tablette de bouillon,
sel, poivre.

Marinade :

1/2 litre de vin blanc sec,
1/2 verre d'huile,
1 oignon,
1 carotte,
2 échalotes,
1 gousse d'ail,
bouquet garni,
grains de poivre.

1. 2 ou 3 jours d'avance, mettez à mariner la viande avec les éléments de la marinade. Retournez la viande de temps en temps.

2. Le jour venu, égouttez la viande. Épongez-la. Faites-la revenir, sur feu très vif, dans une cocotte avec un peu d'huile. Ajoutez les aromates de la marinade. Saupoudrez de farine. Laissez dorer en mélangeant bien. Ajoutez la marinade passée, concentré de tomate, tomates pelées, sel et poivre. Laissez bouillir 10 mn sans couvrir. Puis ajoutez une tablette de bouillon, délayée avec 1/2 litre d'eau. Couvrez et laissez mijoter, sur feu doux, 1 h 15 (en autocuiseur : 30 mn).

Servez avec croûtons frits, pommes à l'anglaise et compote de pommes non sucrée.

Le secret

de la bonne saveur du gibier surgelé : le marcassin surgelé pourra être mis tel quel dans la marinade, sans décongélation préalable. Il aura tout le temps d'y décongeler – dans le réfrigérateur, bien entendu – tout en s'imprégnant des arômes.

Salmis de faisan

FACILE
CHER
PETITES ET GRANDES RÉCEPTIONS
AUTOMNE-HIVER

Pour 4, il faut :

1 faisan de 1,200 kg coupé en 4 (abattis à part),
60 g de beurre ou de margarine,
1 cuil. à soupe rase de farine,
1 verre de vin blanc sec,
1 oignon,
1 carotte,
1 pois de tomate concentrée,
1 verre à liqueur de cognac,
150 g de champignons,
1 boîte de miettes de truffe,
bouquet garni,
sel, poivre en grains.

Garniture :

8 tranches de pain de mie,
40 g de beurre,
persil haché.

Préparation et cuisson : 1 h 45

1. Faites dorer tête, ailerons, foie et gésier dans une casserole, avec 1 noix de beurre ou de margarine. Saupoudrez-les de farine. Mélangez. Mouillez avec 1/2 verre de vin et 1 verre d'eau. Couvrez. Laissez mijoter 30 mn. Passez ce jus de cuisson.

2. Coupez le faisan en 4. Faites dorer les morceaux de toute part dans une cocotte avec 30 g de beurre ou de margarine. Jetez-y oignon et carotte coupés en dés, tomate concentrée. Arrosez de cognac. Faites flamber. Ajoutez enfin 1/2 verre de vin, jus de cuisson, bouquet garni, 4 grains de poivre, sel. Couvrez. Laissez mijoter 1 h.

3. Coupez les champignons en 4. Faites-les sauter rapidement avec 1 noix de beurre ou de margarine, sel, poivre.

LES TRIANGLES DE PAINS DORÉS

A Dans chaque tranche de pain, coupez 4 triangles très pointus.

B Après les avoir fait dorer à la poêle, trempez la pointe dans la sauce du faisan, puis dans du persil haché.

4. Faites dorer des triangles de pain à la poêle avec 40 g de beurre. Égouttez les morceaux de faisan. Tenez-les au chaud dans le plat creux de service.

5. Dans la cocotte restée sur le feu, ajoutez champignons, miettes de truffe et leur jus. Laissez bouillir quelques minutes sans couvrir. Retirez le bouquet garni et versez sur le faisan. Décorez le plat avec les triangles de pain.

Organisation :

Peut être en grande partie préparé d'avance (§ 1, 2 et 3). Avant le repas, le faisan sera mis à réchauffer dans la cocotte avec champignons et truffes, tandis que les tranches de pain de mie doreront dans la poêle.

Entrée froide

DIFFICILE
CHER
PETITES ET GRANDES RÉCEPTIONS
AUTOMNE-HIVER

Pour 1 faisan, il faut :

250 g de veau désossé,
250 g de porc désossé,
100 g de lard gras,
1 boîte de miettes de truffe,
15 pistaches,
200 g de barde de lard,
sel, poivre.

Marinade :

1/4 de litre de vin blanc,
1 verre à liqueur de madère (facultatif),
1 carotte,
1 oignon,
1 gousse d'ail,
1 cuil. à soupe d'huile,
bouquet garni,
poivre.

Terrine de faisan

(ou de pintade)

Préparation et cuisson : 2 h 15
+ marinade : de 24 à 48 h

1. Marinade : désossez le faisan. Mettez la chair dans une terrine avec veau et porc en morceaux, carotte, oignon en rondelles et les autres éléments de la marinade. Laissez au frais de 24 à 48 h.

2. Égouttez les viandes. Mettez de côté quelques filets de faisan. Hachez le reste avec le lard gras. Malaxez en incorporant un peu de marinade, jus des truffes, sel, poivre, pour obtenir une farce un peu molle.

3. Découpez la forme du couvercle dans la barde de lard (photo A). Pliez en deux et taillez des chevrons dedans (photo B). Avec les chutes, tapissez l'intérieur de la terrine. Tassez une partie de la farce dedans, à mi-hauteur seulement. Étalez les filets de faisan, bâtonnets de lard, pistaches, miettes de truffe (photo C). Recouvrez avec le reste de farce. Posez le couvercle de barde sur la terrine très pleine (photo D). Couvrez.

4. Faites cuire au bain-marie 1 h 45, à four moyen (th. 5-6). 15 mn avant la fin de la cuisson, retirez le couvercle de la terrine pour que le dessus puisse dorer.

5. 30 mn après sa sortie du four : posez une planchette ou une assiette et un poids sur le pâté, pour le tasser (photo E).

Voir photos p. 372.

Entrée froide

TRÈS FACILE
BON MARCHÉ
TOUTES SAISONS

Pour 1 râble de lapin en morceaux, il faut :

750 g d'échine de porc,
1 barde de lard,
1 couenne de lard,
sel, poivre.

Marinade :

1/4 de litre de vin blanc,
1 verre à liqueur de madère (facultatif),
1 carotte,
1 oignon,
1 gousse d'ail,
1 cuil. à soupe d'huile,
bouquet garni,
poivre.

Terrine de lapin paysanne

(avec os)

Préparation et cuisson : 2 h 15
+ marinade : 12 h

1. Marinade : laissez le lapin macérer, au frais, une nuit entière avec tous les éléments de la marinade.

2. Hachez la viande de porc. Incorporez-y sel, poivre et une partie de la marinade passée pour obtenir un mélange moelleux, mais pas trop liquide. Garnissez le fond de la terrine avec une barde de lard. Tassez dessus une couche de hachis, les morceaux de lapin égouttés, non désossés, bien serrés les uns contre les autres. Recouvrez avec le reste de hachis. Posez une couenne de lard dessus. Faites cuire au bain-marie, à four moyen (th. 5 6) 1 h 30 environ.

Servez froid, dans la terrine.

Le secret

de la qualité toute particulière de cette terrine de lapin : les os, cuits dans la terrine même, lui communiquent beaucoup de goût et, en cuisant, produisent un peu de gelée également délicieuse. Un inconvénient : cette terrine ne peut être coupée en tranches, à cause des os. Servez-la avec une fourchette solide (fourchette à rôti) pour en détacher de savoureux morceaux.

☞

FAÇON D'EMPLIR UNE TERRINE

A

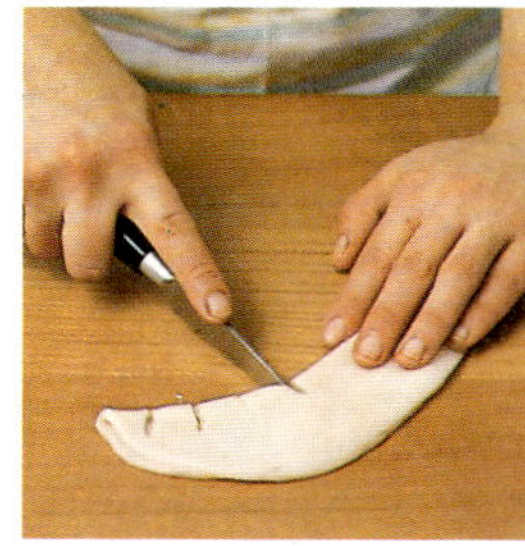

B

C

D

E

Les terrines

DÉMOULAGE DE LA TERRINE
(facultatif)

A Glisser la lame d'un couteau jusqu'au fond du moule, tout contre la paroi, pour décoller soigneusement tout le tour du pâté.

B Trempez la terrine dans l'eau très chaude, 3 mn, afin de ramollir la graisse au fond. Le démoulage se fera ensuite sans difficulté.

A

B

Les secrets

pour réussir une terrine : assaisonnez-la suffisamment. Comptez de 15 à 20 g de sel et 2 g de poivre en grains moulu par kg de viande hachée.

La terrine sera meilleure si vous y incorporez 1 œuf entier cru et 2 cuil. de cognac.

Garnissez la terrine de couennes de lard (nettoyées à l'eau bouillante) et placez-en une sur le dessus pour la protéger et produire une bonne gelée à la cuisson.

Pour avoir une terrine moelleuse, faites-la cuire, à couvert, au bain-marie. Vous retirerez le couvercle 15 mn avant la fin de la cuisson afin que le dessus puisse dorer.

Pour savoir si la terrine est cuite, enfoncez une brochette jusqu'au fond. La pointe doit en ressortir chaude.

N'utilisez pas de poids trop lourd pour presser la terrine après sa sortie du four. Car sous l'effet d'une pression trop forte, la graisse remonterait à la surface, laissant un pâté sans moelleux.

Attendez 2 ou 3 jours pour consommer.

Entrée chaude

Tourte de marcassin à la mode d'Agen

FACILE
RAISONNABLE
PETITES RÉCEPTIONS
AUTOMNE-HIVER

Pour 4 ou 6, il faut :

600 g de chair de marcassin,
500 g d'échine de porc,
600 g de pruneaux d'Agen,
sel, poivre.

Marinade cuite:

1 bouteille de vin rouge ou blanc,
1/2 verre de vinaigre,
3 cuil. à soupe d'huile,
1 petite carotte,
1 oignon,
1 ou 2 échalotes,
1 petite branche de céleri,
1 gousse d'ail,
1 queue de persil,
1 brin de thym,
1/4 de feuille de laurier,
3 grains de poivre,
1 clou de girofle.

Pâte brisée :

200 g de farine,
100 g de beurre ou de margarine,
2/3 de verre d'eau froide,
sel.

Préparation et cuisson : 1 h 45
+ marinade : 24 h

1. La veille, faites colorer légèrement carotte, oignon, échalotes hachés avec 3 cuil. d'huile. Ajoutez-y tous les autres éléments de la marinade. Mettez à cuire doucement 30 mn. Laissez refroidir avant de verser sur la viande coupée en dés.

2. Pâte brisée : mélangez farine, sel, beurre ou margarine en morceaux, en frottant les paumes des mains l'une contre l'autre. Ajoutez l'eau à cette pâte granuleuse. Pétrissez vivement. Mettez en boule. Écrasez-la avec la paume de la main. Remettez en boule. Cela 3 fois. Mettez au frais.

Fabrication de la tourte :

Partagez la boule de pâte en deux. Étalez-en une pour y découper le couvercle de la tourte. Aidez-vous avec une assiette plus petite que la tourtière (photo A).

Réincorporez les tombées de pâte à l'autre boule. Étalez-la à son tour. Puis placez-la dans la tourtière. Elle doit déborder largement.

Hachez la viande grossièrement. Salez et poivrez. Mettez-en la moitié sur la pâte. Recouvrez de pruneaux dénoyautés (photo B). Recouvrez avec le reste de hachis.

Rabattez les bords sur la viande (photo C).

Badigeonnez le tour du couvercle à l'œuf battu (photo D).

Posez-le sur la tourte, côté badigeonné dessus (photo E).

Pressez avec les doigts pour faire adhérer.

Dorez le dessus à l'œuf. Faites de légères entailles en chevrons et un trou au centre (photo F). Maintenez-le ouvert avec une petite cheminée de papier d'aluminium. Mettez à four chaud (th. 6-7) 45 mn.

A

B

C

D

E

F

MICRO-ONDES

Des pruneaux un peu desséchés redeviennent moelleux si vous les passez au micro-ondes, couverts d'eau, de thé ou de vin, pendant une bonne minute (puiss. maxi). Laissez-les refroidir dans leur bain.

Attention : une surcuisson les durcirait.

Entrée froide

DIFFICILE
RAISONNABLE
PETITES RÉCEPTIONS
AUTOMNE-HIVER

Pour 1 lièvre de 2,500 kg, il faut :

1,200 kg de lard maigre,
400 g de lard gras,
3 œufs,
30 g de fécule,
300 g de barde de lard,
laurier,
sel, poivre.

Marinade cuite :

voir p. 346.

Terrine de lièvre

(ou de lapin)

Préparation et cuisson : 3 h 30
+ marinade : 48 h

1. La veille ou l'avant-veille, désossez le lièvre. Détaillez la chair du râble en filets. Coupez en morceaux: le reste du lièvre, lard maigre, lard gras. Mettez le tout dans une terrine avec la marinade. Laissez macérer au frais de 24 à 48 h.

2. Égouttez les viandes. Faites cuire la marinade sur feu moyen, sans couvrir, de 30 à 40 mn, jusqu'à ce qu'elle se réduise à un bon verre.

3. Pendant ce temps, épongez les viandes. Hachez-les, sauf les filets. Incorporez-y 3 oeufs entiers, 30 g de fécule, sel et poivre. Malaxez énergiquement. Ajoutez quelques cuillerées à soupe de marinade réduite et passée (le pâté ne doit pas être trop mou).

4. Garniture et cuisson de la terrine : voir recette «terrine de faisan».

Le secret

pour avoir des tranches originales : détachez les deux filets. Enveloppez-les chacun dans une fine lamelle de lard et posez-les côte à côte (ou bout à bout) sur la farce, à mi-hauteur de la terrine. Puis terminez le remplissage avec le reste de la farce.

LES VOLAILLES

RECETTES

Plat principal
(suite)

Pour mémoire

Le canard

Choisissez :

Parmi les nombreuses races de canards, voici les 3 principales :

– le *Nantais*, un peu gras ;
– le *Rouennais*, très charnu, rappelle un peu le canard sauvage (le colvert, son ancêtre) par son plumage et par son goût. C'est avec le canard rouennais qu'est, généralement, préparé le canard au sang ;
– le *canard de barbarie*, le plus important par la taille. Mais quand il est petit et jeune, c'est le moins gras de tous les canards.

Un bon canard devrait être mangé «caneton» aux alentours de 4 mois. Il ne dépasse pas 1,3 kg, une fois plumé et vidé. Son corps, assez étroit, laisse présager qu'il n'est pas gras. Son ventre bombé signifie qu'il est très frais. Sa peau, même quand il est jeune, est toujours granuleuse et d'un blanc tirant nettement sur le jaune. Veillez à ce qu'il soit bien plumé, qu'il ne reste pas de petits fanons noirs plantés dans la peau.

Son bec peut être déjà dur, mais sans excès, il doit fléchir légèrement sous le doigt, tout comme le bréchet (l'os de la poitrine). Les écailles de ses pattes sont brillantes.

Préparez :

Le caneton (de 1,200 kg à 1,300 kg) :

Rôti, au four ou à la rôtissoire, comptez de 40 à 50 mn.

Braisé à la cocotte, 1 h environ.

Et n'oubliez pas de retirer le gras avec une cuiller, tout au long de la cuisson. Le canard est toujours un peu gras. Si vous le laissez mijoter dans sa graisse fondue, il dessèchera et prendra un goût désagréable.

Le gros canard sera meilleur en salmis, en ragoût, en civet (ragoût au vin) qui permettent des cuissons prolongées.

Mais dans le canard ou le caneton, les morceaux de choix sont toujours les filets. Ainsi, les Romains ne mangeaient, dans le canard, que la cervelle et les filets. Pour la cervelle, je n'ai pas d'opinion. Mais quant au reste, je suis bien d'accord avec les Romains, les filets, c'est le meilleur dans le canard !

Les abattis du canard ne sont pas très comestibles. C'est plein d'os. Le mieux est de les utiliser (pattes, bout des ailerons, cou, gésier) pour en faire un fond de sauce. Rien de tel pour corser le jus de cuisson du canard.

DÉCOUPAGE ET PRÉSENTATION DU CANARD ROTI

A Détachez chaque filet. Tranchez le long du bréchet et glissez la lame tout contre le thorax. Aidez-vous en tirant avec la fourchette

B Découpez de fines aiguillettes, la lame du couteau en biais et presque à plat

C Disposez les filets en éventail. En garniture : un bouquet de cresson pour masquer les ailerons peu esthétiques.

Le secret

du fond de sauce moelleux, corsé... et facile à faire : faites roussir les abattis du canard et 1 oignon haché avec 25 g de beurre ou de margarine. Ajoutez-y 2 verres de vin blanc sec, 2 verres d'eau, 1 carotte en rondelles, bouquet garni, sel, poivre. Laissez bouillir très doucement, sans couvrir, une petite heure. Il prendra du goût et de la consistance en s'évaporant. Ajoutez-le au jus de cuisson du canard préalablement dégraissé.

La dinde et l'oie

Choisissez :

Les grosses volailles, telles que la dinde et l'oie, sont vendues entières ou en morceaux. La dinde est, de plus en plus souvent proposée désossée et roulée en rôti, en escalopes, en brochettes. Plus rarement, surgelée. Autant de cas susceptibles de vous poser un petit problème au moment de l'achat.

Volaille entière

Son poids idéal garantissant une qualité maximum :
- la dinde de 4 kg (bridée) pour 10/12,
- l'oie de 3,5 kg (bridée) pour 8/10.

En morceaux
- La dinde et l'oie : 250 à 300 g par personne.

En rôti
- La dinde : 200 g par personne.

Entière et surgelée

Il vous faudra tenir compte d'un temps assez important pour la désurgélation :
- 2 ou 3 jours dans le réfrigérateur ;
- la nuit entière, hors du réfrigérateur ;
- ou, dans son papier d'origine, quelques heures sous l'eau courante du robinet.

La dinde

La femelle est, paraît-il, plus fine que le mâle. Cette réputation est surfaite. L'important est de porter son choix sur une jeune volaille pesant dans les 4 kg net. Elle sera tendre, moelleuse et ne dessèchera pas à la cuisson.

Ses caractéristiques sont à peu près les mêmes que celles d'un bon poulet :
- bréchet flexible noyé dans la graisse ;
- pattes noires et brillantes avec des ergots courts ;
- chair élastique sous la pression du doigt ;
- peau souple et transparente.

L'oie

Les volailles jeunes de 3 à 4 kg moyennement grosses sont les meilleures pour rôtir. Elles sont moins grasses et plus vite cuites. Les oies plus âgées gagneront à être braisées.

A éviter : bec et pattes rougeâtres : signe de vieillesse.

Préparez la dinde ou l'oie, rôties :

La plupart des préparations d'oies, de poulardes et de poules conviennent à la dinde, et vice versa. N'oubliez pas cependant que la chair de la dinde est plus sèche que celle de la poule et du poulet. Sa cuisson est plus lente et doit se faire, de préférence, à couvert.

Glissez un bon morceau de beurre ou de margarine, quelques brins de thym, sel et poivre à l'intérieur. Déposez-la sur une cuisse, dans un très grand plat (ou, à défaut, sur la plaque creuse du four). Enduisez-la de beurre ou de margarine. Salez, poivrez. Mettez à four moyen (th. 5-6) 1 h sur chaque cuisse, puis 30 mn sur le dos, pour une volaille de 4 kg environ. (Comptez 20 mn par livre et 5 mn de plus par livre, si elle est farcie. Le temps de cuisson est toujours approximatif, puisqu'il dépend de la qualité de la bête, du four et de votre goût.)

Dégraissez le jus de cuisson avec une cuiller, au fur et à mesure de la cuisson. L'oie surtout produit beaucoup de gras.

Pendant la cuisson, arrosez souvent de jus dégraissé. Insistez sur les cuisses qui ont tendance à dessécher. Si le jus est insuffisant, vous pouvez ajouter un peu d'eau bouillante dans le plat de cuisson.

Lorsque le dessus de la volaille est suffisamment doré, protégez-le avec une feuille d'aluminium qui l'isolera de la chaleur du four et évitera le dessèchement.

☞

DÉCOUPAGE DE LA DINDE ET DE L'OIE

A Détachez d'abord une cuisse.

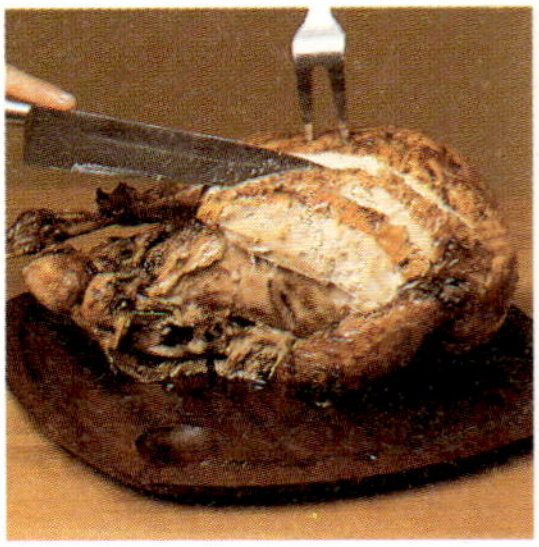

B Entamez de biais, côté croupion, juste au-dessus de la cuisse.

C Continuez de tailler de fines tranches, toujours de biais, en glissant la lame contre la cage thoracique.

D Découpez quelques tranches assez égales dans la viande du pilon et dans le haut de la cuisse, parallèlement à l'os.

Prévoyez 20 ou 30 mn en plus de la cuisson, afin de laisser la volaille reposer dans le four éteint, avant le découpage. Enveloppez-la complètement de papier d'aluminium. Elle sera encore plus juteuse et plus facile à trancher après.

Mais ne laissez pas trop cuire votre volaille car c'est là que sa chair deviendrait sèche et filandreuse.

Si vous faites rôtir une oie à la broche, piquez la peau au cours du rôtissage pour laisser couler le gras.

Si la volaille est farcie, découpez-la d'abord. Cassez la carcasse et retirez-en la farce d'un seul bloc. Découpez-la en tranches que vous disposerez sur le plat. Vous pouvez trancher la farce en même temps que la volaille.

Quels légumes servir avec :

La dinde :

Cèpes ou girolles sautés, jardinière de légumes, marrons braisés, navets braisés, pois, pommes de terre sautées, purée de marrons et gelée de myrtilles, salsifis sautés.

L'oie :

Cœurs de céleris braisés, fonds d'artichauts braisés ou garnis de : haricots verts, pois, tomates grillées ; fonds d'artichauts et pommes sautées ensemble, haricots verts, laitues braisées, carottes, navets et oignons glacés.

La dinde et l'oie :

Chou rouge braisé, chou vert braisé, choucroute et pommes à l'Anglaise, pommes dauphine, haricots blancs, pommes-fruits au four ou en marmelade, pommes duchesse, timbales de riz.

Le secret

pour s'assurer que la dinde ou l'oie est rôtie à point : tâtez la partie charnue de la cuisse qui doit être très souple. Bougez l'os du pilon de côté et d'autre, il ne doit opposer aucune résistance.

A Demandez au volailler de brider seulement les ailes et de vous donner un morceau de ficelle assez long pour pouvoir l'enrouler et le nouer, vous-même, autour du croupion, une fois la volaille farcie.

B Poussez la farce à l'intérieur de la volaille, à l'aide d'une cuiller à soupe, pour l'introduire jusqu'à la base du cou. Ne tassez pas trop, sinon la farce sera trop compacte et fera éclater la peau par endroits.

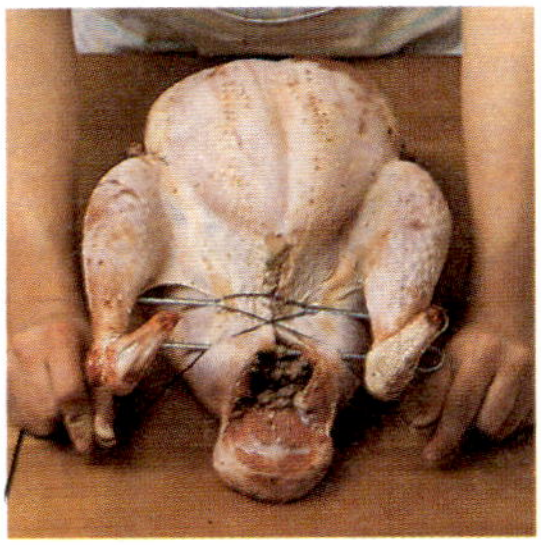

C Pour refermer l'ouverture du croupion : plantez deux brochettes en travers et ficelez en croix.

D Terminez en enroulant et nouant solidement autour du croupion.

Les secrets

de cuisson : quand la dinde est cuite aux 3/4, coupez les fils pour laisser gonfler.

Pour une farce moelleuse : ajoutez quelques cuillerées à soupe de bouillon dedans. Le bouillon sera absorbé, peu à peu, au cours de la cuisson.

A défaut de brochettes, vous pouvez introduire un simple bouchon de papier d'aluminium pour maintenir la farce à l'intérieur.

Le pigeon

Choisissez :

Le pigeonneau, comme toutes les jeunes volailles, a le bec souple ; son croupion est clair et sa peau rosée ; sa chair est bien rouge.

Quand vous lui ôtez le foie, ne cherchez pas le fiel : le pigeon n'en a pas.

Préparez :

Qu'il soit domestique (biset) ou sauvage (ramier-palombe), le pigeon peut se préparer de la même manière. C'est son âge surtout qui influencera votre choix. A tendre pigeonneau : le rôti. A pigeon adulte : le braisage, le mijotage.

Les vieux pigeons se laissent trahir par leur peau bleuâtre, leurs pattes et leur cou maigrichons. Ne les dédaignez pas pour autant, ils peuvent être excellents mijotés en compagnie de légumes.

Découpage et présentation :

Le pigeon ne se découpe pas comme un poulet. Très petit, il peut être présenté entier (1 par personne). Plus gros, il sera partagé en deux.

Posez le pigeon sur la planche à découper. Puis avec un large couteau, utilisé comme un hachoir : tranchez-le en deux, en longueur, en appuyant fortement avec la paume de la main.

La pintade

(Voir également chapitre «le gibier et le lapin»)

Choisissez :

Son bréchet est souple, sa peau transparente. Sa chair serrée, un peu grisâtre, est élastique sous le doigt.

Son poids :

- pintadeau : 800 g pour 2,
- pintade : 1,200 kg pour 4.

La pintade, originaire d'Afrique, autrefois volaille de luxe, est maintenant plus répandue sur nos marchés, donc moins chère.

Son goût délicat justifie son prix plus élevé que celui du poulet. Ajoutons que l'élevage de la pintade nécessite de grands espaces car elle aime courir dans les herbes et se percher sur les arbres.

Préparez :

La finesse de son goût, un peu musqué, la situe entre le faisan et le poulet. Elle se prépare rôtie, farcie. Personnellement c'est simplement braisée à la cocotte que je la préfère, à condition de la débarrasser de la barde de lard dont on l'affuble généralement, ce qui gâte la sauce.

Une pintade âgée gagnera à être préparée en salmis.

Découpage :

La pintade, comme toutes les petites volailles, se tranche en deux ou en quatre, selon sa grosseur.

Le poulet

Le poulet n'est plus le plat du dimanche d'autrefois. C'est une viande de tous les jours que d'aucuns jugent même très ordinaire (je les trouve bien sévères car je suis toujours amateur de poulet).

Reconnaissons que le poulet, qu'il se prétende «d'élevage» ou «de ferme» est une des sources de protides les plus riches et les moins chères, comparée aux beefsteak, veau, mouton, ou porc.

Choisissez :

Vous êtes sûre d'acheter un bon poulet si vous le choisissez gros, 1,200 kg au moins vidé et bridé. Comme il a eu le temps de courir un peu, ses cuisses doivent être musclées. Sa peau grumeleuse, adhérant bien à la chair, laissant entrevoir une légère couche de graisse sur la poitrine. Une bonne note supplémentaire : s'il a le gésier assez volumineux, cela prouve qu'il a mangé du grain... au moins les derniers temps !

De nos jours qu'on le veuille ou non, nous consommons des poulets d'élevage.

Une garantie : les appellations.

4 appellations sont reconnues officiellement :

– le *poulet d'élevage* le moins cher, âgé de 8 à 9 semaines,
– le *poulet d'élevage amélioré* (classe A) de 11 à 12 semaines,
– le *poulet sous label* âgé de 12 à 14 semaines,
– le *poulet de Bresse* (plaque d'origine agrafée sous la chair) de 14 à 15 semaines.

C'est principalement la nourriture qui influence la couleur du poulet. Ainsi la couleur jaune est due au maïs dont ils ont été engraissés sur la fin de l'élevage.

Le poulet fumé (cru ou cuit) : est encore une nouveauté dans les magasins, bien que la recette, d'origine solognote, en soit ancienne. Il se présente sous pellicule, emballé sous vide, ce qui permet une conservation de plusieurs jours au réfrigérateur.

Le coquelet : guère plus gros qu'un pigeon, a peu de saveur. Il peut être amusant de servir à chaque convive, ou même à chaque enfant, son petit poulet. Mais c'est là, à mon avis, son seul intérêt.

Préparez :

Accommodez le poulet selon ses mérites. Au beau gros poulet arrivé à maturité, ayant fait ses muscles, au poulet de Bresse, réservez le rôtissage qui n'en trahira pas la saveur. Au petit poulet d'étiquette plus modeste, abattu trop jeune, faites subir une préparation assez relevée qui masquera sa fadeur.

Le «coquelet» individuel mérite d'être traité sans ménagement, à four très vif pour le dorer et le cuire rapidement (20 à 25 mn). Les herbes aromatiques lui seront d'un grand secours.

Le poulet fumé cru, peut cuire en compagnie de légumes traditionnellement associés aux viandes fumées : choux, choucroute, lentilles, haricots.

Le poulet fumé cuit trouve surtout sa place dans les cocktails et buffets, sur toasts ou canapés. Le poulet fumé est une variante économique mais agréable, du saumon fumé.

DÉCOUPAGE DU POULET CRU en 10 morceaux

1 Pilons
2 Hauts de cuisses
3 Blancs
4 Ailes
5 et **6** Carcasse.

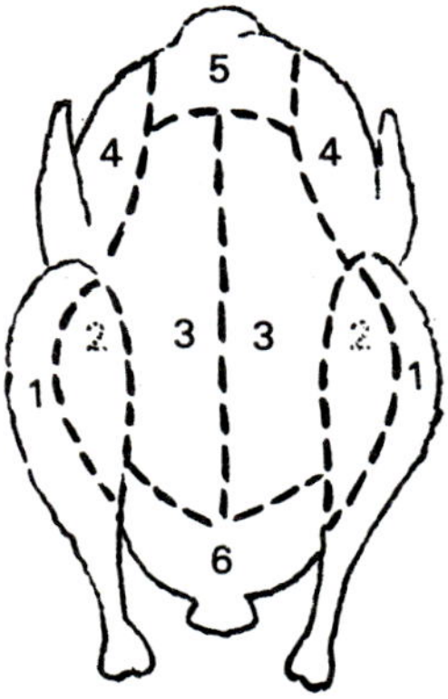

BRIDEZ LE POULET À L'AMÉRICAINE
(très simple)

A Rabattez la peau du cou sur le dos du poulet (le plus bas possible). Maintenez fermé avec une petite brochette*.

B Si le poulet est destiné à être farci, glissez la farce par le bas. Plantez des petites brochettes à plat, dans la peau. Passez un long morceau de ficelle fine (1,50 m) de part et d'autre des brochettes et serrez pour rapprocher les bords.

C Liez ensemble pilons et croupions. Nouez mais ne coupez pas la ficelle.

D Retournez le poulet. Faites passer la ficelle en croix sur le dos du poulet, puis dans la jointure des ailes pour les maintenir.

E Retournez à nouveau le poulet. Nouez définitivement et coupez la ficelle.

F Coincez les ailerons en les retournant sur le dos.

* Ces très petites brochettes (skewers) se trouvent dans les rayons «gadgets cuisine» des grands magasins ou chez certains quincailliers.

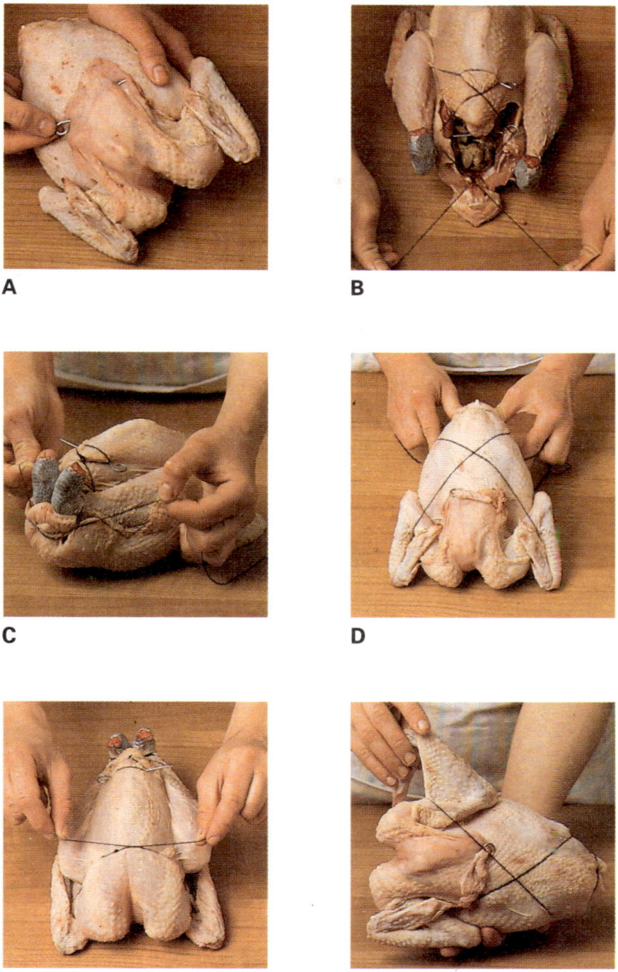

A B C D E F

LA VOLAILLE : TEMPS DE CUISSON				
	Four rôtissoire ou gril	**Cocotte**	**Bouillon**	**Friture**
CANARD – de 1 kg + de 1,400 kg	th. 6-7 40 à 50 mn 50 mn à 1 h 15	 45 mn à 1 h 1 h 15 env.		
DINDE	th. 5-6 20 à 25 mn par livre + 30 mn four éteint	en morceaux, braisée : 1 h à 1 h 30		
OIE	th. 5-6 20 à 25 mn par livre + 30 mn four éteint	en morceaux, braisée : 1 h à 1 h 30		
PIGEON petit 300 – 400 g gros 700 – 800 g	th. 6-7 30 mn gril : 15 mn de chaque côté th. 6-7 30 à 40 mn	 25 à 30 mn 35 à 40 mn		
PINTADE 800 g + de 1,200 kg	th. 6-7 25 à 30 mn* 35 à 40 mn*	 30 à 35 mn 40 à 50 mn		
POULE		1 h 30 à 2 h 30 selon l'âge	2 h à 3 h autocuiseur : 50 à 60 mn selon l'âge	
POULET petit	th. 6-7 25 à 30 mn par livre gril : ouvert et aplati 15 mn de chaque côté	1 h entier 50 mn en morceaux		10 mn morceaux panés

* Pendant le dernier quart d'heure de cuisson, couvrez la pintade d'une feuille de papier d'aluminium pour éviter le dessèchement.

MICRO-ONDES

Avant la cuisson au micro-ondes, toute volaille sera rissolée sur feu vif, à la poêle (il n'y a rien de tel) ou dans un plat brunisseur préchauffé plusieurs mn.

Cette opération est indispensable pour colorer la volaille (le micro-ondes ne le fait pas) et pour conserver le jus à l'intérieur du morceau.

DES LÉGUMES POUR ACCOMPAGNER LA VOLAILLE					
	Canard Oie	**Pigeon**	**Pintade**	**Poule**	**Poulet Dinde**
Champignons sautés farcis		X	X	X	X
Chou vert	X		X		
Choux de Bruxelles	X		X		
Choucroute	X				
Cœurs de céleri	X	X	X	X	X
Couscous		X		X	X
Crosnes	X	X	X	X	X
Girolles	X	X	X		X
Haricots verts	X	X	X	X	X
Jardinière		X	X	X	X
Lentilles, pois chiches	X		X		
Maïs		X		X	X
Marrons braisés purée	X		X		X
Navets	X				
Olives vertes	X	X	X		X
Pâtes	X	X	X	X	X
Pois	X	X	X		X
Pommes chips	X	X	X		X
dauphine	X	X	X		X
purée	X	X	X	X	X
sautées	X	X	X	X	X
Ratatouille		X	X	X	X
Riz	X		X	X	
Fruits ananas	X	X			X
cerises	X		X		
oranges	X		X		
pêches	X		X		
pommes	X		X		
pruneaux	X				X
raisins		X			

Entrée froide ou buffet

DIFFICILE
CHER
PETITES ET GRANDES RÉCEPTIONS
TOUTES SAISONS

Pour 6 ou 8, il faut :

1 gros canard,
20 g de beurre ou de margarine,
1 verre de vin rouge,
1 cuil. à soupe de sucre,
1 cuil. à soupe d'eau-de-vie,
sel, poivre.

Farce :

250 g de pruneaux,
100 g de bacon,
100 g de lard gras,
1 verre de porto,
2 cuil. à soupe de cognac,
1 échalote,
thym, laurier,
sel, poivre.

1 sachet de gelée,
1 cuil. à soupe de porto.

Canard en gelée farci aux pruneaux

Préparation et cuisson : 2 h 30
+ préparation des pruneaux : la veille

1. La veille, dénoyautez les pruneaux. Laissez-les gonfler la nuit entière avec 1 verre de porto.

2. Farce : coupez le lard gras en dés. Faites-le fondre doucement dans une casserole. Ajoutez-y le foie de canard, échalote coupée, bacon, thym, laurier. Mélangez et hachez aussitôt le tout à la moulinette. Ajoutez cognac, sel, poivre et 10 pruneaux entiers. Introduisez cette farce dans le canard (photos 1, 2 et 3).

3. Cuisson : faites dorer le canard sur toutes ses faces, dans une cocotte, avec 20 g de beurre ou de margarine. Glissez-la dans le four moyen (th. 5-6). Laissez cuire doucement 1 h 15, cocotte découverte. Retournez en cours de cuisson.

4. Mettez les pruneaux restants dans une petite casserole avec 1 verre de vin rouge et autant d'eau, 1 cuil. à soupe de sucre, sel, poivre, 1 cuil. d'eau-de-vie. Laissez mijoter 10 mn.

5. Laissez refroidir complètement canard et pruneaux au vin. Puis déposez-les sur une grille.

6. Préparez la gelée selon le mode d'emploi du sachet. Aromatisez-la avec 1 cuil. de porto. Lorsqu'elle a la consistance de l'huile, enrobez-en le canard. Laissez prendre au froid une dizaine de minutes. Versez le reste de gelée au fond du plat de service. Laissez prendre également au froid.

7. Disposez enfin le canard sur le plat de service, garni d'une couche de gelée. Entourez-le avec les pruneaux.

Raffinement :

Chaque pruneau peut être mis dans une minuscule tartelette pour décorer le tour du plat. Ces tartelettes-bouchées se trouvent dans les épiceries fines et certains super-marchés.

Pratique :

Ce plat peut être entièrement préparé la veille.

FARCIR LE CANARD

A Salez, poivrez l'intérieur. Introduisez farce et pruneaux.

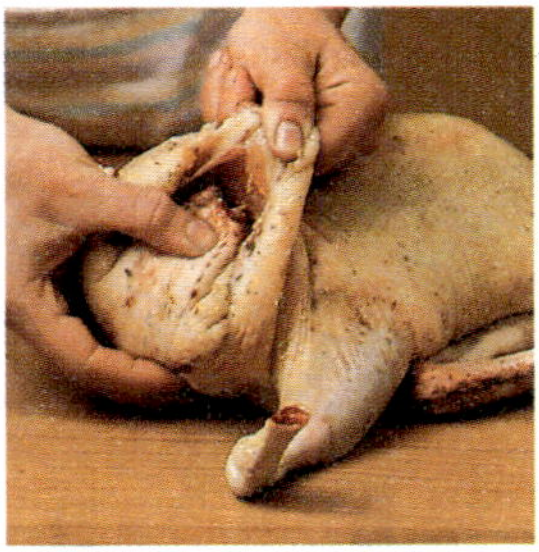

B Rabattez complètement le croupion sur la farce, puis la peau du ventre pardessus le tout.

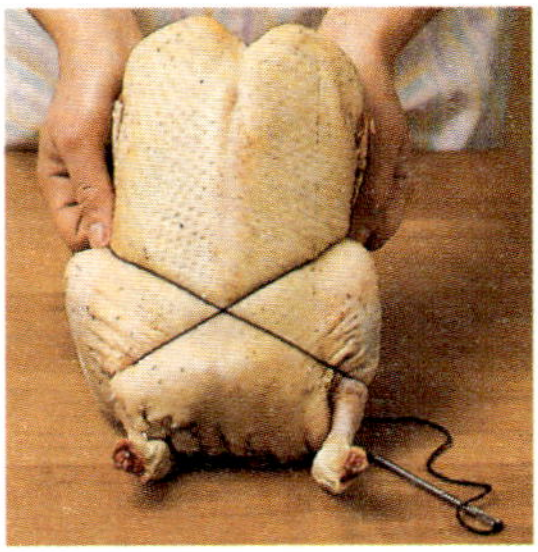

C Cousez pour maintenir. Retournez et ficelez autour des pattes.

Plat principal

Canard laqué

FACILE
CHER
PETITES RÉCEPTIONS
TOUTES SAISONS

Préparation et cuisson : 1 h 15

Pour 4, il faut :

1 canard de 1,400 kg,
40 g de beurre ou de margarine,
4 épices,
2 cuil. à soupe de sauce soja,
1 cuil. à soupe de miel,
sel, poivre.

1. Salez et poivrez l'intérieur du canard. Enduisez-le de beurre ou de margarine. Mettez à four moyen (th. 5-6) 20 mn.

2. Pendant ce temps, mélangez dans un bol : sauce soja, miel et 1/2 cuil. à café de 4 épices. Badigeonnez-en le canard avec un pinceau. Remettez-le dans le four. Laissez-le cuire 25 à 30 mn supplémentaires. Enduisez-le très souvent de sauce au soja pour obtenir un beau laquage (photo).

3. Avant de découper le canard, laissez-le reposer dans le four éteint, 15 mn. Ou bien, servez-le à la mode chinoise : la chair coupée en petits carrés. Présentez avec du riz nature.

Laquez le canard en donnant des petits coups de pinceau très appuyés (photo).

Plat principal

FACILE
CHER
PETITES ET GRANDES RÉCEPTIONS
TOUTES SAISONS

Pour 4, il faut :

1 canard,
40 g de beurre ou de margarine,
4 pommes-fruits,
2 verres à liqueur de calvados,
1 verre de vin blanc sec,
4 ou 5 cuil. à soupe de crème fraîche,
branches d'estragon,
sel, poivre.

Canard à la Normande

Préparation et cuisson : 1 h

1. Détachez les feuilles d'estragon. Glissez les tiges nues dans le canard. Salez et poivrez. Faites-le dorer de toute part, dans une cocotte avec 20 g de beurre ou de margarine. Arrosez de calvados. Dès qu'il bout, faites flamber avec une allumette. Puis couvrez et laissez mijoter, à feu moyen, 3/4 d'heure. Pendant la cuisson, retournez 2 ou 3 fois. Ajoutez 2 ou 3 cuil. d'eau si le jus est vraiment trop court.

2. Quand le canard est cuit, déposez-le dans un plat. Tenez-le au chaud. Dans le jus de cuisson resté sur le feu, versez 1 verre de vin blanc. Laissez bouillir à découvert pour qu'il diminue de moitié.

3. Épluchez et coupez les pommes en tranches épaisses. Faites-les rapidement dorer à la poêle avec 20 g de beurre.

4. Ajoutez crème fraîche et feuilles d'estragon coupées au jus de cuisson du canard. Laissez bouillir quelques instants tout en délayant avec une cuiller en bois. Versez dans une saucière. Présentez-les avec le canard entouré de pommes-fruits sautées.

Plat principal

DIFFICILE
CHER
PETITES ET GRANDES
RÉCEPTIONS
TOUTES SAISONS

Pour 4, il faut :

1 canard,
30 g de beurre ou de margarine,
3 oranges,
1/2 citron,
1 verre à liqueur de curaçao,
sel, poivre,
persil.

Fond de sauce :

abattis du canard,
25 g de beurre ou de margarine,
1 oignon,
1 carotte,
2 verres de vin blanc sec,
bouquet garni,
sel, poivre.

Canard à l'orange

Préparation et cuisson : 2 h

1. 1 h à l'avance, préparer le fond de sauce avec les abattis, selon la recette p. 381

2. Dans une cocotte, faites revenir le canard entièrement, avec 30 g de beurre ou de margarine, sur feu assez vif. Salez, poivrez. Versez dessus le fond de sauce passé. Laissez mijoter doucement 50 mn.

3. Coupez le zeste d'une orange en très fins bâtonnets. Mettez-les dans une petite casserole d'eau froide. Portez à ébullition. Égouttez. Laissez macérer avec 1 verre de curaçao. Pelez 2 autres oranges à vif. Puis coupez-les en rondelles.

4. 5 mn avant la fin de la cuisson du canard, ajoutez dans la cocotte les tranches d'oranges, le jus de citron, le zeste et le curaçao dans lequel il a macéré.

5. Déposez le canard sur un grand plat chaud. Faites bouillir quelques instants à feu vif la sauce restée dans la cocotte pour la laisser réduire un peu. Versez-la ensuite sur le canard. Présentez-le entouré de rondelles d'oranges.

Le secret

de la sauce encore plus parfumée et onctueuse : frottez 2 sucres contre la peau (lavée) d'une orange. Faites-les bouillir avec 1 cuil. à soupe de vinaigre, pour obtenir un jus très sirupeux. Mélangez-y alors la sauce du canard et un peu de maïzena. Portez à ébullition et versez sur le plat.

Canard rôti au four

FACILE
CHER
PETITES RÉCEPTIONS
TOUTES SAISONS

Pour 4, il faut :

1 canard de 1,400 kg,
30 g de beurre
ou de margarine,
sel, poivre.

Préparation et cuisson : 1 h 15

1. Mettez le canard à revenir dans une cocotte, avec 30 g de beurre ou de margarine. Lorsqu'il est bien doré de toute part, salez et poivrez. Glissez la cocotte dans le four chaud (th. 6-7) sans la couvrir. Laissez cuire de 40 à 45 mn, en arrosant souvent. Laissez-le dans le four éteint, 10 mn au moins, avant de le découper.

2. Découpez le canard. Mettez les morceaux dans un plat chaud. Délayez le jus de cuisson resté dans la cocotte avec 2 ou 3 cuil. à soupe d'eau bouillante. Reportez sur le feu, en grattant le fond avec une cuiller en bois. Laissez bouillir quelques instants. Dégraissez encore si nécessaire. Versez la sauce dans une saucière chaude.

Des goûts et des couleurs :

On peut aimer le canard plus ou moins cuit, rosé, saignant même. Modifiez un peu le temps de cuisson en conséquence.

Le secret

du canard rôti moelleux et un peu gras : dès que sa graisse commence à se répandre dans le plat de cuisson, il faut la retirer. Et continuer de le faire tout au long de la cuisson car, contrairement à ce que l'on pourrait croire : une viande grasse qui mijote dans sa graisse se dessèche. C'est le cas d'une côtelette de porc et surtout du canard.

Entrée froide ou buffet

Croustade de volaille

FACILE
RAISONNABLE
PETITES RÉCEPTIONS
TOUTES SAISONS

Préparation et cuisson : 1 h

Pour 4 ou 6, il faut :

Pâte au gruyère :

175 g de farine,
80 g de beurre ou de margarine,
75 g de gruyère râpé,
1 jaune d'œuf,
sel, cayenne.

Mayonnaise : (ou deux tubes)

1 jaune d'œuf,
1/4 de litre d'huile,
1 cuil. à café de moutarde,
1 cuil. à café de vinaigre,
sel, poivre.

Garniture :

reste de volaille,
ketchup,
laitue,
1 tomate,
cornichons,
concombre, radis.

1. Pâte : mélangez 175 g de farine, 1 cuil. à café rase de sel, 2 ou 3 pincées de poivre de Cayenne, le beurre ou la margarine et le gruyère râpé (photo). Battez le jaune d'œuf avec 2 ou 3 cuil. à soupe d'eau froide et incorporez au mélange. Malaxez pour obtenir une pâte assez ferme, mais travaillez rapidement pour ne pas la laisser durcir. Étalez la pâte au rouleau pas trop finement. Déposez-la dans une tourtière. Piquez le fond. Posez dessus une large rondelle d'aluminium. Roulez les bords contre les parois du moule pour maintenir la pâte. Faites cuire à four bien chaud (th. 7-8) 20 mn environ. Otez la feuille d'aluminium pour laisser dorer la surface 5 mn avant la fin de la cuisson. Au sortir du four, laissez refroidir complètement sur une grille.

2. Préparez la mayonnaise (recette p. 114) avec les proportions indiquées. Mélangez-la ensuite avec 2 ou 3 cuil. à café de ketchup et le reste de volaille. Étalez sur la croustade tapissée de feuilles de laitue. Décorez avec rondelles de tomate, cornichons, concombre, radis roses.

Pratique :

Cette recette peut être entièrement préparée la veille, à condition de ne réunir croustade et garniture qu'au moment du repas. Sinon, la pâte se ramollirait et perdrait ce côté croustillant qui fait tout son charme.

Dinde ou oie braisée

(en morceaux)

TRÈS FACILE
BON MARCHÉ
AUTOMNE-HIVER

Préparation et cuisson : 1 h 30
Cuisson en autocuiseur : 20 mn

Pour 4, il faut :

1,200 kg de dinde ou d'oie,
50 g de beurre ou de margarine,
1 carotte,
1 oignon,
1 verre à liqueur de cognac,
bouquet garni,
sel, poivre.

1. Faites dorer les morceaux, de toute part, dans une poêle, avec 20 g de beurre ou de margarine, sur feu assez vif.

2. Dans une cocotte, mettez à revenir carotte et oignon coupés en dés avec un peu de beurre ou de margarine. Lorsqu'ils sont bien revenus, ajoutez les morceaux de volaille, cognac. Portez à ébullition et faites flamber. Ajoutez 2 verres d'eau, sel, poivre, bouquet garni. Laissez mijoter hermétiquement couvert 1 h environ (en autocuiseur : 20 mn). Présentez avec des pâtes arrosées de jus.

MICRO-ONDES

Les morceaux de dinde – hauts de cuisse principalement – pourront cuire au micro-ondes. Suivez, à peu de chose près, la recette ci-dessus. Toutefois, n'y ajoutez pas d'eau car les morceaux cuiront dans leur propre jus, hermétiquement couverts d'un film étirable ou d'un couvercle bien adapté.

Pour 800 g à 1 kg de volaille, comptez une vingtaine de mn de cuisson (puiss. maxi). Retournez les morceaux à mi-cuisson.

Plat principal

Dinde en brochettes

TRÈS FACILE
RAISONNABLE
PETITES RÉCEPTIONS
TOUTES SAISONS

Pour 4, il faut :

700 g de chair de dinde crue,
2 ou 3 tranches (200 g) de lard de poitrine frais,
1 citron,
huile,
thym,
sel, poivre.

Crépine du charcutier.
4 brochettes.

Préparation et cuisson : 1 h 15

1. 1 h d'avance, coupez la chair en gros dés. Mélangez avec jus de citron, thym effeuillé, sel, poivre, 2 cuil. à soupe d'huile. Coupez le lard en petits carrés. Enfilez sur les brochettes en intercalant dinde et lardons. Enveloppez chaque brochette d'un morceau de crépine. Repliez comme un paquet, la crépine adhère suffisamment toute seule. Enveloppez de papier d'aluminium et laissez macérer au frais 1 h.

2. Faites cuire les brochettes sous le grilloir, ou dans le haut du four bien chaud, 15 mn. Retournez-les plusieurs fois. Laissez reposer au chaud, complètement recouvert, une dizaine de minutes avant de déguster. Servez avec du maïs en boîte réchauffé avec un peu de beurre, des petits pois ou des haricots verts.

Plat principal

FACILE
CHER
GRANDES RÉCEPTIONS
HIVER

Pour 10, il faut :

1 dinde de 4 kg,
50 g de beurre ou de margarine,
2 cuil. à soupe de porto,
sel, poivre.

Farce :

1 boîte de cèpes,
50 g de pain,
1/2 verre de lait,
1/2 verre de porto,
300 g de farce fine,
1 œuf,
sel, poivre.

Dinde farcie aux cèpes

Préparation et cuisson : 3 h
+ attente : 30 mn

1. Farce : rincez et égouttez les cèpes en boîte. Coupez les têtes en dés et hachez plus finement les pieds. Versez le lait tiède sur le pain dans une grande terrine. Ajoutez-y : cèpes, farce fine, porto, œuf entier, le foie de la dinde en dés, sel, poivre. Malaxez le tout ensemble et introduisez à l'intérieur de la dinde par le croupion sans trop tasser. Refermez l'ouverture (photos p. 386).

2. Déposez la dinde sur une cuisse, dans un grand plat (ou sur la plaque creuse du four). Enduisez-la de beurre ou de margarine. Salez, poivrez. Mettez à four moyen (th. 5-6) 1 h sur chaque cuisse, puis 30 mn sur le dos. Arrosez souvent.

3. Quand la dinde est cuite et «reposée» 1/2 h dans le four éteint, déposez-la sur un plat chaud. Versez le jus de cuisson dans une casserole. Portez à ébullition. Dégraissez. Laissez bouillir encore pour faire réduire. Ajoutez 2 cuil. de porto. Versez aussitôt dans la saucière présentée en même temps que la dinde découpée.

Le saviez-vous ?

La farce fine est un mélange de porc et de veau finement haché.

Demi-dinde farcie

FACILE
RAISONNABLE
PETITES RÉCEPTIONS
HIVER

Préparation et cuisson : 1 h 30

Pour 4 ou 5, il faut :
1/2 dinde.

Farce :
foie de dinde,
2 petites brioches,
lait,
300 g de farce fine,
200 g de jambon cuit,
1 œuf,
sel, poivre.

Si vous êtes peu nombreux autour de la table un jour de Noël et que cela vous attriste de vous priver de la dinde traditionnelle, cuisez-la de deux façons totalement différentes : préparez-en la moitié, farcie et rôtie, comme il se doit ; l'autre moitié sera transformée en terrine (recette p. 449) pour attendre, sans risque, les festivités du Jour de l'An.

1. Émiettez les brioches dans une terrine. Versez un peu de lait chaud dessus, juste pour détremper. Coupez le foie de dinde en dés. Hachez le jambon. Ajoutez dans la terrine, ainsi que la farce fine, 1 œuf entier, sel, poivre. Malaxez bien le tout.

2. Transpercez la chair de la poitrine, de bas en haut, avec une grande brochette. Puis cuisse et aile, de part en part, pour les maintenir serrées. Vous formez ainsi une cavité (voir photo).

3. Tassez la farce dedans. Recouvrez-la d'une feuille d'aluminium pour maintenir la farce. Déposez dans le plat sur le côté papier d'aluminium. Parsemez le dessus de la dinde de noix de beurre ou de margarine. Mettez à four moyen (th. 5-6) de 45 mn à 1 h. A mi-cuisson, retournez et ôtez le papier qui recouvre la farce afin de la laisser dorer à son tour.

Émincé au curry

FACILE
RAISONNABLE
PETITES RÉCEPTIONS
AUTOMNE-HIVER

Pour 4, il faut :

1,500 kg de dinde ou d'oie,
1 carotte,
1 oignon,
1 poireau,
1 gousse d'ail,
bouquet garni,
sel, poivre.

Pilaf :

200 g de riz,
30 g de beurre ou de margarine,
1 oignon,
sel, poivre.

Sauce curry :

2 oignons,
30 g de beurre ou de margarine,
1 cuil. à soupe de farine,
1 cuil. à café de curry,
1/2 litre de bouillon,
100 g de crème fraîche.

Préparation et cuisson : 1 h 30
Cuisson en autocuisseur : 25 mn

1. Plongez les morceaux de volaille dans de l'eau en ébullition, pendant 3 mn seulement. Égouttez-les. Passez-les sous l'eau froide aussitôt. Remettez-les dans la casserole avec 1 litre 1/4 d'eau, 1 carotte, 1 oignon, 1 poireau, ail, bouquet garni, sel, poivre. Laissez bouillir doucement 1 h environ (en autocuiseur : 25 mn).

2. Pilaf : faites dorer 1 oignon haché avec 30 g de beurre ou de margarine. Ajoutez le riz. Mélangez, et sans attendre, ajoutez deux fois son volume d'eau, sel, poivre. Couvrez et laissez cuire sur feu très doux de 15 à 17 mn.

3. Sauce curry : dans une petite casserole, faites sauter 2 oignons hachés menu avec 30 g de beurre ou de margarine. Saupoudrez d'1 cuil. à soupe bombée de farine et d'1 cuil. à café de curry. Mélangez bien. Mouillez avec 1/2 litre de bouillon de la volaille. Remuez jusqu'à épaississement. Laissez mijoter 10 mn sur feu très doux. A la fin de la cuisson incorporez la crème fraîche.

4. Tassez le riz dans un moule en couronne. Retournez-le dans un plat chaud. Disposez au centre la chair de la volaille coupée en fines tranches. Recouvrez de sauce et servez.

Farces pour dinde et oie

(de 4 kg environ)

Périgourdine

250 g de foies de dinde ou de volailles,
4 petites brioches,
25 g de beurre ou de margarine,
2 échalotes,
1 boîte de cèpes,
3/4 de verre de lait.

1. Faites sauter à la poêle les foies coupés en dés et les échalotes hachées avec le beurre ou la margarine.

2. Rincez et égouttez les cèpes, hachez les «jambes» et coupez les têtes en dés. Mélangez avec les brioches coupées et trempées dans le lait ainsi que les foies sautés.

Aux foies de volailles

500 g de foies de volailles,
50 g de beurre ou de margarine,
200 g de lard de poitrine finement coupé,
2 oignons,
200 g de mie de pain fraîche,
sel, poivre.

1. Faites frire les lardons à la poêle. Ajoutez les oignons hachés, les foies en petits dés. Laissez mijoter 10 mn.

2. Versez le tout dans une terrine contenant le pain émietté, 50 g de margarine ou de beurre fondu, sel, poivre. Malaxez. Laissez refroidir.

Aux marrons

1 boîte de marrons,
100 g de veau,
100 g de porc,
100 g de lard de poitrine frais,
le foie de la volaille,
1 œuf, sel, poivre,
1 tasse de mie de pain,
1 ou 2 échalotes,
1 verre à liqueur de cognac,

Hachez toutes les viandes, l'échalote. Malaxez dans une terrine avec l'œuf entier, la mie de pain émiettée, sel, poivre, cognac et les marrons écrasés à la fourchette.

Aux noix

60 g de noix décoquillées,
30 g de noix de cajou,
30 g de noix du Brésil (à défaut de ces variétés : 125 g de noix ordinaires),
50 g de beurre ou de margarine,
2 oignons
200 g de champignons,
250 g de mie de pain fraîche,
2 œufs,
persil,
sel, poivre.

1. Hachez les oignons. Faites-les cuire doucement 5 mn avec le beurre ou la margarine.

2. Coupez finement les champignons. Ajoutez aux oignons. Laissez cuire 5 mn, à couvert.

3. Hachez toutes les noix grossièrement. Mélangez-les avec : 1 cuil. à soupe de persil haché, mie de pain, œufs battus, mélange champignons-oignons, sel et poivre (au besoin, mouillez avec un petit peu de bouillon de volaille).

Aux saucisses-céleri

4 branches de céleri,
25 g de beurre ou de margarine,
800 g de chair fine,
2 oignons,
persil,
1 œuf,
sel, poivre.

Hachez finement céleri-branches, oignons et persil. Malaxez avec la margarine ou le beurre ramolli, l'œuf, sel et poivre. Incorporez intimement à la farce fine.

Pour servir la farce joliment :

Une fois la volaille découpée, cassez la carcasse et retirez-en la farce d'un seul bloc. Puis, découpez-la en tranches et disposez-les sur le plat autour des morceaux de dinde ou d'oie.

Farces pour poulet

(pour un beau poulet)

Un poulet farci fait davantage de profit et d'effet qu'un poulet simplement rôti.

Voici 5 recettes de (bonnes) farces auxquelles vous pourrez encore apporter votre touche personnelle.

A l'Anglaise

100 g de pain de seigle,
50 g de beurre ou de margarine,
2 oignons,
50 g de moelle de bœuf,
2 foies de poulet,
muscade,
sel, poivre.

Émiettez le pain à la moulinette. Mettez-le dans une poêle avec le beurre ou la margarine et les oignons hachés. Laissez cuire sur feu très doux. Plongez la moelle dans de l'eau juste frémissante pour la faire pocher 5 mn, feu éteint. Mélangez ensemble, hors du feu : mie de pain, oignons dorés, la moelle et les foies coupés, sel, poivre et 2 pincées de muscade râpée.

A l'estragon

200 g de champignons,
125 g de porc,
foie de poulet,
1 échalote,
1 gousse d'ail,
estragon,
sel, poivre.

Hachez finement le tout ainsi que les feuilles de plusieurs branches d'estragon. Salez et poivrez généreusement.

Aux foies

3 foies de volailles,
25 g de beurre,
1 œuf,
250 g de champignons,
100 g de pain,
1 verre de lait,
1 cuil. de cognac,
sel, poivre.

Faites tremper le pain dans du lait tiède. Nettoyez et hachez les champignons. Faites-les sauter, ainsi que les foies coupés menu, 5 mn, à la poêle avec le beurre ou la margarine, sel, poivre et, à la fin, cognac. Laissez sur feu vif quelques instants. Puis mélangez avec le pain bien essoré et émietté.

Au maïs (en boîte)

1 boîte de maïs en grains,
30 g de beurre ou de margarine,
10 olives vertes,
1 poivron,
laitue,
50 g de chair à saucisse fine,
foie de poulet,
1 œuf,
sel, poivre.

Faites revenir avec un peu de beurre ou de margarine la chair à saucisse, foie, olives et poivron hachés et quelques feuilles de laitue ciselée. Salez, poivrez. Au bout de quelques minutes, ajoutez le maïs, juste pour le réchauffer. Puis, hors du feu, l'œuf battu.

Riche

30 g de beurre ou de margarine,
100 g d'échine de porc,
100 g d'épaule de veau,
foie et gésier du poulet,
2 oignons,
1 œuf,
thym, laurier,
muscade,
sel, poivre.

Faites mijoter les oignons hachés, une dizaine de minutes, avec le beurre ou la margarine. Hachez finement toutes les viandes. Malaxez avec l'œuf, sel, poivre, une pincée de muscade râpée, thym effeuillé, demi-feuille de laurier effritée et les oignons revenus.

Tassez la farce à l'intérieur de la volaille. Pour qu'elle ne ressorte pas pendant la cuisson, recousez l'ouverture avec du gros fil ou refermez hermétiquement en ficelant tout autour des pattes et du croupion maintenus ensemble (voir p. 391).

Entrée froide

FACILE
RAISONNABLE
PETITES RÉCEPTIONS
PRINTEMPS-ÉTÉ

Pour 4, il faut :

1 poulet en morceaux,
30 g de beurre ou de margarine,
125 g de champignons,
1/2 citron,
farine,
2 jaunes d'œufs,
3 cuil. à soupe de crème fraîche,
sel, poivre.

Décor :

têtes de champignons.

Bouillon :

2 jeux d'abattis,
carcasse,
1 pied de veau,
1 oignon,
3 clous de girofle,
bouquet garni,
1 litre 1/2 d'eau,
sel, poivre.

Fricassée de poulet froid

Préparation et cuisson : 2 h
+ une nuit
Cuisson en autocuisseur : 30 mn

1. Bouillon : mettez à cuire tous les éléments du bouillon avec 1 litre 1/2 d'eau pendant 1 h 30 (en autocuiseur : 30 mn, avec 1 litre d'eau seulement).

2. Farinez légèrement les morceaux de poulet. Faites-les dorer dans une cocotte, avec 30 g de beurre ou de margarine, sur feu moyen. Salez, poivrez.

3. Versez ensuite le bouillon passé sur le poulet. Laissez bouillir doucement 20 mn.

4. Faites bouillir les champignons 3 ou 4 mn, avec 1 verre de bouillon et jus de citron. Ajoutez-les, avec le jus, dans la cocotte en fin de cuisson.

5. Disposez les morceaux de poulet bien égouttés sur un grand plat, légèrement creux.

6. Sauce : délayez, dans un bol, jaunes d'œufs et crème fraîche. Incorporez au bouillon resté sur le feu en mélangeant vivement avec un fouet à sauce, jusqu'au premier bouillon. Versez sur le poulet. Laissez prendre au froid jusqu'au lendemain.

Décorez avec quelques têtes de champignons cuites 5 mn dans très peu d'eau additionnée de citron.

Plat principal

Oie farcie aux marrons

FACILE
RAISONNABLE
GRANDES RÉCEPTIONS
AUTOMNE-HIVER

Préparation et cuisson : 3 h

Pour 8 ou 10, il faut :

1 oie de 3,500 kg,
75 g de beurre ou de margarine,
sel, poivre.

Farce :

1 foie d'oie,
100 g de veau,
100 g de collier de porc,
100 g de lard de poitrine frais,
1 boîte de marrons,
1 litre de bouillon (ou 2 tablettes),
2 échalotes,
sel, poivre.

Cresson.

1. Hachez ensemble : veau, porc, lard, foie, échalotes. Mélangez avec les marrons grossièrement écrasés, sel, poivre. Tassez à l'intérieur de l'oie. Cousez l'ouverture ou ficelez autour du croupion (photo p. 386).

2. Enduisez les cuisses de beurre ou de margarine. Salez et poivrez. Mettez à four bien chaud (th.7-8). Puis après 30 mn, réduisez la chaleur (th. 6-7). Laissez cuire en tout environ 2 h 30. Arrosez souvent pendant la cuisson assez lentement menée.

Présentez l'oie déficelée sur un très grand plat décoré de cresson. Servez le jus de cuisson (préalablement dégraissé) dans une saucière chaude.

Truc :

Si l'oie, ou la dinde, dore trop rapidement dans le four, protégez-la avec un morceau de feuille d'aluminium juste posé dessus.

Le secret

des marrons en boîte qui n'ont pas le goût d'eau : laissez-les mijoter 1/4 d'heure avec du bouillon de volaille assez concentré (du bouillon d'abattis, par exemple). C'est suffisant pour qu'ils s'en imprègnent. Et quand vous écraserez ces marrons à la fourchette, vous y ajouterez, en plus, quelques cuillerées à soupe du même bouillon de volaille.

Plat principal

FACILE
RAISONNABLE
GRANDES RÉCEPTIONS
AUTOMNE-HIVER

Pour 10, il faut :

1 oie de 4 kg,
50 g de beurre ou de margarine,
1 kg de pommes-fruits,
sel, poivre.

Farce :

1 kg de gros oignons doux,
mie de pain,
lait,
50 g de sauge fraîche (ou 2 cuil. à soupe de sauge séchée),
muscade,
sel, poivre.

MICRO-ONDES

Ne tentez pas, pour gagner du temps, de cuire de gros oignons au micro-ondes : vous en ressortiriez, au bout de quelques minutes, des petites outres vides, le contenu des oignons étant en grande partie évaporé.

Oie farcie de la Saint-Michel

Préparation et cuisson : 3 h 45

1. Farce : mettez les gros oignons à cuire avec leur peau dans le four chaud (th. 6-7) 45 mn environ. Puis pelez-les et hachez-les grossièrement. Pesez un poids égal de mie de pain. Trempez-le dans du lait tiède. Pressez-le et malaxez-le avec le hachis d'oignons, sel, poivre, 2 pincées de muscade râpée et la sauge hachée ou émiettée. Introduisez cette farce dans l'oie. Recousez et ficelez l'ouverture.

2. Beurrez les cuisses de l'oie. Salez, poivrez et mettez à four bien chaud (th. 7-8). Au bout d'un quart d'heure, ajoutez quelques cuillerées d'eau dans le plat. Réduisez la chaleur du four (th. 5-6). Laissez cuire 2 h 30 environ. Dégraissez la sauce en cours de cuisson (comme pour le canard).

3. Épluchez et coupez les pommes. Préparez-les en marmelade, non sucrée, en les cuisant, à couvert, 30 mn à feu doux.

Présentez l'oie découpée, avec la marmelade de pommes non sucrée à part. Seules des pommes de terre vapeur ou, mieux, des pommes Dauphine seront bienvenues avec cette oie farcie.

Pâte pour «pie»

(recette anglaise)

Il faut :

250 g de farine,
125 g de margarine,
2 ou 3 cuil. à soupe d'eau froide,
1/2 cuil. à café de sel.

1 plat de 25 cm de Ø

1. Dans un grand saladier, mettez farine, sel et la moitié de la margarine en petits morceaux. Travaillez avec deux couteaux pendant quelques minutes, jusqu'à ce que l'ensemble prenne l'apparence de très gros sable.

2. Incorporez le reste de margarine, toujours de la même manière, jusqu'à ce qu'elle paraisse mélangée à la farine de façon homogène (sable plus gros).

3. Aspergez, petit à petit, avec 2 ou 3 cuil. à soupe d'eau froide (selon la farine), tout en triturant avec une fourchette.

4. Avec la main, mettez la pâte en boule en la pétrissant un peu pour lui donner de la consistance. Laissez reposer au frais en attendant de l'étaler et de la mettre dans le moule.

Note :

Vous obtenez une pâte sèche assez cassante qui a même tendance à se déchirer quand on l'étale. C'est sans importance : il suffit d'humecter les bords de la déchirure et de ressouder avec les doigts. Une fois cuite, la croûte sera très sablée, friable sous la dent.

Entrée chaude ou plat principal

FACILE
RAISONNABLE
PETITES RÉCEPTIONS
PRINTEMPS-AUTOMNE-HIVER

Pour 6, il faut :

1 poulet en morceaux,
60 g de beurre ou de margarine,
2 oignons,
2 carottes,
30 g de farine,
2 verres de vin blanc sec,
1/2 tablette de bouillon de poulet,
150 g de champignons,
fines herbes,
sel, poivre,
1 œuf.

Pâte pour pie :

p. 413

Chicken pie

Préparation et cuisson : 1 h 30

1. Préparez la pâte pour pie (recette p. 413).

2. Faites dorer les morceaux de poulet avec 40 g de beurre ou de margarine. Ajoutez les oignons et les carottes coupés en dés. Laissez dorer également. Saupoudrez de farine, mélangez. Recouvrez de vin blanc et d'un verre de bouillon (tablette + eau). Salez modérément, poivrez, laissez mijoter 30 mn. Nettoyez et coupez les champignons en lamelles. Faites-les sauter avec 20 g de beurre ou de margarine. Ajoutez-y les fines herbes hachées.

3. Préparation du pie : étalez la pâte en une rondelle pas trop mince, un peu plus grande que le plat (photo A). Piquez-la de part en part avec une cuiller à café (photo B).

4. Mettez le poulet cuit et toute sa sauce dans le plat à pie. Humectez-en le bord. Déposez la pâte dessus. Pressez et pincez le pourtour pour faire adhérer (photo C). Badigeonnez avec très peu d'œuf battu pour que la croûte dore à la cuisson.

5. Faites cuire à four bien chaud (th. 7-8), puis chaud (th. 6-7) de 25 à 30 mn. Servez chaud dans le plat de cuisson.

Un «plat à pie» est un récipient assez profond de porcelaine ou de verre allant au feu. Et, surtout, il possède un bord plat, large d'un doigt, permettant à la pâte de déborder suffisamment pour modeler un bord en feston (photo C).

A

B

C

Entrée chaude

Pâté chaud de pigeon

DIFFICILE
CHER
PETITES RÉCEPTIONS
PRINTEMPS-AUTOMNE-HIVER

Préparation et cuisson : 1 h 45

Pour 4, il faut :

2 pigeons,
8 fines tranches de lard,
2 œufs durs,
1 échalote,
persil,
20 g de beurre ou de margarine,
sel, poivre.

Pâte brisée :

150 g de farine,
75 g de beurre ou de margarine,
1/2 verre d'eau,
1/2 cuil. à café de sel,
(ou 1 paquet de pâte surgelée).

Sauce :

1 cuil. à soupe rase de farine,
20 g de beurre ou de margarine,
1 verre 1/2 d'eau,
1 tablette de bouillon de poulet.

1. Pâte brisée : mélangez la farine, le sel et le beurre ou la margarine en morceaux, en pressant et frottant les paumes des mains l'une contre l'autre. Ajoutez 1/2 verre d'eau à cette pâte granuleuse. Pétrissez vivement. Mettez en boule. Écrasez-la avec la paume de la main. Remettez en boule. Cela 3 fois. Laissez reposer au réfrigérateur jusqu'au moment de l'utiliser.

2. Tranchez les pigeons en deux, en longueur. Faites-les dorer vivement à la poêle avec 20 g de beurre ou de margarine, sur feu vif.

3. Sauce : délayez 1 cuil. à soupe rase de farine et 20 g de beurre ou de margarine, sur le feu. Ajoutez 1 verre 1/2 d'eau et la tablette de bouillon. Mélangez jusqu'à ébullition. Laissez mijoter 5 mn.

4. Tapissez un plat à pie avec des tranches de lard fumé. Mettez dessus : le hachis d'échalote, 1 œuf dur en rondelles, persil haché (photo A). Puis les pigeons coupés en deux, le deuxième œuf dur et la sauce (photo B).

5. Étalez la pâte finement. Badigeonnez-en légèrement le bord avec un pinceau humide. Déposez-la sur le plat, elle doit déborder un peu (photo C).

6. Pressez la pâte entre les deux doigts pour former un bourrelet tout autour (photo D).

7. Coupez l'excédent de pâte autour du moule (photo E).

8. Pincez le bord pour former un feston en relief et bien souder le couvercle tout autour (photo F). Badigeonnez légèrement la surface avec le pinceau humide. Creusez une cheminée au centre. Enfournez 1 h 15 à four moyen (th. 5-6). Servez au sortir du four.

Variante :

A la place de pigeons, cette préparation permet d'utiliser de simples restes de volaille. On peut les étoffer avec des quenelles, des champignons, des foies de volailles préalablement sautés, et des tombées de jambon. Ces viandes étant déjà cuites, 30 mn de cuisson seront alors suffisantes.

A

B

C

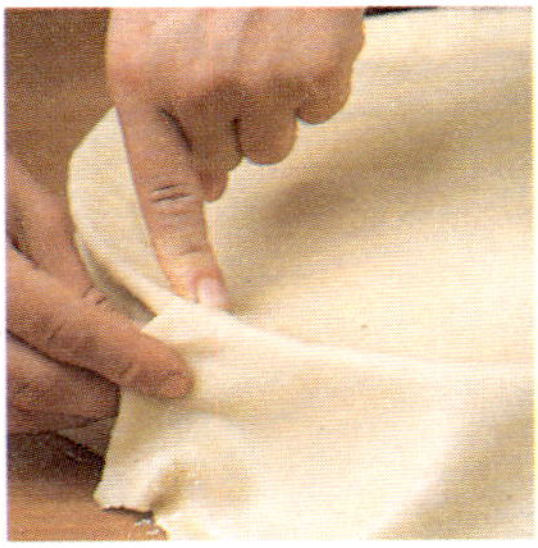

D

E

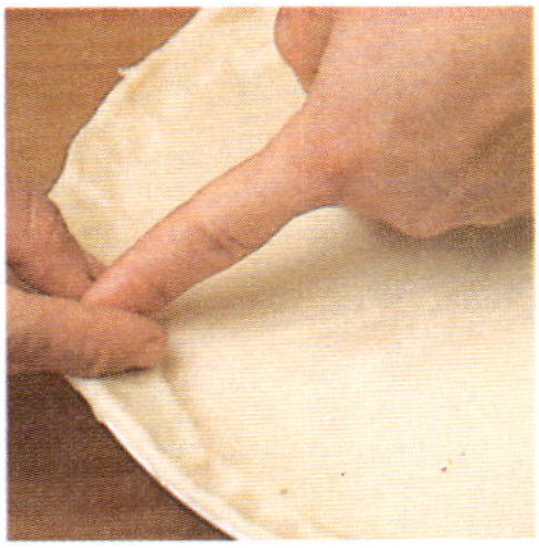

F

Entrée chaude ou plat principal

FACILE
RAISONNABLE
PETITES RÉCEPTIONS
PRINTEMPS-AUTOMNE-HIVER

Pour 4 ou 6, il faut :

1 poulet en morceaux,
40 g de beurre ou de margarine,
200 g de lard frais,
125 g de petits oignons,
500 g de tomates,
200 g d'olives vertes,
1 cuil. à soupe rase de farine,
bouquet garni,
sel, poivre,
1 œuf.

Pâte pour pie :

p. 413

Tourte de poulet aux olives

Préparation et cuisson : 1 h 30

1. Faites dorer les morceaux de poulet de toute part avec 40 g de beurre ou de margarine, puis le lard coupé en dés et les petits oignons. Saupoudrez de farine. Mélangez. Ajoutez les tomates épépinées et coupées, les olives (dénoyautées si possible), bouquet garni, pas de sel (à cause des olives), poivre. Couvrez et laissez mijoter 30 mn environ. La sauce doit être peu abondante en fin de cuisson.

2. Procédez maintenant de la même façon que pour le chicken-pie (voir p. 414).

Plat principal

DIFFICILE
CHER
PETITES ET GRANDES RÉCEPTIONS
TOUTES SAISONS

Pour 4, il faut :

4 pigeonneaux,
40 g de beurre ou de margarine,
2 échalotes,
1 verre de vin blanc sec,
farine,
1 cuil. à café rase de tomate concentrée,
4 cornichons,
sel, poivre.

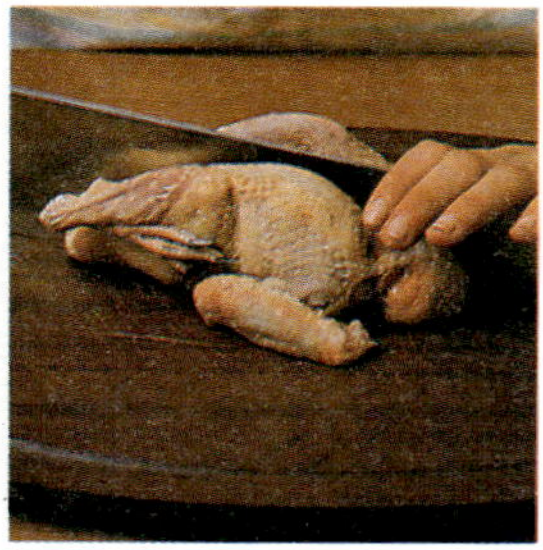

Pigeonneaux à la diable

Préparation et cuisson : 45 mn

1. Sur la planche à découper, ouvrez les pigeonneaux par le dos, sans séparer les deux moitiés. Aplatissez-les avec la paume de la main (voir photo).

2. Tartinez de beurre ou de margarine. Salez, poivrez. Faites cuire sous le grilloir (ou dans le haut du four chaud) 15 mn de chaque côté.

3. Faites cuire, sur feu doux, les échalotes hachées avec une noix de beurre ou de margarine (ne laissez surtout pas roussir). Ajoutez 1 cuil. à café de farine, tomate concentrée, 1 verre de vin blanc, autant d'eau. Salez et poivrez généreusement. Laissez mijoter 20 mn. Ajoutez-y, cornichons en rondelles et jus de cuisson des pigeonneaux.

Présentez avec des chips et du cresson non assaisonné.

Variante :

Vous pouvez enrober les pigeonneaux de moutarde, puis de chapelure avant de les faire griller.

Façon d'ouvrir et d'aplatir un pigeon :

Le pigeon doit être ouvert par le dos. Pour y arriver, enfilez à l'intérieur du pigeon la lame du couteau par le croupion jusqu'à l'autre extrémité.

Puis fendez en donnant un mouvement de scie à la lame.

Retournez le pigeon complètement ouvert et aplatissez-le avec la paume de la main.

Plat principal

Pigeonneaux en papillotes

FACILE
CHER
PETITES RÉCEPTIONS
TOUTES SAISONS

Préparation et cuisson : 1 h 15

Pour 4, il faut :

2 pigeonneaux,
200 g de champignons,
60 g de beurre ou de margarine,
2 tranches de jambon cuit,
2 échalotes,
1/2 verre de vin blanc sec,
1 cuil. à soupe de tomate concentrée,
persil haché,
sel, poivre.

4 feuilles d'aluminium de 32 cm².

1. Tranchez les pigeonneaux, en longueur, sur la planche à découper, avec un grand couteau. Faites-les vivement dorer à la poêle avec 20 g de beurre. Salez, poivrez.

2. Hachez deux échalotes. Faites-les mijoter doucement dans une casserole avec 1/2 verre de vin blanc, sans couvrir. Hachez les champignons. Ajoutez-les dans la casserole ainsi que la tomate concentrée, persil haché, sel, poivre. Laissez cuire jusqu'à évaporation presque complète du jus.

3. Découpez 4 larges cœurs dans une feuille d'aluminium repliée en 2 (photo A). Sur une moitié de cœur, déposez 1/4 de tranche de jambon, 1 cuil. de farce, 1/2 pigeon préalablement doré (photo B), farce, jambon et 2 noix de beurre. Refermez et roulottez les deux bords ensemble (photo C). Faites cuire à four bien chaud (th. 7-8) 25 mn environ. Présentez à table les papillotes fermées que chacun ouvrira dans son assiette.

A

B

C

Pigeons cocotte grand-mère

FACILE
RAISONNABLE
PETITES RÉCEPTIONS
TOUTES SAISONS

Pour 4, il faut :

2 gros pigeons,
85 g de beurre ou de margarine,
750 g de pommes de terre,
250 g de petits oignons,
250 g de champignons de Paris,
persil haché,
sel, poivre.

Préparation et cuisson : 1 h
Cuisson en autocuiseur : 15 mn

1. Épluchez oignons et pommes de terre. Coupez celles-ci en dés. Plongez le tout, 5 mn, dans de l'eau en ébullition. Égouttez.

2. Flambez les pigeons. Salez et poivrez l'intérieur.

3. Mettez les pigeons dans une grande cocotte. Faites-les dorer de toute part avec 40 g de beurre ou de margarine. Retirez-les de la cocotte. A la place, faites revenir oignons et pommes de terre.

4. Lorsque les légumes sont bien dorés, mettez les pigeons dessus, sel, poivre. Couvrez la cocotte et laissez cuire 45 mn sur feu moyen (en autocuiseur : 15 mn).

5. Nettoyez les champignons. Coupez-les en 2 ou en 4. Faites-les sauter rapidement à la poêle avec une noix de beurre ou de margarine. Salez, poivrez. Ajoutez-les dans la cocotte. Parsemez de persil haché et servez.

Raffiné :

Quelques lardons, préalablement blanchis à l'eau bouillante ou sautés à la poêle, sont ajoutés à mi-cuisson dans la cocotte.

Pigeons farcis aux raisins

FACILE
CHER
PETITES RÉCEPTIONS
TOUTES SAISONS

Préparation et cuisson : 1 h

Pour 4, il faut :

2 gros pigeons,
30 g de beurre ou de margarine,
100 g de raisins secs,
50 g d'amandes,
1 boîte de couscous cuit,
60 g de barde de lard,
sel, poivre.

1. Faites gonfler les raisins en les plongeant dans de l'eau chaude, pendant 30 mn.

2. Égouttez-les puis mélangez-les avec les amandes hachées et 2 grosses cuil. à soupe de couscous, un peu de sel et poivre.

Introduisez cette farce dans les pigeons. Cousez l'ouverture. Ficelez un carré de barde sur l'abdomen des pigeons. Enduisez de beurre ou de margarine.

3. Mettez les pigeons à rôtir, à four moyen (th. 5-6) 15 mn sur chaque cuisse. Salez et poivrez. Au bout de cette demi-heure de cuisson, ôtez les bardes. Laissez rôtir 10 mn supplémentaires pour dorer la chair qui était cachée sous la barde. Présentez les pigeons coupés en deux, en longueur, avec du couscous ou du riz nature.

Solution express :

On trouve du couscous cuit nature en boîte ou surgelé. Il suffit de le faire réchauffer à la vapeur et d'y mélanger quelques noix de beurre, en égrenant sur le plat.

MICRO-ONDES

A défaut de couscous tout préparé, faites-le cuire vous-même en un tour de main, dans votre micro-ondes.

Comptez, pour 100 g de semoule, 1 verre d'eau salée (120 g) et 2 mn de cuisson (puis. maxi) bien couvert. Mélangez à mi-cuisson et laissez reposer avant d'ôter le couvercle.

Attention : cette solution est très satisfaisante pour une petite quantité de semoule mais pas pour un véritable couscous !

Plat principal

FACILE
RAISONNABLE
PETITES RÉCEPTIONS
TOUTES SAISONS

Pour 4, il faut :

2 gros pigeons,
30 g de beurre
ou de margarine,
100 g de lard gras,
100 g de veau haché,
1 jaune d'œuf,
fines herbes,
sel, poivre.

Pigeons farcis toulousaine

Préparation et cuisson : 50 mn

1. Farce : hachez finement veau, foies des pigeons, lard, fines herbes (persil, cerfeuil, ciboulette, estragon). Malaxez le tout avec le jaune d'œuf, sel et poivre.

2. Introduisez cette farce à l'intérieur des pigeons. Recousez l'ouverture. Faites d'abord dorer, dans une cocotte, sur le feu avec un peu de beurre ou de margarine. Puis glissez la cocotte à four chaud (th. 6-7) de 40 à 50 mn. Couvrez, salez, poivrez, à mi-cuisson seulement pour empêcher de dessécher.

Le secret

pour rendre un vieux pigeon coriace tendre comme un pigeonneau : faites-le cuire au four mais dans une cocotte fermée. La vapeur de cuisson retenue à l'intérieur amollira la viande sans la mouiller. Comptez 5 ou 10 mn supplémentaires de cuisson.

Plat principal

Pintade bonne-femme

FACILE
RAISONNABLE
PETITES RÉCEPTIONS
TOUTES SAISONS

Préparation et cuisson : 1 h 15

Pour 4, il faut :

2 pintades,
75 g de beurre ou de margarine,
750 g de pommes de terre,
250 g de petits oignons,
250 g de champignons,
persil,
sel, poivre.

1. Épluchez oignons et pommes de terre. Coupez celles-ci en morceaux réguliers. Plongez le tout 5 mn dans de l'eau en ébullition. Égouttez.

2. Salez et poivrez l'intérieur des pintades. Mettez-les à dorer de toute part dans une grande cocotte, avec 50 g de beurre ou de margarine. Retirez-les ensuite de la cocotte. A la place, faites revenir oignons et pommes de terre. Lorsque les légumes sont dorés à leur tour, salez, poivrez et remettez les pintades dessus. Couvrez. Laissez cuire de 40 à 50 mn sur feu moyen.

3. Nettoyez les champignons. Coupez-les. Faites-les sauter rapidement avec une noix de beurre. Salez, poivrez. Ajoutez-les au contenu de la cocotte. Laissez cuire 5 mn supplémentaires. Parsemez de persil haché juste avant de servir.

Pintade sur canapé

TRÈS FACILE
RAISONNABLE
PETITES ET GRANDES RÉCEPTIONS
TOUTES SAISONS

Préparation et cuisson : 45 mn

Pour 4, il faut :

2 pintades bardées,
60 g de beurre ou de margarine,
4 tranches de pain de mie,
sel, poivre.

1. Retirez le foie et le cœur des pintades. Salez et poivrez l'intérieur. Déposez-les dans un plat à four beurré. Faites cuire à four chaud (th. 6-7) 35 mn environ.

2. Farce : coupez les foies et les cœurs en dés. Faites-les revenir dans une poêle avec une noix de beurre ou de margarine. Égouttez-les, puis écrasez-les finement à la moulinette. Salez, poivrez. Dans la même poêle, remettez à fondre 50 g de beurre ou de margarine. Faites dorer dedans les tranches de pain sur les 2 faces. Tartinez-les ensuite de farce. Déposez-les dans le fond d'un grand plat. Tenez au chaud.

3. Découpez les pintades en 2. Déposez les morceaux sur les canapés de pain de mie et servez aussitôt.

Raffinement :

1 ou 2 pincées de muscade râpée accentuent encore la saveur légèrement poivrée de la chair de pintade, mais sans la dénaturer.

Le secret

pour obtenir une pintade moelleuse et goûteuse : – alors qu'elle dessèche si facilement à la cuisson – c'est d'y introduire 1 grosse cuil. à soupe de fromage blanc, puis de l'envelopper entièrement d'un morceau de crépine très fraîche (achetée chez le charcutier) avant de la cuire au four ou à la rôtissoire.

Pintade à l'estragon aux nouilles

FACILE
RAISONNABLE
PETITES RÉCEPTIONS
TOUTES SAISONS

Préparation et cuisson : 45 mn

Pour 4, il faut :

2 pintades,
50 g de beurre ou de margarine,
4 branches d'estragon,
1 cuil. à café de farine,
1 verre de vin blanc sec,
crème fraîche,
bouquet garni,
sel, poivre.

250 g de nouilles plates,
25 g de beurre.

4 tranches de pain de mie,
50 g de beurre.

1. Glissez une branche d'estragon dans les pintades. Faites-les dorer de toute part, dans une cocotte, avec 30 g de beurre.

2. Ajoutez ensuite : vin blanc, 1/2 verre d'eau, bouquet garni, sel, poivre, 2 tiges d'estragon (sans les feuilles). Portez à ébullition quelques minutes. Couvrez. Mettez à four moyen de 30 à 35 mn (th. 5-6). Retournez à mi-cuisson.

3. Jetez les nouilles dans une grande casserole d'eau bouillante salée. Mélangez. Laissez bouillir sans couvrir, de 12 à 15 mn. Goûtez pour vérifier la cuisson. Aussitôt cuites, égouttez-les et mélangez-les avec du beurre pour qu'elles ne collent pas. Tenez-les au chaud.

4. Retirez les pintades de la cocotte. Tenez-les au chaud. Passez le jus de cuisson.

5. Malaxez 1 cuil. à café de farine avec autant de beurre. Mélangez par petits morceaux, au jus resté sur le feu. Ajoutez les feuilles d'estragon hachées et 1 cuil. à soupe de crème fraîche. Laissez bouillir 5 mn.

6. Canapés : mettez les tranches de pain de mie à dorer des 2 côtés, à la poêle, avec 50 g de beurre.

7. Découpez les pintades en 2. Disposez chaque morceau sur un canapé. Présentez sur les nouilles bien égouttées et beurrées.

Pintade farcie

FACILE
RAISONNABLE
PETITES RÉCEPTIONS
TOUTES SAISONS

Pour 4, il faut :

1 grosse pintade,
30 g de beurre ou de margarine,
3 cuil. à soupe de cognac,
thym,
2 cuil. à soupe d'huile,
sel, poivre.

Farce :

100 g de mie de pain,
1/2 verre de lait,
125 g de chair à saucisse fine,
2 cuil. à soupe de cognac,
1 œuf,
fines herbes,
sel, poivre.

Préparation et cuisson : 1 h
+ marinade : la veille

1. La veille, faites tremper le pain avec le lait. Pressez-le légèrement avant de le malaxer avec : fines herbes hachées (ciboulette, estragon, persil, cerfeuil), 1 œuf entier, chair à saucisse, 2 cuil. à soupe de cognac, sel, poivre. Tassez dans la pintade. Mettez dans une terrine qui la contient juste. Arrosez avec 2 autres cuil. de cognac, un peu d'huile, thym. Couvrez. Laissez mariner jusqu'au lendemain. Retournez la pintade de temps en temps.

2. Le jour même, faites dorer la pintade farcie, salée et poivrée, dans une cocotte avec 30 g de beurre ou de margarine. Puis glissez la cocotte dans le four bien chaud (th. 7-8). Laissez cuire 30 mn sans couvrir.

3. Au bout de ce temps, ajoutez le reste d'alcool et la marinade. Couvrez. Laissez cuire 20 mn supplémentaires. Présentez la pintade arrosée de jus de cuisson et accompagnée de pommes de terre sautées ou de légumes verts braisés.

Plat principal ou entrée froide

Poule en daube

TRÈS FACILE
BON MARCHÉ
TOUTES SAISONS

Pour 6 ou 8, il faut :

1 grosse poule en morceaux,
1 pied de veau,
250 g de lard de poitrine frais,
2 carottes,
1 oignon,
1 verre de vin blanc sec,
1 verre à liqueur de cognac,
bouquet garni,
sel, poivre.

Préparation et cuisson : 3 h 15
Cuisson en autocuiseur : 1 h

1. Dans une cocotte, mettez les morceaux de poule, le lard en dés, le pied de veau fendu par le boucher, bouquet garni, carottes et oignon en rondelles, sel, poivre.

2. Ajoutez 1 verre de vin blanc sec, 1 verre à liqueur de cognac et suffisamment d'eau pour couvrir la viande. Portez à ébullition. Couvrez et laissez cuire très doucement environ 3 h (en autocuiseur : 1 h).

3. Après cuisson, disposez les morceaux de poule dans un récipient creux. Versez dessus le bouillon de cuisson passé à travers une passoire.

Vous pouvez présenter la daube **chaude** avec des pommes vapeur.

Si vous la préférez **froide**, laissez prendre en gelée au réfrigérateur jusqu'au lendemain pour la servir avec salade et cornichons.

Poule farcie marocaine

FACILE
RAISONNABLE
PETITES RÉCEPTIONS
TOUTES SAISONS

Pour 6, il faut :

1 grosse poule,
1 noix de beurre,
huile d'olive,
100 g de semoule à couscous,
1 oignon,
75 g d'amandes épluchées,
150 g de raisins de Smyrne,
1 pincée de gingembre,
1 pincée de safran,
1 cuil. à soupe rase de ras-el-hanout,
sel, poivre.

MICRO-ONDES

Gain de temps pour la cuisson d'une petite quantité de semoule à couscous au micro-ondes.

Pour 100 g de semoule, comptez 1 verre d'eau salée (120 g) et 1 cuil. à soupe d'huile (pour éviter les grumeaux). Couvrez. Temps: 2 mn (puiss. maxi).

A mi-cuisson, mélangez avec une fourchette. Laissez reposer 1 mn puis découvrez.

Préparation et cuisson : 3 h
Cuisson en autocuiseur : 45 mn

1. Humectez la semoule à couscous avec de l'eau salée (1 verre environ). Faites-la cuire dans une passoire couverte, au-dessus d'une casserole d'eau en ébullition, jusqu'à ce que la vapeur passe à travers. Elle ne doit pas être en contact avec l'eau. Écrasez grossièrement les amandes. Lavez et épongez les raisins.

2. Farce : mélangez bien couscous cuit, raisins, amandes, ras-el-hanout, sel, noix de beurre. Tassez à l'intérieur de la poule. Cousez ou ficelez soigneusement les ouvertures.

3. Dans une grande cocotte, déposez la poule farcie ainsi que : poudre de gingembre, safran, oignon haché, 1 cuil. à café rase de sel, poivre, 4 cuil. d'huile d'olive. Arrosez d'eau bouillante jusqu'à mi-hauteur de la poule. Mettez sur feu vif. Laissez bouillir mi-couvert 2 h (en autocuiseur : 45 mn - moitié du liquide seulement). Servez la poule avec son délicieux jus de cuisson réduit au volume d'un grand bol.

Pour accompagner : du couscous bien sûr, du riz nature ou des pâtes.

Note :

Tous ces produits exotiques se trouvent dans les grands magasins ou les épiceries spécialisées.

Plat principal

FACILE
RAISONNABLE
PETITES RÉCEPTIONS
AUTOMNE-HIVER

Pour 6, il faut :

1 poule avec abattis,
1 jarret de veau,
1 oignon,
2 clous de girofle,
2 os,
4 carottes,
4 navets,
1 branche de céleri,
6 poireaux,
1 citron,
bouquet garni,
6 tranches de pain,
sel, poivre.

Farce :

100 g de pain rassis,
1 verre de lait,
150 g de jambon cru,
100 g de chair à saucisse,
100 g de veau,
5 gousses d'ail,
30 g de pâté de foie,
1 œuf,
persil, thym,
muscade,
sel, poivre.

Poule au pot farcie béarnaise

Préparation et cuisson : 4 h
Cuisson en autocuiseur : 1 h

1. Mettez à bouillir un demi fait-tout d'eau. Quand elle bout, plongez les os et le jarret de veau dedans, 5 mn. Égouttez-les.

2. Rincez le fait-tout. Emplissez-le d'eau froide. Remettez sur le feu avec sel, jarret de veau, os, gésier, cœur et abattis de la poule, 1 oignon piqué de 2 clous de girofle, céleri, bouquet garni, sel et poivre. Écumez.

3. Farce : émiettez le pain dans une terrine. Aspergez-le de lait. Hachez : jambon, veau, foie de poule, ail, persil. Malaxez énergiquement le tout avec chair à saucisse, pâté de foie, 2 pincées de thym effeuillé, 1 pincée de muscade, œuf, sel et poivre.

4. Tassez dans la poule cette farce épicée. Cousez l'ouverture et maintenez ailes et cuisses avec un long morceau de fil. Plongez-la dans le bouillon en ébullition. Laissez bouillir à petit feu de 2 h 30 à 3 h (en autocuiseur : 1 h).

5. Ajoutez carottes, navets, poireaux dans le fait-tout, au bout d'1 h de cuisson.

6. Faites griller quelques fines tranches de pain. Mettez-les dans une soupière. Versez le bouillon très chaud dessus. La poule au pot sera présentée dans un grand plat creux, coupée en morceaux ainsi que le jarret de veau, la farce et les légumes du bouillon.

Plat principal

Poule au pot

TRÈS FACILE
BON MARCHÉ
AUTOMNE-HIVER

Pour 4 ou 6, il faut :

1 poule,
2 os de veau,
1 oignon,
2 clous de girofle,
4 carottes,
4 navets,
1 branche de céleri,
6 poireaux,
bouquet garni,
sel, poivre.

Pain grillé.

Préparation et cuisson : 3 h
Cuisson en autocuiseur : 1 h

1. Dans une grande marmite d'eau froide, mettez les os, les abattis de la poule, 1 oignon piqué de 2 clous de girofle, céleri, bouquet garni, sel, poivre. Laissez bouillir en écumant.

2. Plongez la poule dans le bouillon en ébullition. Laissez cuire très doucement, de 2 h 30 à 3 h (en autocuiseur : 1 h environ). Ajoutez carottes, navets et poireaux à mi-cuisson.

3. Servez le bouillon avec du pain grillé. La poule sera présentée découpée sur un grand plat creux entourée des légumes de cuisson, du gros sel et des cornichons.

Si vous l'accompagnez de riz nature, préparez en plus une sauce blanche avec une partie du bouillon de poule dégraissé.

Les secrets

de la poule au pot :
– une volaille suffisamment faite pour supporter une douce cuisson prolongée, sans toutefois laisser détériorer sa chair ;
– pas trop d'eau pour la cuire ;
– un bouillon bien dégraissé ;
– pour que la poule reste bien blanche, frottez-la entièrement de citron avant de la plonger dans le bouillon ;
– et pour que le bouillon ait une couleur dorée : faites colorer un gros oignon, sans matière grasse, jusqu'à ce qu'il soit très brun. Il teintera le bouillon auquel il sera joint, en début de cuisson.

Poulet aux amandes

TRÈS FACILE
RAISONNABLE
PETITES RÉCEPTIONS
TOUTES SAISONS

Pour 4, il faut :

1 poulet,
40 g de beurre ou de margarine,
100 g d'amandes épluchées,
1 cuil. à soupe rase de maïzena,
3 cuil. à soupe de soja,
2 pincées de glutamate,
1 cuil. à café de sucre,
sel, poivre.

Préparation et cuisson : 45 mn

1. Coupez la chair du poulet cru en minces petites tranches pas plus grosses qu'une bouchée. Roulez-les dans le mélange : maïzena, sauce soja, glutamate et sucre.

2. Faites dorer à la poêle, sur feu doux, les amandes coupées en deux, avec une grosse noix de beurre ou de margarine. Remuez souvent avec une cuiller en bois pour ne pas laisser brûler.

3. Faites sauter les petits morceaux de poulet, dans un poêlon épais, sur feu vif, avec 20 g de beurre ou de margarine. Remuez souvent avec une cuiller en bois. Au bout de 10 mn, ajoutez les amandes, 2 cuil. à soupe d'eau, sel, poivre. Mélangez bien. Couvrez et laissez cuire 5 mn supplémentaires.

Présentez le poulet et les amandes mélangés. Accompagnez-les de riz nature, moulé en timbale ou servi dans de petits bols individuels avec des baguettes (voir pp. 633-634 «manière de s'en servir»).

Poulet frit

FACILE
BON MARCHÉ
PETITES RÉCEPTIONS
TOUTES SAISONS

Pour 4, il faut :

1 petit poulet coupé en 4,
farine,
1 œuf,
chapelure,
1 citron,
sel, poivre.

Bain de friture.

Préparation et cuisson : 40 mn

1. Otez la peau du poulet cru (photo A) ainsi que les os les plus gros et les plus faciles à détacher. Salez et poivrez.

2. Disposez 2 cuil. à soupe de farine, 1 œuf battu et 125 g de chapelure dans trois assiettes. Roulez les morceaux dedans, dans l'ordre : farine-œuf-chapelure (photo B). Tapotez pour faire adhérer (photo C).

3. Plongez les morceaux dans la friture moyennement chaude (170°). Laissez cuire 10 mn environ. Le poulet est frit quand il présente une légère croûte, dorée uniformément.

4. Égouttez les morceaux sur du papier absorbant. Présentez-les avec bouquets de cresson non assaisonnés et citron.

Variante

Le poulet frit à l'Américaine est simplement roulé dans la farine, après que les morceaux aient mariné 1/4 d'heure dans du lait salé et poivré. La cuisson est la même que pour le poulet frit précédent.

A

B

C

Entrée froide ou buffet

FACILE
RAISONNABLE
PETITES ET GRANDES RÉCEPTIONS
TOUTES SAISONS

Pour 4, il faut :

1 poulet rôti,
1 sachet de gelée,
1 cuil. à soupe de porto,
estragon,
tomates,
salade.

Poulet en gelée

Préparation : 45 mn
+ au froid : 1 h

1. Découpez le poulet froid. Disposez les morceaux sur une grille.

2. Préparez la gelée. Aromatisez-la avec une cuil. à soupe de porto. Lorsqu'elle a la consistance de l'huile, versez-en un peu sur les morceaux de poulet, à l'aide d'une cuiller. Laissez prendre au frais.

3. Décor : trempez les feuilles d'estragon dans la gelée et disposez-les sur le poulet (photo A). Recouvrez d'un peu de gelée (photo B). Laissez prendre au frais, à nouveau, quelques minutes.

4. Versez le reste de gelée au fond du plat de service. Laissez prendre au frais.

5. Déposez les morceaux de poulet sur la couche de gelée au fond du plat. Décorez le tour avec tomates et salade verte.

Des fonds d'artichauts, pommes chips, pointes d'asperges, œufs farcis aux œufs de poissons, font également un décor agréable.

A

B

Poulet grillé

TRÈS FACILE
BON MARCHÉ
PETITES RÉCEPTIONS
TOUTES SAISONS

Pour 4, il faut :

1 poulet moyen ou 2 petits,
40 g de beurre ou de margarine,
thym,
sel, poivre.

Chips, cresson.

Préparation et cuisson : 40 mn

1. Aplatissez les poulets ouverts par le dos (photo A). Tartinez-les de beurre ou de margarine, des deux côtés. Salez, poivrez. Saupoudrez-les de feuilles de thym. Déposez-les sur la plaque du four (photo B).

2. Glissez celle-ci tout en haut du four très chaud ou sous le grilloir 15 mn sur une face, puis 10 à 15 mn sur l'autre. Arrosez en cours de cuisson.

3. Présentez avec chips et cresson non assaisonné (photo C).

A Aplatissez les poulets **ouverts par le dos.**

B Déposez-les sur la plaque du four.

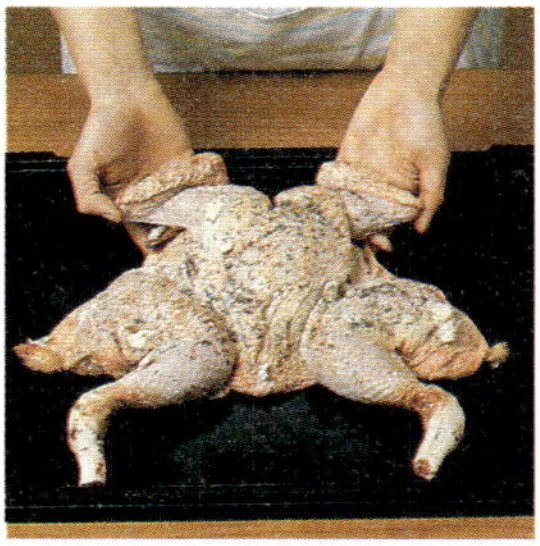

C Présentez avec chips et cresson.

Poulet à la diable

FACILE
BON MARCHÉ
PETITES RÉCEPTIONS
TOUTES SAISONS

Préparation et cuisson : 40 mn

Pour 4, il faut :

1 poulet moyen ou 2 petits,
40 g de beurre ou de margarine,
moutarde forte,
100 g de mie de pain rassis.

Sauce diable :

2 échalotes,
20 g de beurre ou de margarine,
1/2 verre de vin blanc sec,
1/2 verre de vinaigre,
jus de poulet ou 1 tablette de bouillon,
sel, poivre.

1. Faites griller les poulets ouverts par le dos et aplatis.

2. Sauce diable : hachez 2 échalotes, faites-les cuire doucement avec un peu de beurre ou de margarine. Ajoutez 1/2 verre de vin blanc, autant de vinaigre, le bouillon délayé avec 1/4 de verre d'eau (ou mieux, du jus de poulet) très peu de sel et de poivre. Laissez mijoter 10 mn, sans couvrir.

3. Passez la mie de pain à la moulinette. Retirez les poulets du four. Badigeonnez-les soigneusement de moutarde forte. Passez-les de part et d'autre dans la mie de pain écrasée. Remettez-les dans le four quelques minutes pour faire dorer la panure.

4. Présentez les poulets avec cresson non assaisonné, pommes chips ou sautées, tomates grillées. La sauce diable sera servie à part, en saucière.

MICRO-ONDES

La sauce diable peut y être entièrement préparée dans le récipient de présentation (non métallique).

Suivez les étapes de la recette, en y ajoutant toutefois un peu moins de liquide, l'évaporation étant minime.

5 mn de cuisson dans le micro-ondes suffiront (puiss. maxi).

Poulet à l'Indienne

FACILE
RAISONNABLE
PETITES RÉCEPTIONS
TOUTES SAISONS

Pour 4, il faut :

1 poulet en morceaux,
40 g de beurre ou de margarine,
2 oignons,
1 ou 2 cuil. à soupe de curry,
farine,
2 tomates,
1 gousse d'ail,
1 banane,
1 pomme,
bouquet garni,
sel,
2 cuil. à soupe de crème fraîche.

Préparation et cuisson : 1 h 10
Cuisson en autocuiseur : 20 mn

1. Faites chauffer le beurre ou la margarine dans une cocotte. Mettez les morceaux de poulet à revenir légèrement. Ajoutez-y les oignons hachés. Laissez cuire doucement 2 ou 3 mn.

2. Ajoutez 1 ou 2 cuil. à soupe de curry (selon goût), tomates, puis 1 cuil. à soupe rase de farine, ail, 1 grand bol d'eau, banane et pomme en morceaux, bouquet garni, sel. Couvrez et laissez mijoter de 45 mn à 1 h (en autocuiseur : 20 mn).

3. Retirez le poulet cuit de la cocotte. Laissez bouillir la sauce quelques minutes à découvert pour la faire réduire un peu. Otez, en grande partie, la graisse qui surnage, avec une cuiller. A la dernière minute, incorporez la crème fraîche en mélangeant vivement sur le feu avec une cuiller en bois. Retirez du feu après quelques instants d'ébullition.

4. Présentez le poulet recouvert de sauce et accompagné de riz pilaf.

Raffinement :

Le riz pilaf sera davantage couleur locale si, avant de le servir, vous le parsemez d'amandes effilées légèrement dorées dans un peu de beurre, et de raisins secs préalablement gonflés à l'eau tiède.

Plat principal

Poulet rôti

FACILE
BON MARCHÉ
TOUTES SAISONS

Préparation et cuisson : 1 h 15

Poulet rôti au four

Pour 4, il faut :

1 beau poulet,
50 g de beurre ou de margarine,
sel, poivre.

1. Allumez le four 10 mn à l'avance (th. 6-7).

2. Introduisez, à l'intérieur du poulet, sel, poivre et une grosse noix de beurre ou de margarine. Enduisez l'extérieur de beurre ou de margarine, salez et poivrez encore.

3. Déposez le poulet dans un plat à feu. Enfournez à mi-hauteur du four et faites cuire de 25 à 30 mn par livre (comptez environ 1 h pour un beau poulet). Au bout d'un quart d'heure, retournez le poulet sur une cuisse, puis sur l'autre et enfin sur le ventre. Présentez le poulet, découpé ou non, sur un grand plat avec pommes chips et bouquets de cresson.

Poulet rôti à la broche

Préparation et cuisson : 1 h 15

Pour 4, il faut :

1 beau poulet,
1 noix de beurre ou de margarine,
sel, poivre.

1. Introduisez dans le poulet son foie, sel, poivre et 1 noix de beurre ou de margarine. Transpercez-le avec la broche, bien en son milieu, pour que le poulet soit équilibré et tourne régulièrement pendant la cuisson. Si l'os des pattes (coupées) a tendance à frotter contre le gril, coupez-le avec de gros ciseaux.

2. Fixez la broche à mi-hauteur de la rôtissoire ou du four.

Le poulet est cuit lorsqu'il est très doré : au bout d'1 h environ.

Les secrets du poulet rôti :

– Pour que le poulet ait de la saveur, glissez dedans, quelques brins de thym, du romarin ou un bouquet d'estragon.
– Pour savoir si le poulet est suffisamment cuit, soulevez-le de la pointe d'une fourchette. Penchez-le au-dessus du plat : le jus qui s'écoule du croupion doit être incolore.
– Le poulet cuit peut attendre un moment dans le four très doux, ou encore chaud. Il sera même meilleur, plus moelleux, plus savoureux, s'il a reposé une dizaine de minutes dans le four éteint.
– Un poulet rôti destiné à être consommé froid sera meilleur s'il est hermétiquement enveloppé d'aluminium aussitôt cuit, mais découpé à la dernière minute.

Au four :

– Il est préférable de déposer le poulet sur une petite grille (type grille à pâtisserie) plutôt que directement sur le fond du plat de cuisson où il frirait dans son jus gras.
– Arrosez souvent en cours de cuisson.
– Jamais d'eau dans le plat du poulet. Son propre jus suffit pour l'arroser.
– Pour la sauce : une fois le poulet retiré du plat, délayez un tout petit peu d'eau en grattant les sucs de viande collés au fond. Laissez bouillir quelques instants.

A la broche :

– Il vaut mieux glisser le beurre à l'intérieur du poulet, plutôt que de l'enduire.
– Arrosez souvent si la broche est dans un four et plus encore, sur un barbecue.
– Si la broche ne tourne pas automatiquement, donnez-lui, vous-même, un quart de tour toutes les 10 mn.
– Dans le four, laissez rôtir porte ouverte.

TRÈS FACILE
BON MARCHÉ
TOUTES SAISONS

Acheté tout rôti... mais accommodé chez vous

Ah ! ce rôtisseur qui embaume toute la rue de ses poulets dorés à point... Allez, pas de complexe ! Vous en rapporterez un pour le dîner et vous en ferez peut-être un poulet de votre façon...

Prenez un petit bocal fermé pour le faire emplir de jus par le rôtisseur.

Pour conserver le poulet chaud assez longtemps (de 30 à 45 mn), enveloppez-le, aussitôt cuit, dans une double épaisseur de feuille d'aluminium.

Pour le réchauffer, s'il est tiède, glissez-le, feuille d'aluminium entrouverte, dans le four moyen (th. 5-6) pendant 15 mn.

MICRO-ONDES

Le poulet rôti, plus assez chaud pour être présenté à table, peut passer au micro-ondes sans risquer le petit goût de «réchauffé» qui lui va si mal !

Comptez 4 à 5 mn (puiss. maxi), pour 2 portions de poulet, coincées entre 2 assiettes ou couvertes d'un film étirable.

Poulet à la fondue

10 mn

Faites bouillir ensemble : jus du poulet et 1/2 verre de vin blanc à gros bouillons, 2 ou 3 mn. Délayez 1 cuil. à soupe de moutarde forte avec 2 cuil. de crème fraîche, sel, poivre, 1 poignée de gruyère râpé. Incorporez au jus, hors du feu.

Le poulet est découpé en morceaux dans un plat à four, la «fondue» au gruyère est versée dessus, puis le plat est mis sous le grilloir pour gratiner.

Poulet à la Niçoise

15 mn

Faites chauffer à feu vif une boîte de ratatouille niçoise avec 1 gousse d'ail coupée finement, persil haché, 1 verre de vin blanc, thym, laurier, sel, poivre, une quinzaine d'olives noires et des champignons en boîte (ou lyophilisés). Laissez cuire 15 mn en tout, sans couvrir. En fin de cuisson, posez les morceaux de poulet dessus juste pour les réchauffer, si besoin est.

Poulet en pilaf

15 mn

2 oignons hachés sont mis à revenir avec un peu de beurre. Du riz, à cuisson rapide, y est ajouté, mouillé d'eau bouillante (double volume) salé et poivré. Un peu de tomate concentrée et un petit piment ou pointe de cayenne pour relever le goût.

Le poulet découpé est présenté sur ce lit de riz pilaf, arrosé de jus de poulet.

Poulet au roquefort

15 mn

Des nouilles plates sont mises à cuire dans beaucoup d'eau bouillante salée, 8 ou 10 mn.

Pendant ce temps, 3 ou 4 cuil. à soupe de crème fraîche sont intimement mélangées avec 100 g de roquefort et 3 pincées de cayenne. Le tout est incorporé aux pâtes très bien égouttées, reportées quelques instants sur le feu.

Les morceaux de poulet, arrosés de jus, sont présentés dessus.

Plat principal

TRÈS FACILE
RAISONNABLE
PETITES RÉCEPTIONS
PRINTEMPS-ÉTÉ-AUTOMNE

Poulet à l'Espagnole

Préparation et cuisson : 1 h

Pour 4, il faut :

1 poulet en morceaux,
30 g de beurre ou de margarine,
150 g de pois écossés (frais ou surgelés),
150 g de poivrons,
125 g de riz,
100 g de chorizo fort,
tomate concentrée,
1 gousse d'ail,
1 verre de vin blanc sec,
bouquet garni,
sel.

1. Dans une cocotte, faites dorer les morceaux de poulet de toute part, avec 30 g de beurre ou de margarine. Ajoutez ensuite les poivrons épépinés et coupés en lanières, l'ail haché, 1 verre de vin blanc et 1 verre d'eau, 1 cuil. à café de concentré de tomate, bouquet garni, sel. Couvrez. Portez doucement à ébullition. Laissez mijoter 15 mn.

2. Ajoutez : riz, pois, chorizo en rondelles et un deuxième verre d'eau. Couvrez et laissez mijoter 30 mn supplémentaires. Retirez le bouquet garni. Servez immédiatement sinon le riz absorberait toute la sauce.

Solution express :

Les pois surgelés qu'il est inutile de laisser dégeler avant de les ajouter dans la cocotte.

La ratatouille en boîte ou surgelée qui vous évitera la préparation du § 1.

Poulet à la Martiniquaise

TRÈS FACILE
BON MARCHÉ
TOUTES SAISONS

Préparation et cuisson : 1 h

Pour 4, il faut :

1 poulet en morceaux,
30 g de beurre ou de margarine,
1 carotte,
2 oignons,
1 gousse d'ail,
150 g de riz,
bouquet garni,
1/2 g de safran,
1/2 cuil. à café de curry,
sel, poivre.

1. Faites rapidement dorer les morceaux de poulet dans une grande cocotte, avec le beurre ou la margarine. A la moitié de l'opération, ajoutez carotte et oignons coupés pour qu'ils dorent également.

2. Ajoutez curry, safran, gousse d'ail écrasée, bouquet garni, sel, poivre et 1/2 litre d'eau. Portez à ébullition. Laissez mijoter couvert, 20 mn.

3. Lavez le riz à grande eau. Ajoutez-le dans la cocotte. Laissez sur feu doux 17 à 20 mn supplémentaires (si besoin est, ajoutez un peu d'eau pour terminer la cuisson).

TRÈS FACILE
RAISONNABLE
PETITES RÉCEPTIONS
PRINTEMPS-ÉTÉ-
AUTOMNE

Pour 4, il faut :

1 poulet en morceaux,
30 g de beurre ou de margarine,
farine,
3 tomates,
1 gousse d'ail,
1/2 bouteille de vin blanc sec,
basilic,
bouquet garni,
sel, poivre.

125 g de champignons,
20 olives noires.

Poulet sauté à la Provençale

Préparation et cuisson : 1 h

1. Faites dorer le poulet de toute part avec 30 g de beurre ou de margarine. Saupoudrez d'1 cuil. à soupe rase de farine. Mélangez. Ajoutez les tomates en morceaux, ail, quelques feuilles de basilic (frais ou séché), 1/2 bouteille de vin blanc, 1/4 de litre d'eau, bouquet garni, sel, poivre. Couvrez à demi. Laissez mijoter 30 mn.

2. Nettoyez les champignons. Coupez-les en lamelles. Ajoutez-les dans la cocotte avec les olives. Laissez cuire 15 mn supplémentaires. Retirez le bouquet garni. Versez le poulet et sa sauce dans un plat creux. Parsemez de persil haché.

Solution express :

Les champignons lyophilisés que vous ajouterez dans la cocotte, après les avoir simplement réhydratés 2 mn.

Poulet à la va-vite

TRÈS FACILE
BON MARCHÉ
TOUTES SAISONS

Pour 4, il faut :

1 poulet en morceaux,
50 g de beurre ou de margarine,
1 échalote,
1/2 verre de vin blanc sec,
1 tomate,
champignons (lyophilisés ou en boîte),
bouquet garni,
persil,
sel, poivre.

Préparation et cuisson : 45 mn
Cuisson en autocuiseur : 12 mn

1. Faites dorer sur feu vif une partie des morceaux de poulet, à la poêle, avec 30 g de beurre ou de margarine. Déposez-les, au fur et à mesure, dans la cocotte contenant un peu de beurre ou de margarine pour qu'ils continuent d'y cuire sans perdre de temps.

2. Ajoutez l'échalote hachée, sel, poivre, bouquet garni, tomate en morceaux et vin blanc. Faites bouillir à feu vif quelques instants. Puis laissez mijoter, couvert, 30 mn (en autocuiseur : 12 mn).

3. A la dernière minute, ajoutez les champignons de conserve ou lyophilisés, juste pour les réchauffer. Saupoudrez de persil haché avant de servir avec des pois ou des haricots en boîte.

MICRO-ONDES

Gagnez encore un bon quart d'heure sur la préparation de ce poulet en terminant sa cuisson au micro-ondes.

Suivez la recette en utilisant une cocotte en verre ou en porcelaine à feu. Puis, pour le mijotage (fin § 2), glissez-la dans le micro-ondes pendant 10 à 12 mn (puiss. maxi).

Plat principal

FACILE
RAISONNABLE
PETITES RÉCEPTIONS
TOUTES SAISONS

Pour 4, il faut :

1 poulet en morceaux,
3 cuil. à soupe d'huile d'olive,
farine,
1 oignon,
3 gousses d'ail,
1/2 bouteille de vin blanc sec,
2 petits piments forts,
250 g de tomates,
250 g de champignons,
150 g d'olives vertes dénoyautées,
50 g d'amandes effilées,
sel, poivre.

Poulet sauté mexicaine

Préparation et cuisson : 1 h 15
Cuisson en autocuiseur : 25 mn

1. Passez les morceaux de poulet dans la farine. Faites-les dorer dans une cocotte, sur feu vif, avec de l'huile d'olive. Lorsqu'ils sont colorés de toute part, ajoutez l'oignon haché. Laissez revenir un peu.

2. Versez dessus 1/2 bouteille de vin blanc, autant d'eau, un peu de sel, piments, ail. Couvrez et laissez mijoter de 30 à 35 mn (en autocuiseur : 12 mn).

3. Coupez les tomates en morceaux. Nettoyez les champignons sans les couper. Ajoutez le tout ainsi que les olives et les amandes dans la cocotte. Laissez mijoter 25 mn supplémentaires (en autocuiseur : 10 mn). Servez avec des haricots rouges (en boîte) simplement réchauffés avec un peu de beurre et relevés de sauce au piment.

Raffinement :

Pour atténuer l'excès de saveur (sel et âcreté) des olives, mettez-les dans une casserole d'eau froide et portez-les juste à ébullition avant de les joindre à votre plat.

Poulet sauté Vallée d'Auge

FACILE
RAISONNABLE
PETITES RÉCEPTIONS
TOUTES SAISONS

Pour 4, il faut :
1 poulet en morceaux,
30 g de beurre ou de margarine,
1 verre à liqueur de calvados,
1 tasse de crème fraîche,
2 jaunes d'œufs,
sel, poivre.

Préparation et cuisson : 1 h 15
Cuisson en autocuiseur : 20 à 25 mn

1. Faites revenir les morceaux de poulet à la cocotte dans le beurre ou la margarine, sans laisser dorer. Salez, poivrez. Couvrez et laissez mijoter sur feu doux, dans son propre jus, 1 h environ (en autocuiseur : de 20 à 25 mn).

2. Arrosez le poulet cuit de calvados. Portez à ébullition. Faites flamber. Déposez aussitôt le poulet dans un plat chaud.

3. Délayez les jaunes d'œufs avec la crème fraîche. Incorporez-les au jus resté sur le feu, sans laisser bouillir, en délayant sans arrêt avec une cuiller en bois. Versez une partie de cette sauce onctueuse sur le poulet, et le reste dans une saucière chaude.

Du riz ou des pommes de terre à l'eau sont le meilleur accompagnement du poulet Vallée d'Auge.

MICRO-ONDES

La sauce peut être préparée directement dans la saucière (non métallique). Les jaunes d'œufs fouettés avec la crème et le jus de cuisson très chaud iront au micro-ondes 10 s, pas plus. La sauce, fouettée à nouveau, deviendra onctueuse à souhait (attention, fragile !).

En cas d'accident, quelques gouttes d'eau froide et un vigoureux coup de fouet final répareront les dégâts.

Le secret

d'une sauce liée à la crème bien onctueuse : un jus de cuisson soigneusement dégraissé avant incorporation de la crème et des jaunes d'œufs. Sinon, le mélange, trop gras, ne se lie pas : il tourne.

Pour éviter ce désagrément de la dernière minute, ne négligez jamais d'ôter, avec une cuiller, la plus grande partie de la graisse du poulet surnageant à la surface du jus.

Ragoût d'oie

TRÈS FACILE
RAISONNABLE
AUTOMNE-HIVER

Pour 4, il faut :

1,200 kg d'oie,
25 g de beurre ou de margarine,
4 carottes,
4 ou 5 navets,
2 oignons,
1 cuil. à soupe rase de farine,
1 gousse d'ail,
800 g de pommes de terre.

Préparation et cuisson : 2 h
Cuisson en autocuiseur : 30 mn

1. Épluchez et coupez carottes, navets et oignons.

2. Dans une cocotte, faites bien dorer les morceaux d'oie avec 25 g de beurre ou de margarine. Puis ajoutez les légumes. Laissez revenir quelques minutes. Saupoudrez de farine. Mélangez. Ajoutez ail, bouquet garni, sel, poivre et de l'eau à hauteur des morceaux. Couvrez. Laissez mijoter 1 h environ (en autocuiseur : 20 mn).

3. Au bout de ce temps, ajoutez les pommes de terre épluchées, coupées en 4. Laissez cuire 35 mn supplémentaires (en autocuiseur : 12 mn).

Truc :

N'ajoutez les pommes de terre qu'en dernier lieu, sinon vous les retrouveriez en purée... ce qui n'est pas mauvais, mais peu esthétique.

Entrée froide

Terrine de dinde

FACILE
RAISONNABLE
PETITES RÉCEPTIONS
HIVER

Pour 10 ou 12, il faut :

1/2 dinde,
500 g de gorge de porc,
300 g de lard gras,
500 g de barde,
1 morceau de couenne,
sel, poivre.

Marinade :

1/4 de litre de vin blanc sec,
1 verre de porto,
huile,
1 carotte,
1 oignon,
2 échalotes,
4 gousses d'ail,
2 clous de girofle,
thym, laurier, persil,
poivre.

1 terrine de 23 cm.

Préparation et cuisson : 3 h
+ marinade : 24 h

1. **Plusieurs jours à l'avance,** désossez la dinde crue. Faites-la mariner ainsi que les viandes de porc (sauf la barde) avec rondelles de carotte, d'oignon, d'échalotes et d'ail, girofle, poivre, persil, thym, laurier, vin blanc, porto, 2 cuil. d'huile. Couvrez et laissez mariner 24 h au frais.

2. **Cuisson :** égouttez les chairs. Réservez quelques bandelettes de blanc. Passez le reste au hachoir (grille fine), deux fois au besoin, pour obtenir un hachis très homogène. Malaxez avec la margarine, sel, poivre.

3. Tapissez la terrine avec la barde de lard. Tassez le hachis dedans en intercalant les bandelettes de blanc. Mettez le morceau de couenne à la surface. Couvrez la terrine. Déposez-la dans la plaque creuse du four emplie d'eau. Mettez à four bien chaud (th. 7-8) 1 h 30 environ. Retirez la couenne.

Gardez plusieurs jours au frais avant de consommer.

Le secret

pour démouler une terrine : grattez d'abord l'excès de gras, en surface. Glissez la lame d'un couteau à l'intérieur du moule, tout autour du pâté sans entamer celui-ci. Puis, plongez le fond de la terrine dans de l'eau chaude pendant 3 ou 4 mn seulement. Retournez enfin la terrine sur le plat. Elle devrait se démouler sans résistance au bout de quelques secondes.

Entrée froide

Terrine de foies de volailles au porto

FACILE
RAISONNABLE
PETITES RÉCEPTIONS
TOUTES SAISONS

Il faut :

350 g de foies de volailles,
125 g de porc frais (échine ou gorge),
125 g de veau (épaule),
100 g de barde de lard,
50 g de couenne,
thym, laurier,
2 pincées de muscade,
1 verre de porto,
1 verre à liqueur de cognac,
1 cuil. d'huile,
sel, poivre.

1 terrine n° 6.

Préparation et cuisson : 1 h 30
+ marinade : la veille

1. La veille, mettez les foies à macérer avec : porto, cognac, thym, laurier, muscade, poivre, 1 cuil. à soupe d'huile.

2. Le jour même, passez toutes les viandes au hachoir, sauf 3 ou 4 foies. Malaxez le hachis avec le jus de la marinade. Salez et poivrez généreusement. Coupez les 3 ou 4 foies restants en petits dés.

3. Tapissez l'intérieur de la terrine (fond et tour) avec de la barde (photo A). Tassez dedans la moitié du hachis, puis une couche de foies coupés (photo B). Terminez avec le reste de hachis. Garnissez le dessus avec laurier, thym et la couenne (photo C). Fermez avec le couvercle. Faites cuire dans la plaque creuse du four emplie d'eau, à four moyen (th. 5-6) 1 h environ.

A

B

C

Note :

Le foie de toutes les volailles convient pour préparer une terrine : poulet, dinde, canard, et... foie d'oie, bien entendu.

Les secrets

pour bien réussir une terrine :

– une terrine doit être bien épicée. N'hésitez pas à la goûter crue (mais oui !) pour vous assurer que l'assaisonnement est au point.

– La couenne (peau épaisse du porc) fournit un peu de gelée. Mais ne la laissez pas sur la terrine, une fois cuite. Retirez-la au sortir du four.

– Pour savoir si la terrine est cuite, enfoncez une brochette jusqu'au fond. Elle doit en ressortir chaude jusqu'à l'extrémité.

– Pour presser la terrine, après sa sortie du four, n'utilisez pas d'objet trop pesant, car sous l'effet d'une trop forte pression, la graisse remonterait en surface, laissant un pâté sec.

– Attendez 2 ou 3 jours avant de consommer la terrine.

MICRO-ONDES

Il est tout à fait déconseillé pour la lente cuisson des terrines qui en ressortiraient sèches et même coriaces.

Entrée chaude

Timbale de volaille

DIFFICILE
BON MARCHÉ
PETITES RÉCEPTIONS
PRINTEMPS-AUTOMNE-HIVER

Pour 4, il faut :

300 g de volaille cuite,
40 g de beurre ou de margarine,
1 cuil. à soupe très bombée de farine,
1/4 de litre de bouillon de poulet (ou 1 tablette),
2 œufs,
2 cuil. à soupe de crème fraîche,
1 boîte de champignons,
sel, poivre, cayenne.

Sauce poulette :

40 g de farine,
40 g de beurre ou de margarine,
1/2 litre de bouillon (ou 1 tablette)
sel, poivre, cayenne.

Préparation et cuisson : 45 mn

1. Mélangez sur feu doux 30 g de beurre ou de margarine et 1 cuil. à soupe très bombée de farine, jusqu'à ce que la préparation soit mousseuse. Incorporez d'un seul coup 1/4 de litre de bouillon froid. Remuez jusqu'à ébullition. Salez et poivrez un peu, bien que le bouillon soit déjà assaisonné.

2. Hors du feu, ajoutez la viande en petits dés, crème fraîche, œufs battus en omelette et une pincée de cayenne.

3. Beurrez généreusement un moule à bord haut. Versez la préparation dedans. Faites cuire au bain-marie à four bien chaud (th. 7-8) 30 mn environ.

4. Sauce poulette : même préparation qu'au § 1, mais avec 1/2 litre de bouillon car cette sauce est plus liquide. Laissez mijoter 10 mn sur feu très doux.

5. Démoulez la timbale sur un plat rond. Décorez-la avec les champignons réchauffés dans leur jus. Versez une partie de la sauce dessus et le reste en saucière.

Variante :

Si la chair de volaille est passée à la moulinette, vous obtiendrez une timbale très homogène. La sauce poulette qui l'accompagne peut être remplacée par de la sauce tomate.

LES LÉGUMES FRAIS

RECETTES

L'A.B.C. des légumes frais

Artichauts

(Voir aussi pages 478 et 479)

Par personne :
1 (ou 2 petits)

Choisissez :

Les artichauts les plus lourds, aux feuilles vertes jusqu'à la pointe, sans taches. La tige grosse, fraîchement tranchée.

MICRO-ONDES

Les artichauts, bien lavés, sont hermétiquement enveloppés dans un film étirable.

Temps de cuisson : 10 à 12 mn pour 2 artichauts (puiss. maxi).

Si, avant de l'envelopper, vous tranchez l'artichaut cru à mi-distance de la pointe, avec un bon couteau-scie, vous pourrez gagner 2 ou 3 mn et vous obtiendrez une meilleure cuisson.

Piquez profondément l'artichaut, sans le dépapilloter, pour vous assurer de sa cuisson.

Cuisson : 45 mn
(en autocuiseur : 15 mn)

Préparez :

Coupez-en la tige. Plongez-les 5 mn dans beaucoup d'eau vinaigrée, tête en bas pour déloger les pucerons. Lavez ensuite sous l'eau courante en écartant les feuilles.

Plongez les artichauts dans l'eau bouillante. Couvrez et laissez-les bouillir de 40 à 45 mn. Détachez une feuille pour vous assurer que la cuisson est à point.

Égouttez-les aussitôt cuits dans une passoire à pied, la pointe des feuilles en bas, pour que l'eau s'écoule.

Crus : à la croque au sel ou à la vinaigrette.

Cuits : avec vinaigrette simple ou additionnée de fines herbes, de jaune d'œuf dur haché ; ou crème fraîche salée, poivrée et vinaigrée ; braisés.

Les fonds : frais ou en boîte : garnis de macédoine, petits pois, haricots verts, champignons, pointes d'asperges, en salade et à la Grecque.

Chauds : avec une sauce.

Sautés à la poêle : seuls ou avec des pommes de terre et champignons coupés.

Ne pas conserver les artichauts cuits plus d'un jour : très indigestes et toxiques.

Les fonds en boîte sont très pratiques.

Asperges

(voir aussi page 480)

Cuisson : 15 à 20 mn
à partir de l'ébullition

Par personne :
400 à 500 g

Choisissez :

Les asperges fermes, brillantes, fraîchement coupées, à têtes rosées. Grosses et courtes, elles laissent moins de déchets.

MICRO-ONDES

Il est déconseillé pour la cuisson des asperges qu'il rend fibreuses en desséchant la tige.

Préparez :

Pelez-les avec un couteau-économe, à partir de la base de la tête. Cassez la tige près de la coupure (elle se brise à l'endroit où elle cesse d'être tendre). Lavez rapidement et, si possible, liez en bottillons de 5 ou 6. Elles peuvent être conservées épluchées, dans un linge humide, au réfrigérateur jusqu'au lendemain.

Plongez-les dans de l'eau salée en ébullition. Laissez bouillir doucement de 15 à 20 mn. Dès que la fourchette pénètre facilement à la base des asperges, arrêtez la cuisson et égouttez. Tenez au chaud à l'entrée du four ou au-dessus d'une casserole d'eau en ébullition.

Tièdes ou froides avec vinaigrette, avec ou sans fines herbes, mayonnaise, crème fraîche assaisonnée de citron.

Chaudes avec sauces hollandaise, mousseline, blanche.

Pointes d'asperges (en boîte) : réchauffées ou froides, mélangées avec mayonnaise, pour garnir : tartelettes, fonds d'artichauts, œufs brouillés, omelettes, volailles, ris de veau, tournedos ou canapés.

Les asperges cuites sont moins bonnes après un passage au réfrigérateur. Par contre, elles peuvent être épluchées à l'avance, enveloppées dans un linge humide et gardées crues, sans dommage, dans le réfrigérateur.

Aubergines

Cuisson : 30 à 40 mn

Par personne :

1 grosse

Choisissez :

Les aubergines lisses, fermes, brillantes. Leur couleur normale va du violet clair au prune foncé. Refusez les vertes car elles ne sont pas assez mûres, et les jaunâtres car, trop mûres, elles sont indigestes.

MICRO-ONDES

Il convient bien aux aubergines, cuites avec la peau et à couvert :

• en dés, plus un peu d'huile, d'eau de sel et poivre.

Temps : 5 à 7 mn pour 300 g (une belle aubergine).

• en deux moitiés (farcies ou non) avec un peu d'huile, d'eau, sel, poivre ; (farce : hachis d'ail, persil, lamelles de champignons).

Temps : 7 à 9 mn.

Préparez :

Inutile de les éplucher avant cuisson. Si possible, faites-les dégorger 30 mn, après les avoir coupées en rondelles, avec du sel car elles contiennent beaucoup d'eau.

Faites-les cuire avec beaucoup d'huile : sautées, farcies, grillées, frites.

Les aubergines accompagnent toutes les viandes, la volaille et certains poissons meunière.

Brocolis

Cuisson : de 7 à 10 mn à partir de l'ébullition

Par personne :
250 g

Choisissez :

Les brocolis bien verts, sans taches jaunâtres, aux boutons floraux très serrés, aux tiges plutôt fines et tendres sous le couteau et aux feuilles à peine flétries.

Ne tardez pas à les préparer : les brocolis fanent et jaunissent rapidement.

MICRO-ONDES

Disposez les tiges de brocolis vers le centre du plat, les petits bouquets - en couronne - vers l'extérieur. Ajoutez un peu d'eau, noix de beurre, sel, poivre. Couvrez d'un film étirable.

Cuisson : 4 mn (puiss. maxi) pour 250 g.

La cuisson au micro-ondes leur fait perdre leur belle couleur verte.

Préparez :

Otez la base dure des tiges qui peut être plus ou moins importante selon leur fraîcheur. Coupez les tiges en tronçons, les bouquets en 2 ou 4. Lavez à l'eau vinaigrée.

Plongez-les dans de l'eau salée en forte ébullition. Laissez bouillir de 7 à 10 mn, jusqu'à ce que les tiges soient tendres mais pas molles. Égouttez aussitôt.

Chauds : avec sauces Béchamel ou tomate, simples morceaux de beurre ou jus de la viande qu'ils accompagnent.

Froids : à la vinaigrette (huile d'olive) ou ajoutés à une salade mélangée.

Les brocolis crus, coupés en morceaux, peuvent être sautés avec de l'ail dans de l'huile très chaude. Puis mijotés avec un peu de vin blanc, sel et poivre, pendant 15 à 20 mn (selon tendreté).

Égouttez-les et faites réduire le jus sur feu vif avant d'en arroser les légumes.

Le secret

pour que les brocolis restent très verts et assez fermes : cuisez-les à l'eau bouillante salée et ne prolongez pas inutilement leur cuisson sous peine de les voir se ramollir et de retrouver les boutons au fond de la casserole.

Carottes nouvelles

Cuisson : 45 mn à 1 h
(en autocuiseur : 15 à 20 mn)

Par personne :
250 g

Choisissez :

Les carottes propres, lisses, roses, aux fanes fraîches.

MICRO-ONDES

Cuites au micro-ondes, les carottes conservent leur couleur intacte. Elles restent toujours un peu fermes.

Tranchez-les très finement. Puis étalez-les en une couche peu épaisse sur un plat, avec les condiments choisis (hachis d'ail, persil, sel, poivre, etc.) et 3 ou 4 cuil. d'eau.

Couvrez hermétiquement. Mettez de 10 à 12 mn au micro-ondes (puiss. maxi) pour 800 g de carottes. A mi-cuisson, mélangez.

Préparez :

Inutile de les éplucher. Brossez-les sous l'eau. Entières ou coupées en rondelles, elles peuvent être conservées au réfrigérateur hermétiquement enveloppées, jusqu'au lendemain.

Mettez-les dans une casserole. Ajoutez-y 50 g de beurre ou de margarine, 1 cuil. à café de sucre, sel et assez d'eau pour qu'elles soient juste recouvertes. Posez le couvercle et faites cuire sur feu très doux jusqu'à évaporation presque complète du liquide (45 mn environ, suivant les carottes). Persil haché dessus, avant de servir.

Crues : à la croque au sel, dans «panier de crudités». Râpées, en salade, avec citron ou vinaigrette, olives vertes et noires, fines herbes, œufs durs.

Cuites : braisées (seules ou avec viande), en purée, en soufflé, avec Béchamel, crème, etc.

Nettoyez et coupez les carottes au moment de les faire cuire seulement, sinon prenez la précaution de les ranger dans le bas du réfrigérateur, hermétiquement enfermées.

Les carottes crues peuvent être râpées un peu à l'avance (et mises au réfrigérateur) mais ne doivent être assaisonnées qu'à la dernière minute.

Céleris-branches

Cuisson : 10 mn à l'eau bouillante
+ 30 à 60 mn de mijotage

Par personne :
250 g environ

Choisissez :

Les céleris-branches aux côtes fermes et aux feuilles fraîches et pâles.

Préparez :

N'utilisez que les branches tendres. Coupez-en l'extrémité feuillue. Épluchez en ôtant les gros fils (comme la rhubarbe). Lavez et essuyez.

Cuits : à l'eau bouillante salée 10 mn. Puis longuement braisés avec du jus de viande ou mijotés avec Béchamel, Mornay, crème ou sauce tomate.

Crus : finement coupés : à la vinaigrette ou ajoutés à une salade composée.

Coupés en tronçons avec anchoïade ou farcis à la crème d'anchois, au roquefort.

Assaisonnez le céleri cru à la dernière minute seulement. Il ramollit rapidement au contact du sel.

Céleris-raves

Cuisson : 20 ou 30 mn

Par personne :
100 g

Choisissez :

Les céleris-raves lourds pour un petit volume. Pour vous assurez qu'ils ne sont pas creux, cognez la boule avec le doigt : elle doit sonner «plein».

Préparez :

Pelez le céleri comme une pomme de terre. Posez-le sur une planche et fendez-le en quartiers à l'aide d'un grand couteau.

Cuisez-le à l'eau bouillante salée de 20 à 30 mn.

Ou utilisez-le cru, coupé en fins bâtonnets ou râpé avec une râpe à trous moyens. Mélangez-le sans attendre avec vinaigrette ou mayonnaise.

Cru : à la vinaigrette, rémoulade (mayonnaise à la moutarde).

Cuit : sauté à la poêle, gratiné au gruyère, à la Béchamel, au jus, à la sauce tomate, en purée avec pommes de terre.

MICRO-ONDES

Couvert d'eau salée, le céleri-rave, coupé assez finement, cuit bien au micro-ondes :

- en bâtonnets (100 g) : 2 mn à partir de l'ébullition.
- en tranches, épaisses de 1 cm (1/2 boule) : 6 ou 7 mn à partir de l'ébullition.

Le secret

pour que le céleri rémoulade reste blanc : aspergez-le de citron au fur et à mesure que vous le râpez. Ajoutez également du citron à la mayonnaise allongée d'eau (mais oui !) pour l'obtenir assez liquide et éviter qu'elle ne prenne, au bout d'un moment un aspect cireux.

Choux de Bruxelles

Cuisson : pré-cuisson 5 mn à l'eau + 30 à 45 mn de braisage

Par personne :
250 g

Choisissez :

Les choux de Bruxelles assez petits, aux feuilles serrées et bien vertes.

MICRO-ONDES

Les choux de Bruxelles sont cuits en 2 temps :

il sont étalés en couche dans un plat, noyés d'eau **bouillante** et couverts hermétiquement. Puis égouttés.

Pré-cuisson : 3 mn au micro-ondes, (puiss. maxi), pour 800 g environ.

Puis ils sont remis au micro-ondes, avec de l'eau **bouillante** salée, hermétiquement couverts.

Cuisson : 5 mn au micro-ondes (puiss. maxi).

Préparez :

Otez 1 ou 2 feuilles externes de chaque chou en tranchant la base du trognon. Lavez, puis jetez dans beaucoup d'eau bouillante salée jusqu'à ce que l'eau se remette à bouillir. Égouttez et passez sous l'eau froide.

Cette pré-cuisson sera suivie d'une seconde cuisson à l'eau ou d'un mijotage plus ou moins prolongé.

Cuits : sautés à la poêle, au jus de viande, à la Béchamel, au gratin.

Ou froids : en salade avec fines herbes.

Ne négligez pas de faire subir aux choux une courte pré-cuisson à l'eau. C'est grâce à cette opération qu'ils seront plus faciles à digérer.

Choux-fleurs

(voir aussi page 479)

**Cuisson : 15 mn
à partir de l'ébullition**

Par personne :
250 g

Choisissez :

Les choux-fleurs blancs, sans taches, aux fleurs serrées.

MICRO-ONDES

Le chou-fleur y cuit sans odeur, ou presque, tout en conservant sa blancheur et sa fermeté.

Cuisson : étalez en petits bouquets, dans un large plat peu profond. Ajoutez quelques cuillerées d'eau, sel. Couvrez.

Temps de cuisson : de 8 à 10 mn (pour 600 à 700 g de chou-fleur) selon la puissance de votre appareil.

Préparez :

Otez trognon, feuilles et grosses côtes. Coupez en bouquets égaux. Lavez rapidement dans de l'eau vinaigrée.

Plongez-les dans beaucoup d'eau salée en ébullition. Laissez bouillir 15 mn. Piquez une fourchette dans une tige pour vous assurer du degré de cuisson. Égouttez aussitôt cuits.

Crus : en très petits bouquets, avec vinaigrette moutardée.

Cuits : en salade, avec vinaigrette ou mayonnaise, à la Grecque, au gratin, sautés, en purée (avec pommes de terre), en soufflé, en beignets.

Le chou-fleur ne doit pas séjourner dans l'eau de cuisson : il continuerait d'y cuire et ses fleurs se détacheraient.

Concombres

Par personne :

100 g

Choisissez :

Les concombres fermes, pesants, à la peau luisante d'un vert foncé. Évitez-les lorsqu'ils sont ternes, mous, jaunâtres car ils sont trop avancés.

Préparez :

Crus : en salade après les avoir épluchés.

Ne les faites pas dégorger si vous les aimez très croquants ou s'ils sont jeunes, donc sans pépins.

Sinon, faites-les dégorger, en rondelles fines, tassées dans une terrine avec pas mal de sel. Mettez au froid 1 h environ.

Juste avant de les consommer, égouttez-les et assaisonnez-les avec vinaigrette ou crème fraîche citronnée.

Cuits : pelés et épépinés, coupés en gros cubes, ils sont légèrement revenus avec du beurre, sur feu doux. Puis mijotés, à couvert, avec très peu d'eau, sel et poivre, sous couvercle, 30 mn environ.

De la crème fraîche peut y être ajoutée 5 mn avant la fin de cette cuisson «à l'étouffée».

Parsemés de gruyère râpé, ils seront mis à gratiner au four.

Pour faire dégorger plus vite : mettez-les en fines rondelles, dans un torchon. Serrez fort en tordant. Le jus sort et le concombre est prêt pour l'assaisonnement.

Courgettes

Cuisson : 30 à 40 mn

Par personne:

1 grosse

Choisissez :

Les courgettes fermes, vertes et de taille moyenne. Si elles sont jaunâtres, fendues ou très grosses, cela signifie qu'elles sont défraîchies ou trop mûres.

Préparez :

Crues, en salade : épluchez-les et coupez-les en fines rondelles. Mettez-les à dégorger au froid plusieurs heures pour les débarrasser de leur eau, puis assaisonnez-les de vinaigrette et fines herbes. Attendez quelques heures avant de les consommer.

Cuites : inutile de les éplucher. Faites-les cuire à la poêle, farcies au four ou en beignets.

Toutes les préparations de l'aubergine conviennent à la courgette.

Si possible, avant de les accommoder, laissez-les dégorger 1 h avec du sel. Elles rendront beaucoup d'eau et auront meilleur goût.

MICRO-ONDES

En longues lamelles, en fines rondelles ou en bâtonnets, les courgettes n'exigent pas d'être pelées. Au contraire, lorsqu'elles sont bien fraîches, la peau leur apporte une certaine saveur.

Cuisson : **étalées** en une seule couche, elles cuisent plus vite que superposées. Peu de jus.

Superposées, elles donnent plus de jus.

De toute façon, un peu d'eau est souhaitable sinon les courgettes pourraient se racornir. Un peu de beurre ou d'huile active la cuisson et peut même produire un léger rissolage dans le cas d'une petite quantité de très fines rondelles.

Avec un hachis d'ail, d'herbes, sel, poivre, noix de beurre et un peu d'eau, hermétiquement couvertes.

Temps : 8 mn (puiss. maxi).

Crosnes

Cuisson : 15 à 20 mn

Par personne :
200 g

Choisissez :

Les crosnes bien blancs. Car s'ils sont brunâtres c'est qu'ils ont été arrosés d'eau pour retrouver un semblant de fraîcheur perdue.

Préparez :

Coupez les extrémités. Puis, pour les peler, frottez-les vigoureusement en vrac dans un torchon, avec du gros sel. Lavez-les ensuite à grande eau.

Cuits à l'eau, ils sont ensuite accommodés au jus, aux fines herbes, à la crème, à la sauce blanche, et même en salade avec une mayonnaise légère.

Le secret

pour que les crosnes restent blancs : faites-les cuire dans de l'eau additionnée d'une cuillerée à soupe de farine ou d'un jus de citron.

Endives

(chicorée de Bruxelles ou chicons)

Cuisson : 1 h

Par personne :
250 à 300 g

Choisissez :

Les endives bien blanches, sans taches (ou presque), aux feuilles serrées, bordées de jaune.

Toutes les endives sont calibrées et normalisées :
dans la catégorie extra : étiquette rouge, ou la 1re catégorie : étiquette verte.

MICRO-ONDES

Les endives coupées en longueur sont disposées dans une cocotte en verre avec un peu de citron, sel, poivre (mais pas d'eau), éventuellement sur un hachis d'oignons, d'ail, d'échalotes, de rondelles de carottes, beurre (facultatif).

Cuisson (à couvert) : environ 12 mn pour 800 g.

Préparez :

Lavez-les rapidement et essuyez-les aussitôt, car les endives, en séjournant dans l'eau, prennent de l'amertume.

Faites-les d'abord dorer dans une cocotte avec du beurre ou de la margarine, en compagnie d'oignons en rondelles, sel et poivre. Elles mijotent ensuite de 50 à 60 mn sur feu doux, bien couvertes et sans eau.

Crues : coupées en tronçons: en salade accompagnées d'anchoïade à la mayonnaise.

Cuites : braisées (voir ci-dessus) ou meunière avec un peu d'eau, puis accommodées avec Béchamel, au gratin, enroulées de jambon.

Égouttez-les bien à fond avant de les accommoder à la béchamel ou au gratin. Sinon les endives communiqueraient leur jus à la sauce au détriment de cette dernière.

Conservez-les enveloppées au frais à l'abri du jour qui les ferait verdir rapidement.

Le secret

pour ôter l'amertume des endives : le jus d'un citron ajouté aux endives en début de cuisson les garde bien blanches et en atténue efficacement l'amertume. Un peu de sucre peut également corriger l'amertume mais en modifiant légèrement le goût du plat.

Épinards

Cuisson : 5 mn à partir de l'ébullition + 30 mn de mijotage

Par personne :
400 à 500 g

Choisissez :

Les épinards frais et jeunes, non montés en graines.

Préparez :

S'ils sont tendres, ôtez seulement les queues. S'ils sont plus avancés, ôtez aussi les nervures des feuilles. Lavez-les abondamment.

Plongez-les dans de l'eau salée en ébullition. Laissez bouillir quelques minutes, sans couvrir. Égouttez en pressant fortement. Hachez grossièrement. Dans une cocotte, faites-les mijoter avec 40 g de beurre, une gousse d'ail coupée, sel, poivre. Couvrez et laissez cuire doucement de 20 à 30 mn.

Les épinards surgelés se préparent de la même façon.

En boîte, il suffit de les faire mijoter.

Cuits : en salade, recouverts d'œufs durs, au jus de citron et crème fraîche, dés de jambon. Braisés : au jus, au gratin, à la crème. En soufflé, en tarte, dans des crêpes, etc.

Inutile de mettre beaucoup d'eau pour cuire les épinards ce qui les ferait déborder. Un couvercle plus petit que le récipient, posé à même les épinards, les empêchera de «monter» dans le fait-tout.

Pour ôter l'eau des épinards, pressez-les avec la main. Si vous devez y ajouter de la crème, une sauce ou une préparation à soufflé qui aura pour effet de les allonger, faites-les, en plus, dessécher sur le feu en mélangeant sans arrêt avec une cuiller.

Fenouils

Cuisson : 30 mn environ

Par personne :

1 ou 2 bulbes

Choisissez :

Les fenouils, sans taches. Fraîchement coupés. Pas trop gros.

MICRO-ONDES

Les fenouils, tranchés par moitiés ou en bâtonnets, sont disposés dans un large plat creux, avec un peu de beurre, sel, poivre et hermétiquement couverts.

Temps de cuisson : 15 mn (puiss. maxi).

Présentez-les tels quels, ou gratinés sous un simple semis de gruyère râpé ou encore nappés de sauce Mornay.

Préparez :

Otez, au besoin, quelques feuilles externes très filandreuses. Grattez et lavez les bulbes et coupez-les en deux dans l'épaisseur.

Plongez les demi-fenouils dans de l'eau salée en ébullition. Laissez bouillir 15 mn. Égouttez et pressez pour faire sortir le plus d'eau possible. Remettez à mijoter 15 mn avec jus de viande et fines herbes hachées.

Crus : finement coupés, à la vinaigrette ou à la crème et jus de citron.

Cuits : à l'eau, puis braisés, gratinés, à la crème.

Mariez le fenouil avec les viandes blanches, volailles et même avec des poissons tels que : dorade, mulet, bar.

Fèves fraîches

Cuisson : 20 à 45 mn selon degré de maturité

Par personne :
500 g (non écossées)

Choisissez :

Les fèves vertes, fraîches, lourdes.

Préparez :

Écossez-les et lavez-les.

Plongez-les 5 mn dans de l'eau en ébullition, non salée. Égouttez et ôtez la peau dure qui les recouvre. Faites cuire à nouveau à l'eau bouillante salée avec bouquet garni, sariette (facultatif) jusqu'à ce qu'elles soient tendres (de 20 à 45 mn).

Servez-les avec sariette, persil ou cerfeuil haché et crème fraîche.

Crues : à la croque au sel.

Cuites : en ragoût, en purée, panachées avec des artichauts, au jus de viande, à la Béchamel.

A défaut de sariette fraîche, utilisez de la sariette en poudre, plus facile à trouver.

Haricots verts

Par personne :

250 g

Choisissez :

Les haricots verts très frais. Verts. Pas trop épais (exception faite pour les gros mange-tout, tendres, bien que contenant de grosses graines).

MICRO-ONDES

La **cuisson** des haricots verts au micro-ondes est décevante: ils ont tendance à s'y dessécher.

Le **réchauffage**, au contraire, s'y effectue parfaitement, conservant aux haricots la saveur du «fraîchement cuit».

N'oubliez pas de les couvrir d'un film étirable.

Cuisson : de 20 à 30 mn à partir de l'ébullition (en autocuiseur : 8 à 10 mn)

Préparez :

Cassez les deux extrémités en entraînant le fil - s'il y a lieu - tout le long des haricots. Cassez-les en deux pour vérifier qu'il n'y a plus de fil. Lavez en frottant dans les mains, sous l'eau.

Plongez-les dans de l'eau bouillante salée. Laissez cuire à gros bouillons de 20 à 30 mn sans couvrir. Égouttez-les encore un peu fermes.

Froids : en salade, à la mayonnaise moutardée, aux fines herbes ou à l'ail.

Sautés : au jus de viande, à la crème, avec hachis d'ail et de fines herbes, panachés de flageolets, etc.

Surgelés : mêmes préparations.

En boîte : rincez avant d'accommoder.

Le secret

pour obtenir des haricots verts bien verts : jetez-les dans de l'eau fortement salée, au moment où elle bout très fort. Laissez bouillir le temps voulu sans jamais couvrir la casserole.

Navets

Cuisson : 30 à 40 mn
(en autocuisseur : de 10 à 14 mn)

Par personne :

250 g

Choisissez :

Les navets fermes et pleins, ronds ou allongés et sans taches.

Préparez :

Pelez-les. S'ils sont petits, laissez-les entiers, ou s'ils sont gros, coupez-les en quatre ou en rondelles. Couvrez-les d'eau froide salée. Faites bouillir de 30 à 40 mn.

Crus : râpés à la vinaigrette.

Cuits : braisés, glacés, au jus, au gratin, en ragoût, farcis.

Leur peau étant épaisse, l'hiver surtout, n'hésitez pas à faire de grosses épluchures.

Pour atténuer le goût prononcé des navets avancés, faites-leur subir une pré-cuisson de quelques minutes à l'eau bouillante.

MICRO-ONDES

Les navets nouveaux, coupés en gros dés, sont revenus au beurre, puis étalés dans un plat, parsemés de sucre, salés et poivrés.

Couvrez le plat d'un film étirable. Cuisez au micro-ondes, 3 ou 4 mn pour 500 g de navets, (puiss. maxi).

Oseille

Cuisson : quelques minutes

Par personne :
300 g (en garniture)

Choisissez :

L'oseille très fraîche, très verte.

Préparez :

Faites-la cuire doucement quelques minutes avec du beurre, à couvert, jusqu'à ce qu'elle soit «fondue». Découvrez. Salez et laissez évaporer le jus sur feu doux. Mélangez pour réduire en purée. Ajoutez crème fraîche et croûtons dorés.

En potage, en purée, en omelette.

En garniture d'œufs durs, de viande blanche, de volaille. Ou avec du poisson (alose, saint-pierre, anguille) car elle a la réputation de «digérer» les fines arêtes.

Pour gagner du temps, une fois l'oseille «fondue» sur le feu, pressez-la et laissez-la égoutter dans une passoire plutôt que de la laisser évaporer sur le feu.

MICRO-ONDES

Il n'apporterait aucun avantage à la cuisson de l'oseille, déjà si rapide dans une simple casserole ou autre sauteuse.

Petits pois

Cuisson : 45 mn
(en autocuiseur : 12 à 15 mn)

Par personne :
500 g (non écossés)

Choisissez :

Les petits pois à cosses brillantes, lisses, vertes et lourdes. Des cosses fripées signifient que les pois sont farineux.

MICRO-ONDES

Les pois un peu gros et fermes cuiront très bien au micro-ondes, additionnés d'eau et des aromates habituels.

Couvrez d'un film étirable et comptez 10 mn de cuisson, puiss. maxi (pour 500 g de pois écossés).

Préparez :

Écossez-les et lavez-les au moment de les cuire. Pour les conserver, du jour au lendemain, au réfrigérateur, mettez-les dans un bol en plastique fermant hermétiquement.

Mettez-les à cuire dans une casserole avec 30 g de beurre, petits oignons blancs, cœur de laitue, persil, sel, poivre. Couvrez avec une assiette creuse emplie d'eau froide. Faites cuire doucement 45 mn environ. Renouvelez l'eau contenue dans l'assiette plusieurs fois en cours de cuisson.

Froids : avec mayonnaise pour garniture de fonds d'artichauts, cornets de jambon, tartelettes.

Chauds : braisés, en garniture de tartelettes, fonds d'artichauts ou omelette. Ou cuisez-les à l'eau s'ils sont un peu avancés.

Surgelés : même préparation que les pois nouveaux.

En boîte : les présentations froides conviennent toutes, ainsi que les chaudes.

Si le couvercle ferme hermétiquement et si la cuisson est menée assez doucement, il est inutile d'ajouter de l'eau aux petits pois.

Poivrons

Cuisson : 45 mn

Par personne :

1 moyen

Choisissez :

Les poivrons très lisses, brillants et lourds. Ils peuvent être vert foncé, jaune d'or ou rouge vif.

Leur forme est plutôt rebondie. Ne pas confondre avec les piments allongés, dit «piments enragés», extrêmement piquants.

MICRO-ONDES

Les poivrons, coupés en lamelles, sont disposés dans un plat avec un peu d'eau, d'huile, de sel et de poivre, et couverts d'un film étirable.

Cuisson : 6 mn (puiss. maxi) pour 300 g.

Mélangez à mi-cuisson.

Préparez :

Crus : en salade, mélangés à d'autres crudités, à du riz ou des pâtes.

Cuits : farcis, sautés ou grillés.

Il n'est pas indispensable de les peler, mais il faut les épépiner.

Ouvrez-les pour les débarrasser de leurs pépins (photo A).

Coupez-les en lanières assez fines (photo B). La peau est plus facile à entamer par l'intérieur. Assaisonnez-les un peu à l'avance avec de la vinaigrette riche en huile.

A

B

Trois manières de peler un poivron.

Mettez-le :

- au four chaud,
- directement sur le feu,
- ou dans l'huile très chaude.

Au bout de quelques instants, la peau cloquera et vous l'ôterez facilement en la frottant avec un linge rugueux.

Tomates

Cuisson : 15 à 30 mn

Par personne :

1 ou 2

Choisissez :

Les tomates fermes, lisses et bien rouges. Évitez les tomates éclatées ou tachées de brun : elles sont trop avancées et probablement fermentées et amères.

La petite tomate olivette, de forme allongée, très ferme, convient pour la cuisine car, toute en chair, elle contient très peu d'eau.

Préparez :

Crues : en salade, pelées ou non. Farcies de crudités ou de poisson.

Les tomates en salade :

Il y a les amateurs de tomates épluchées et dégorgées au sel et les amateurs de tomates «nature», tranchées telles quelles, juste avant la vinaigrette. A vous de choisir.

Pour peler une tomate, frottez la peau avec le fil du couteau. Elle se ride légèrement et se décolle facilement si la tomate est mûre.

Coupez-les en rondelles dans le sens de la hauteur. Elles sont plus fermes sous le couteau et d'un dessin inhabituel.

Pour les faire dégorger, saupoudrez-les de sel fin après les avoir coupées. Mettez au froid une demi-heure avant d'assaisonner.

Pelées ou non, les tomates «à la vinaigrette» sont assaisonnées au dernier moment.

«A la crème» elles sont préparées 2 h d'avance. Très serrées dans un ravier qui les contient juste, elles sont baignées de crème fraîche assaisonnée de vinaigre, sel, poivre, fines herbes et mises au frais.

Cuites : sautées à la poêle, avec hachis d'ail et de persil. Au four (farcies). En sauce, en potage ou ajoutées en petites quantité à d'autres préparations.

Les artichauts

Préparation et cuisson des fonds d'artichauts

PRÉPARATION :

A Tranchez la queue de l'artichaut sur une planche à découper.

B Cassez 1 ou 2 rangées de feuilles, à la base.

A

B

C Continuez d'éplucher le fond avec un couteau pointu, en coupant sous les feuilles, d'un mouvement tournant, comme pour peler une orange.

D Tranchez net.

C

D

Cuisson : elle se fait dans un «blanc». C'est très simple : faites bouillir une grande casserole d'eau salée. Ajoutez-y 1 cuil. à café de farine délayée avec un peu d'eau froide. Faites cuire les fonds dedans, pendant 30 mn environ. Égouttez et retirez le foin.

Le secret

des fonds d'artichauts qui ne noircissent pas aussitôt coupés : coupez-les avec un couteau à lame inoxydable et frottez-les entièrement de citron, au fur et à mesure du découpage. Et s'ils doivent attendre, plongez-les carrément dans un récipient empli d'eau additionnée de citron.

PRÉSENTATION RAFFINÉE DE L'ARTICHAUT VINAIGRETTE

A Écartez bien les feuilles pour dégager le cœur.

B Saisissez le cœur et, dans un mouvement vissant, détachez-le.

A

B

C Otez le foin en grattant avec une cuiller à café.

D Remettez le cœur à l'envers garni au centre d'une pincée de persil haché.

C

D

PRÉSENTATION DU CHOU-FLEUR RECONSTITUÉ

A Tassez le chou-fleur dans une terrine ou dans un bol, les tiges groupées vers le haut, les bouquets contre les parois.

B Avec une soucoupe, pressez fortement et égouttez le jus qui peut sortir.

A

B

C Couvrez le moule avec le plat de service. Retournez l'ensemble sur la table. Retirez le moule.

C

PRÉSENTATION RAFFINÉE DES ASPERGES

A Déficelez les bottillons d'asperges cuites, sur une grille.

B Repliez vers l'intérieur les deux bords d'une serviette amidonnée, en laissant un espace de deux doigts pour y glisser plus tard les asperges.

A

B

C Glissez les asperges dans la poche ainsi formée sur le dessus.

D Repliez une extrémité par-dessous, puis l'autre, pour former une sorte de portefeuille.

C

D

... et façon de les manger

Les asperges se mangent avec la fourchette et le couteau - au restaurant. Aucun problème si elles sont bien épluchées. Mais comme ce n'est pas toujours le cas, il est admis de se servir de ses doigts... à condition de pouvoir utiliser un rince-doigts ensuite.

Entrée chaude

FACILE
BON MARCHÉ
TOUTES SAISONS

Pour 4, il faut :

4 ou 6 artichauts tendres,
100 g de lard de poitrine frais ou fumé,
50 g de beurre ou de margarine,
1 gros oignon,
2 tomates ou 1 cuil. à soupe de tomate concentrée.
1 verre de vin blanc sec,
sel, poivre.

MICRO-ONDES

Il est déconseillé pour cette cuisson prolongée : il aurait pour effet de dessécher les feuilles d'artichauts.

Artichauts à la Barigoule

Préparation et cuisson : 1 h 15
Cuisson en autocuiseur : 25 mn

1. Lavez les artichauts. Tranchez-les en deux, dans la hauteur. Retirez les feuilles violettes et le foin avec un couteau aiguisé.

2. Faites revenir ces demi-artichauts dans une cocotte, avec 30 g de beurre ou de margarine. Salez et poivrez légèrement.

3. Coupez le lard en dés. Hachez l'oignon. Faites dorer le tout dans une poêle, avec une noix de beurre. Ajoutez-y les tomates en morceaux ou, à défaut, la tomate concentrée. Salez légèrement mais poivrez bien.

4. Tassez cette farce dans les demi-artichauts. Mouillez avec 1 verre de vin blanc. Couvrez. Laissez mijoter 1 h environ (en autocuisseur : 25 mn).

Raffinement :

Avant de cuire les artichauts, vous pouvez couper leurs feuilles avec des ciseaux le plus près possible de la base, de manière à ne laisser que la partie charnue.

Entrée chaude

Artichauts Pastourelle

DIFFICILE
RAISONNABLE
PETITES RÉCEPTIONS
TOUTES SAISONS

Pour 4, il faut :

4 gros artichauts,
40 g de beurre ou de margarine,
400 g de champignons de Paris,
1 échalote,
1 cuil. à soupe de crème fraîche,
farine,
1/4 de citron,
sel, poivre.

Béchamel :

1 cuil. à soupe rase de farine,
20 g de beurre ou de margarine,
1/2 verre de lait,
1/2 verre de jus de cuisson de champignons,
muscade,
sel, poivre.

Préparation et cuisson : 50 mn

1. Préparez et cuisez les fonds d'artichauts (voir p. 478).

2. Nettoyez les champignons. Faites cuire 8 têtes seulement avec très peu d'eau, une noix de beurre, un peu de jus de citron, pendant 5 mn. Égouttez mais conservez 1/2 verre de jus.

3. Hachez le reste des champignons finement ainsi que l'échalote. Faites mijoter avec 1 noix de beurre ou de margarine, sel, poivre, jusqu'à évaporation du jus. Ne couvrez pas et remuez souvent.

4. Béchamel : mélangez sur le feu le beurre ou la margarine avec la farine. Incorporez 1/2 verre de jus de champignons, lait, sel, poivre, 1 pincée de muscade. Tournez jusqu'à l'épaississement. Retirez du feu. Incorporez crème et hachis de champignons cuits.

5. Faites sauter les fonds avec un peu de beurre. Recouvrez-les de Béchamel, 1 tête de champignon et 1 noix de beurre sur chacun. Glissez à four moyen (th. 5-6), 15 mn.

Solution express :

Les fonds d'artichauts en conserve économisent beaucoup de temps. Mais choisissez-les assez larges puisque vous devez les garnir. Prenez-les en bocal de préférence car vous jugerez mieux de leur taille au premier coup d'œil... ce qui est difficile avec les artichauts en boîte.

Entrée chaude

Artichauts à la Romaine

TRÈS FACILE
RAISONNABLE
TOUTES SAISONS

Préparation et cuisson : 20 mn

Pour 4, il faut :

8 fonds d'artichauts en conserve,
50 g de beurre,
1 tranche de jambon cuit,
100 g de semoule,
1/2 litre de lait,
40 g de gruyère râpé,
sel, poivre.

1. Faites bouillir le lait. Jetez la semoule en pluie dedans. Salez, poivrez. Remuez jusqu'à épaississement. Laissez cuire environ 10 mn, sur feu très doux.

2. Incorporez ensuite le jambon en petits morceaux et 30 g de beurre.

3. Égouttez les fonds d'artichauts. Faites-les chauffer quelques minutes dans une casserole avec une noix de beurre. Garnissez-les ensuite avec de la semoule tassée en dôme. Déposez-les, côte à côte, dans un plat à four beurré. Saupoudrez-les de gruyère râpé, sel et poivre. Faites gratiner 5 ou 6 mn sous le grilloir ou dans le haut du four très chaud (th. 8-9).

MICRO-ONDES

Cuisson rapide et bon résultat pour les fonds d'artichauts.

Disposés côte à côte, dans un plat rond avec sel, très peu d'eau, couverts hermétiquement d'un film étirable : 8 à 10 mn (puiss. maxi) pour 2 beaux fonds.

Entrée froide

Artichauts sauce rose

TRÈS FACILE
RAISONNABLE
PETITES RÉCEPTIONS
TOUTES SAISONS

Pour 4, il faut :

4 artichauts,
sel.

Sauce rose :

100 g de roquefort,
2 ou 3 cuil. à soupe de ketchup,
quelques gouttes de tabasco (sauce forte au piment),
1 cuil. à café de cognac,
1 cuil. à soupe de vinaigre ou de jus de citron,
2 cuil. à soupe de crème fraîche,
poivre, très peu de sel.

Préparation et cuisson : 40 mn
+ temps de refroidissement

1. Cuisson des artichauts : lavez-les soigneusement. Coupez l'extrémité des feuilles pour obtenir des bords bien nets. Puis ceinturez chaque artichaut d'un morceau de gros fil. Mettez à cuire, de 20 à 25 mn, à l'eau bouillante salée. Égouttez aussitôt cuit. Laissez refroidir.

2. Sauce rose : râpez le roquefort à la moulinette. Mélangez avec tous les ingrédients indiqués ci-contre. Mettez au froid.

3. Otez le foin ainsi que la plupart des feuilles, pour ne laisser qu'une couronne de feuilles épaisses tout autour. Versez la sauce à l'intérieur.

Variante :

La sauce rose peut convenir pour farcir œufs durs, tomates, tronçons de céleri-branche, ou pour accompagner des asperges.

Le secret

des artichauts aux feuilles bien serrées après cuisson : pour que les feuilles ne s'écartent pas en cuisant – comme cela se produit quand l'artichaut est trop cuit – ceinturez-les d'un morceau de gros fil noué assez serré, avant de les mettre à cuire.

Vous couperez ce fil lorsqu'ils seront tout à fait refroidis.

Entrée chaude

TRÈS FACILE
CHER
PETITES ET GRANDES RÉCEPTIONS
PRINTEMPS-ÉTÉ

Pour 4, il faut :

1 kg d'asperges,
30 g de beurre,
50 g de parmesan,
sel, poivre.

MICRO-ONDES

Parfait pour les artichauts !

Inutile de les ceinturer de gros fil car ils ne se déformeront pas à la cuisson. Enveloppez-les plutôt séparément de film étirable et cuisez-les, 2 par 2, au micro-ondes, de 10 à 12 mn (puiss. maxi) selon grosseur.

Piquez-les profondément pour vérifier le degré de cuisson.

Laissez-les refroidir enveloppés. Le foin sera facile à ôter si le temps de cuisson est suffisant.

Asperges Milanaise

Préparation et cuisson : 40 mn

1. Pelez les asperges avec un couteau économe. Lavez-les. Faites-les cuire de 12 à 15 mn à l'eau bouillante salée. Égouttez-les parfaitement, aussitôt cuites.

2. Disposez-les côte à côte, encore très chaudes sur un plat supportant le four. Saupoudrez-les de parmesan, depuis la pointe jusqu'à mi-hauteur. Arrosez-les de beurre fondu. Mettez dans le haut du four chaud (th. 6-7) quelques minutes pour gratiner.

Solution express :

Les asperges en conserve peuvent très bien être accommodées de cette façon. C'est un gain de temps et un bon résultat assurés.

Le secret

des asperges tendres à couper au couteau : elles sont soigneusement pelées (presque comme une pomme de terre) et non simplement grattées :

Avec un couteau économe, pelez-les à plat pour ne pas les briser, depuis la base de la pointe jusqu'à l'autre extrémité. Puis cassez près de la queue (l'asperge se brise net à l'endroit où elle cesse d'être tendre).

Aubergines farcies

FACILE
RAISONNABLE
ÉTÉ-AUTOMNE

Préparation et cuisson : 50 mn

Pour 4, il faut :

4 aubergines,
60 g de beurre ou de margarine,
200 g de jambon cru ou cuit,
250 g de poivrons,
500 g de tomates,
1 gousse d'ail,
sel, poivre.

Bain de friture.

1. Essuyez les aubergines avec soin. Otez la queue. Coupez-les en deux en longueur. Puis, à l'aide d'un couteau pointu, entaillez profondément la chair sans percer la peau, à 1/2 cm du bord, tout autour de l'aubergine (photo A). Incisez le dessus jusqu'au fond (photo B). Plongez les demi-aubergines dans un bain de friture chaude, pendant 2 mn, pour ramollir la chair. Égouttez-les.

2. Avec une petite cuiller, détachez la chair sans percer la peau (photo C).

3. Faites revenir dans une casserole avec un peu de beurre ou de margarine le jambon en petits dés, les poivrons et les tomates épépinés, pelés et en petits morceaux, la gousse d'ail. Mélangez le tout. Laissez cuire 10 mn sur feu moyen. Incorporez la chair des aubergines hachée grossièrement au couteau. Salez, poivrez. Laissez cuire 5 mn. Remplissez les coques de peau avec cette farce (photo D). Déposez-les dans un plat à feu beurré. Parsemez de noisettes de beurre et faites cuire 20 mn à four chaud (th. 6-7).

A

B

C

D

Bettes (ou blettes) à la crème

TRÈS FACILE
BON MARCHÉ
TOUTES SAISONS

Préparation et cuisson : 1 h 30

Pour 4, il faut :

1 kg de bettes,
1 cuil. à soupe de vinaigre,
50 g de beurre,
3 cuil. à soupe de crème fraîche épaisse,
sel, poivre.

1. Mettez de l'eau à bouillir. Débarrassez les bettes de leurs feuilles. Ne conservez que les côtes dont vous ôtez les gros fils. Coupez les côtes en tronçons. Plongez-les dans l'eau bouillante additionnée de sel et d'1 cuil. à soupe de vinaigre. Laissez bouillir 1 h environ.

2. Égouttez très soigneusement les bettes cuites. Faites-les sauter quelques minutes avec du beurre. Puis recouvrez-les de crème fraîche. Salez et poivrez. Laissez bouillir le tout, sans couvrir, afin que le jus mélangé à la crème ne prenne pas une apparence trop liquide. Présentez dans un légumier.

Variantes :

Les bettes, préalablement cuites à l'eau, comme dans le § 1, sont simplement mélangées avec du jus de viande. Ou encore recouvertes de Béchamel au fromage, elles sont mises à gratiner dans le four chaud.

MICRO-ONDES

Les petits tronçons de bettes sont étalés dans un plat en une couche épaisse, avec 3 ou 4 cuil. d'eau, citron, (facultatif), sel. Couvrez hermétiquement d'un film étirable.

Cuisson : 8 à 10 mn (puiss. maxi) pour 500 g.

Légume

Courgettes à la Lyonnaise

TRÈS FACILE
BON MARCHÉ
ETE-AUTOMNE

Préparation et cuisson : 30 mn

Pour 4, il faut :

4 courgettes,
3 cuil. à soupe d'huile,
20 g de beurre ou de margarine,
2 gros oignons,
40 g de gruyère râpé,
sel, poivre.

1. Lavez et coupez les courgettes en rondelles épaisses. Inutile de les peler. Faites-les dorer des 2 côtés, à feu vif, dans une grande poêle avec de l'huile. Salez, poivrez. Couvrez et laissez cuire doucement 20 mn.

2. Pendant ce temps, faites mijoter les oignons en rondelles avec un peu de beurre ou de margarine, 1/4 d'heure, à couvert.

3. Disposez, par couches, dans un plat à gratin : courgettes sautées, oignons et gruyère râpé. Mettez au four très chaud 5 mn pour gratiner.

MICRO-ONDES

Vous pouvez préparer cette recette au micro-ondes, en la modifiant quelque peu :

1. Les rondelles d'oignons, étalées dans le plat avec noisettes de beurre, seront cuites, à couvert, au micro-ondes, 2 mn (puiss. maxi).

2. Les courgettes, coupées *finement*, y seront ensuite mélangées, arrosées d'huile, salées et poivrées.

Le plat, hermétiquement couvert d'un film étirable, sera remis au micro-ondes 8 mn (puiss. maxi).

Parsemez de gruyère râpé avant de gratiner sous le grilloir, ou plus simplement mélangez en fin de cuisson.

5 recettes de carottes

FACILES
BON MARCHÉ
TOUTES SAISONS

Préparation et cuisson : 1 h environ

Carottes à la Bourguignonne

Pour 4, il faut :

1 kg de carottes,
40 g de beurre ou de margarine,
2 oignons,
1 cuil. à soupe pleine de farine,
sel, poivre.

1. Faites cuire les carottes entières, à l'eau bouillante salée, 30 mn.

2. Coupez les oignons en rondelles. Faites-les dorer dans une grande casserole avec 40 g de beurre ou de margarine.

3. Égouttez les carottes cuites. Coupez-les en rondelles. Ajoutez-les aux oignons dans la casserole. Saupoudrez de farine. Mélangez sur feu vif jusqu'à ce que les carottes brunissent. Mouillez avec 2 verres d'eau bouillante. Salez, poivrez. Laissez mijoter 15 mn.

Carottes en soufflé

Pour 4, il faut :

500 g de carottes,
2 oignons,
2 œufs,
sel.

Béchamel sucrée :

30 g de beurre ou de margarine,
1 cuil. à soupe très pleine de farine,
2 verres de lait,
1 pincée de sucre en poudre,
sel, poivre.

1. Faites cuire carottes et oignons dans 1/2 litre d'eau salée, 30 mn. Puis égouttez et passez au moulin à légumes.

2. Préparez une Béchamel très épaisse avec les proportions indiquées. Incorporez-la à la purée de carottes ainsi que les jaunes d'œufs. Puis les blancs en neige ferme.

3. Versez dans un moule à soufflé beurré. Mettez à four chaud (th. 6-7) 35 mn environ. Servez au sortir du four.

MICRO-ONDES

Le micro-ondes laisse les carottes un peu fermes à notre goût. Mais si vous les aimez al dente comme dans la cuisine «moderne», ou la cuisine orientale, vous serez tout à fait satisfaite.

Comptez de 10 à 12 mn (puiss. maxi) pour 800 g de carottes en fines rondelles plus un peu d'eau.

Pour 4, il faut :

1 kg de carottes,
250 g de petits oignons blancs ou 2 gros oignons coupés,
40 g de beurre ou de margarine,
1 ou 2 gousses d'ail,
bouquet garni, persil,
sel, poivre.

Carottes braisées

1. Dans une cocotte contenant 40 g de beurre ou de margarine, mettez les carottes en rondelles, les oignons, l'ail, bouquet garni, sel, poivre.

2. Couvrez hermétiquement et laissez cuire sur feu doux 1 h (en autocuiseur : 25 mn).

Pour 4, il faut :

1 kg de carottes
30 g de beurre ou de margarine
4 petits oignons blancs,
1 gousse d'ail,
1 clou de girofle,
1 ou 2 cuil. à soupe de crème fraîche,
bouquet garni,
sel, poivre.

Carottes à la crème

1. Grattez et lavez les carottes. Coupez-les en minces rondelles.

2. Faites fondre 30 g de beurre ou de margarine dans une grande casserole. Jetez-y les carottes, les oignons en 4, l'ail, le bouquet garni, clou de girofle, sel, poivre. Couvrez d'une assiette creuse emplie d'eau. Laissez cuire doucement 1 h (en autocuiseur : 25 mn).

3. Otez le bouquet garni et incorporez la crème fraîche avant de servir.

Pour 4, il faut :

500 g de carottes,
500 g de pommes de terre,
sel.

Béchamel :

1 cuil. à soupe très pleine de farine,
30 g de beurre ou de margarine,
1/2 litre de lait,
sel, poivre.

Carottes à la Pompadour

1. Faites cuire séparément carottes et pommes de terre en dés, à l'eau bouillante salée, 30 mn.

2. Préparez une Béchamel en mélangeant sur feu doux beurre ou margarine et farine. Incorporez le lait froid d'un seul coup. Remuez jusqu'à épaississement. Salez, poivrez. Laissez mijoter.

3. Égouttez les légumes dans un plat creux. Recouvrez de Béchamel et servez.

Cèpes (ou bolets) Bordelaise

FACILE
CHER
PETITES RÉCEPTIONS
AUTOMNE-HIVER

Préparation et cuisson : 15 mn

Pour 4, il faut :

600 g de cèpes très fermes,
1 cuil. à soupe de vinaigre,
3 cuil. à soupe d'huile,
50 g de beurre ou de graisse d'oie,
2 petites échalotes,
persil,
1 cuil. à soupe de pain rassis émietté,
1 quartier de citron,
sel, poivre.

1. Retirez la partie terreuse des cèpes. Lavez-les rapidement à l'eau vinaigrée. Égouttez-les et essuyez-les aussitôt. Coupez-les en lamelles. Hachez les échalotes et le persil.

2. Dans une poêle contenant l'huile très chaude, faites rissoler les cèpes sur feu assez vif pendant 2 ou 3 mn. Égouttez-les bien.

3. Remettez les cèpes dans la poêle avec 50 g de beurre ou de graisse d'oie, le pain émietté, le hachis d'échalotes et de persil, sel, poivre. Laissez cuire 5 mn environ, sur feu moyen, en secouant la poêle de temps en temps. Ajoutez, à la fin, un peu de jus de citron.

Présentez avec de la volaille, de la viande ou une omelette «baveuse».

Variante économique :

Si vous n'avez pas le privilège d'aller à la cueillette des cèpes sous les pins, ceux que vous achèterez au marché vous paraîtront toujours chers. Pour obtenir un plat plus abordable, vous pourrez y ajouter des gros dés de pommes de terre, sautés à part avec huile, beurre ou graisse d'oie.

Ce sera plus économique et très bon tout de même.

Entrée chaude ou froide

FACILE
RAISONNABLE
ÉTÉ-AUTOMNE

Pour 4, il faut :

800 g de courgettes,
4 cuil. à soupe d'huile,
20 g de beurre ou de margarine,
200 g de mouton,
3 oignons,
3 cuil. à soupe de riz,
200 g de champignons,
400 g de tomates,
1 gousse d'ail,
2 poivrons,
1 verre de vin blanc sec,
1 ou 2 cuil. à café de curry,
sel, poivre.

MICRO-ONDES

Il n'offre aucun avantage pour une cuisson aussi longue et aussi morcelée.

Courgettes à l'Orientale

Préparation et cuisson : 2 h 15
Cuisson en autocuiseur : 30 mn

1. Jetez le riz dans de l'eau en ébullition et laissez-le cuire 5 mn seulement. Égouttez.

2. Lavez les courgettes mais ne les pelez pas. Tranchez-les aux extrémités. Puis coupez-les en tronçons de 6 cm environ. Creusez-les sans abîmer la peau pour retirer les graines et même une partie de la chair.

3. Hachez la viande et les oignons crus. Ajoutez-y le riz partiellement cuit, sel, poivre. Tassez cette farce dans les tronçons de courgettes. Faites-les dorer légèrement pour saisir la peau, dans une grande cocotte avec 3 cuil. à soupe d'huile. Ajoutez les poivrons épépinés et finement coupés, le curry, 1 verre de vin blanc, 1/2 litre d'eau, sel, poivre. Couvrez. Laissez mijoter 1 h (en autocuiseur: 20 mn ; diminuez le liquide de moitié).

4. Nettoyez et hachez les champignons et l'ail. Pelez et coupez les tomates en morceaux. Faites sauter le tout 5 mn dans une poêle avec 1 cuil. à soupe d'huile et ajoutez aux courgettes. Laissez cuire encore de 20 mn à 30 mn (en autocuiseur : 10 mn).

Servez très chaud ou complètement froid.

Variante :

Cette recette peut être préparée avec un reste de mouton cuit, assez maigre, et un peu de pain émietté. Lier le tout avec 1 ou 2 œufs crus battus qui donneront de la consistance à la farce une fois cuite.

Les croustades

Les croustades sont des fonds de tartes ou de tartelettes cuits à vide. Ils sont ensuite garnis de diverses façons avec : poisson, fruits de mer, quenelles.

Ou garnis de légumes tels que :

Froids : macédoine, pointes d'asperges, petits pois, liés à la mayonnaise.

Chauds : asperges, petites carottes «grelot», champignons sautés ou à la crème, choufleur, épinards, fonds d'artichauts coupés, haricots verts, macédoine, petits pois, purée de légumes, fondue de tomates.

A

B

C

Trois secrets

pour que les fonds de tarte cuits à vide ne boursouflent pas en cuisant :

– froissez du papier d'aluminium à l'intérieur du moule, en l'appliquant contre le bord de la pâte ;

– ou mettez du papier blanc garni de haricots secs ;

– ou emboîtez l'un dans l'autre deux moules.

Il faut, au départ, piquer le fond avec une fourchette. Dégarnir l'intérieur des fonds au 3/4 de la cuisson pour laisser colorer.

Entrée chaude

Croustade chaude à la tomate

FACILE
BON MARCHÉ
PETITES RÉCEPTIONS
TOUTES SAISONS

Préparation et cuisson : 1 h

Pour 1 grande croustade ou 6 petites, il faut :

Pâte :

150 g de farine (5 cuil. à soupe très bombées),
75 g de beurre ou de margarine,
1/2 verre d'eau,
1/2 cuil. à café de sel.

Garniture :

500 g de tomates,
1 gros oignon,
1 gousse d'ail,
bouquet garni,
sel, poivre.

Sauce Mornay :

20 g de beurre ou de margarine,
1 cuil. à soupe rase de farine,
1 verre de lait,
50 g de gruyère râpé,
sel, poivre.

1. Pâte : mélangez farine, sel, beurre ou margarine en morceaux, en pressant et en frottant les paumes des mains l'une contre l'autre. Quand la pâte est granuleuse, ajoutez l'eau. Pétrissez vivement. Mettez en boule. Écrasez avec la paume de la main. Remettez en boule. Cela 3 fois.

2. Étalez la pâte. Garnissez-en un moule à tarte. Piquez le fond. Posez dessus une large rondelle de papier d'aluminium. Roulez les bords contre la paroi du moule pour maintenir la pâte. Faites cuire à four chaud (th. 6-7) de 20 à 30 mn.

3. Garniture : mettez dans une casserole les tomates épluchées, l'oignon haché, l'ail écrasé, bouquet garni, sel, poivre. Faites cuire doucement, sans couvrir, 45 mn.

4. Sauce Mornay : mélangez, sur feu doux, 20 g de beurre ou de margarine et 1 cuil. à soupe rase de farine. Versez le lait froid. Remuez jusqu'à ébullition. Salez, poivrez. Incorporez, hors du feu, le gruyère râpé.

5. Garnissez la croustade avec la purée de tomates, recouvrez de sauce Mornay. Remettez à four très chaud (th. 8-9) pour dorer.

Le secret

de la bonne consistance de la purée de tomates : si la purée de tomates vous paraît un peu trop liquide (cela arrive avec des tomates pleines d'eau), laissez-la bouillir un peu plus longtemps, sur feu vif, sans couvrir.

Entrée froide

Croustade froide à la tomate

FACILE
RAISONNABLE
PETITES RÉCEPTIONS
PRINTEMPS-ÉTÉ

Pour 1 grande croustade ou 6 petites, il faut :

Pâte et préparation des fonds :

voir «croustade chaude».

Garniture :

6 belles tomates,
1 ou 2 cuil. à soupe d'huile,
1 gros oignon doux,
bouquet garni,
sel, poivre.

Décor :

8 cœurs d'artichauts (en boîte),
2 poivrons à l'huile,
12 filets d'anchois,
10 olives noires.

MICRO-ONDES

Les croustades ou tartelettes cuisent mal dans un micro-ondes.

Réservez cette fonction au four traditionnel.

Même remarque pour le réchauffage des tartelettes.

Préparation et cuisson : 1 h
+ attente

1. Faites cuire les tomates épluchées et épépinées avec 1 ou 2 cuil. d'huile, l'oignon coupé finement, sel, pas mal de poivre, bouquet garni, jusqu'à ce que la purée soit assez épaisse, 1/2 h environ. Laissez refroidir complètement.

2. Versez la purée de tomates sur la croustade. Dessinez dessus des croisillons à l'aide d'anchois et de poivrons coupés en lanières. Disposez les cœurs d'artichauts et les olives dans les losanges ainsi formés.

Solution express :

Les tomates entières, en boîte, sont tout indiquées pour cet emploi, mais sans le jus qui donnerait une fondue beaucoup trop liquide. Cependant ne jetez pas ce jus qui est une boisson agréable, qui peut servir à enrichir un potage ou à accompagner des pâtes.

Entrée froide

Fenouils à l'Orientale

TRÈS FACILE
RAISONNABLE
PETITES RÉCEPTIONS
PRINTEMPS-AUTOMNE-HIVER

Pour 4, il faut :

2 ou 3 bulbes de fenouil,
3 cuil. à soupe d'huile,
2 oignons,
2 échalotes,
300 g de tomates fraîches,
2 cuil. à café de sucre en poudre,
1/3 de cuil. à café de safran,
1 verre de vin blanc sec,
zeste de citron,
sel, poivre.

Préparation et cuisson : 1 h

1. Grattez les bulbes de fenouil. Coupez-les en 4. Plongez-les 5 mn dans de l'eau salée en ébullition. Égouttez-les aussitôt.

2. Épluchez et coupez en rondelles oignons et échalotes. Pelez et coupez les tomates. Videz-les de leurs pépins. Faites revenir le tout, à feu assez vif, quelques minutes dans une cocotte contenant de l'huile chaude.

3. Ajoutez-y ensuite fenouil, sucre, vin blanc, safran, un morceau de zeste de citron, sel, pas mal de poivre. Couvrez. Laissez mijoter sur feu doux 3/4 d'heure. Laissez refroidir complètement avant de servir.

MICRO-ONDES

Cuisez, préalablement, oignons, échalotes et tomates au micro-ondes, sans couvrir, 3 ou 4 mn (puiss. maxi).

Ajoutez-y les morceaux de fenouil, les aromates et 1/2 verre de vin seulement. Couvrez et cuisez 15 mn (puiss. maxi).

Inutile de «blanchir» le fenouil avant de le cuire au micro-ondes.

Girolles (ou chanterelles) sautées

FACILE
CHER
PETITES ET GRANDES RÉCEPTIONS
PRINTEMPS-AUTOMNE

Pour 4, il faut :

600 g de girolles,
1 cuil. à soupe de vinaigre,
3 cuil. à soupe d'huile,
25 g de beurre,
1 échalote (ou 1 gousse d'ail)
sel, poivre,
persil haché.

Préparation et cuisson : 40 mn

1. Otez l'extrémité sableuse du pied des girolles. Lavez-les plusieurs fois dans de l'eau vinaigrée sans les y laisser séjourner. Égouttez-les bien et séchez-les le plus possible dans un torchon.

2. Dans une large poêle, faites chauffer l'huile. Quand elle est fumante, jetez-y les girolles. Faites-les rissoler pendant quelques minutes sur feu vif. Égouttez-les.

3. Remettez la poêle sur le feu avec 25 g de beurre. Jetez-y les girolles avec l'ail ou l'échalote finement coupé, sel et poivre. Faites sauter 2 mn sur feu vif, puis couvrez et laissez mijoter 15 mn sur feu doux.

4. Parsemez les girolles de persil haché avant d'en garnir une viande blanche ou une volaille rôtie.

Gratin de légumes

TRÈS FACILE
BON MARCHÉ
ÉTÉ-AUTOMNE

Préparation et cuisson : 1h 20

Pour 4, il faut :

2 courgettes,
50 g de beurre ou de margarine,
2 aubergines,
500 g de pommes de terre,
750 g de tomates,
2 poivrons,
2 ou 3 oignons,
25 g de gruyère râpé,
persil,
sel, poivre.

1. Épluchez et coupez en rondelles : courgettes, aubergines, pommes de terre, tomates et oignons. Épépinez, puis tranchez les poivrons en lanières.

2. Mettez tous ces légumes dans une cocotte avec 50 g de beurre ou de margarine, 1/2 verre d'eau, persil haché, sel, poivre. Couvrez et mettez la cocotte dans le four chaud (th. 6-7) 40 mn. Retirez ensuite le couvercle pour laisser évaporer une partie du jus. Laissez cuire 20 mn supplémentaires.

3. Transvasez les légumes cuits dans un plat à gratin. Parsemez de gruyère râpé. Faites gratiner 5 mn sous le grilloir ou dans le haut du four très chaud (th. 8-9).

MICRO-ONDES

Bonne recette pour micro-ondes. Mais n'y ajoutez pas d'eau car les légumes rendront beaucoup de jus.

Comptez 15 mn de cuisson (puiss. maxi). Couvert.

Découvrez la cocotte pendant les 5 dernières mn.

Si le jus est encore trop abondant, égouttez-le avant de parsemer de gruyère râpé.

Légume

TRÈS FACILE
RAISONNABLE
PRINTEMPS-ÉTÉ-AUTOMNE

Pour 4 ou 6, il faut :

50 g de beurre ou de margarine,
1 oignon,
2 blancs de poireaux,
3 gousses d'ail,
1 pomme de terre,
2 carottes,
2 navets ronds,
1 verre de pois écossés,
100 g de haricots verts,
1 aubergine,
3 choux Brocoli,
2 courgettes,
3 tomates,
1 cuil. à soupe de tomate concentrée,
bouquet garni,
sel, poivre.

Guivetche (jardinière de légumes hongroise)

Préparation et cuisson : 1 h 30
Cuisson en autocuiseur : 20 mn

1. Épluchez et lavez tous les légumes. Coupez-les en dés ou en rondelles.

2. Faites chauffer le beurre ou la margarine dans une grande cocotte. Mettez d'abord l'oignon et l'ail hachés à revenir dedans, puis les poireaux finement coupés, tomates et tomate concentrée.

3. Ajoutez ensuite les autres légumes, bouquet garni, sel, poivre, 1/2 litre d'eau. Laissez cuire doucement 50 mn ou 60 mn, (en autocuiseur : 1/4 de litre d'eau seulement et 20 mn de cuisson). Si nécessaire, remettez un peu d'eau au cours de la cuisson. Les légumes doivent cuire dans très peu de jus et même rissoler légèrement.

Solution express :

Les pois et haricots verts surgelés font gagner du temps et permettent de préparer ce plat hors saison.

Jardinière de légumes

TRÈS FACILE
RAISONNABLE
PRINTEMPS-ÉTÉ

Pour 4, il faut :

30 g de beurre ou de margarine,
500 g de petits pois,
200 g ou 1 botte de carottes nouvelles,
3 ou 4 navets nouveaux,
125 g de haricots verts,
250 g de pommes de terre nouvelles,
1 cuil. à soupe de crème fraîche,
cerfeuil ou persil,
laitue,
sel, poivre.

Préparation et cuisson : 1 h 15
Cuisson en autocuiseur : 20 mn

1. Faites fondre 30 g de beurre ou de margarine dans une casserole. Mettez-y carottes en rondelles, navets en dés, haricots verts, petits pois, laitue. Mélangez le tout. Ajoutez 2 cuil. à soupe d'eau, bouquet de persil ou de cerfeuil, sel, poivre. Couvrez avec une assiette creuse emplie d'eau froide. Faites mijoter 20 mn (en autocuiseur : 8 mn).

2. Ajoutez alors les pommes de terre coupées en dés. Laissez cuire de nouveau 30 mn (en autocuiseur : 10 mn). Renouvelez l'eau dans l'assiette, au cours de la cuisson. Avant de servir retirez le persil ou le cerfeuil, puis incorporez 1 cuil. à soupe de crème.

Légume

Haricots verts Vénitienne

TRÈS FACILE
RAISONNABLE
PRINTEMPS-ÉTÉ-HIVER

Préparation et cuisson : 2 h
Cuisson en autocuiseur : 35 mn

Pour 4, il faut :

1 kg de haricots verts ou de mange-tout,
60 g de beurre,
500 g de tomates,
1 oignon,
1 gousse d'ail,
bouquet garni,
persil,
2 pincées d'origan séché (facultatif),
sel, poivre.

1. Épluchez les haricots verts et lavez-les. Hachez l'oignon. Pelez, coupez et épépinez les tomates.

2. Dans une cocotte contenant 50 g de beurre, faites sauter ensemble l'oignon haché et les tomates. Puis ajoutez : haricots verts, ail, bouquet garni, sel, poivre et origan. Couvrez hermétiquement et laissez cuire 1 h 30 environ (en autocuiseur : 35 mn) sur feu très doux.

3. Au moment de servir les haricots, retirez le bouquet garni, incorporez une noix de beurre et parsemez de persil.

(Les haricots cuits de la sorte ont perdu leur fraîche couleur mais ils sont excellents.)

MICRO-ONDES

Pas de micro-ondes pour cette recette !

Les haricots verts seraient transformés en bâtonnets ridés et filandreux peu comestibles.

Entrée chaude ou froide

Moussaka

FACILE
RAISONNABLE
ÉTÉ-AUTOMNE

Préparation et cuisson : 1 h 30

Pour 4, il faut :

400 g de mouton désossé (cru ou cuit),
1 tasse d'huile d'olive,
1 échalote,
100 g de champignons,
2 tomates,
1 oignon,
4 gousses d'ail,
1 kg d'aubergines,
1 œuf,
farine,
persil haché,
sel, poivre.

La moussaka, d'origine roumaine, est un merveilleux plat composé d'aubergines, de mouton, de champignons et d'aromates divers qui lui communiquent leur riche saveur. Mais sa présentation demande beaucoup de soin : des pelures d'aubergines savamment disposées enrobent le plat démoulé, en forme de gâteau. Aussi ai-je sacrifié cette présentation compliquée, pour vous donner une «moussaka» très simplifiée. Mais j'ai tenu à lui conserver tout son caractère en respectant la composition et la méthode de préparation.

1. Hachez ensemble : mouton, échalote et la moitié du persil. Nettoyez les champignons. Épluchez les tomates. Coupez-les en deux. Pressez-les pour en extraire le jus.

2. Coupez finement l'oignon. Faites-le dorer dans une cocotte avec un peu d'huile d'olive. Ajoutez-y le hachis de viande. Laissez revenir un instant sur feu vif. Puis mettez champignons et tomates coupés en dés, ail écrasé, sel, poivre. Mélangez. Laissez cuire sur feu moyen 15 mn en remuant souvent. Hors du feu, incorporez-y l'œuf battu.

3. Coupez les aubergines en rondelles sans les éplucher (photo A). Farinez-les. Faites-les frire dans une poêle contenant quelques cuillerées d'huile d'olive, 1 ou 2 mn sur chaque face. Salez, poivrez (photo B).

4. Au fond d'un plat à four profond, ou d'un moule à soufflé, mettez, par couches : aubergines, hachis de mouton, aubergines et ainsi de suite (photo C). Faites cuire au bain-marie, à four chaud (th. 6-7) de 45 mn à 1 h. Servez sans démouler au sortir du four ou refroidi. Parsemez de persil.

A

B

C

MICRO-ONDES

Pour la moussaka, traditionnellement mijotée dans un four pendant un long moment, le micro-ondes ne donnera pas un bon résultat : cuisson peu homogène et jus trop abondant.

Le secret

des tomates vite pelées, même insuffisamment mûres : plongez-les dans une casserole d'eau en train de bouillir. Laissez juste le temps de revenir à ébullition. Égouttez aussitôt et pelez sans difficulté. Cette façon de faire est surtout valable pour les tomates destinées à la cuisson.

Entrée chaude ou légume

Navets farcis au cidre

FACILE
RAISONNABLE
PETITE RÉCEPTION
PRINTEMPS-ÉTÉ-AUTOMNE

Pour 4, il faut :

4 gros navets ronds,
1 petit verre de cidre,
1 tablette de bouillon,
10 g de beurre,
sel, poivre.

Farce :

250 g de chair à saucisse,
1 échalote,
persil, cerfeuil,
ciboulette, thym,
1 feuille sèche de laurier,
1 œuf,
sel, poivre,
4 épices.

Préparation et cuisson : 1 h 15

1. Épluchez les navets et creusez-les comme des tomates à farcir.

2. Farce : malaxez ensemble : chair à saucisse, œuf, feuilles de thym, laurier émietté, persil, cerfeuil, ciboulette, échalote hachés, sel, poivre, 2 pincées de 4 épices. Tassez cette farce dans les navets.

3. Disposez-les dans une cocotte beurrée. Ajoutez sel, poivre, cidre, 1 tablette de bouillon concentré, 4 cuil. à soupe d'eau bouillante. Couvrez la cocotte et glissez-la dans le four chaud (th. 6-7) 45 mn.de veau, de porc ou même un canard, c'est une partie de ce jus que vous utiliserez pour le braisage des navets.

Raffinement :

Au bouillon concentré, préférez si c'est possible le jus de cuisson d'une viande, 3 ou 4 cuil. à soupe suffisent. Et comme les navets farcis sont tout indiqués pour accompagner un rôti de veau, de porc ou même un canard, c'est une partie de ce jus que vous utiliserez pour le braisage des navets.

Navets glacés

FACILE
RAISONNABLE
PETITES RÉCEPTIONS
PRINTEMPS-ÉTÉ

Pour 4, il faut :

1 kg de navets nouveaux,
50 g de beurre,
1 pincée de sucre,
sel, poivre.

Préparation et cuisson : 1 h

1. Épluchez les navets. Coupez-les en gros dés réguliers. Plongez-les 5 mn dans de l'eau en ébullition. Égouttez-les et passez-les sous l'eau froide.

2. Dans une cocotte, faites chauffer 30 g de beurre. Ajoutez-y les navets, 1/2 litre d'eau, sel, poivre. Couvrez à demi et laissez cuire doucement jusqu'à ce que l'eau soit évaporée presque entièrement (45 mn environ). Ajoutez alors une noix de beurre et 1 pincée de sucre en poudre. Laissez sur feu moyen, sans couvrir, pour que les navets colorent légèrement et uniformément.

Variante :

Les carottes glacées se préparent exactement de la même manière.

MICRO-ONDES

Les navets, coupés en dés ou en rondelles, y cuisent très rapidement sans passage à l'eau bouillante au préalable.

D'abord dorés à part, avec un peu de beurre, puis mis en cocotte avec un tout petit peu d'eau, sel, poivre et pincée de sucre, couverts et passés au micro-ondes, 3 mn environ (puiss. maxi).

Il est possible de faire revenir les navets dans un plat à double usage, (verre ou porcelaine à feu) allant au feu et au micro-ondes. Avantage : l'économie de vaisselle...

Le secret

des légumes glacés qui ne s'écrasent pas en cuisant : ne les remuez pas avec une cuiller, mais secouez la cocotte de temps en temps pour qu'ils colorent sans attacher au fond.

Oignons glacés

FACILE
RAISONNABLE
PETITES RÉCEPTIONS
PRINTEMPS-ÉTÉ

Préparation et cuisson : 45 mn

Pour 4, il faut :

350 g de petits oignons blancs,
30 g de beurre,
1 cuil. à soupe rase de sucre en poudre,
sel.

1. Mettez les petits oignons non épluchés dans une passoire. Plongez celle-ci dans une casserole d'eau en ébullition. Laissez bouillir 3 mn. Retirez. Vous épluchez les oignons ensuite sans difficulté.

2. Mettez les oignons dans une casserole assez large avec 30 g de beurre et 1 cuil. de sucre. Laissez dorer à découvert pendant 30 mn environ. Remuez la casserole de temps en temps pour ne pas laisser attacher. Vous pouvez couvrir à demi pendant le dernier quart d'heure. Salez avant de servir.

MICRO-ONDES

Ils ne «glaceront» pas au micro-ondes, vos petits oignons, mais ils y cuiront en 2 mn (pour 250 g), sans passage à l'eau bouillante au préalable. Ajoutez tout de même 2 cuil. d'eau dans le plat avant de le couvrir hermétiquement pour la cuisson (puiss. maxi).

Puis, vous pourrez les joindre à une viande ou à une volaille en fin de cuisson.

Le secret

des oignons qui dorent sans brûler : s'ils colorent trop vite et trop fort, ajoutez 1 ou 2 cuil. à café d'eau froide dans la casserole. Posez un couvercle dessus. La cuisson de vos oignons se terminera sans accident.

Entrée chaude

Pain d'aubergines à la tomate

FACILE
BON MARCHÉ
ÉTÉ-AUTOMNE

Préparation et cuisson : 1 h 30

Pour 4, il faut :

1 kg d'aubergines,
30 g de beurre ou de margarine,
3 œufs,
2 cuil. à soupe de vinaigre,
sel, poivre.

Fondue de tomates :

750 g de tomates,
25 g de beurre ou de margarine,
2 oignons,
1/2 carotte,
1 cuil. à café de farine,
1 gousse d'ail,
bouquet garni,
sel, poivre.

1. Mettez à bouillir une grande casserole d'eau salée vinaigrée. Pendant ce temps, pelez les aubergines. Coupez-les en 4. Plongez-les dans l'eau bouillante. Égouttez-les au bout de 10 mn d'ébullition. Écrasez-les en purée. Incorporez-y 3 œufs battus en omelette, sel, poivre.

2. Beurrez un moule à soufflé. Versez la purée dedans. Déposez ce moule dans un plat à feu contenant un peu d'eau (bain-marie). Mettez à four chaud 45 mn (th. 6-7).

3. Fondue de tomates : mettez dans une casserole tomates et oignons en morceaux, carotte, ail, bouquet garni, sel, poivre. Laissez cuire à feu moyen, sans couvrir, 45 mn environ. Retirez le bouquet garni. Passez la purée au moulin à légumes. Reportez sur le feu. Malaxez 1 cuil. à café de farine avec 25 g de beurre ou de margarine. Incorporez peu à peu à la purée de tomates sur feu doux. Remuez jusqu'à épaississement.

4. Démoulez le gâteau au sortir du four. Présentez-le nappé de fondue de tomates.

MICRO-ONDES

Les aubergines, pelées et coupées, peuvent être cuites dans le micro-ondes, hermétiquement couvertes, avec 2 cuil. d'eau, pendant 6 à 7 mn (puiss. maxi).

Procédez ensuite suivant la recette normale.

Le secret

des aubergines qui ne noircissent pas : elles sont jetées, aussitôt coupées, dans de l'eau bouillante assez fortement vinaigrée. L'acidité du vinaigre leur évite de s'oxyder - donc de noircir - pendant la cuisson à l'eau. Cette précaution est inutile pour les préparations sautées ou frites.

Entrée chaude ou légume

Pain de chou-fleur

FACILE
RAISONNABLE
TOUTES SAISONS

Préparation et cuisson : 1 h 20

Pour 4, il faut :

1 chou-fleur de 1 kg,
1 noix de beurre,
50 g de gruyère râpé,
3 œufs,
sel.

Béchamel :

2 cuil. à soupe pleines de farine,
40 g de beurre ou de margarine,
1/2 litre de lait,
muscade,
sel, poivre.

1. Séparez le chou-fleur en bouquets. Lavez-les. Faites cuire de 12 à 15 mn à l'eau bouillante salée.

2. Béchamel : mélangez sur feu doux 40 g de beurre ou de margarine et 2 cuil. à soupe pleines de farine. Mouillez avec 1/2 litre de lait froid. Mélangez sur le feu jusqu'à épaississement. Ajoutez sel, poivre et 2 pincées de muscade râpée.

3. Passez le chou-fleur égoutté au moulin à légumes. Incorporez à la Béchamel ainsi que le gruyère râpé, le jaune des 3 œufs, puis les blancs battus en neige.

4. Versez la préparation dans un moule à soufflé beurré. Faites cuire à four moyen (th. 5-6) 40 mn. Servez au sortir du four, sans démouler.

(Ce pain ne gonfle pas autant qu'un soufflé au fromage.)

MICRO-ONDES

La **Béchamel** peut y être préparée pendant la cuisson à l'eau du chou-fleur.

Proportions de la Béchamel/micro-ondes : identiques à celles citées ci-dessus, en forçant un peu sur la farine.

Faites fondre le beurre, 1 mn au micro-ondes. Puis ajoutez la farine. Mélangez. Remettez 30 s au micro-ondes. Incorporez tout le lait froid, sel, poivre, muscade.

Remettez à cuire 4 mn sans couvrir, en fouettant 2 ou 3 fois en cours de cuisson.

Panaché de fèves et d'artichauts

TRÈS FACILE
RAISONNABLE
PRINTEMPS-ÉTÉ

Pour 4, il faut :

10 petits artichauts très tendres (poivrades),
50 g de beurre,
800 g de fèves fraîches,
2 oignons,
muscade,
persil,
sel, poivre.

Préparation et cuisson : 1 h 30
Cuisson en autocuiseur : 25 mn

1. Écossez les fèves. Puis ôtez la première peau un peu épaisse (comme pour les amandes). Coupez les tiges et l'extrémité des feuilles des artichauts. Tranchez-les en 4. Lavez-les soigneusement et égouttez-les.

2. Hachez les oignons. Faites-les revenir légèrement avec 30 g de beurre, sans laisser colorer. Au bout de quelques minutes ajoutez les quartiers d'artichauts, les fèves et de l'eau jusqu'à mi-hauteur des légumes (1/2 litre environ), sel, poivre et deux pincées de muscade râpée. Couvrez. Laissez mijoter doucement 1 h environ (en autocuiseur : 25 mn).

Avant de servir, incorporez quelques noix de beurre frais et saupoudrez de persil haché.

Le secret

des fèves tendres et faciles à digérer : elles sont débarrassées, avant cuisson, de la peau épaisse et dure qui les gaine. C'est une perte de temps mais le résultat vaut bien ce supplément de travail.

Entrée chaude

Poivrons farcis à la Hongroise

FACILE
BON MARCHÉ
ÉTÉ-AUTOMNE

Préparation et cuisson : 1 h 30

Pour 4, il faut :

4 gros poivrons.

Farce :

3 cuil. à soupe de riz,
1 noix de beurre ou de margarine
300 g de gorge de porc hachée (ou de chair à saucisse),
1 œuf,
1 oignon,
1 gousse d'ail,
thym effeuillé,
sel, poivre.

Sauce :

2 tomates,
30 g de beurre ou de margarine
1 cuil. à soupe rase de farine,
1 cuil. à café de concentré de tomate,
2 verres d'eau,
1 gousse d'ail,
1 clou de girofle,
bouquet garni,
sel, poivre.

1. Farce : faites revenir l'oignon haché dans une casserole avec 1 noix de beurre ou de margarine. Jetez le riz dedans. Mélangez. Ajoutez-y 2 fois son volume d'eau, sel, poivre. Couvrez et laissez cuire 17 mn environ. Quand le riz est cuit, mélangez-le avec le porc haché, l'œuf, la gousse d'ail coupée, sel, thym, poivrez généreusement. Coupez un chapeau à chaque poivron. Videz-les. Tassez la farce dedans.

2. Sauce : dans une petite cocotte, mélangez 30 g de beurre ou de margarine avec 1 cuil. à soupe rase de farine. Ajoutez 2 verres d'eau, tomates épluchées et coupées, concentré, ail, girofle, bouquet garni, sel et poivre. Mélangez jusqu'à ébullition.

3. Déposez les poivrons dans la cocotte côte à côte. Recouvrez-les de leur chapeau. Ils mijoteront dans la sauce tomate, 45 mn à couvert. Arrosez de temps en temps.

Solution express :

La sauce tomate en boîte vous fera gagner une demi-heure. Pour parfaire le plat, ajoutez une tomate fraîche, coupée en tout petits dés.

Variante :

Les poivrons farcis peuvent être consommés froids. Mais dans ce cas, le corps gras utilisé sera de l'huile d'olive qui fige bien moins vite que le beurre ou la margarine.

Légume ou entrée froide

FACILE
RAISONNABLE
PETITES RÉCEPTIONS
ÉTÉ-AUTOMNE

Pour 4, il faut :

3 oignons,
4 aubergines,
4 courgettes,
500 g de tomates,
2 poivrons,
1 bulbe de fenouil,
1 boîte de fonds d'artichauts,
1 verre d'huile d'olive,
2 gousses d'ail,
bouquet garni,
sel, poivre.

Ratatouille cordon bleu

Préparation et cuisson : 1 h 45
Cuisson en autocuiseur : 35 mn

1. Épluchez et coupez les oignons en lamelles, les aubergines, courgettes, tomates en morceaux, les poivrons et le fenouil en lanières.

2. Faites chauffer 1/2 verre d'huile d'olive dans une grande poêle. Faites revenir les légumes séparément dedans. Commencez par les aubergines. Transvasez-les ensuite dans une grande cocotte. Remettez un peu d'huile dans la poêle. Faites sauter à leur tour les courgettes. Ajoutez-les dans la cocotte sans mélanger. Puis, ensemble, les tomates, poivrons et oignons. Mettez le tout dans la cocotte. Déposez dessus le fenouil en morceaux, ail, bouquet garni, sel, poivre. Couvrez et laissez mijoter à feu très doux de 1 h à 1 h 30 (en autocuiseur : 30 à 35 mn). Si le jus est trop abondant, découvrez à mi-cuisson.

3. En fin de cuisson, déposez sur la ratatouille les fonds d'artichauts coupés en 4, juste pour les réchauffer. Présentez la ratatouille chaude pour accompagner une viande.

Mais la ratatouille froide est également excellente comme entrée d'un repas estival.

☞

MICRO-ONDES

Le mijotage de la ratatouille peut être effectué au micro-ondes. Comptez 30 mn environ (puiss. maxi).

Un inconvénient : le jus abondant qu'au besoin vous pourrez égoutter.

Le secret

de la ratatouille bien confite, non réduite en purée, ni attachée au fond : les légumes sautés séparément sont disposés, par couche, dans la cocotte. Il est hors de question de mélanger pendant la cuisson.

Pour éviter que le fond n'attache - ce qui est fréquent à cause des aubergines - interposez une grille métallique entre la cocotte et la flamme... ou mieux encore, glissez la cocotte dans le four moyen pour que la ratatouille y mijote régulièrement dessus et dessous, sans coup de feu brutal.

Dessert

FACILE
RAISONNABLE
PETITES RÉCEPTIONS
TOUTES SAISONS

Pour 4, il faut :

1 kg d'épinards,
50 g d'orange ou de mandarine et de melon confits (hachés).

Pâte brisée :

200 g de farine,
100 g de beurre ou de margarine,
environ 1/2 verre d'eau,
1/2 cuil. à café de sel.

Crème pâtissière :

1/4 de litre de lait,
30 g de beurre ou de margarine,
3 jaunes d'œufs,
7 à 8 cuil. à soupe de sucre (125 g),
1 citron,
1 cuil. à soupe bombée de farine,
1/2 sachet de sucre vanillé,
sel.

Tarte sucrée aux épinards

Préparation et cuisson : 1 h

1. Pâte brisée : mélangez farine, sel, beurre ou margarine en morceaux, en pressant et en frottant les paumes des mains l'une contre l'autre. Ajoutez l'eau à cette pâte granuleuse. Pétrissez vivement. Mettez en boule. Écrasez avec la paume de la main. Remettez en boule. Cela 3 fois. Laissez reposer au réfrigérateur.

2. Faites cuire les épinards 5 mn à l'eau bouillante. Pressez-les à la main pour les égoutter. Passez-les au moulin à légumes.

3. Crème pâtissière : mélangez sur feu doux beurre ou margarine et farine jusqu'à ce que la préparation devienne mousseuse. Ajoutez-y le lait froid. Remuez jusqu'à épaississement. Laissez cuire sur feu doux 2 mn. Ajoutez-y sucre et pincée de sel; puis hors du feu, zeste de citron râpé et jaunes d'œufs. Mélangez avec les épinards.

4. Étalez la pâte au fond de la tourtière. Versez dedans la moitié des épinards. Parsemez de fruits confits hachés (photo A). Recouvrez ☞

A

B

C

D

avec le reste d'épinards. Lissez la surface avec une spatule (photo B).

5. Dans les chutes de pâte, découpez des bandelettes avec une roulette à pâtisserie. Aidez-vous d'une règle plate pour aller droit (photo C). Déposez-les sur la tarte (photo D). Mettez à four chaud (th. 6-7) de 25 à 30 mn. Servez froid.

Solution express :

Les épinards surgelés en purée, vous feront gagner pas mal de temps sur la préparation.

Le secret

des croisillons tressés comme une vannerie : ils ne sont pas disposés les uns à côté des autres sur la tarte, mais un dans un sens, un dans l'autre, de façon à se chevaucher.

Entrée chaude

Roulés de jambon à la niçoise

FACILE
RAISONNABLE
ÉTÉ-AUTOMNE

Préparation et cuisson : 35 mn

Pour 4, il faut :

3 aubergines,
4 tomates fermes,
3 ou 4 cuil. à soupe d'huile,
4 tranches de jambon cuit.
2 gousses d'ail,
50 g de gruyère râpé,
farine, chapelure,
persil, sel, poivre.

1. Essuyez les aubergines et coupez-les en rondelles épaisses d'un doigt. Farinez-les légèrement. Faites-les sauter vivement à la poêle avec 2 cuil. d'huile chaude, 5 mn sur chaque face. Salez et poivrez. Puis étalez-les dans un plat à gratin.

2. Dans la même poêle avec un peu d'huile, faites sauter les tomates coupées en deux, 2 mn de chaque côté. Salez, poivrez.

3. Disposez les tranches de jambon, en rouleaux, sur les aubergines, dans le plat. Recouvrez avec les tomates sautées. Parsemez d'ail, de persil haché, de gruyère râpé et de chapelure. Mettez à four moyen, (th. 5-6) un quart d'heure.

Le secret

des aubergines bien saisies : n'en mettez pas trop à la fois dans la poêle afin qu'elles dorent, en contact avec le fond, sans se chevaucher. Grâce à cette opération bien conduite, les aubergines seront d'une belle couleur et rendront l'eau.

Entrée

Salade de pleurotes et de gésiers confits

TRÈS FACILE
CHER
PETITES RÉCEPTIONS
TOUTES SAISONS

Préparation et cuisson : 20 mn

Pour 4, il faut :

3 ou 4 gésiers confits (en boîte),
100 g de salade (Mesclun, salade mélangée ou frisée),
300 à 400 g de pleurotes fraîches et propres,
1 petite échalote,
2 cuil. à soupe de graisse d'oie (de la boîte),
sel, poivre, vinaigrette.

4 grandes assiettes plates.

1. Extrayez les gésiers de la boîte en les débarrassant de la graisse d'oie qui les entoure. Coupez-les en lamelles.

2. Lavez rapidement les pleurotes à grande eau. Pressez-les dans un linge pour en extraire le plus d'eau possible. Coupez-les sur une planche si elles sont un peu grosses. Hachez l'échalote.

3. Nettoyez la salade. Disposez les feuilles à plat sur 4 grandes assiettes. Aspergez de vinaigrette.

4. Dans une large poêle, mettez 2 cuil. à soupe de graisse d'oie. Quand elle est très chaude, jetez-y les pleurotes. Faites rissoler sur feu très vif. Ajoutez sel, poivre et échalote en cours de cuisson. Versez-les, toutes chaudes, sur la salade en les répartissant équitablement.

5. Remettez la poêle sur feu moyen. Étalez-y les lamelles de gésiers. Poivrez. Secouez sur le feu, juste pour les tiédir. Versez-les, à leur tour, sur les assiettes. Présentez aussitôt à table.

Notes :

Si vous choisissez des pleurotes très saines, de couleur blanchâtre tirant sur le beige, avec une légère et agréable odeur de farine, sèches au toucher mais non desséchées sur les bords, il n'y a pas lieu de les laver. Une fois cuites, elles auront meilleure saveur que des pleurotes lavées qui resteront gorgées d'eau, même bien essorées.

Toutefois, si les pleurotes sont terreuses et qu'un lavage s'impose, il est indispensable de bien les essorer dans un torchon tout en le tordant légèrement. Ce n'est qu'ensuite que vous les jetterez dans la graisse d'oie brûlante.

Organisation, gain de temps :

A l'avance : ouvrez la boîte. Coupez les gésiers. Disposez la salade sur les assiettes. N'assaisonnez pas. Nettoyez les pleurotes. Hachez l'échalote. Tenez le tout au frais.

Juste avant de passer à table, la cuisson et la préparation finale se feront en 5 mn !

Tomates à la crème

TRÈS FACILE
RAISONNABLE
TOUTES SAISONS

Préparation et cuisson : 20 mn

Pour 4, il faut :

6 tomates moyennes,
30 g de beurre,
2 ou 3 oignons,
1 ou 2 cuil. à soupe de crème fraîche épaisse,
sel, poivre.

1. Hachez finement les oignons. Coupez les tomates par moitié. Égouttez-les.

2. Faites chauffer 30 g de beurre dans une grande poêle. Quand elle est bien chaude, déposez les tomates dedans, sur la face coupée, serrées les unes contre les autres. Parsemez avec le hachis d'oignons. Salez, poivrez. Couvrez et laissez mijoter 15 mn. Retournez à mi-cuisson.

3. Ajoutez la crème fraîche à la fin. Laissez bouillir fortement quelques minutes. Servez avec une viande blanche, volaille ou lapin.

Tomates farcies

FACILE
BON MARCHÉ
TOUTES SAISONS

Préparation et cuisson : 1h

Pour 4, il faut :

4 grosses tomates,
25 g de beurre ou de margarine,
50 g de pain rassis,
1/2 verre de lait,
150 g à 200 g de viande cuite hachée ou de chair à saucisse,
1 oignon,
1 gousse d'ail,
1 œuf,
50 g de chapelure,
persil,
sel, poivre.

1. Découpez un couvercle sur chaque tomate du côté opposé à la tige (photo A). Creusez-les avec une cuiller à café. Salez l'intérieur et retournez sur une assiette pour égoutter. Versez 1/2 verre de lait chaud sur le pain pour le faire gonfler.

2. Dans une terrine, mettez la viande hachée, l'œuf entier, hachis de persil, d'oignon et d'ail, sel et poivre. Ajoutez le pain trempé et malaxez bien le tout. Tassez dans les tomates évidées (photo B).

3. Beurrez un plat à gratin pas trop grand (photo C). Déposez les tomates dedans. Parsemez-les de chapelure et de noisettes de beurre ou de margarine. Faites cuire à four moyen (th. 5-6) pendant 30 mn. Replacez les couvercles sur chaque tomate et laissez cuire 10 mn supplémentaires.

☞

A Découpez un couvercle sur chaque tomate du **côté opposé à la tige**.

B Tassez la farce dans les tomates évidées.

C Déposez-les **bien serrées** dans le plat du four.

Truc :

Utilisez le jus des tomates s'il est nécessaire d'humidifier la farce davantage.

Deux secrets

pour que les tomates farcies n'éclatent pas dans le four : c'est du côté opposé à la tige qu'il faut découper le chapeau des tomates. Elles seront plus solides.

Une fois farcies, elles seront déposées, bien serrées, dans un plat à four afin de ne pas laisser de vide entre elles.

Entrée chaude

TRÈS FACILE
BON MARCHÉ
TOUTES SAISONS

Pour 4, il faut :

8 tomates moyennes,
25 g de beurre ou de margarine,
1 cuil. à soupe de gruyère râpé.

Farce :

200 g de reste de mouton cuit,
4 cuil. à soupe rases de semoule,
2 œufs,
1 cuil. à café de paprika,
1 cuil. à soupe de crème fraîche,
1 gousse d'ail,
1 cuil. à soupe de persil haché,
sel, poivre.

Tomates farcies à l'Égyptienne

Préparation et cuisson : 40 mn

1. Évidez les tomates (voir «tomates farcies»). Faites bouillir les œufs 10 mn.

2. Farce : hachez viande, œufs durs, persil et ail. Malaxez avec semoule crue, crème fraîche, paprika, sel et poivre. Tassez cette farce dans les tomates.

3. Beurrez un plat à four. Déposez les tomates dedans. Parsemez de gruyère râpé et de noisettes de beurre ou de margarine. Replacez les couvercles et laissez cuire à four moyen (th. 5-6) 25 mn. Arrosez en cours de cuisson.

Entrée chaude

Tomates à la semoule

TRÈS FACILE
BON MARCHÉ
TOUTES SAISONS

Préparation et cuisson : 40 mn

Pour 4, il faut :

4 grosses tomates ou 8 moyennes,
30 g de beurre,
4 cuil. à soupe rases de semoule,
1 tranche de jambon cuit,
1 jaune d'œuf,
1/2 tablette de bouillon concentré de poulet,
40 g de gruyère râpé,
muscade,
sel, poivre.

1. Découpez un couvercle aux tomates, côté opposé à la tige. Videz-les avec une cuiller à café sans trouer la peau. Salez-les et retournez-les sur un plat pour les égoutter.

2. Portez à ébullition 1/4 de litre d'eau avec le bouillon concentré. Versez la semoule en pluie dedans. Salez légèrement et poivrez. Laissez cuire sur feu doux jusqu'à épaississement (10 mn environ). Remuez de temps en temps.

3. Incorporez à la semoule, hors du feu: jambon coupé menu, gruyère, jaune d'œuf, 2 pincées de muscade râpée et une grosse noix de beurre. Tassez dans les tomates. Mettez-les, côte à côte, dans un plat à feu beurré. Glissez dans le haut du four chaud (th. 6-7) de 12 à 15 mn. Servez chaud.

Entrée chaude

Tomates soufflées

FACILE
RAISONNABLE
PETITES RÉCEPTIONS
TOUTES SAISONS

Pour 4, il faut :

4 grosses tomates ou 8 moyennes,
30 g de beurre ou de margarine,
1 cuil. à soupe rase de farine,
1 verre à moutarde de lait,
2 œufs,
50 g de gruyère râpé,
sel, poivre.

Préparation et cuisson : 50 mn

1. Découpez une calotte dans chaque tomate. Videz-les avec une petite cuiller. Salez-les et retournez-les sur un plat.

2. Mélangez, sur feu doux, 20 g de beurre ou de margarine et 1 cuil. à soupe rase de farine. Ajoutez ensuite, d'un seul coup, le verre de lait froid, sel, poivre. Remuez sur feu doux jusqu'à épaississement. Hors du feu, incorporez 2 jaunes d'œufs, 50 g de gruyère râpé, puis 2 blancs battus en neige très ferme. Versez dans les tomates.

3. Rangez celles-ci, bien serrées, dans un plat à four beurré. Mettez à four moyen (th. 5-6) de 20 à 30 mn.

Utilisation de restes :

S'il vous reste un blanc d'œuf dont vous ne savez que faire, c'est le moment de l'utiliser car un blanc d'œuf supplémentaire dans ce plat vous donnera des tomates encore plus soufflées.

Organisation :

Si vous disposez de 4 plats à œufs identiques, faites cuire vos tomates soufflées dedans. Ils ne dépareront pas une jolie table et le service en sera simplifié.

Entrée chaude

Zéphyr d'aubergines

FACILE
BON MARCHÉ
PETITES RÉCEPTIONS
ÉTÉ-AUTOMNE

Préparation et cuisson : 45 mn

Pour 4, il faut :

500 g d'aubergines,
1 cuil. à soupe de vinaigre,
40 g de beurre ou de margarine,
1 cuil. à soupe bombée de farine,
2 œufs,
1 verre de lait,
75 g de gruyère râpé,
sel, poivre.

1. Pelez les aubergines et coupez-les en morceaux. Faites-les cuire 2 mn à l'eau bouillante vinaigrée. Égouttez avec soin et coupez très finement avec un couteau.

2. Faites dorer ce hachis dans une grande casserole, sur feu vif, avec 30 g de beurre ou de margarine. Secouez souvent. Saupoudrez avec la cuillerée de farine. Mélangez bien. Incorporez 1 verre de lait froid peu à peu en remuant jusqu'à épaississement. Salez, poivrez.

3. Hors du feu, ajoutez gruyère râpé et jaunes d'œufs. Battez les blancs en neige très ferme. Incorporez-les, en dernier.

4. Versez la préparation dans un moule à soufflé beurré. Faites cuire à four chaud (th. 6-7) 25 mn environ.

Raffinement :

Plutôt que dans un grand moule à soufflé, présentez le «zéphyr d'aubergines» dans des ramequins individuels, assez grands tout de même.

LA POMME DE TERRE

RECETTES

Les pommes de terre

**Cuisson : 30 mn à l'eau
40 mn frites ou sautées
1 h au four**

Choisissez :

Les pommes de terre :

– à peau bien lisse,

– de couleur claire, soit rouge, soit jaune, mais franche,

– de belle forme, avec les yeux en surface (pour peu de déchets).

Mais évitez :

Les pommes de terre à peau teintée de vert, les pommes de terre germées, à chair piquée ou tachée.

Parmi les principales variétés :

Par personne :
250 g
pour plat principal
200 g
pour entrée ou légume

	Caractéristiques	**Utilisations recommandées**
	Chair ferme	
Belle de Fontenay (ou Hainaut) Belle de Locronan B.F. 15 Stella Viola Rosa Roseval	peau et chair jaunes peau rose chair jaune peau rouge	salades vapeur à l'eau sautées ragoûts gratins
	Chair farineuse	
Bintje Esterling Industrie Saucisse Early rose	peau et chair jaunes peau rouge chair jaune peau rose chair blanche	purée potages frites

Le saviez-vous ?

Si vous faites provision de pommes de terre, fin octobre, début novembre : stockez-les, débarrassées de leur terre, dans une cave assez fraîche, sombre et aérée. Au besoin, recouvrez-les de sacs ou de paille.

Les pommes de terre ont un peu gelé. Gardez-les dans la cuisine plusieurs jours pour les réchauffer lentement avant de les utiliser.

Dégermez-les, au moment de la cuisson seulement, sinon le germe repousserait.

Préparez :

Épluchez les pommes de terre avec un couteau-économe afin d'obtenir de fines pelures. Vous ferez ainsi des économies et préserverez toutes les vertus de la pomme de terre car la partie la plus riche en principes nutritifs se trouve juste sous la peau.

Otez soigneusement les taches vertes et les «yeux» à la base des germes qui peuvent contenir de la solanine (toxique).

Enfin, lavez les pommes de terre avant de les mettre à cuire. Brossez-les, même, si vous avez l'intention de les cuire avec leur peau.

En robe des champs :

A l'eau bouillante salée, 30 mn. Servez-les telles quelles, non épluchées, avec du beurre ; ou épluchées, accompagnées de beurre, crème fraîche, fines herbes hachées ; soit encore, recouvertes de sauce Béchamel.

Le saviez-vous ?

Si les pommes de terre éclatent à la cuisson, c'est parce que : vous avez oublié de les saler au départ, vous les avez piquées en cours de cuisson, ou encore parce qu'elles sont très grosses et appartiennent à une variété farineuse.

Épluchées crues, les pommes de terre perdent de 13 à 28 % (selon la forme, les yeux de la pomme de terre... et votre tour de main). Épluchées, une fois cuites, le déchet ne dépasse plus 10 %.

Sautées (à cru) : A la poêle avec beaucoup de beurre ou de margarine (50 g pour 1 kg de pommes de terre) sur feu moyen, 30 mn. Couvrez à mi-cuisson. Remuez-les souvent pour qu'elles ne collent pas.

Sautées (préalablement cuites à l'eau) : Laissez refroidir complètement avant d'éplucher et de couper en rondelles, sinon elles pourraient s'écraser. Faites sauter à la poêle sur feu assez vif, 10 mn.

Le secret

des pommes nouvelles qui n'attachent pas : plongez-les, crues, dans une casserole d'eau froide. Portez-les juste à ébullition. Égouttez-les aussitôt. Et même séchez-les avec un linge ou du papier absorbant, sinon elles éclabousseront quand vous les ferez rissoler dans une poêle ou une casserole. Peu importe le récipient, du moment que les pommes de terre y cuisent bien à l'aise.

Préparez :

En purée : Faites bouillir 30 mn les pommes de terre épluchées, dans de l'eau salée, avec bouquet garni. Dès qu'elles sont cuites, égouttez-les, écrasez-les au moulin à légumes. Incorporez-y, en battant énergiquement à la cuiller en bois, un bon morceau de beurre, puis 2 ou 3 verres de lait bouillant. Servez la purée dès qu'elle est terminée. Sinon, tenez-la au chaud au bain-marie, car elle ne supporte pas d'être réchauffée directement sur le feu.

Le saviez-vous ?

Surtout pas de pommes nouvelles qui font «corder» la purée, la rendant élastique.

Le fouet électrique (à blancs d'œufs) produit le même résultat désagréable.

Les batteurs-mixers, spécialement conçus pour la purée, sont par contre parfaits.

Variantes de purée :

Dès qu'elle est terminée, ajoutez-y :

• 1 cuil. à soupe de ciboulette hachée, 1 œuf battu, 30 g de beurre.	Servez-la telle quelle.
• 1 cuil. à soupe de gruyère râpé et autant de crème fraîche. Saupoudrez de gruyère râpé.	Faites gratiner au four.
• 1 œuf battu, 1 bon morceau de beurre et 2 pincées de muscade.	Servez-la telle quelle.
• 125 g de lardons fumés, sautés à la poêle.	Présentez la purée en dôme. Parsemez de lardons.
• 1 cuil. à soupe de crème, 2 jaunes d'œufs et les blancs en neige.	Faites «souffler» au four chaud 20 mn.
• 1 couche d'épinards au fond d'un plat, purée, chapelure, beurre ou margarine, sel, poivre.	Faites gratiner 5 mn.
• Gruyère râpé sur toute la surface de la purée ferme, montée en dôme.	Faites gratiner à four chaud.
• 1 œuf battu et une boîte de sauce tomate.	Servez-la telle quelle.
• Poivron en lanières préalablement ébouillanté et jambon haché.	Servez-la telle quelle.
• 1 ou 2 oignons hachés, blondis dans un peu de beurre ou de margarine et 2 pincées de muscade râpée.	Faites gratiner 5 mn.

Au four : Bien lavées, entières avec leur peau, 1 h à four chaud (th. 6-7).

En rondelles, pour gratins divers.

A la vapeur : Pour faire cuire les pommes de terre à la vapeur, il faut un récipient spécial muni d'une sorte de panier amovible percé de trous (genre passoire) dans lequel on dépose les pommes de terre à cuire, pendant 50 mn. Ou simplement un autocuiseur, idéal pour ce genre de cuisson, de 12 à 15 mn seulement.

Ce sont les pommes de terre qu'il faut saler et non l'eau car ce serait inefficace, le sel n'étant pas transporté par la vapeur resterait au fond de la casserole.

Présentez-les parsemées de persil haché.

En frites : Épluchez et coupez les pommes de terre en «frites» régulières. Lavez-les à grande eau et essuyez-les dans une serviette.

Quand la friture commence à fumer légèrement (170°) plongez dedans les frites (1/3 seulement). Quand elles sont blondes au bout de 8 à 10 mn, égouttez-les. Faites cuire le reste en 2 fois.

Remettez à chauffer la friture pour la deuxième cuisson (175°) beaucoup plus rapide que la première. Dès que les frites remontent, dorées et croustillantes, à la surface, égouttez-les sur du papier absorbant, si possible. Salez avant de servir très chaud.

Organisation :

La première cuisson peut être faite un bon moment à l'avance, puisque les pommes de terre gagnent à refroidir avant d'être plongées dans le second bain de friture.

Le secret

des pommes frites :

– Qui ne noircissent pas si elles sont coupées à l'avance ;

– Qui ne collent pas les unes aux autres : aussitôt coupées en bâtonnets, elles sont plongées dans un récipient d'eau froide jusqu'au moment de l'utilisation. Elles peuvent y séjourner plusieurs heures sans dommage, mais dans ce cas, mettez-les au frais ou mieux dans le réfrigérateur. Elles ne s'oxyderont pas puisqu'elles ne sont pas en contact avec l'air. Elles ne colleront pas non plus puisque l'amidon qui les entoure a été entraîné par l'eau.

– Qui ne font pas déborder la friture : elles sont soigneusement essuyées et séchées dans une serviette avant d'être plongées dans l'huile chaude, car c'est l'humidité qui fait éclabousser ou même déborder l'huile, surtout quand elle est utilisée pour la première fois.

– Croustillantes et légères : elles doivent être complètement immergées dans la friture suffisamment chaude pour y frire très à l'aise, pour être saisies. Plongées dans un bain trop parcimonieux, ou mises par trop grandes quantités à la fois, elles refroidissent considérablement la friture. Le temps de revenir à la température souhaitable est si long que les pommes de terre absorbent beaucoup d'huile. Résultat : elles sont lourdes et molles.

AU MICRO-ONDES

Il n'est pas très valable de cuire des pommes de terre au micro-ondes : le gain de temps et la qualité du résultat n'étant pas exceptionnels.

Mais vous pouvez essayer tout de même :

– **Entières,** non pelées, piquées en plusieurs endroits, juste posées sur papier absorbant.

Pour 1 pomme de terre moyenne (50 g), 5 mn (puiss. maxi).

Pour 3 pommes de terre moyennes, 15 mn (puiss. maxi).

Retournez en cours de cuisson.

Laissez reposer 3 mn.

– En **fines rondelles** ou **petits dés** égaux, dans une cocotte couverte, avec 3 ou 4 cuil. d'eau, sel.

Pour 500 g de pommes de terre : 12 à 15 mn (puiss. maxi).

Retournez à mi-cuisson.

Laissez reposer.

Légume

DIFFICILE
RAISONNABLE
PETITES RÉCEPTIONS
TOUTES SAISONS

Pour 20 croquettes, il faut :

500 g de pommes de terre non épluchées,
20 g de beurre ou de margarine,
2 jaunes d'œufs,
sel, poivre.

Pour la cuisson :

farine,
chapelure,
2 blancs d'œufs,
1 œuf entier,
50 g de beurre ou de margarine.

Croquettes de pommes de terre

Préparation et cuisson : 1 h
+ plusieurs heures au froid

1. La veille si possible : faites cuire les pommes de terre avec leur peau. Épluchez-les, réduisez-les en purée, sans liquide (au besoin, faites-la encore sécher dans le four).

2. Incorporez ensuite 20 g de beurre ou de margarine, 2 jaunes d'œufs, sel, poivre. Travaillez sur le feu comme une pâte à choux (voir § 2 «pommes dauphine») jusqu'à ce qu'elle ne colle plus. Étalez dans un plat en couche d'un doigt d'épaisseur. Laissez au réfrigérateur.

3. Cuisson : modelez la purée en croquettes. Panez-les en les passant dans 3 assiettes contenant : farine, œufs légèrement battus, chapelure. Faites dorer doucement quatre ou cinq croquettes à la fois, dans une poêle contenant du beurre, ou de la margarine, pas trop chaud. Retournez-les avec une cuiller pour ne pas les briser. La cuisson peut se faire également en friture profonde.

Le secret

des croquettes qui tiennent à la cuisson : il réside en trois points : **1.** La sécheresse de la purée. **2.** La période de repos : il est conseillé de la laisser au froid, plusieurs heures. **3.** Enfin, la qualité de la panure qui doit être aussi soignée que pour les escalopes viennoises.

Légume

DIFFICILE
RAISONNABLE
PETITES ET GRANDES RÉCEPTIONS
PRINTEMPS-AUTOMNE-HIVER

Cassolettes duchesse

Préparation et cuisson : 1 h 30

Pour 4, il faut :

Pommes duchesse :

1 kg de pommes de terre,
1 noix de beurre,
3 jaunes d'œufs,
sel, poivre.

Farce :

125 g de pois cassés ou de haricots secs,
1 noix de beurre,
2 ou 3 cuil. de crème fraîche,
sel, poivre.

Panure :

un peu de farine,
2 œufs,
2 tasses de chapelure.

1. Préparez les pommes de terre comme les «pommes duchesse» (§ 1). Laissez la purée refroidir complètement avant de la façonner en 8 croquettes cylindriques (photos A, B, C). Puis panez-les entièrement en les passant successivement dans la farine, les œufs battus et la chapelure. Tenez au froid.

2. Farce de légumes : faites cuire les légumes secs comme d'habitude (voir chapitre). Égouttez-les. Pressez-les en purée. Incorporez-y beurre et crème fraîche. Cette purée doit rester assez épaisse mais si elle est vraiment trop ferme pour passer facilement dans la poche à douille, ajoutez-y un peu de jus de cuisson bouillant pour la liquéfier sans la refroidir. Si vous ne l'utilisez pas immédiatement, conservez-la au bain marie.

FAÇONNAGE DES CASSOLETTES :

A

B

C

D

E

F

3. Faites cuire les croquettes panées dans la friture chaude (175°) jusqu'à ce qu'elles soient dorées (photo D). Égouttez-les sur du papier absorbant. Découpez un couvercle sur chacune et creusez légèrement (photo E). A l'aide d'une poche à douille emplissez avec la purée de légumes (photo F). Disposez autour d'une pièce de viande rôtie présentée sur un très grand plat.

Organisation :

La purée et toutes les opérations A, B, C, peuvent être faites la veille.

Ces cassolettes cuites juste avant le repas peuvent être tenues au chaud à l'entrée du four jusqu'au moment de servir.

Légume

Croquettes farcies

DIFFICILE
RAISONNABLE
PETITES ET GRANDES RÉCEPTIONS
TOUTES SAISONS

Préparation et cuisson : 1 h
+ plusieurs heures au froid

La préparation de base est la même que pour les croquettes toutes simples. Ensuite, vous les fourrerez avec de la mousse de foie de volaille ou de foie gras (50 g) avant de les faire frire à la poêle ou, mieux, dans la friture.

Modelez toute la purée en une vingtaine de grosses «billes». Passez-les dans la farine. Enfoncez le pouce dans les billes. Introduisez un petit morceau de farce dedans (photo A).

Enfermez en redonnant leur forme aux billes de purée (photo B).

Quand elles sont toutes garnies, repassez-les légèrement dans la farine, puis dans les blancs d'œufs battus et dans la chapelure pour les paner (photo C).

Mettez-en une partie dans le panier à friture. Plongez dans la friture chaude (170°-180°) jusqu'à ce qu'elles soient dorées (4 mn environ) (photo D).

A

B

C

D

Dessert

FACILE
BON MARCHÉ
PRINTEMPS-AUTOMNE-HIVER

Pour 4, il faut :

600 g de pommes de terre,
60 g de beurre ou de margarine,
4 cuil. à soupe très pleines de farine (100 g),
4 cuil. à soupe très pleines de sucre,
zeste d'1/2 citron,
1 œuf,
1 cuil. à café rase de levure en poudre,
sel.

Croquettes fine bouche

Préparation et cuisson : 40 mn

1. Faites cuire les pommes de terre avec leur peau, 30 mn à l'eau salée. Épluchez-les, écrasez-les en purée et laissez refroidir complètement.

2. Travaillez énergiquement cette purée avec 20 g de beurre ou de margarine, 4 cuil. à soupe très pleines de farine, 4 cuil. à soupe de sucre, 1 œuf, zeste de citron râpé, levure en poudre. Étalez-la sur une planche légèrement farinée, sur 3 ou 4 mm d'épaisseur. Découpez dedans des rondelles à l'aide d'un verre ou d'un emporte-pièce.

3. Faites dorer ces croquettes des 2 côtés, à la poêle, sur feu assez vif, avec un bon morceau de beurre ou de margarine. Saupoudrez de sucre avant de servir.

Variante :

Le zeste de citron peut être remplacé par du sucre vanillé ou de la vanille en poudre. Mais jamais par une liqueur qui risquerait de faire coller les croquettes.

Légume

Galette de pommes de terre aux fines herbes

TRÈS FACILE
BON MARCHÉ
TOUTES SAISONS

Préparation et cuisson : 45 mn

Pour 4, il faut :

500 g de pommes de terre,
huile,
2 œufs,
1 ou 2 gousses d'ail,
2 cuil. à soupe de persil haché,
sel, poivre.

1. Épluchez les pommes de terre. Râpez-les finement et lavez-les à grande eau pour les débarrasser de la fécule. Égouttez et pressez dans une serviette, tordez le linge pour exprimer le plus de jus possible.

2. Faites sauter, en 2 ou 3 fois, ces pommes de terre râpées dans une grande poêle contenant un peu d'huile. 5 mn suffisent car il s'agit seulement de les saisir légèrement. Ajoutez un peu d'huile entre les cuissons.

3. Mélangez alors les pommes de terre râpées dans une terrine, avec 2 œufs battus, persil et ail hachés, sel, poivre.

4. Versez ce mélange dans une tourtière ou un plat à gratin beurré. Mettez à four chaud (th. 6-7) 15 mn environ. Servez cette galette démoulée chaude, avec une salade verte. Ou froide pour un pique-nique.

Dessert

FACILE
RAISONNABLE
PRINTEMPS-AUTOMNE-HIVER

Pour 4, il faut :

300 g de pommes de terre,
100 g de beurre ou de margarine,
3 œufs,
4 cuil. à soupe très pleines de sucre,
100 g de chocolat fin à croquer,
3 cuil. à soupe de fécule (50 g),
1 sachet de sucre vanillé,
sel.

Confiture d'abricot ou crème fraîche.

Gâteau de pommes de terre au chocolat

Préparation et cuisson : 1 h 30

1. Faites cuire les pommes de terre avec leur peau, 30 mn à l'eau salée. Passez-les en purée. Laissez tiédir.

2. Mettez le chocolat à fondre très doucement avec 100 g de beurre ou de margarine. Mélangez à la purée avec : sucre, sucre vanillé, jaunes d'œufs, fécule.

3. Battez les blancs en neige ferme. Incorporez-les à la purée. Versez dans un moule beurré. Faites cuire à four chaud (th. 6-7) 30 mn environ. Démoulez ce gâteau encore tiède, mais laissez-le refroidir avant de déguster avec de la confiture d'abricot délayée avec un peu de rhum ou avec de la crème fraîche.

Gratin dauphinois

FACILE
BON MARCHÉ
PETITES RÉCEPTIONS
PRINTEMPS-AUTOMNE-HIVER

Préparation et cuisson : 1 h 15

Pour 4, il faut :

1 kg de pommes de terre,
30 g de beurre,
50 g de gruyère râpé,
2 verres environ de lait,
1 œuf,
1 gousse d'ail,
sel, poivre.

1. Frottez un grand plat à gratin avec la gousse d'ail écrasée (photo A). Enduisez-le de beurre.

2. Disposez dedans une couche pas trop épaisse de pommes de terre coupées en fines rondelles. Intercalez une partie du gruyère (photo B). Versez les 3/4 du lait bouillant dessus. Salez, poivrez. Faites cuire à four chaud (th. 6-7) 50 mn environ.

3. 10 mn avant la fin de la cuisson, battez l'œuf en omelette avec sel, poivre et le reste de lait. Versez sur les pommes de terre (photo C).

4. Parsemez de gruyère râpé et de noisettes de beurre. Remettez à four moyen (th. 5-6) quelques minutes, le temps que le mélange «prenne». Servez au sortir du four avec une viande rouge, rôtie ou grillée.

A

B

C

Le saviez-vous ?

Il existe plusieurs façons de faire le «gratin dauphinois» : avec ou sans gruyère, avec du lait ou de la crème, ou moitié crème moitié lait, avec ou sans ail... La recette ci-contre a, en tout cas, le mérite de vous assurer la réussite.

Les secrets

du gratin dauphinois cuit à cœur : il faut couper les pommes de terre en rondelles très fines et très régulières, soit avec une râpe à main, sur le côté où il y a une seule fente ; soit avec un mouli-julienne.

qui ne tourne pas à la cuisson : le lait du gratin donne parfois l'impression d'avoir tourné. La vérité c'est que les pommes de terre ont rendu du jus en cuisant. La seule chose à faire est de tricher un peu : versez sur les pommes de terre, déjà cuites, un œuf entier battu avec sel, poivre et 2 ou 3 cuil. de lait. Le jus des pommes de terre s'incorpore à l'œuf battu et prend en crème.

Légume

Variantes de gratins

TRÈS FACILES
BON MARCHÉ
PRINTEMPS-AUTOMNE-HIVER

Préparation et cuisson : 1 h 30
(1 h à four bien chaud th. 7-8)

Proportions pour 4 personnes :

1 kg de pommes de terre,
40 g de beurre,
150 g de gruyère râpé,
1 ou 2 échalotes,
1 gousse d'ail,
1 cuil. à soupe de farine,
1 tablette de bouillon (ou jus de rôti),
sel, poivre.

Gratin savoyard

Déposez le beurre et la gousse d'ail hachée dans un grand plat à feu. Faites chauffer quelques instants sans laisser colorer. Mélangez le gruyère râpé avec la farine, l'échalote hachée, sel et poivre. Étalez dans le plat : un lit de pommes de terre en rondelles fines, une couche du mélange au gruyère, pommes de terre, etc. Arrosez avec 1/2 litre de bouillon de viande bouillant.

1 kg de pommes de terre,
40 g de beurre,
1/2 litre de lait,
125 g de gruyère râpé,
un peu de chapelure,
noix de muscade,
sel, poivre.

Gratin simplet

Beurrez un moule à soufflé ou un plat à gratin. Rangez les pommes de terre en rondelles dedans en alternant avec du gruyère râpé. Ajoutez le lait, sel, poivre, 2 pincées de muscade râpée. Parsemez de gruyère râpé, de chapelure et de noisettes de beurre.

1 kg de pommes de terre,
50 g de beurre,
4 ou 5 oignons,
1 tablette de bouillon (ou jus de rôti),
bouquet garni,
sel, poivre.

Pommes boulangères

Épluchez et coupez les oignons en rondelles. Faites-les dorer avec 25 g de beurre. Beurrez un plat, disposez la moitié des pommes de terre en fines rondelles, bouquet garni, oignons revenus, puis le reste des pommes de terre. Arrosez avec 1/2 litre de bouillon de viande bouillant. Parsemez de noisettes de beurre, sel et poivre.

Légume ou plat principal

FACILE
BON MARCHÉ
PRINTEMPS-AUTOMNE-HIVER

Pain de crêpes de pommes de terre

Préparation et cuisson : 1 h

Pour 4, il faut :

1 kg de pommes de terre,
*2 tranches de jambon cuit**,*
5 ou 6 cuil. à soupe pleines de farine,
1/2 paquet de levure en poudre,
1 cuil. à soupe d'huile,
1 verre d'eau,
sel, poivre.

60 g de beurre ou de margarine,
1 cuil. à soupe de gruyère râpé,
1 cuil. de chapelure.

1. Pelez les pommes de terre. Râpez-les. Essuyez-les avec un linge, puis mélangez-les avec : farine, levure, huile, eau, sel, poivre (ne laissez pas reposer).

2. Avec cette pâte, faites cuire à la poêle, 5 crêpes pas trop épaisses. Comptez 3 mn de cuisson sur chaque face et mettez suffisamment de corps gras entre chaque crêpe.

3. Disposez successivement dans une tourtière beurrée : 1 crêpe, 1/2 tranche de jambon, crêpe, jambon, etc. Terminez avec 1 crêpe. Recouvrez de gruyère, chapelure, noisettes de beurre. Mettez à four moyen (th. 5-6) 15 mn.

* Pour un plat principal, doubler la quantité de jambon.

Le secret

des crêpes de pommes de terre : une fois finement râpées, elles sont essuyées, essorées même, avec beaucoup de soin. Car les pommes de terre rendent beaucoup d'eau, surtout les pommes de terre nouvelles. C'est cette eau qui pourrait compromettre la bonne cuisson et la présentation des crêpes de pommes de terre.

Entrée chaude

Hot-dog en chemise

FACILE
BON MARCHÉ
PRINTEMPS-AUTOMNE-HIVER

Préparation et cuisson : 1 h 15

Pour 4, il faut :

4 très grosses pommes de terre à chair ferme,
4 saucisses de Francfort,
4 fines lamelles de lard de poitrine,
40 g de beurre ou de margarine,
1 oignon,
1/2 verre d'eau,
sel, poivre.

4 bâtonnets.

1. Épluchez les pommes de terre. A l'aide d'un vide-pomme, creusez un «tunnel» assez large, dans la longueur de la pomme de terre pour pouvoir y glisser, plus tard, une saucisse. Taillez au besoin à 2 ou 3 reprises (photo A). Plongez les pommes de terre dans de l'eau en ébullition. Au bout de 5 mn, égouttez-les et essuyez-les. Elles ne sont pas cuites, mais juste «blanchies».

2. Glissez une saucisse dans chaque pomme de terre. Enroulez une lamelle de lard tout autour. Maintenez à l'aide d'un bâtonnet en bois profondément piqué dedans (piques cocktails ou allumettes sans le bout soufré) (photo B).

A

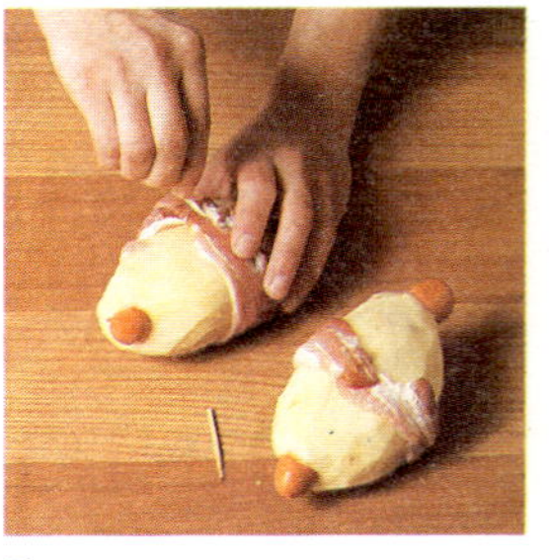

B

3. Faites dorer l'oignon en rondelles dans une cocotte assez grande, avec 40 g de beurre ou de margarine chaud. Ajoutez-y ensuite les pommes de terre, côte à côte. Lorsqu'elles sont un peu colorées des deux côtés, ajoutez-y : sel, poivre, 1/2 verre d'eau. Laissez mijoter de 40 à 45 mn, sur feu doux, à couvert. Secouez la cocotte mais ne mélangez pas les pommes de terre pendant la cuisson, car elles se briseraient.

Le secret

des pommes de terre en cocotte qui n'attachent jamais au fond : elles sont déposées sur un lit de fines bardes de lard, ou de panne. Il est possible que le lard attache légèrement si la cuisson est un peu brutale, mais les pommes de terre isolées par le gras ne souffriront pas. Un diffuseur métallique entre la source de chaleur et le fond de la cocotte est un bon isolant également.

Légume

Pommes Dauphine

DIFFICILE
RAISONNABLE
PETITES ET GRANDES RÉCEPTIONS
TOUTES SAISONS

Pour 4, il faut :

500 g de pommes de terre,
sel, poivre.

Pâte à choux :

1/4 de litre d'eau,
80 g de beurre ou de margarine,
125 g de farine,
4 œufs,
1 pincée de sel.

Bain de friture.

Préparation et cuisson : 1 h 15

1. Faites cuire les pommes de terre (avec leur peau) 30 mn à l'eau salée.

2. Pâte à choux : mettez sur le feu une casserole contenant eau, sel, corps gras en morceaux. Dès que celui-ci est fondu, jetez votre farine d'un seul coup dans la casserole (photo A). Mélangez sur feu doux jusqu'à ce que la pâte ne colle plus à la cuiller ni à la paroi de la casserole (photo B). Hors du feu, ajoutez les œufs un à un, en battant énergiquement la pâte avec une cuiller en bois (photo C).

A

B

C

D

3. Épluchez les pommes de terre. Écrasez-les en purée (sans aucun liquide). Salez, poivrez. Mélangez avec la pâte à choux.

4. Cuisson : prenez la pâte avec une cuiller à café. Puis détachez-la à l'aide d'une 2e cuiller au-dessus de la friture chaude (170°). Les pommes Dauphine remontent en surface et se retournent d'elles-mêmes quand elles sont dorées uniformément. Égouttez-les et salez-les légèrement (photo D).

Pratique :

Les pommes Dauphine peuvent être préparées la veille. La préparation se tiendra parfaitement dans le réfrigérateur à condition d'être couverte pour éviter un dessèchement excessif. Mais la cuisson sera faite au moment du repas seulement car les pommes Dauphine se dégustent très chaudes.

Légume

Pommes Duchesse

DIFFICILE
BON MARCHÉ
PETITES ET GRANDES RÉCEPTIONS
TOUTES SAISONS

Pour 4, il faut:

1 kg de pommes de terre,
1 noix de beurre,
3 jaunes d'œufs,
sel, poivre.

Préparation et cuisson : 1 h

1. Faites bouillir les pommes de terre avec leur peau 30 mn à l'eau salée. Épluchez-les. Passez-les en purée. La base des pommes duchesse étant une purée très sèche, il ne faut y ajouter aucun liquide. Incorporez-y le jaune de 3 œufs (sans les blancs).

2. Cuisson : vous pouvez finir la cuisson des pommes duchesse sur le plat de présentation de la pièce de viande qu'elles sont destinées à garnir. Il doit alors supporter la chaleur du four. Mais les pommes duchesse peuvent également cuire à part, sur la plaque à pâtisserie. Elles en seront ensuite décollées et placées sur le plat de service.

Disposez les pommes duchesse sur l'ustensile choisi à l'aide d'une poche à douille (photos). Badigeonnez de blanc d'œuf légèrement battu à la fourchette. Faites dorer à four chaud (th. 6-7) de 5 à 10 mn.

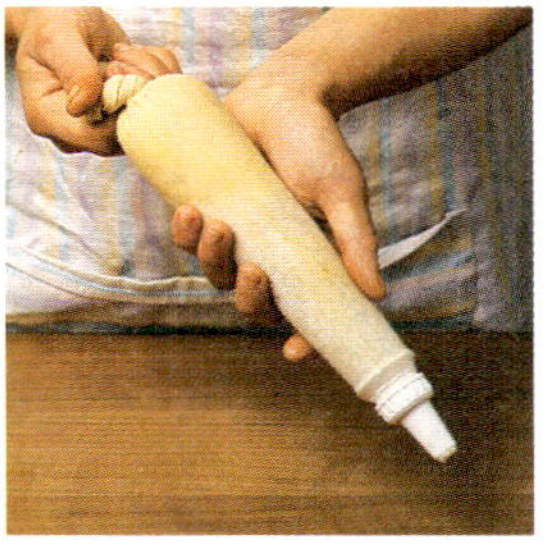

A Faites descendre la purée en «vissant» la poche.

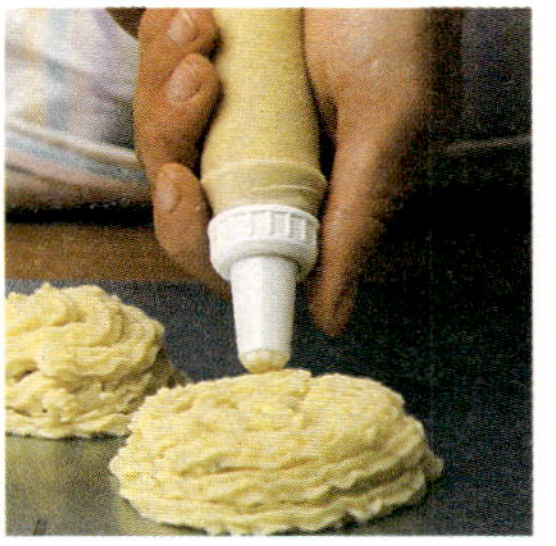

B Maintenez la poche droite et posez le cône (douille) le plus près possible de la pièce à décorer.

C Posez la coquille sur un ramequin pour la caler.

D Badigeonnez de blanc d'œuf, avec le plat du pinceau, avant de passer au four.

Légume

Pommes sablées

TRÈS FACILE
BON MARCHÉ
TOUTES SAISONS

Préparation et cuisson : 15 mn

Pour 4, il faut :

800 g de pommes de terre cuites à l'eau,
40 g de beurre ou de margarine,
1 cuil. à soupe de chapelure,
sel, poivre.

1. Faites bien chauffer 40 g de beurre ou de margarine dans une grande poêle ou dans une cocotte. Mettez les pommes de terre coupées en dés ou en rondelles à dorer dedans, sur feu assez vif, une dizaine de minutes. Remuez souvent la poêle.

2. Au moment de servir, ajoutez sel, poivre et chapelure. Faites sauter le tout ensemble 2 ou 3 mn sur feu moyen.

Légume

Pommes sautées domino

FACILE
RAISONNABLE
PETITES RÉCEPTIONS
TOUTES SAISONS

Préparation et cuisson : 15 mn

Pour 4, il faut :

800 g de pommes de terre cuites à l'eau,
60 g de beurre ou de margarine,
1 boîte de fonds d'artichauts,
1 boîte (taille 1/4) de champignons deParis,
persil haché,
sel, poivre.

1. Faites dorer les pommes de terre coupées en rondelles dans une grande poêle avec 40 g de beurre ou de margarine bien chaud. Salez, poivrez.

2. Déposez les pommes sautées, bien dorées, dans le plat de présentation. Tenez-le au chaud. Faites revenir légèrement les fonds d'artichauts coupés en 4 dans la même poêle avec une noix de beurre. Ajoutez-y les champignons bien égouttés. Déposez le tout sur les pommes de terre. Parsemez de persil haché et servez aussitôt.

Légume

Pommes sautées au thym

TRÈS FACILE
BON MARCHÉ
TOUTES SAISONS

Préparation et cuisson : 15 mn

Pour 4, il faut :

800 g de pommes de terre cuites à l'eau,
40 g de beurre ou de margarine,
3 ou 4 pincées de feuilles de thym séchées,
sel, poivre.

1. Faites sauter les pommes de terre.

2. Lorsqu'elles sont bien dorées, ajoutez-y sel, poivre, thym. Couvrez-les et laissez encore 2 ou 3 mn sur feu doux pour les obtenir plus parfumées.

Légume

Pommes sautées savoisienne

TRÈS FACILE
BON MARCHÉ
PRINTEMPS-AUTOMNE-HIVER

Préparation et cuisson : 15 mn

Pour 4, il faut :

800 g de pommes de terre cuites à l'eau,
60 g de beurre ou de margarine,
3 ou 4 pincées de feuilles de thym séchées,
1 feuille de laurier séché et pilé,
2 gousses d'ail,
1 cuil. à soupe de fines herbes hachées,
sel, poivre.

1. Faites rissoler les pommes de terre avec 40 g de beurre ou de margarine. Salez, poivrez. Saupoudrez de thym et de laurier.

2. Pilez finement l'ail. Malaxez avec 20 g de beurre et les fines herbes hachées. Étalez ce mélange sur les pommes de terre. Couvrez et laissez sur le feu doux quelques minutes encore. Servez très chaud.

Pommes de terre à la béchamel

TRÈS FACILE
BON MARCHÉ
TOUTES SAISONS

Préparation et cuisson : 45 mn

Pour 4, il faut ;

1 kg de pommes de terre,
sel.

Sauce béchamel :

1 cuil. à soupe très pleine de farine,
30 g de beurre ou de margarine,
1/2 litre de lait,
sel, poivre.

1. Faites bouillir les pommes de terre avec leur peau, 30 mn à l'eau salée. Laissez tiédir avant de les éplucher et de les couper en rondelles. Tenez-les au chaud.

2. Pendant la cuisson des pommes de terre, préparez une Béchamel : mélangez sur le feu 30 g de beurre ou de margarine avec 1 très grosse cuil. à soupe de farine. Ajoutez-y le lait froid d'un seul coup, sel, poivre. Remuez jusqu'à ébullition. Laissez mijoter 10 mn sur feu très doux. Versez la Béchamel sur les pommes de terre avant d'apporter à table.

Variantes :

La Béchamel peut s'agrémenter, en fin de cuisson, d'aromates ou d'éléments divers. Ce qui permet de varier, sans complication de préparation, la recette de pommes de terre à la Béchamel, plat de base pour menus familiaux.

Vous avez le choix entre les 5 suggestions suivantes :

1° 1 cuil. à soupe de câpres hachées ou non ;
2° persil, cerfeuil ou estragon hachés ;
3° 1 cuil. de raifort râpé ou de horseradish ;
4° champignons hachés sautés au beurre ;
5° gruyère râpé.

Pommes de terre farcies charcutière

FACILE
BON MARCHÉ
PRINTEMPS-AUTOMNE-HIVER

Pour 4, il faut :

4 grosses pommes de terre bien lisses,
30 g de beurre ou de margarine,
200 g de chair à saucisse,
2 ou 3 oignons,
persil haché,
sel, poivre.

Préparation et cuisson : 1 h

1. Épluchez les pommes de terre. Découpez dedans, à l'aide d'un couteau pointu enfoncé bien droit assez profondément, tout autour de la pomme de terre (photo A). Creusez ensuite à l'aide d'une petite cuiller à l'intérieur du contour bien marqué par le couteau. Donnez, en force, un mouvement tournant à la cuiller pour creuser sans percer la pomme de terre (photo B).

2. Farce : faites blondir légèrement les oignons hachés avec 30 g de beurre ou de margarine, pendant quelques minutes. Mélangez-les dans une terrine, avec chair à saucisse, persil haché, sel, poivre. Tassez dans la cavité des pommes de terre.

3. Faites cuire les pommes de terre farcies à four chaud (th. 6-7) 45 mn environ. Au cours de la cuisson, ajoutez au fond du plat quelques cuillerées d'eau bouillante ou de bouillon de viande.

A

B

Légume

Pommes de terre farcies Arlie

FACILE
BON MARCHÉ
AUTOMNE-HIVER

Préparation et cuisson : 1 h 30

Pour 4, il faut :

4 grosses pommes de terre bien lisses,
500 g de gros sel.

Farce :

60 g de beurre ou de margarine,
2 cuil. à soupe de crème fraîche,
1 cuil. à soupe de cerfeuil ou de ciboulette haché,
2 pincées de muscade râpée,
50 g de gruyère râpé,
sel, poivre.

1. Faites cuire les pommes de terre avec leur peau dans le four bien chaud (th. 7-8) sur un lit de gros sel, de 50 à 60 mn. Laissez tiédir un peu et découpez dans chaque pomme de terre un large couvercle. Creusez-les ensuite avec une petite cuiller sans abîmer la peau (photo).

2. Travaillez la pulpe obtenue avec 40 g de beurre ou de margarine, 2 cuil. à soupe de crème, cerfeuil ou ciboulette, muscade, sel et poivre. Mettez-la dans les coques de peau de pommes de terre. Parsemez de gruyère râpé et de noisettes de beurre. Remettez à four chaud 10 mn pour gratiner.

Variantes :

Pommes farcies aux champignons

Faites sauter quelques champignons en lamelles. Mélangez-les (sauf quelques lamelles pour le décor) à la pulpe cuite, ainsi que 3 cuil. à soupe de crème. Farcissez et servez sans remettre au four.

Pommes farcies au gratin

La pulpe cuite est mélangée avec 2 œufs, 20 g de beurre ou de margarine, reste de jambon ou de poulet haché, 2 pincées de muscade, gruyère râpé. Gratinez 5 mn.

Pommes farcies soufflées

Malaxez la pulpe cuite avec 2 jaunes d'œufs, sel, poivre, 1 cuil. à soupe de gruyère râpé, 2 blancs en neige. Remettez à four chaud (th. 6-7) 10 mn pour souffler.

Pommes farcies à la brandade

150 g de brandade de morue réchauffée sont incorporés à la pulpe cuite, ainsi que 3 cuil. à soupe de crème et 20 g de beurre ou de margarine. Épicez bien. Farcissez et servez sans repasser au four.

Entrée chaude ou légume

Rösti

FACILE
BON MARCHÉ
TOUTES SAISONS

Préparation et cuisson : 1 h

Pour 4, il faut :

800 g de pommes de terre,
70 g de beurre ou de margarine,
1 oignon haché,
sel, poivre.

1. Faites cuire les pommes de terre avec leur peau. Épluchez-les. Quand elles sont refroidies, hachez-les grossièrement au couteau.

2. Faites chauffer le beurre ou la margarine dans une grande poêle. Mettez l'oignon haché dedans. Quand il est blond : ajoutez pommes de terre, sel, poivre. Mélangez doucement pour bien imprégner de corps gras, puis tassez, sans craindre d'écraser un peu les pommes de terre, pour obtenir une sorte de crêpe épaisse. Avivez le feu. Secouez la poêle pour éviter que la crêpe n'attache.

3. Au bout de quelques minutes, les bords de la crêpe sont croustillants. Faites-la glisser sur une assiette, puis retournez-la dans la poêle de façon à cuire le deuxième côté 5 mn.

Variante :

La rösti peut aussi être préparée avec des pommes de terre à l'eau cuites à l'avance, on peut y adjoindre des lardons sautés en même temps que l'oignon ou un peu de gruyère en lamelles.

Entrée

Salade de pommes de terre alsacienne

TRÈS FACILE
BON MARCHÉ
TOUTES SAISONS

Pour 4 à 6, il faut :

500 g de pommes de terre,
500 g de choucroute crue,
1 verre de vin blanc sec,
2 saucisses de Francfort en rondelles,
sel.

Sauce vinaigrette :

6 ou 7 cuil. à soupe d'huile,
3 cuil. à soupe de vinaigre,
1 échalote et des fines herbes hachées,
2 cornichons en rondelles,
1 cuil. à café de moutarde forte,
sel, poivre.

Préparation et cuisson : 45 mn
(se prépare à l'avance)

1. Faites cuire les pommes de terre à l'eau salée, de 25 à 30 mn.

2. Pendant ce temps, lavez la choucroute à l'eau froide. Puis plongez-la dans de l'eau chaude. Laissez bouillir 2 ou 3 mn. Égouttez-la et essorez-la bien dans un torchon.

3. Préparez la vinaigrette.

4. Pelez les pommes de terre et coupez-les, encore chaudes, en rondelles. Arrosez-les de vin blanc et de la moitié de la vinaigrette.

5. Mélangez bien la choucroute avec le reste de vinaigrette.

6. Disposez les 2 salades sur le même plat. Parsemez de rondelles de Francfort.

LES LÉGUMES SECS

RECETTES

Les légumes secs

Choisissez :

Le choix des légumes secs n'est pas un problème. On peut, aujourd'hui, les acheter en toute confiance grâce à une législation, relativement nouvelle, qui établit des critères de qualité assez stricts.

Ainsi, tous les haricots d'un même paquet doivent être de même provenance, de la même année, de grosseur identique. Les lentilles doivent être vendues... sans cailloux. C'est tout bénéfice pour la cuisinière : tri des lentilles supprimé, cuisson des haricots ou des pois cassés sans surprise.

Préparez :

La tradition exigeait autrefois de les laisser tremper une nuit entière, et même plus, avant de les cuire. Aujourd'hui, tout est changé. On a découvert que le trempage risquait de provoquer un début de germination, pour les lentilles principalement, rendant les légumes plus difficiles à digérer et moins bons.

Il est tout de même nécessaire de réhydrater les légumes secs :

Une première cuisson, assez courte, de 5 à 15 mn, à l'eau froide non salée leur rend suffisamment d'humidité.

Puis, une deuxième cuisson pour de bon. Les légumes secs sont mis, cette fois, à l'eau bouillante salée et aromatisée, selon la recette choisie, et doivent mijoter un bon moment sur feu doux.

Principales variétés de haricots

Il y a près de 400 variétés dans le monde, dit-on. Parmi les plus connues :

Cocos	jaunes et blancs
Lingots de Vendée	blancs
Chevriers (flageolets verts)	verts
Princesses	verts
Rognons de coq	rouges
Rosés de Marans	roses tachetés

Le saviez-vous ?

Un haricot sec de l'année se casse tout net sous la dent. Plus vieux, il s'écrase en s'effritant.

Principales variétés de lentilles

La petite lentille verte du Puy.
La grosse blonde.
La Rose d'Égypte.

MICRO-ONDES

Vous n'y cuirez pas les légumes secs.

Vous ne les y réchaufferez pas non plus : ils risqueraient d'en ressortir «plâtreux», immangeables !

Exception faite pour le réchauffage de certains plats en sauce tels que le cassoulet.

Les 3 secrets

de la cuisson des légumes secs :

Pas de trempage : légumes secs plus vite prêts et faciles à digérer.

Deux cuissons :

La 1re à l'eau froide non salée
La 2e à l'eau bouillante salée
} légumes secs plus faciles à digérer.

Pas de sel dans la première eau : légumes secs plus tendres et vite cuits.

Petit cassoulet sans façon

TRÈS FACILE
RAISONNABLE
AUTOMNE-HIVER

Préparation et cuisson : 3 h
Cuisson en autocuiseur : 50 mn

Pour 6, il faut :
500 g de haricots,
50 g de graisse d'oie,
500 g d'épaule de mouton,
500 g de collier,
200 g de lard de poitrine salé,
2 ou 3 tomates,
1 saucisson à l'ail,
250 g de couennes,
4 oignons,
2 gousses d'ail,
chapelure,
bouquet garni,
sel, poivre.

1. Mettez les haricots dans un grand fait-tout. Recouvrez-les d'eau froide non salée. Portez à ébullition. Laissez bouillir 15 mn (en autocuiseur : 5 mn). Égouttez. Remettez-les dans le même récipient. Emplissez d'eau bouillante. Couvrez et laissez cuire 45 mn (en autocuiseur : 15 mn). Salez à mi-cuisson.

2. Faites dorer la viande en morceaux avec 50 g de saindoux ou de graisse d'oie. Hachez les oignons et l'ail. Ajoutez-les à la viande ainsi que les tomates épluchées et épépinées, les couennes coupées en dés, bouquet garni, poivre, un peu de sel.

3. Égouttez bien les haricots. Remettez-les dans la cocotte avec la viande et tous ses ingrédients, le saucisson à l'ail et le lard de poitrine coupés. Laissez mijoter ensemble 1 h 30 environ (en autocuiseur : 30 mn).

4. Versez le tout dans un plat à gratin. Saupoudrez de chapelure. Faites gratiner sous le grilloir.

Le secret

des haricots moelleux et bien tendres : le sel de même que la tomate sont ajoutés à mi-cuisson seulement. Car mis au début, ils durciraient la peau des légumes secs, compromettant ainsi leur cuisson.

Plat principal

Grand cassoulet

FACILE
CHER
PETITES RÉCEPTIONS
AUTOMNE-HIVER

Pour 6, il faut :

600 g de haricots blancs,
50 g de graisse d'oie,
500 g d'épaule de mouton,
400 g d'échine de porc,
250 g de couennes,
250 g de lard de poitrine,
1 quartier de confit d'oie,
1 saucisson à l'ail,
4 oignons,
2 carottes,
2 échalotes,
3 gousses d'ail,
2 clous de girofle,
2 ou 3 tomates,
1 cuil. à soupe de concentré de tomate,
bouquet garni
chapelure,
sel, poivre.

Préparation et cuisson : 3 h 30 à 4 h
Cuisson en autocuiseur : 50 mn

1. Mettez les haricots dans un grand fait-tout. Recouvrez-les d'eau froide non salée. Portez à ébullition. Laissez bouillir 15 mn (autocuiseur : 5 mn). Égouttez.

2. Remettez les haricots dans le même récipient avec lard frais et couennes en morceaux, carottes fendues en deux, 1 oignon piqué de 2 clous de girofle, 1 gousse d'ail, bouquet garni. Recouvrez largement d'eau froide. Couvrez et laissez mijoter jusqu'à ce que les haricots soient juste cuits (1 h ; autocuiseur : 25 mn). Salez, poivrez à mi-cuisson.

3. Faites dorer mouton et échine de porc, dans une cocotte avec 30 g de graisse d'oie ou de saindoux. Ajoutez oignons et échalotes hachés, 2 gousses d'ail. Mélangez. Mettez enfin les tomates pelées et épépinées, tomate concentrée, sel, poivre. Mouillez juste à hauteur de la viande avec du jus de cuisson des haricots. Couvrez. Laissez mijoter 1 h (en autocuiseur : 20 mn).

4. Retirez ensuite toutes les viandes et coupez-les en tranches (la peau du saucisson enlevée). Dans un plat à gratin, en terre de préférence, disposez une partie des couennes, puis par couches successives : haricots, viandes, confit en morceaux, etc., en terminant par une couche de lard, couennes et saucisson. Arrosez avec un peu de jus de cuisson des haricots.

Saupoudrez de chapelure et de noisettes de graisse d'oie. Mettez à four très doux (th. 2-3) une heure.

Le secret

du cassoulet crémeux à croûte gratinée : lorsque la première croûte dorée s'est formée en surface, vous pouvez la crever et la mélanger avec une cuiller pour qu'une autre croûte se forme à son tour. Et ainsi de suite jusqu'à la septième...

Galette de haricots

FACILE
BON MARCHÉ
AUTOMNE-HIVER

Préparation et cuisson : 30 mn

Pour 4, il faut :

1 grand bol de haricots cuits,
75 g de beurre ou de margarine,
1 verre de lait,
1 oignon,
1 œuf,
3 cuil. à soupe de farine,
persil,
chapelure,
sel, poivre.

1. Écrasez les haricots en purée.

2. Hachez un oignon. Faites-le dorer dans une casserole avec 25 g de beurre ou de margarine. Ajoutez une cuillerée à soupe de farine, puis, quand le mélange mousse, versez le lait froid. Remuez jusqu'à épaississement.

3. Mélangez cette sauce avec la purée, le persil haché, l'œuf, le reste de farine, sel, poivre. Formez de petites galettes plates. Passez-les dans la chapelure des deux côtés. Faites-les dorer dans la poêle avec 50 g de beurre ou de margarine. Servez très chaud, en garniture d'un plat de viande.

Plat principal

Gratin de haricots Berrichonne

TRÈS FACILE
BON MARCHÉ
TOUTES SAISONS

Préparation et cuisson : 15 mn

Pour 4, il faut :

1 boîte de haricots-grains,
30 g de beurre ou de margarine,
50 g de gruyère râpé,
chapelure.

Farce :

un reste de mouton cuit,
1 œuf,
50 g de pain,
un peu de lait,
1 gousse d'ail,
persil,
sel, poivre.

1. Égouttez les haricots. Rincez-les à l'eau chaude, pour les tiédir.

2. Farce : mouillez le pain de lait. Passez-le à la moulinette ainsi que l'ail, persil et viande. Malaxez ce hachis avec l'œuf, sel, poivre.

3. Étalez haricots et farce par couches, dans un plat à gratin. Saupoudrez de chapelure, gruyère râpé ; ajoutez noix de beurre ou de margarine. Faites gratiner dans le haut du four très chaud.

Le secret

des légumes secs en boîte sans petit goût de fer : rincez-les au sortir de la boîte, à l'eau froide ou chaude, pour faire disparaître leur aspect un peu gluant. Vous les accommoderez ensuite et leur trouverez meilleur goût.

Plat principal

Gratin de haricots Portugaise

FACILE
BON MARCHÉ
TOUTES SAISONS

Préparation et cuisson : 3 h 30
Cuisson en autocuiseur : 45 mn
+ morue à dessaler

Pour 4, il faut :

400 g de flageolets,
1 boîte de filets de morue salée,
80 g de beurre ou de margarine,
500 g de tomates,
2 oignons,
2 carottes,
3 gousses d'ail,
4 échalotes,
1 verre de vin blanc sec,
estragon (facultatif),
bouquet garni,
clou de girofle,
sel, poivre.

1. La veille : faites dessaler la morue dans beaucoup d'eau renouvelée plusieurs fois.

2. Le lendemain : mettez les haricots à l'eau froide, non salée. Laissez bouillir 15 mn (en autocuiseur : 5 mn). Égouttez. Remettez-les dans le récipient avec 1 oignon, 2 gousses d'ail, 2 carottes, clou de girofle, bouquet garni. Couvrez d'eau bouillante. Salez. Laissez bouillir doucement 2 h 30 (autocuiseur : 40 mn).

3. Épluchez, épépinez et coupez les tomates. Hachez les échalotes et 1 oignon. Faites-les revenir légèrement avec 30 g de beurre ou de margarine. Ajoutez tomates, bouquet garni, gousse d'ail écrasée, estragon, vin blanc, sel et poivre. Laissez mijoter 30 mn.

4. Coupez la morue en morceaux. Farinez-les. Faites-les dorer à la poêle avec 50 g de beurre ou de margarine. Disposez-les dans un plat à gratin. Versez dessus la fondue de tomates, persil haché, estragon et haricots. Parsemez de noisettes de beurre ou de margarine et mettez à four moyen (th. 5-6) 15 mn environ. Servez très chaud.

Solution express :

Vous pouvez remplacer la fondue de tomates fraîches par de la sauce tomate toute préparée.

Légume

Haricots à l'Ardéchoise

TRÈS FACILE
BON MARCHÉ
AUTOMNE-HIVER

Préparation et cuisson : 2 h
Cuisson en autocuiseur : 30 mn

Pour 4, il faut :

400 g de haricots,
30 g de beurre,
2 oignons,
2 gousses d'ail,
1 verre de vin blanc sec,
1 cuil. à soupe de vinaigre,
200 g de boudin noir,
persil,
sel, poivre.

1. Mettez les haricots dans une casserole d'eau froide non salée. Faites bouillir 15 mn. Égouttez. Remettez dans le même récipient avec 2 gousses d'ail. Recouvrez largement d'eau bouillante. Laissez cuire doucement de 1 h 30 à 2 h, suivant les haricots (en autocuiseur : 30 mn). Salez à mi-cuisson seulement.

2. Hachez les oignons. Faites-les dorer dans une casserole avec une noix de beurre. Ajoutez-y 1 verre d'eau de cuisson des haricots, vin blanc et vinaigre, l'intérieur du boudin émietté, sel, poivre. Couvrez. Laissez mijoter 20 mn.

3. Égouttez les haricots. Mélangez avec la préparation au boudin, un morceau de beurre et persil haché.

Légume

Haricots blancs à la Bretonne

TRÈS FACILE
BON MARCHÉ
TOUTES SAISONS

Préparation et cuisson : 15 mn

Pour 4, il faut :

1 boîte de haricots,
25 g de beurre ou de margarine,
1 oignon,
1 cuil. à soupe rase de farine,
1 bouillon de poulet,
1 boîte de purée de tomates,
persil,
poivre.

1. Passez les haricots sous l'eau chaude. Laissez-les égoutter.

2. Hachez l'oignon. Faites-le blondir légèrement avec 25 g de beurre ou de margarine.

3. Ajoutez ensuite 1 cuil. de farine. Puis 1 tablette de bouillon délayée avec un verre d'eau chaude, les haricots, la purée de tomates, poivre. Laissez mijoter un peu. Saupoudrez de persil haché avant de servir avec une viande sautée à la poêle : côte d'agneau, de veau ou de porc.

Plat principal

Haricots à la Parisienne

TRÈS FACILE
BON MARCHÉ
TOUTES SAISONS

Préparation et cuisson : 15 mn

Pour 4, il faut :

1 boîte de haricots,
25 g de beurre ou de margarine,
8 chipolatas,
1 tranche de lard de poitrine fumé,
persil,
sel, poivre.

1. Faites sauter à la poêle le lard coupé en dés et les chipolatas, avec une noix de beurre ou de margarine, sur feu doux.

2. Plongez les haricots dans de l'eau très chaude pour les rincer et les tiédir. Égouttez-les bien. Ajoutez-les dans la poêle avec sel et poivre. Laissez mijoter ensemble quelques minutes. Saupoudrez généreusement de persil haché avant de servir.

Haricots persillés

TRÈS FACILE
BON MARCHÉ
TOUTES SAISONS

Pour 4, il faut :

400 g de haricots secs,
1 carotte,
1 oignon,
2 clous de girofle,
bouquet garni,
30 g de beurre,
persil,
sel, poivre.

Cuisson : 1 h 45 à 2 h 15
Cuisson en autocuiseur : 5 mn + 30 mn

1. Après les avoir lavés, mettez les haricots dans une casserole d'eau froide non salée. Faites-les bouillir 15 mn (en autocuiseur : 5 mn). Égouttez-les.

2. Remettez les haricots dans la casserole avec la carotte coupée en deux, l'oignon piqué de clous de girofle, bouquet garni. Emplissez d'eau bouillante. Couvrez et laissez mijoter de 1 h 30 à 2 h suivant les haricots (en autocuiseur : 30 mn). Salez et poivrez à mi-cuisson seulement.

3. Égouttez les haricots. Servez-les avec un bon morceau de beurre et du persil haché.

Raffinement :

Vous pouvez ajouter à vos haricots 1 ou 2 cuil. de crème fraîche, ou un bon jus de viande.

Plat principal

Haricots rouges au vin rouge

TRÈS FACILE
BON MARCHÉ
AUTOMNE-HIVER

Pour 4, il faut :

400 g de haricots rouges,
400 g de lard de poitrine frais,
30 g de beurre ou de margarine,
4 saucisses de Francfort,
3 oignons,
farine,
1 verre 1/2 de vin rouge,
1 gousse d'ail,
1 clou de girofle,
sel, poivre.

Préparation et cuisson : 2 h
Cuisson en autocuiseur : 50 mn

1. Mettez les haricots à l'eau froide, non salée. Laissez bouillir 15 mn (en autocuiseur : 5 mn). Égouttez. Remettez-les dans le récipient avec 1 oignon piqué du clou de girofle. Couvrez d'eau bouillante. Salez. Laissez bouillir doucement 45 mn environ (en autocuiseur : 15 mn).

2. Hachez les oignons et l'ail. Faites-les revenir légèrement, sans colorer, dans une cocotte avec le beurre ou la margarine. Saupoudrez d'une cuillerée à soupe rase de farine. Mélangez sur le feu. Ajoutez vin rouge, autant d'eau, sel, poivre. Laissez épaissir. Ajoutez les haricots et le lard en tranches. Laissez mijoter, couvert, 3/4 d'h (en autocuiseur : 25 mn).

3. Au bout de ce temps, déposez les saucisses dans la cocotte, sur le lard. Laissez cuire très doucement 10 mn supplémentaires (en autocuiseur : 5 mn) et servez.

Variante :

Les haricots rouges au vin rouge sont un excellent accompagnement pour tous les morceaux de porc, rôtis ou braisés, et même pour la langue de bœuf braisée. Supprimez alors les francforts et le lard de poitrine.

Entrée chaude ou froide ou légume

TRÈS FACILE
BON MARCHÉ
TOUTES SAISONS

Pour 4 à 6, il faut :

400 g de lentilles,
1 oignon,
2 clous de girofle,
1 gousse d'ail non pelée,
1 petite carotte,
bouquet garni,
sel, poivre,
1 petit piment (facultatif).

MICRO-ONDES

Les lentilles déjà cuites peuvent y être réchauffées : additionnez-les d'un fin hachis de persil et d'échalote, d'1 ou 2 cuillerées d'eau ou de bouillon et couvrez-les hermétiquement avec un film étirable, pour éviter tout dessèchement.

Mettez 2 ou 3 mn au micro-ondes (puiss. maxi).

Lentilles au naturel

(cuisson de base)

Préparation et cuisson : 45 mn

1. Lavez les lentilles. Mettez-les dans une grande casserole d'eau froide. Faites bouillir 5 mn. Égouttez. Remettez dans la casserole avec de l'eau bouillante, 1 oignon piqué de 2 clous de girofle, gousse d'ail, carotte coupée en 4, bouquet garni (avec branchette de céleri, si possible), poivre et piment (facultatif).

2. Laissez bouillir doucement de 20 à 30 mn selon la qualité des lentilles. Ne les salez qu'en fin de cuisson pour ne pas les durcir.

3. Égouttez les lentilles dès qu'elles sont suffisamment tendres. Otez-en les aromates.

Variantes :

Les lentilles cuites peuvent être accommodées de différentes façons :

- sautées à la poêle avec beurre et oignons hachés ;
- froides, en salade, avec une vinaigrette relevée de moutarde et d'oignons ou d'échalotes hachés.

Le secret

des lentilles bien cuites, tendres mais pas éclatées : assurez-vous de leur degré de tendreté à partir de 20 mn car le temps de cuisson des lentilles peut varier sensiblement selon leur origine et leur ancienneté.

Mogettes à la crème

TRÈS FACILE
BON MARCHÉ
AUTOMNE-HIVER

Pour 4, il faut :

400 g de haricots blancs secs,
30 g de beurre,
1 oignon,
1 carotte,
1 gousse d'ail,
2 clous de girofle,
2 cuil. à soupe de crème fraîche,
bouquet garni,
persil,
sel, poivre.

Préparation et cuisson : 1 h 40

1. Mettez les mogettes à l'eau froide non salée. Faites-les bouillir 15 mn. Égouttez. Passez sous l'eau froide.

2. Remettez les mogettes dans la casserole vide avec l'oignon piqué de clous de girofle, carotte, ail, bouquet garni, poivre. Recouvrez largement d'eau bouillante. Couvrez. Laissez cuire de 1 h à 1 h 15. Salez à mi-cuisson.

3. Retirez carotte, oignon, ail et bouquet garni. Égouttez les haricots. Incorporez beurre et crème. Parsemez de persil fraîchement haché. Servez.

Variante :

Profitez des haricots blancs frais, ou demi-secs, de la fin de l'été ou début de l'automne, pour préparer les «mogettes» comme en Vendée. Suivez cette recette, en écourtant beaucoup le temps de cuisson.

Olla podrida

(pot-au-feu à l'espagnole)

FACILE
RAISONNABLE
PETITES RÉCEPTIONS
AUTOMNE-HIVER

Préparation et cuisson : 4 h
Cuisson en autocuiseur : 1 h 30
+ trempage des pois, une nuit

Pour 8 ou 10, il faut :

800 g de plat de côtes de bœuf,
300 g de pois chiches,
250 g de poitrine de mouton,
200 g de jambon cru,
200 g de petit salé,
1 queue de porc,
1 pied de porc,
1 poule de 1,200 kg,
2 chorizos forts,
3 gousses d'ail,
3 carottes,
2 oignons,
2 blancs de poireaux,
4 pommes de terre,
bouquet garni,
sel, poivre.

1. La veille, faites tremper les pois chiches à l'eau froide.

2. Dans une grande marmite d'eau froide, mettez : plat de côtes, poitrine de mouton, jambon, petit salé préalablement rincé à l'eau froide, queue et pied de porc. Portez à ébullition. Écumez. Ajoutez pois chiches égouttés, ail, bouquet garni, un peu de sel. Couvrez. Faites bouillir doucement de 1 h 30 à 2 h (en autocuiseur : 45 mn).

3. Ajoutez alors la poule et les chorizos. Laissez cuire de nouveau 30 mn (en autocuiseur : 10 mn). Puis mettez : carottes fendues en 4, oignons et blancs de poireaux en morceaux. Prolongez la cuisson de 1 h environ (en autocuiseur : 25 mn).

4. Jetez enfin dans la marmite les pommes de terre coupées en 4. Laissez cuire 30 mn supplémentaires (en autocuiseur : 10 mn). Servez légumes et viandes dans un plat creux et le bouillon à part, dans une soupière.

Plat principal

Petit salé aux lentilles

TRÈS FACILE
RAISONNABLE
AUTOMNE-HIVER

Préparation et cuisson : 1 h 30
Cuisson de la viande en autocuiseur : 25 mn

Pour 4, il faut :

1 kg de porc demi-sel (échine ou palette),
bouquet garni
400 g de lentilles,
1 oignon,
2 clous de girofle,
1 gousse d'ail non pelée,
1 petite carotte,
bouquet garni,
sel, poivre,
1 petit piment (facultatif).

1. Faites dessaler la viande dans beaucoup d'eau froide renouvelée plusieurs fois.

2. Mettez la viande à l'eau bouillante. Laissez bouillir 5 mn. Égouttez.

3. Remettez la viande dans la casserole avec un bouquet garni. Couvrez-la juste d'eau bouillante. Laissez bouillir doucement 1 h environ (en autocuiseur : 25 mn).

4. Cuisson des lentilles : jetez-les dans une grande casserole d'eau froide. Faites bouillir 5 mn. Égouttez. Remettez de l'eau à bouillir dans la casserole avec tous les ingrédients cités (sans sel). Versez-y alors les lentilles qui doivent être largement couvertes. Reportez à petite ébullition pendant 15 à 20 mn seulement pour qu'elles restent fermes. Salez 5 mn avant la fin. Égouttez. Otez les aromates de cuisson sans oublier le piment.

5. Joignez les lentilles égouttées à la viande cuite mais toujours dans son récipient de cuisson. Laissez mijoter ensemble de 5 à 10 mn (ne mettez pas l'autocuiseur en pression car les lentilles risqueraient de s'écraser). Présentez le tout légèrement égoutté.

Truc :

Si la viande est mise à saler depuis peu de temps, il n'est pas nécessaire de la laisser tremper. Il suffit de la rincer abondamment à l'eau froide.

Légume ou entrée chaude

Pain de pois cassés

FACILE
BON MARCHÉ
PETITES RÉCEPTIONS
AUTOMNE-HIVER

Pour 4, il faut :

350 g de pois cassés,
40 g de beurre,
1 carotte,
1 oignon,
2 œufs,
crème fraîche,
bouquet garni,
sel, poivre.

MICRO-ONDES

Absolument déconseillé pour le réchauffage des pois cassés.

Préparation et cuisson : 1 h 30
Cuisson en autocuiseur : 25 mn

1. Faites bouillir les pois cassés 10 mn dans de l'eau non salée. Égouttez-les. Passez-les sous l'eau froide et égouttez-les.

2. Remettez-les dans une casserole. Couvrez-les juste d'eau bouillante avec carotte et oignon en rondelles, bouquet garni, sel, poivre. Couvrez hermétiquement et laissez cuire doucement 1 h environ (en autocuiseur : 20 mn).

3. Égouttez à fond les pois cassés. Passez-les à la moulinette. N'y ajoutez pas de liquide. Hors du feu, incorporez-y 30 g de beurre et 2 jaunes d'œufs. Battez les 2 blancs en neige ferme. Incorporez-les à la purée. Beurrez un moule à soufflé. Versez la préparation dedans. Faites cuire au bain-marie et à four moyen (th. 5-6) 30 mn environ.

4. Présentez ce pain démoulé légèrement chaud et arrosé de crème fraîche.

Légume

Purée Saint-Germain

TRÈS FACILE
BON MARCHÉ
PRINTEMPS-AUTOMNE-HIVER

Pour 4, il faut :

400 g de pois cassés,
50 g de lard maigre,
30 g de beurre,
1 carotte,
1 oignon,
feuilles de laitue,
1 morceau de sucre,
bouquet garni,
sel, poivre.

Cuisson : 1 h 30 à 2 h
Cuisson en autocuiseur : 5 mn + 20 mn

1. Mettez les pois dans une grande casserole d'eau froide non salée. Portez lentement à ébullition. Laissez bouillir 15 mn (en autocuiseur : 5 mn). Égouttez-les et passez-les sous l'eau froide.

2. Coupez le lard en dés. Faites-les dorer dans une cocotte avec une noix de beurre. Ajoutez-y carotte et oignon en rondelles, pois cassés, feuilles de laitue, sucre, bouquet garni, eau bouillante à hauteur. Couvrez. Laissez cuire doucement de 1 h à 1 h 30 suivant la qualité des pois (en autocuiseur : 20 mn). Salez seulement à mi-cuisson. Remettez un peu d'eau si l'évaporation est trop rapide.

3. Égouttez les pois en conservant leur eau de cuisson. Écrasez-les ainsi avec un moulin à légumes. Poivrez. Incorporez le reste de beurre et, au besoin seulement, un peu d'eau de cuisson. Cette purée doit rester assez épaisse.

Truc :

La purée de pois cassés attache facilement au fond de la casserole. Tenez-la au chaud dans un bain-marie.

Pour une jolie présentation :

des croûtons rissolés au beurre déposés sur la purée.

A Croûtons rissolés dans le beurre.

B Déposés sur la purée.

MICRO-ONDES

Ne réchauffez surtout pas de la purée de pois cassés dans le micro-ondes : vous en ressortiriez du plâtre !

Le secret

de la purée de pois cassés extra : la cuisson d'abord (voir § 2) puis au moment de servir, 2 bonnes cuil. de crème fraîche ainsi que 1 ou 2 pincées de muscade râpée.

Pois chiches à la Catalane

TRÈS FACILE
BON MARCHÉ
AUTOMNE-HIVER

Cuisson en autocuiseur seulement : 1 h 45

Pour 4, il faut :

350 g de pois chiches,
2 cuil. d'huile,
1 oignon,
2 clous de girofle,
1 carotte,
100 g de lard maigre fumé,
1 petit piment fort,
300 g de chorizo fort,
1 cuil. à soupe de tomate concentrée,
1 gousse d'ail,
bouquet garni,
sel, poivre.

1. Faites bouillir doucement les pois chiches 15 mn. Égouttez-les. Remettez-les dans l'autocuiseur avec huile, oignon piqué de 2 clous de girofle, piment écrasé, carotte, bouquet garni, un peu de sel et 1 litre d'eau froide. Laissez cuire doucement 1 h 15 environ.

2. Ouvrez l'autocuiseur pour y ajouter chorizo, lard fumé coupé en dés, tomate concentrée, ail haché. Remettez l'autocuiseur en pression. Laissez cuire encore 15 mn. Servez très chaud.

Plat principal

TRÈS FACILE
RAISONNABLE
PETITES RÉCEPTIONS
AUTOMNE-HIVER

Pour 6 ou 8, il faut :

1 poule,
250 g de pois chiches,
50 g de beurre,
500 g de navets,
500 g d'oignons,
2 pincées de cannelle,
1/2 g de safran,
1 citron,
sel, poivre,
poivre de Cayenne.

Qdra aux navets et aux pois chiches

(spécialité marocaine)

Cuisson en autocuiseur seulement : 1 h 30 à 1 h 45
Préparation : 15 mn

1. Faites bouillir doucement les pois chiches, pendant 15 mn. Égouttez-les.

2. Remettez les pois chiches dans l'autocuiseur. Ajoutez : cannelle, safran, sel, poivre, pincée de Cayenne, 1 oignon coupé et la poule. Couvrez à peine d'eau froide. Fermez l'autocuiseur et laissez cuire 1 h.

3. Ouvrez l'autocuiseur. Ajoutez dedans le reste des oignons hachés, les navets et 50 g de beurre. Remettez en pression et laissez cuire doucement 30 mn supplémentaires.

4. La cuisson terminée, les légumes sont réduits en purée. Déchiquetez la viande de la poule. Remettez dans la soupe épaisse. Ajoutez-y le jus d'un citron. Servez très chaud.

Plat principal

Queues de porc aux lentilles

TRÈS FACILE
BON MARCHÉ
AUTOMNE-HIVER

Préparation et cuisson : 1 h 30
Cuisson de la viande en autocuiseur : 25 mn

Pour 4, il faut :

4 queues de porc,
400 g de lentilles,
1 oignon,
2 clous de girofle,
1 carotte,
2 gousses d'ail,
bouquet garni,
sel, poivre.

1. Dans un faitout ou un autocuiseur, mettez les queues de porc coupées en morceaux, oignon piqué de clous de girofle, carotte, ail, bouquet garni, sel, poivre. Recouvrez largement d'eau froide. Faites bouillir doucement 1 h environ (en autocuiseur : 25 mn seulement).

2. Plongez les lentilles dans une casserole d'eau froide. Portez à ébullition 5 mn. Égouttez. Remettez de l'eau à bouillir dans la casserole. Versez-y alors les lentilles qui doivent être largement couvertes. Reportez à petite ébullition pendant 15 mn seulement pour qu'elles restent fermes. Salez 5 mn avant la fin. Égouttez.

3. Joignez les lentilles à la viande restée dans la cocotte. Laissez mijoter ensemble de 5 à 10 mn (ne mettez pas l'autocuiseur en pression).

Le secret

des lentilles moelleuses mais pas en purée : elles doivent «frissonner» doucement plutôt que bouillir pendant le temps de cuisson nécessaire.

Notez que les petites lentilles vertes du Puy cuisent sensiblement plus vite que les autres.

Plat principal

Ragoût de mouton aux pois chiches

(spécialité marocaine)

Préparation et cuisson : 1 h 15
Cuisson en autocuiseur : 25 mn

TRÈS FACILE
BON MARCHÉ
TOUTES SAISONS

Pour 4, il faut :

1 boîte de pois chiches
1,200 kg de collier de mouton en morceaux,
30 g de beurre ou de margarine,
2 ou 3 oignons,
1 g de safran,
sel, poivre.

1. Mettez les morceaux de mouton à dorer de toute part dans la margarine ou le beurre très chaud.

2. Hachez les oignons. Ajoutez-les à la viande ainsi que sel, poivre, safran. Mouillez d'eau à peine jusqu'à hauteur de la viande. Couvrez. Laissez mijoter 50 mn environ (en autocuiseur : 20 mn).

3. Égouttez et rincez les pois chiches en conserve. Ajoutez-les à la viande. Faites cuire 15 mn supplémentaires (en autocuiseur : 5 mn).

Plat principal

Roussette en cassoulet

FACILE
BON MARCHÉ
PRINTEMPS-AUTOMNE-HIVER

Préparation et cuisson : 30 mn

Pour 4, il faut :

1 kg de roussette en 4 tronçons,
1 boîte de haricots blancs,
50 g de beurre ou de margarine,
1 boîte de tomates entières,
4 oignons,
2 gousses d'ail,
1/3 de verre de vin blanc sec,
farine,
chapelure,
sel, poivre.

1. Laissez tremper quelques instants les haricots dans une casserole d'eau chaude pour les rincer et les réchauffer.

2. Salez, poivrez et farinez légèrement les tronçons de poisson. Faites-les dorer de toute part dans une cocotte avec 30 g de beurre ou de margarine.

3. Hachez oignons et ail. Égouttez les tomates en boîte et coupez-les en dés. Ajoutez le tout dans la cocotte ainsi que le vin blanc, sel, poivre. Couvrez. Laissez cuire 5 mn.

4. Égouttez les haricots. Ajoutez-les dans la cocotte. Salez, poivrez. Laissez mijoter 10 mn.

5. Versez l'ensemble dans un plat à gratin. Parsemez de chapelure et de quelques noisettes de beurre ou de margarine. Faites gratiner 5 mn dans le haut du four très chaud.

Entrée chaude

TRÈS FACILE
BON MARCHÉ
PRINTEMPS-AUTOMNE-HIVER

Pour 4, il faut :

1 boîte de lentilles,
1 tranche de lard,
1 échalote.

Vinaigrette moutardée.

Salade de lentilles chaude

Préparation et cuisson : 15 mn

1. Coupez le lard en dés. Plongez-le dans l'eau froide. Portez doucement à ébullition. Égouttez aussitôt.

2. Rincez les lentilles à l'eau très chaude pour les tiédir. Ajoutez-y : vinaigrette, échalote hachée et lardons cuits. Servez aussitôt.

Utilisation de reste :

Un reste de lentilles au lard peut être accommodé de cette façon, mais pour qu'elles reprennent bonne apparence et saveur, vous les ferez réchauffer un peu avant d'y mélanger la vinaigrette. Le lard du plat de lentilles sera coupé très menu.

Entrée

Salade de lentilles à ma façon

TRÈS FACILE
BON MARCHÉ
TOUTES SAISONS

Préparation et cuisson : 45 mn

Pour 4 à 6, il faut :

400 g de lentilles,
1 oignon,
2 clous de girofle,
1 gousse d'ail non pelée,
1 petite carotte,
bouquet garni (avec branchette de céleri),
sel, poivre,
1 petit piment (facultatif).

Vinaigrette :

4 ou 5 cuil. à soupe d'huile,
1 cuil. à soupe de vinaigre,
1 cuil. à café de moutarde forte,
sel, poivre.

1 cuil. à soupe de persil haché,
1 petite échalote hachée.

1. Lavez les lentilles. Mettez-les dans une grande casserole avec beaucoup d'eau froide. Faites bouillir 5 mn. Égouttez. Remettez dans la casserole avec de l'eau bouillante, 1 oignon piqué de 2 clous de girofle, gousse d'ail, carotte coupée en 4, bouquet garni, poivre et piment (facultatif). Laissez bouillir doucement de 20 à 30 mn selon la qualité des lentilles. Ne les salez qu'en fin de cuisson pour ne pas les durcir. Égouttez-les dès qu'elles sont suffisamment tendres. Otez les aromates de cuisson.

2. Vinaigrette : dans un saladier, délayez la vinaigrette avec la moutarde. Mélangez-y les lentilles encore chaudes. Parsemez abondamment de persil et d'échalote hachés. Servez tiède ou froid.

Variante :

Vous pouvez fort bien servir cette salade en été. Ajoutez-y alors des légumes frais de saison : poivrons, tomates, rondelles de radis, céleri-branche, concombre et fines herbes pour lui donner une allure estivale.

Le secret

d'une salade de lentilles savoureuse, c'est l'assaisonnement. Une bonne huile, généreusement versée sur les lentilles encore chaudes. Et, pour relever le tout, vinaigre, moutarde et les herbes et aromates que vous permet la saison.

Entrée froide

Salade de pois chiches

TRÈS FACILE
BON MARCHÉ
TOUTES SAISONS

Cuisson ultra-longue,
en autocuiseur seulement : 1 h 45

Pour 4, il faut :

400 g de pois chiches,
1 carotte,
1 oignon piqué de 2 clous de girofle,
1 gousse d'ail,
bouquet garni,
sel, poivre.

Vinaigrette + moutarde,
fines herbes et échalotes.

1. Exceptionnellement, laissez tremper les légumes secs, à l'eau froide, quelques heures car leur peau est très dure.

2. Mettez-les dans l'autocuiseur contenant de l'eau froide non salée. Fermez. Faites-les bouillir 15 mn. Égouttez-les.

3. Remettez les pois chiches dans l'autocuiseur avec carotte, oignon piqué de clous de girofle, bouquet garni. Emplissez d'eau bouillante. Fermez l'autocuiseur et laissez cuire 1 h 30. A mi-cuisson, ouvrez l'autocuiseur pour ajouter sel et poivre.

4. Égouttez et passez les pois chiches sous l'eau froide. Assaisonnez-les généreusement de vinaigrette très relevée de moutarde et d'un hachis d'échalotes et de fines herbes.

Solution express :

Les pois chiches en boîte que l'on trouve partout. Il suffit de les rincer à l'eau froide avant de les accommoder.

Le secret

des pois chiches tendres et digestes : ils sont pelés ! Quand ils sont cuits, ôtez-en la peau – c'est assez facile sous l'eau du robinet – séchez-les avant de les mélanger avec la vinaigrette.

Soupe corse

TRÈS FACILE
BON MARCHÉ
AUTOMNE-HIVER

Pour 4, il faut :

100 g de haricots secs,
30 g de beurre,
4 poireaux,
3 carottes,
2 navets,
1 petit chou pommé,
500 g de pommes de terre,
1 tomate,
1 gousse d'ail,
sel, poivre.

Cuisson en autocuiseur seulement : 45 mn

1. Plongez les haricots dans votre autocuiseur contenant de l'eau froide non salée. Portez lentement à ébullition. Laissez cuire 5 mn. Égouttez.

2. Remettez 1 litre 1/2 d'eau dans l'autocuiseur. Quand elle bout, jetez-y les haricots, sel et poivre. Laissez bouillir doucement 40 mn. A mi-cuisson, ouvrez l'autocuiseur et ajoutez dedans les légumes frais coupés en morceaux.

3. Servez cette soupe non passée. Incorporez-y 30 g de beurre.

LES PÂTES ET LA SEMOULE

RECETTES

Les pâtes et la semoule

Les pâtes, en France, sont faites avec du blé dur broyé et concassé en semoule, le blé tendre étant utilisé pour la farine réservée au pain, à la pâtisserie et certaines préparations culinaires.

L'avantage de la semoule de blé dur, c'est qu'elle contient une forte proportion de gluten. Et ce gluten, se combinant à l'eau pour former une pâte homogène, a la propriété de conserver la forme qui lui a été donnée, même après avoir séjourné un certain temps dans de l'eau en ébullition. C'est donc grâce au blé dur que les coquillettes, les gros coudes, les petits paniers et tant d'autres se présentent fermes et jolis dans nos assiettes !

Eh oui, la qualité des pâtes se définit par le pourcentage de semoule de blé dur dont elles sont composées. A cet égard, il faut peut-être rectifier un préjugé : la loi française décrète que les pâtes doivent être fabriquées exclusivement, à 100 % avec du blé dur. Tandis que nos voisins italiens, par exemple, ont le droit d'introduire du blé tendre dans certaines de leurs pâtes, par mesure d'économie. Sachez aussi que les «pâtes aux œufs» sont vraiment, de par la loi, faites avec des œufs frais (140 g d'œufs entiers, coquilles exclues, par kilo de semoule).

Disponibles en toute saison au même prix, les pâtes, grâce à leurs formes si diverses, permettent mieux que n'importe quel aliment de varier les menus. Parfaitement saines, faciles à digérer, elles sont l'aliment parfait pour les enfants et les personnes âgées. Et de plus, elles ne font même pas grossir... à condition bien sûr d'équilibrer son menu autour du plat-vedette : les pâtes.

Les pâtes

Les pâtes alimentaires sont si faciles à cuire qu'on oublie de leur accorder le minimum d'attention qu'elles méritent ! Alors, elles collent, ont un goût d'eau... que l'on doit reprocher à la cuisinière, la seule coupable.

Mais nous allons nous efforcer de traiter les pâtes commes elles le méritent, en suivant ces quelques bons principes.

Méthode pour bien cuire les pâtes :

Dans beaucoup d'eau salée bouillant à gros bouillons, jetez les pâtes en pluie. Remuez avec cuiller ou spatule.

Quand elles commencent à ramollir, goûtez. Laissez cuire : ni trop fermes, ni trop molles. Égouttez-les aussitôt cuites.

Servez-les ou beurrez-les immédiatement.

Trucs :

Mettez un filet d'huile dans l'eau des pâtes pour les empêcher de déborder.

Et ne les couvrez pas.

N'oubliez pas de saler l'eau.

Ne cuisez pas les pâtes dans trop peu d'eau.

Ne les jetez pas dedans avant qu'elle ne fasse de gros bouillons.

N'hésitez pas à goûter les pâtes en cours de cuisson.

Ne les faites pas cuire trop longtemps.

Ne les laissez pas séjourner dans l'eau, une fois cuites.

La bonne quantité d'eau pour cuire 250 g de pâtes : de l'eau aux trois-quarts d'une casserole de 20 à 22 cm de diamètre.

La semoule

La semoule, comme les pâtes alimentaires, est faite avec des blés durs. C'est un aliment simple, au goût neutre, qui se prête aussi bien aux préparations salées que sucrées.

Méthode pour bien cuire la semoule :

Rien n'est plus simple que la cuisson de la semoule. Il suffit de la jeter, en pluie, dans une certaine quantité de liquide bouillant (eau, lait ou bouillon) en quantité variable selon la recette, et de laisser bouillir doucement une dizaine de minutes, le temps d'épaissir.

Mais la semoule épaissit beaucoup en refroidissant.
- Si elle doit être servie froide, faites-la plus liquide.
- Pour la consommer chaude, tenez-la plus épaisse.

Si la semoule vous paraît trop épaisse en fin de cuisson, vous pouvez facilement l'éclaircir avec un peu de lait, d'eau ou de bouillon bouillant. Mélangez pour éviter les grumeaux et laissez cuire quelques instants supplémentaires.

Mais n'essayez pas d'épaissir, en rajoutant de la semoule en cours de cuisson : des grumeaux se formeraient inévitablement.

1 cuillerée à soupe rase de semoule pèse de 10 à 15 grammes.

MICRO-ONDES

2 mn de cuisson (puiss. maxi) pour 100 g de semoule et 1 verre de liquide (120g). Couvrez.

Bonnes sauces pour bonnes pâtes

TRÈS FACILES
BON MARCHÉ
TOUTES SAISONS

C'est en Italie qu'on mange les meilleures dit-on ; plus exactement, c'est là qu'on mange les pâtes accompagnées de sauces mijotées sur le coin d'un fourneau.

Parmi les plus courantes :

Sauce Bolognaise

Pour 4, il faut :

300 g de steak haché,
50 g de jambon cru,
40 g de beurre ou de margarine,
1 cuil. à café de farine,
1 oignon,
2 gousses d'ail,
1/2 carotte,
1 branche de céleri,
1 verre de vin blanc ou rouge,
3 verres d'eau,
1 petite boîte de concentré de tomate,
herbes aromatiques (thym, romarin, marjolaine, basilic),
sel, poivre.

Coupez le jambon en petits morceaux. Hachez oignon, ail, carotte et céleri. Faites dorer la viande dans une casserole, à fond épais, avec le beurre ou la margarine. Saupoudrez de farine. Mélangez bien. Puis ajoutez oignon, ail, carotte, céleri, concentré de tomate, vin, eau, herbes aromatiques, sel, poivre. Laissez mijoter, sans couvrir, 30 mn environ. En fin de cuisson la sauce doit être réduite de moitié.

Sauce tomate Italienne

Pour 4, il faut :

50 g de lard de poitrine,
30 g de beurre ou de margarine,
2 échalotes,
1 gousse d'ail,
1 verre de vin blanc,
2 verres d'eau,
1 petite boîte de concentré de tomate,
bouquet garni,
1 cuil. à café de farine,
sel, poivre.

Dans une noix de beurre ou de margarine, faites blondir ail, échalotes et lard hachés. Ajoutez-y vin, eau, tomate concentrée, bouquet garni, sel, poivre. Laissez mijoter 20 mn. Avec une fourchette, malaxez la farine avec le reste de beurre ou de margarine. Incorporez à la sauce, par petits morceaux. Laissez épaissir un instant sur feu doux.

Cannelloni

FACILE
BON MARCHÉ
TOUTES SAISONS

Préparation et cuisson : 45 mn

A

B

C

En rectangles cuits avant d'être farcis :

1. Dans une casserole d'eau bouillant à gros bouillons, jetez les rectangles de pâte*. Mélangez pendant la cuisson (10 mn). Puis étalez-les, côte à côte, sur un torchon.

2. Disposez un petit boudin de farce à la base d'un rectangle de pâte cuite, encore humide. Roulez sur lui-même (photo A). Pressez les bords pour souder.

3. Rangez-les dans un plat à feu. Recouvrez-les de sauce. Faites gratiner ou non.

En tubes farcis à cru :

1. Poussez la farce dans les tubes de pâte crue, si possible à l'aide d'une poche à douille (photo B).

2. Rangez-les dans un plat à gratin, sans trop serrer car ils gonflent en cuisant. Noyez-les de sauce tomate chaude très liquide (photo C).

3. Couvrez de papier d'aluminium et mettez à four moyen (th. 5-6). Au bout de 15 mn, découvrez, saupoudrez de gruyère râpé et de noisettes de beurre. Laissez gratiner 10 mn supplémentaires.

* Les cannelloni à farcir sont vendus, en cartons, comme les pâtes alimentaires les plus courantes.

Farces pour cannelloni et ravioli

recettes de base

Au crabe :

1 petite boîte de crabe,
40 g de beurre ou de margarine,
1 cuil. à soupe bombée de farine,
1/4 de litre de liquide (jus de crabe + lait),
125 g de champignons,
citron,
sel, poivre.

Mélangez sur le feu 30 g de beurre ou de margarine et la farine. Ajoutez-y le liquide froid, sel, poivre. Remuez jusqu'à ébullition. Lavez et coupez les champignons. Faites-les revenir à feu vif, avec une noix de beurre ou de margarine et jus de citron. Incorporez à la sauce avec le crabe émietté. Laissez mijoter quelques instants.

Aux épinards :

1 petite boîte d'épinards,
200 g de bœuf cuit (reste),
1 cervelle d'agneau,
1 œuf,
20 g de gruyère râpé,
muscade,
sel, poivre.

Hachez finement cervelle et bœuf cuits. Mélangez ce hachis avec œuf, épinards, gruyère et muscade râpés, sel, poivre.

A la viande :

150 g de viande cuite (reste),
1 tranche de jambon,
1 échalote,
1 œuf,
20 g de gruyère râpé,
persil,
sel, poivre.

Hachez finement : viande, jambon, échalote et persil. Mélangez ce hachis avec œuf, gruyère, sel et poivre.

Solution express :

Les cannelloni en boîte, tout préparés, qu'il suffit de faire gratiner avec gruyère râpé et servir.

Couscous

FACILE
RAISONNABLE
PETITES RÉCEPTIONS
TOUTES SAISONS

Pour 8 il faut :

1 kg de semoule pour couscous,
2 kg de mouton (collier ou plat de côtes),
1 poule,
125 g de beurre,
1/2 tasse d'huile,
2 carottes,
2 navets,
4 courgettes,
2 tomates,
1 ou 2 cuil. à café de ras-el-hanout,
1 cuil. à café de cumin arabe,
1/2 boîte de petits pois,
100 g de raisins secs,
1 boîte de pois chiches,
1 boîte de piments doux,
1 boîte d'arissa (sauce forte),
sel.

Bouillon :

4 oignons,
1/2 g de safran,
1/2 tasse d'huile d'olive,
1 boîte (70 g) de tomate concentrée,
2 gousses d'ail,
sel, poivre.

Préparation et cuisson : 3 h

1. Bouillon : dans la marmite du couscoussier, mettez à bouillir doucement 2 litres d'eau avec le mouton, oignons, safran, sel, poivre, huile, tomate concentrée, 1 cuil. à café d'arissa, ail. Couvrez.

2. Versez la semoule à couscous dans une grande bassine. Humectez-la, en plusieurs fois, avec de l'eau froide salée jusqu'à ce qu'elle en soit saturée (2/3 de litre environ). Aspergez-la aussi d'une 1/2 tasse d'huile. Égrenez avec une fourchette. Laissez gonfler le temps indiqué sur le paquet.

3. Quand le bouillon a déjà cuit 1/2 h, ajoutez-y carottes, navets et poule.

4. Versez la semoule dans la passoire du couscoussier. Posez-la au-dessus du bouillon. Couvrez avec un torchon. Laissez cuire 30 mn.

5. Au bout de ce temps, reversez la semoule sur un torchon. Aspergez-la abondamment d'eau froide salée. Aérez-la avec une fourchette.

6. Au bouillon resté sur le feu, ajoutez : courgettes et tomates coupées, ras-el-hanout, cumin. Remettez la semoule dans la passoire, au-dessus du bouillon. Laissez cuire, couvert d'un torchon, 1/2 h supplémentaire.

7. Dans une casserole, versez un peu de bouillon, petits pois, raisins secs, pois chiches égouttés, poivrons et plus ou moins d'arissa pour pimenter. Mettez sur feu doux jusqu'à frémissement.

8. Versez enfin le couscous cuit dans un très grand plat creux. Incorporez-y avec une fourchette 125 g de beurre par petits morceaux.Mettez le couscous en dôme. Disposez viandes et légumes autour. A part, présentez le bouillon et l'arissa. Chaque convive arrosera son couscous de bouillon et l'épicera à son gré.

Notes :

Ceci est une recette de couscous parmi d'autres, car il en existe bien des variantes.

Le couscoussier (keskes) se compose d'une marmite surmontée d'une sorte de passoire qui s'y emboîte parfaitement. On en trouve dans la plupart des grands magasins.

Choisissez une poule pas trop tendre, sinon elle partirait en charpie dans le bouillon.

Les épices : ras-el-hanout, cumin arabe et arissa se trouvent dans les rayons de produits exotiques. Le cumin arabe peut être, à la rigueur, remplacé par du cumin ordinaire.

Ne pas trop boire avec le couscous ! On peut, selon la tradition, l'accompagner de thé vert à la menthe fraîche; ou d'un vin rosé ou d'un rouge léger, assez frais.

Solution express :

Le couscous en boîte qu'il suffit de réchauffer après l'avoir réhydraté. Il est généralement accompagné de viande cuisinée, assaisonnée à point. Cependant, il est souhaitable, parfois d'y ajouter quelques pincées d'épices, ras-el-hanout, cumin et cayenne, pour les amateurs de sensations (gustatives) fortes.

MICRO-ONDES

Le couscous, en petite quantité, cuit convenablement au micro-ondes.

Pour 100 g de semoule à couscous, mouillée avec 1 verre d'eau salée (120 g) et un filet d'huile, comptez 2 mn de cuisson (puiss. maxi) dans un récipient couvert.

Mélangez à mi-cuisson. Avant de servir, laissez reposer 2 ou 3 mn sans découvrir.

Le réchauffage d'assiettes de couscous – déjà cuit de façon traditionnelle – s'effectue très bien au micro-ondes, en quelques secondes ou 1 mn (puiss. maxi). N'oubliez pas de couvrir chaque assiette d'un film étirable pour éviter le dessèchement.

Plat principal

Croquettes de veau Milanaise

TRÈS FACILE
BON MARCHÉ
TOUTES SAISONS

Préparation et cuisson : 30 mn

Pour 4, il faut :

1 bol de veau cuit,
1 tasse de pâtes cuites,
1 tranche de jambon blanc (100 g),
50 g de gruyère râpé,
1 ou 2 cuil. à soupe de crème fraîche,
1 œuf,
farine,
1 tasse de chapelure,
50 g de beurre ou de margarine,
citron,
persil,
sel, poivre.

1. Coupez finement : veau, jambon et pâtes froides. Mélangez le tout avec le fromage râpé, très peu de sel, poivre et crème fraîche pour lier le tout qui doit rester assez ferme. Formez 8 petites croquettes. Farinez-les légèrement.

2. Roulez ces croquettes dans l'œuf battu, puis dans la chapelure, de façon qu'elles en soient complètement enrobées.

3. Faites chauffer 50 g de beurre ou de margarine dans une grande poêle. Mettez-y les croquettes à dorer de toute part, de 8 à 10 mn, sur feu moyen. Déposez-les dans un plat avec des quartiers de citron et du persil. Présentez avec des légumes verts ou une salade.

Plat principal

Émincé de bœuf à la semoule

TRÈS FACILE
BON MARCHÉ
AUTOMNE-HIVER

Préparation et cuisson : 30 mn

Pour 4, il faut :

un reste de pot-au-feu,
15 g de beurre,
100 g de semoule,
1/2 litre d'eau,
1 cuil. à café d'oignon haché,
1 boîte de sauce tomate,
sel, poivre.

1. Faites revenir l'oignon haché avec une noix de beurre. Ajoutez l'eau, puis lorsqu'elle est bouillante, la semoule en pluie. Faites cuire, à feu doux jusqu'à absorption complète du liquide (10 mn environ).

2. Versez la semoule cuite dans un plat à gratin. Étalez dessus le bœuf en petits morceaux, la sauce tomate, sel, poivre. Mettez à four moyen (th. 5-6) 10 mn.

Légume

Pâtes au roquefort

TRÈS FACILE
RAISONNABLE
TOUTES SAISONS

Préparation et cuisson : 15 mn

Pour 4, il faut :

250 g de pâtes (nouilles plates de préférence),
100 g de roquefort,
3 ou 4 cuil. à soupe de crème fraîche,
2 gousses d'ail,
sel, poivre.

1. Faites cuire les pâtes dans beaucoup d'eau bouillante salée.

2. Écrasez le roquefort à la fourchette. Ajoutez-y crème fraîche et poivre (pas de sel).

3. Égouttez les pâtes soigneusement. Mettez-les à réchauffer 1 ou 2 mn sur le feu avec le mélange roquefort-crème.

4. Frottez vigoureusement l'intérieur d'un plat creux avec 2 gousses d'ail écrasées. Versez les pâtes au roquefort dedans. Mélangez et servez aussitôt.

Gâteau de semoule

TRÈS FACILE
BON MARCHÉ
TOUTES SAISONS

Préparation et cuisson : 1 h

Pour 4, il faut :

100 g de semoule (8 cuil. à soupe rases environ),
100 g de raisins secs,
1/2 litre de lait,
4 cuil. à soupe de sucre,
1 sachet de sucre vanillé,
sel.

1. Mettez les raisins à tremper dans de l'eau chaude, 15 mn. Faites chauffer le lait avec une pincée de sel et le sucre vanillé. Dès qu'il bout, jetez-y la semoule en pluie. Mélangez avec une cuiller en bois, sans arrêt, jusqu'à épaississement. Laissez bouillir doucement 10 mn.

2. Hors du feu, incorporez-y le sucre et les raisins égouttés. Versez dans un moule préalablement passé à l'eau. Présentez la semoule complètement refroidie, démoulée et recouverte de confiture ou de compote.

Raffinement :

Caramélisez le moule avant de l'emplir de semoule. Pour aller plus vite, pensez au caramel vendu tout prêt, liquide ou en poudre, extrêmement pratique.

MICRO-ONDES

Faites bouillir le lait directement dans le moule (en verre ou porcelaine à feu) avec les éléments de la recette. Puis la semoule y sera jetée en pluie. Fouettez et cuisez au micro-ondes pendant 2 mn (puiss. maxi). Mélangez à mi-cuisson. C'est à ce moment-là que vous incorporerez le sucre et les raisins.

Laissez refroidir dans le moule.

Entrée chaude

Gnocchi à la Romaine

TRÈS FACILE
BON MARCHÉ
PRINTEMPS-AUTOMNE-HIVER

Pour 4, il faut :

125 g de semoule,
50 g de beurre,
1/2 litre de lait,
1 jaune d'œuf,
75 g de gruyère râpé,
muscade,
sel, poivre blanc.

Préparation et cuisson : 30 mn

1. Faites bouillir le lait avec 30 g de beurre, sel, 2 pincées de muscade râpée. A l'ébullition, versez la semoule en pluie en mélangeant jusqu'à épaississement. Laissez cuire doucement 10 mn.

2. Hors du feu, incorporez le jaune d'œuf, les 3/4 du gruyère râpé, poivre. Étalez la semoule chaude dans un plat passé à l'eau froide. Lissez-la sur 1 cm d'épaisseur (photo A). Laissez refroidir.

3. Découpez des rondelles de pâte avec un verre (photo B et C). Disposez-les dans un plat à four préalablement beurré. Parsemez de gruyère râpé et de noisettes de beurre. Mettez à four chaud (th. 6-7), environ 10 mn.

A

B

C

Pratique :

Étalez la semoule dans un moule carré ou rectangulaire, un couvercle de boîte par exemple.

Entrée chaude

Lasagnes «al forno»

FACILE
RAISONNABLE
PETITES RÉCEPTIONS
PRINTEMPS-AUTOMNE-HIVER

Pour 4 à 6, il faut :

200 g de lasagnes,
100 g de parmesan ou gruyère (ou moitié/moitié).

Sauce à la viande :

200 g de steak haché,
30 g de beurre ou de margarine,
1 tranche de lard de poitrine (50 g),
1 carotte,
1 oignon,
1 branche de céleri,
persil,
100 g de champignons,
1 cuil. à café de tomate concentrée,
1 tablette de bouillon,
sel, poivre.

Béchamel :

60 g de beurre ou de margarine,
2 cuil. à soupe bombées de farine,
3/4 de litre de lait,
1 pincée de muscade,
sel, poivre.

Préparation et cuisson : 45 mn

1. Sauce à la viande : faites rissoler la viande hachée avec 30 g de beurre ou de margarine, le lard coupé menu, hachis de carotte, d'oignon, de céleri et de persil. Quand tout est bien doré, ajoutez les champignons coupés, tomate concentrée, 1 bol d'eau, 1 tablette de bouillon de poulet. Laissez mijoter doucement 20 mn.

2. Béchamel : délayez, sur feu doux, beurre ou margarine et farine jusqu'à ce que le mélange soit mousseux. Ajoutez-y le lait froid d'un seul coup, sel, poivre, muscade. Mélangez jusqu'à épaississement. Laissez mijoter 5 mn.

3. Faites cuire les lazagnes. Laissez-les ensuite égoutter côte à côte sur un linge. Puis, dans un plat à four profond, disposez-les par couches, en alternant : lasagnes, sauce à la viande, Béchamel, fromage râpé et ainsi de suite. Terminez par de la Béchamel et du fromage. Mettez à gratiner dans le haut du four très chaud une quinzaine de minutes.

Dessert

Makroutes

(spécialité nord-africaine)

FACILE
CHER
TOUTES SAISONS

Préparation et cuisson : 30 mn

Pour 4, il faut :

250 g de semoule,
150 g de beurre,
3 cuil. à soupe d'eau.

Pâte d'amandes :

50 g d'amandes,
25 g de sucre,
2 cuil. à soupe d'eau,
1/2 cuil. à café de cannelle.

Pour la cuisson :

75 g de beurre.

1. Humectez la semoule avec l'eau, puis incorporez-y le beurre ramolli mais non fondu. Travaillez le tout de façon à obtenir une pâte épaisse.

2. Pâte d'amandes : malaxez les amandes hachées avec sucre et cannelle. Humectez légèrement d'eau pour obtenir une pâte compacte.

3. Roulez la pâte de semoule en forme de gros boudin. Creusez un sillon profond sur toute la longueur (photo A). Emplissez de pâte d'amandes (photo B). Refermez en rapprochant les bords (photo C). Roulez à nouveau en boudin. Coupez en rondelles de 1 cm (photo D).

4. Mettez à cuire les makroutes dans le beurre bien chaud. Lorsqu'elles sont dorées, égouttez-les sur du papier absorbant. Ces gâteaux sont souvent arrosés de miel liquide au moment de servir.

A

B

C

D

Macaroni à la Languedocienne

TRÈS FACILE
BON MARCHÉ
ÉTÉ-AUTOMNE

Préparation et cuisson : 45 mn

Pour 4, il faut :

250 g de macaroni,
120 g de beurre ou de margarine,
3 aubergines,
4 ou 5 tomates,
250 g de champignons,
1 gousse d'ail,
50 g de gruyère râpé,
sel, poivre.

1. Épluchez et coupez les aubergines en rondelles. Saupoudrez-les de sel et laissez-les dégorger un moment.

2. Pelez et épépinez les tomates. Lavez les champignons. Coupez-les en dés.

3. Faites sauter les aubergines à la poêle sur feu vif, avec du beurre ou de la margarine, puis les tomates coupées en morceaux, ail. Salez et poivrez. Couvrez et laissez cuire 10 mn. Ajoutez les champignons. Laissez cuire 5 mn supplémentaires.

4. Pendant ce temps, faites cuire les macaroni. Égouttez-les et versez-les dans un plat à gratin. Étalez les légumes cuits dessus, gruyère râpé et noisettes de beurre ou de margarine. Faites gratiner 10 mn sous le grilloir ou dans le haut du four très chaud.

MICRO-ONDES

Utilisez votre micro-ondes pour cuire plus rapidement la «ratatouille» de légumes. Le résultat sera un peu différent mais bon : mettez tous les légumes, pelés, coupés ou épépinés, directement dans une cocotte (en verre ou porcelaine à feu) avec ail haché, sel, poivre et beurre. Couvrez. Cuisez au micro-ondes de 7 à 8 mn (puiss. maxi). Mélangez plusieurs fois en cours de cuisson.

Le secret

pour empêcher les pâtes de déborder : pendant l'ébullition versez au départ un filet d'huile dans l'eau de cuisson.

Entrée chaude

Nids de macaroni

FACILE
BON MARCHÉ
PETITES RÉCEPTIONS
TOUTES SAISONS

Préparation et cuisson : 50 mn

Pour 4, il faut :

4 œufs,
30 g de beurre,
1 fine tranche de jambon blanc,
50 g de macaroni longs,
sel, poivre.

Gruyère râpé ou sauce tomate.

Matériel :

4 ramequins.

1. Faites cuire les macaroni, sans les briser, dans de l'eau salée en ébullition. Égouttez-les quand ils sont encore assez fermes.

2. Beurrez l'intérieur des ramequins. Appliquez le macaroni sur le beurre, commencez par le fond du moule, en enroulant le macaroni en spirale de l'extérieur vers le centre (photo A). Avec d'autres macaroni : remontez le long de la paroi (photo B).

3. Coupez finement le jambon au fond des ramequins. Cassez un œuf dessus. Salez, poivrez (photo C). Faites cuire au bain-marie, à four bien chaud (th. 7-8) 12 mn environ. Démoulez et servez avec du fromage râpé ou avec une sauce tomate présentée à part.

Variante :

Dans chaque ramequin garni de macaroni, déposez une cuillerée d'un mélange roquefort émietté/crème fraîche, avant d'y casser l'œuf. Supprimez la sauce tomate.

A

B

C

Entrée chaude ou plat principal

TRÈS FACILE
BON MARCHÉ
PRINTEMPS-AUTOMNE-HIVER

Pour 4, il faut :

250 g de nouilles plates,
40 g de beurre ou de margarine,
2 foies de volailles,
1 oignon,
75 g de gruyère râpé,
2 cuil. à soupe de crème fraîche,
sel, poivre.

Nouilles à la Sicilienne

Préparation et cuisson : 30 mn

1. Faites cuire les pâtes. Pendant ce temps, coupez les foies en dés et l'oignon. Faites sauter vivement le tout dans une petite casserole avec 1 noix de beurre ou de margarine. Salez, poivrez.

2. Ajoutez cette préparation aux nouilles bien égouttées. Incorporez-y également une grosse noix de beurre, la crème fraîche et 50 g de gruyère râpé. Versez le tout dans un plat à feu beurré. Parsemez avec le reste de gruyère râpé et quelques noisettes de beurre. Faites gratiner quelques minutes dans le haut du four très chaud, ou mieux sous le grilloir.

Économique :

Le plat principal à base de pâtes.

Il suffit, ici, d'augmenter le nombre de foies de volailles (1 ou 2 par personne) pour transformer l'entrée en un excellent plat de résistance.

Les pâtes fraîches

FACILE
BON MARCHÉ
TOUTES SAISONS

Préparation : plusieurs heures

Pour 4, il faut :

200 g de farine,
3 œufs entiers,
1 cuil. à soupe d'eau froide,
1 cuil. à café rase de sel.

A

Recette de la pâte à nouilles

1. Disposez la farine en fontaine. Au milieu, cassez les œufs. Ajoutez sel, eau, peu à peu. Pétrissez la pâte en la foulant jusqu'à ce qu'elle soit élastique, souple, non collante. Laissez reposer.

2. Étalez la pâte très mince sur la table légèrement mais régulièrement farinée. Puis repliez toute la pâte sur elle-même.

3. Tranchez net tous les centimètres avec un couteau très aiguisé.

4. Démêlez les rubans délicatement de la main, laissez sécher en tas, sur la table ou sur une grande tringle, plusieurs heures avant de faire cuire.

B

C

D

Le secret

de cuisson des pâtes fraîches : elles cuisent beaucoup plus rapidement que les autres : de 2 à 5 mn maximum dans beaucoup d'eau bouillante salée. Égouttez, accommodez et savourez aussitôt.

☞

La même pâte peut servir à préparer :
nouilles fraîches (en lanières),
ravioli (en larges plaques),
cannelloni (en petits rectangles).

Entrée chaude

Ravioli frais

FACILE
BON MARCHÉ
TOUTES SAISONS

1. Divisez la pâte en deux rectangles bien nets. Imprimez des carrés dedans à l'aide d'une règle plate.

2. Déposez sur chacun une noix de farce (recette p. 597).

1

2

3

4

5

6

3. Badigeonnez très légèrement les intervalles d'œuf battu.
4. Appliquez dessus le deuxième rectangle de pâte.
5. Soudez en pressant de part et d'autre, toujours avec la règle.
6. Découpez à la roulette à pâtisserie (ou avec un couteau).

Cuisson : plongez les ravioli 5 ou 6 mn dans de l'eau bouillante salée. Égouttez avec soin. Servez-les simplement gratinés au four avec un peu de gruyère ou accompagnés d'une sauce tomate ou Mornay.

Entrée chaude

Cannelloni frais

Des rectangles de pâte de 8 x 6 cm environ sont d'abord découpés, puis farcis et façonnés (photos p. 596).

Plat principal

Pâtes aux œufs frits Milanaise

FACILE
BON MARCHÉ
TOUTES SAISONS

Préparation et cuisson : 45 mn

Pour 4, il faut :

250 g de pâtes,
50 g de beurre,
4 œufs,
1 verre d'huile.

Sauce Milanaise :

60 g de beurre ou de margarine,
125 g de champignons,
1 tranche de jambon,
50 g d'olives vertes,
1 cuil. à soupe bombée de farine,
2 cuil. à soupe de tomate concentrée,
2 gousses d'ail,
bouquet garni,
sel, poivre.

1. Hachez les champignons nettoyés, ainsi que le jambon et l'ail. Faites mijoter le tout dans une petite casserole, avec 30 g de beurre ou de margarine.

2. Faites cuire les pâtes. A part, plongez les olives dans de l'eau bouillante pour les dessaler en partie. Égouttez et dénoyautez-les.

3. Sauce Milanaise : mélangez, sur feu doux, 30 g de beurre ou de margarine et une cuillerée de farine. Incorporez la tomate concentrée et 1/2 litre d'eau froide. Remuez jusqu'à ébullition. Ajoutez un peu de sel, poivre, olives, bouquet garni, hachis de champignons et jambon. Laissez mijoter 15 mn.

4. Cuisson des œufs : cassez un œuf dans une tasse. Maintenez la poêle d'huile chaude légèrement inclinée. Faites glisser l'œuf dedans. Avec une cuiller, ramenez le blanc sur le jaune (photo). Laissez frire 2 mn environ sur feu moyen. Égouttez sur une grille (ou un torchon ou du papier absorbant). Maintenez au chaud pendant que cuisent les autres œufs.

5. Égouttez les pâtes. Versez dans un plat. Recouvrez avec sauce et œufs frits.

Le secret

des pâtes qui ne collent pas : aussitôt égouttées, elles sont mélangées avec du beurre qui, en fondant, leur évite de coller les unes aux autres.

Entrée froide

Salade de coquillettes

FACILE
BON MARCHÉ
TOUTES SAISONS

Pour 4, il faut :

250 g de coquillettes,
2 cuil. à soupe d'huile,
quelques cornichons,
20 olives vertes,
quelques radis,
3 petites tomates,
2 œufs durs,
fines herbes,
sel.

Mayonnaise :

1 jaune d'œuf,
1/4 de litre d'huile,
1 cuil. à soupe de moutarde forte,
1 cuil. à café de paprika,
1 cuil. à café de ketchup,
1 cuil. à café de vinaigre,
sel, poivre.

Préparation et cuisson : 30 mn
+ 15 mn d'attente

1. Faites cuire les pâtes dans beaucoup d'eau bouillante salée. Égouttez-les aussitôt cuites et mélangez-les avec un peu d'huile (huile d'olive de préférence). Mettez au réfrigérateur pour activer le refroidissement.

2. Coupez en rondelles, les cornichons, radis et olives vertes dénoyautées ; en quartiers, les tomates, les œufs durs. Hachez les fines herbes.

3. Préparez une mayonnaise bien relevée et assez fluide. Au besoin, incorporez-y un peu d'eau froide, à la fin. Mélangez-la avec les coquillettes bien refroidies et les hachis de cornichons, radis, olives et fines herbes. Décorez la salade avec les quartiers d'œufs et de tomates.

Variante :

Cette salade peut être enrichie de dés de jambon ou de blancs de poulet, de coquillages, crabe, crevettes ou langoustines.

Le secret

de la salade de coquillettes : l'huile dont elles sont enduites, encore chaudes, aussitôt égouttées et la consistance, plutôt molle, de la sauce mayonnaise qui sert à les lier.

Neuf plats express

TRÈS FACILE
BON MARCHÉ
TOUTES SAISONS

(avec des pâtes de la veille
ou fraîchement cuites)

Entrée chaude

30 g de beurre,
10 filets d'anchois dessalés,
1 petite boîte de tomate concentrée,
gruyère râpé,
poivre.

Pâtes aux anchois

Faites fondre le beurre. Déposez dedans les filets d'anchois en dés. Mélangez sur feu doux jusqu'à ce qu'ils soient amollis. Ajoutez-y tomate, poivre. Mélangez sur le feu aux pâtes cuites. Saupoudrez de râpé avant de servir.

Légume

30 g de beurre,
1 petite boîte de champignons,
sel, poivre.

Pâtes sautées aux champignons

Faites sauter les champignons en lamelles 5 mn avec 30 g de beurre. Salez, poivrez. Mélangez aux pâtes cuites, sur le feu.

Légume

30 g de beurre,
1 branchette de romarin frais,
sel, poivre.

Pâtes au romarin

Égouttez les pâtes cuites. Remettez la casserole vide sur feu doux avec 30 g de beurre. Ajoutez le romarin finement coupé. Laissez mijoter quelques instants. Mélangez avec les pâtes. Poivrez et servez.

Légume

1 boîte de ratatouille,
20 g de beurre,
sel, poivre.

Pâtes à la ratatouille

Faites réchauffer doucement la ratatouille. Mélangez-la aux pâtes cuites. Salez et poivrez. Ajoutez une noix de beurre.

Nouilles à l'Alsacienne

Légume

40 g de beurre,
50 g de gruyère râpé,
sel, poivre.

Cuisez les 3/4 des nouilles seulement. Incorporez-y 25 g de beurre, sel, poivre. Faites frire rapidement le reste de nouilles crues à la poêle avec un peu de beurre. Versez ces pâtes croustillantes sur les nouilles moelleuses. Servez avec du râpé.

Pâtes aux tomates Provençales

Légume

30 g de beurre,
1 boîte de tomates entières,
2 gousses d'ail,
persil,
sel, poivre.

Dans une poêle, faites sauter avec le beurre les tomates bien égouttées et coupées. Ajoutez un hachis d'ail et de persil. Mélangez avec les pâtes cuites. Salez et poivrez.

Macaroni charcutière

Entrée chaude

30 g de beurre,
1 ou 2 oignons,
100 g de chair à saucisse.

Hachez finement les oignons. Faites-les dorer légèrement dans une poêle, avec le beurre. Ajoutez la chair à saucisse, les pâtes. Laissez réchauffer une dizaine de minutes.

Gratin aux tomates

Légume

30 g de beurre,
3 tomates,
50 g de gruyère râpé,
huile,
sel, poivre.

Faites sauter 3 tomates pelées, épépinées et coupées dans un peu d'huile très chaude. Ajoutez les pâtes. Laissez quelques instants sur le feu. Versez le tout dans un plat à feu, gruyère râpé, noix de beurre. Mettez quelques minutes dans le four très chaud pour gratiner.

Brouillade de macaroni

Plat principal

4 ou 6 œufs,
30 g de beurre,
50 g de jambon,
50 g de gruyère râpé.

Réchauffez les pâtes sur feu doux, dans une poêle avec une noix de beurre. Battez les œufs en omelette. Incorporez-y une noix de beurre fondu, le jambon coupé finement, le gruyère râpé. Versez sur les pâtes. Laissez prendre sur feu assez vif en mélangeant.

Dessert

Semoule au chocolat

TRÈS FACILE
BON MARCHÉ
TOUTES SAISONS

Pour 4, il faut :

1/2 litre de lait,
50 g de beurre,
50 g de chocolat à croquer,
60 g de semoule,
50 g de sucre,
1 pincée de sel.

MICRO-ONDES

Faites bouillir le lait directement dans le moule (en verre ou porcelaine à feu) avec les éléments de la recette. Puis la semoule y sera jetée en pluie. Fouettez et cuisez au micro-ondes pendant 2 mn (puiss. maxi). Mélangez à mi-cuisson. C'est à ce moment-là que vous pourrez incorporer 1 œuf battu si vous souhaitez un entremets plus raffiné.

Préparation et cuisson : 20 mn + 1 h au froid

1. Mettez lait, sucre, sel, beurre et chocolat en morceaux dans une casserole. Faites bouillir. Ajoutez la semoule en pluie, en remuant vivement avec une cuiller en bois. Laissez cuire doucement 10 mn.

2. Passez un moule à bords hauts à l'eau froide. Versez la préparation dedans. Laissez refroidir complètement avant de démouler.

Organisation :

Préparez ce dessert pour deux fois : doublez les proportions et versez dans deux moules. Le deuxième dessert attendra, sans dommage, 2 ou 3 jours dans le réfrigérateur.

Le secret

d'un gâteau de semoule savoureux : il n'est pas «bourratif» car les proportions semoule/liquide indiquées dans la recette ont été respectées, et les 10 mn de cuisson n'ont pas été dépassées.

Semoule à l'Italienne

TRÈS FACILE
BON MARCHÉ
AUTOMNE-HIVER

Préparation et cuisson : 20 mn

Pour 4, il faut :

100 g de semoule,
40 g de beurre ou de margarine,
1 oignon,
2 cuil. à soupe de tomate concentrée,
2 cuil. à soupe de gruyère râpé,
1 tablette de bouillon concentré,
sel, poivre.

MICRO-ONDES

Dans le moule à soufflé, faites revenir, avec un peu de beurre, l'oignon haché, au micro-ondes, 1 mn (puiss. maxi).

Puis, mélangez-y, en fouettant, la semoule, l'eau bouillante, le concentré de tomate, le sel, le poivre.

Mettez au micro-ondes 1 mn (puiss. maxi).

Fouettez. Remettez au micro-ondes 1 mn 30.

La semoule doit être bien gonflée. Incorporez-y alors le gruyère râpé et laissez refroidir.

1. Hachez l'oignon. Faites-le revenir avec 20 g de beurre ou de margarine. Ajoutez-y la semoule. Salez, poivrez. Mélangez. Puis versez 1/2 litre d'eau bouillante dessus et 1 tablette de bouillon concentré. Laissez mijoter 10 mn.

2. En fin de cuisson, ajoutez la tomate concentrée. Quand la semoule est tout à fait cuite, incorporez-y gruyère râpé et noix de beurre. Présentez-la dans un légumier ou moulez-la dans un moule à soufflé, à baba ou dans des ramequins.

Le secret

d'un pain de semoule bien démoulé : l'intérieur du moule est passé à l'eau froide avant d'être empli de semoule cuite. Celle-ci, bien tassée, se démoule ensuite parfaitement, que le moule soit chaud ou refroidi.

Desserts

TRÈS FACILE
BON MARCHÉ
TOUTES SAISONS

1 cuillerée à soupe rase de semoule = 10 à 15 grammes.

Semoule au lait
(recette de base)

Faites chauffer le lait avec une pincée de sel, sucre en poudre et sucre vanillé. Dès l'ébullition, versez la semoule en pluie dedans. Faites cuire 10 mn environ, doucement, jusqu'à épaississement. Remuez de temps en temps.

Suivez les proportions données dans chaque recette.

Le verre gradué est pratique pour les plus grandes quantités.

Dessert

Croquettes à l'orange

Préparation et cuisson : 1 h

Pour 4, il faut :

120 g de semoule,
1/2 litre de lait,
6 cuil. à soupe rases de sucre,
zeste d'orange,
sel.

2 œufs,
1 noix de beurre,
75 g de chapelure,
2 cuil. à soupe de sucre.

Pour la cuisson :

50 g de beurre ou de margarine.

1. Préparez de la semoule au lait parfumée avec le zeste d'une orange râpée. Hors du feu, incorporez les jaunes d'œufs. Laissez refroidir complètement dans un plat beurré.

2. Façonnez des croquettes de 2 cm d'épaisseur sur 5 cm. Passez-les dans les blancs d'œufs, puis dans la chapelure. Déposez-les dans une poêle contenant le beurre ou la margarine chaud. Lorsqu'elles sont dorées, égouttez-les. Sucrez-les et servez-les tièdes ou froides.

Dessert

Pudding de semoule aux pommes

Pour 4, il faut :

75 g de semoule,
1/2 litre de lait,
4 cuil. à soupe rases de sucre,
1 sachet de sucre vanillé, sel.

30 g de beurre,
1 ou 2 pommes,
75 g de raisins secs.

Caramel :

10 morceaux de sucre,
2 cuil. à soupe d'eau,
jus de citron.

Préparation et cuisson : 45 mn

1. Caramel : dans un moule en métal, laissez cuire le sucre et l'eau jusqu'à brunissement. Remuez le moule. Quand vous jugez le caramel assez brun, aspergez de citron et retirez du feu.

2. Coupez les pommes en tranches minces. Lavez les raisins. Préparez la semoule au lait. Quand le lait revient à ébullition, ajoutez raisins, pommes et morceau de beurre. Lorsque le mélange bout, versez dans le moule caramélisé et mettez à four bien chaud (th. 7-8) 30 mn.

Dessert

Soufflé de semoule aux raisins secs

Pour 4, il faut :

30 g de semoule,
1/4 de litre de lait,
2 cuil. à soupe rases de sucre,
1 sachet de sucre vanillé, sel.

2 œufs,
1 noix de beurre,
25 g de raisins secs,
3 cuil. à soupe de rhum.

Préparation et cuisson : 15 mn

1. Faites macérer les raisins dans le rhum.

2. Préparez la semoule au lait. Hors du feu, ajoutez jaunes d'œufs, raisins, puis blancs battus en neige.

3. Beurrez un moule à soufflé. Versez la préparation dedans et faites cuire à feu moyen (th. 5-6) 20 mn.

Entrée chaude

TRÈS FACILE
RAISONNABLE
PRINTEMPS-AUTOMNE-HIVER

Pour 4, il faut :

250 g de spaghetti,
1 kg de praires, palourdes ou coques (ou un mélange),
1 branche de fenouil,
sel.

Sauce à la tomate fraîche :

500 g de tomates,
30 g de beurre ou de margarine,
bouquet garni,
1 gousse d'ail,
sel, poivre.

Spaghetti alla marinara

Préparation et cuisson : 45 mn

1. Sauce tomate : faites mijoter avec le beurre ou la margarine, l'ail coupé menu, les tomates pelées et épépinées, bouquet garni, sel et poivre. Ne couvrez pas afin de laisser épaissir.

2. Faites cuire les spaghetti dans de l'eau salée avec le fenouil. Puis ajoutez-les à la sauce tomate.

3. Pendant ce temps, nettoyez les coquillages. Mettez-les sur le feu dans une casserole avec 1/2 litre d'eau légèrement salée. Dès qu'ils sont ouverts, égouttez-les (mais gardez le jus) et retirez-les de leurs coquilles. Ajoutez-les aux spaghetti.

4. Passez le jus à travers une passoire fine garnie d'un papier absorbant. Versez sur les spaghetti. Laissez mijoter à feu doux jusqu'à absorption complète du jus et servez.

Solution express :

La tomate concentrée en boîte. Mais pour lui donner un petit goût de fraîcheur, ajoutez 5 mn avant de servir la chair d'une tomate préalablement épluchée, épépinée et coupée en menus morceaux.

Spaghetti à la Provençale

TRÈS FACILE
BON MARCHÉ
TOUTES SAISONS

Préparation et cuisson : 30 mn

Pour 4, il faut :

250 g de spaghetti,
50 g de beurre ou de margarine,
1 kg de tomates,
2 gousses d'ail,
1 oignon haché,
1 petite boîte d'anchois,
bouquet garni,
sel, poivre.

1. Faites cuire les spaghetti.

2. Coupez les tomates en morceaux. Faites-les revenir à feu vif, avec 50 g de beurre ou de margarine. Ajoutez-y : ail, oignon haché, bouquet garni, sel, poivre. Couvrez. Laissez cuire 15 mn. Passez le tout à la moulinette. Ajoutez-y les anchois en petits morceaux.

3. Recouvrez les spaghetti égouttés avec la purée de tomates aux anchois.

Truc :

Permettant de cuire des pâtes pour 2 repas :

Vous pouvez réchauffer des pâtes déposées dans une passoire, puis plongées dans de l'eau en ébullition, 2 mn environ. Égouttez-les et accommodez-les aussitôt après.

MICRO-ONDES

Un reste de pâtes se réchauffe très bien au micro-ondes, entre deux assiettes.

Pour une plus grande quantité, étalez les pâtes, avec ou sans sauce, dans un plat hermétiquement couvert d'un film étirable. Comptez de 2 à 3 mn (puiss. maxi) selon la quantité de pâtes. Mélangez à mi-cuisson.

Entrée froide
Buffet

Taboulé

TRÈS FACILE
BON MARCHÉ
PRINTEMPS-ÉTÉ

Pour 4, il faut :

150 g de semoule à couscous

Sauce :

2 tomates bien mûres (300 g),
1/2 concombre,
1 oignon blanc,
1 gros citron (jus),
2 ou 3 cuil. à soupe d'huile,
1 tasse de fines herbes (quelques feuilles de menthe fraîche, persil, ciboulette),
1 cuil. à café rase de sel,
poivre.

Préparation (sans cuisson) : 10 mn
au froid : 2 h au moins

1. Mettez tous les éléments de la sauce dans le mixer. Réduisez en fine purée.

2. Mélangez à la semoule avec une fourchette. Couvrez et laissez reposer dans le réfrigérateur pendant 2 h au moins, ou même jusqu'au lendemain.

Mélangez plusieurs fois à l'aide d'une fourchette, au cours du temps de repos.

Présentez le taboulé dans un saladier garni de feuilles de laitue.

Note :

Il est parfois conseillé de laisser gonfler la semoule couverte d'eau froide, pendant 1/2 h, puis de bien l'essorer dans un linge avant de l'accommoder comme il est dit ci-dessus.

Le taboulé ainsi traité sera plus moelleux. C'est donc une question de goût qui vous fera adopter l'une ou l'autre de ces recettes.

Entrée chaude

Tourte aux tagliatelles

FACILE
RAISONNABLE
PETITES RÉCEPTIONS
PRINTEMPS-AUTOMNE-HIVER

Préparation et cuisson : 1 h 30

Pour 4 ou 6, il faut :

Pâte brisée :

200 g de farine,
100 g de beurre ou de margarine,
2/3 de verre d'eau,
1/2 cuil. à café de sel,
1 œuf pour dorer la pâte.

Garniture :

1 litre 1/2 de moules,
1 noix de beurre,
1/2 verre de vin blanc sec,
250 g de champignons,
125 g de tagliatelles,
1/2 citron,
sel, poivre.

Sauce :

20 g de beurre ou de margarine,
1 cuil. à café pleine de farine,
1/4 de litre de jus de cuisson (moules + champignons),
1 cuil. à soupe de crème fraîche,
poivre.

1. Préparez la pâte brisée selon la recette p. .

2. Mettez les tagliatelles à cuire. Égouttez-les et rincez-les sous l'eau froide.

3. Nettoyez les moules. Faites-les ouvrir sur feu vif avec vin blanc, poivre. Retirez les moules de leurs coquilles. Passez le jus.

4. Otez le pied sableux des champignons. Lavez ceux-ci rapidement. Coupez-les en lamelles. Faites-les cuire 5 mn à couvert avec une noix de beurre, jus de citron, sel, poivre.

5. Sauce : mélangez sur le feu, 20 g de beurre ou de margarine avec 1 cuil. à café pleine de farine. Ajoutez 1/4 de litre de jus, poivre, pas de sel. Tournez jusqu'à épaississement. Incorporez la crème en dernier lieu.

6. Préparez la tourte (voir photos p. 624). Mettez à four chaud (th. 6-7) 35 mn. Servez chaud, accompagné du reste de sauce. ☞

A Étalez la pâte en deux disques. Placez l'un d'eux au fond d'un moule à tarte. Piquez le fond. Versez dessus le mélange : moules, tagliatelles, champignons et moitié de la sauce.

B Mouillez le bord du deuxième disque de pâte. Posez-le sur la tarte.

C Passez le rouleau dessus pour découper nettement.

D Soudez les deux bords en les pressant ensemble, tout en les pinçant pour obtenir de petites crêtes.

E Découpez des losanges dans les chutes de pâte.

F Badigeonnez toute la surface de la tourte avec de l'œuf battu. Collez les losanges en rosace. Terminez en badigeonnant ceux-ci à leur tour. Faites un trou au centre ou piquez à la fourchette.

A

B

C

D

E

F

Entrée chaude ou plat principal

FACILE
RAISONNABLE
PETITES RÉCEPTIONS
TOUTES SAISONS

Pour 4, il faut :

250 g de coquillettes (ou mieux «torti»),
20 g de beurre ou de margarine,
6 ou 8 coquilles Saint-Jacques.
250 g de champignons,
1 verre de vin blanc sec,
petit bouquet garni,
1 quartier de citron,
sel, poivre.

Sauce :

2 jaunes d'œufs,
3 pincées de safran,
2 ou 3 cuil. à soupe de crème fraîche.

MICRO-ONDES

Faites le mélange de la sauce directement dans la saucière (§ 4). Portez au micro-ondes de 10 s en 10 s, en fouettant entre chaque étape. Dès que la sauce bouillonne légèrement sur le pourtour, fouettez encore vigoureusement et servez.

Timbale aux coquilles Saint-Jacques

Préparation et cuisson : 45 mn

1. Lavez abondamment noix et corail. Mettez-les dans une casserole avec 1 verre de vin blanc et un peu d'eau pour les couvrir juste, sel, poivre, bouquet garni. Faites chauffer doucement. Retirez du feu dès l'ébullition. Laissez dans le court-bouillon.

2. Jetez les pâtes dans une très grande casserole d'eau salée en ébullition. Remuez. Laissez bouillir de 13 à 15 mn. Goûtez pour vous assurer du degré de cuisson. Égouttez-les aussitôt et incorporez un peu de beurre.

3. Coupez le pied sableux des champignons, lavez-les et coupez-les en lamelles. Faites-les cuire dans une casserole avec une noix de beurre et jus de citron. Couvrez. Laissez mijoter 5 ou 6 mn. Ajoutez aux pâtes.

4. Sauce : délayez jaunes d'œufs, crème et 3 pincées de safran dans un bol. Incorporez-y le jus des coquilles. Reportez sur feu doux en mélangeant sans arrêt jusqu'à ce que la sauce prenne une légère consistance (ne laissez pas bouillir).

5. Versez les pâtes dans un plat creux. Coupez, dans l'épaisseur, les coquilles en deux ou trois rondelles. Disposez-les sur les pâtes très chaudes. Arrosez de sauce et servez.

LE RIZ

RECETTES

Le riz

Le riz, à l'état sauvage, existait déjà probablement avant que l'homme parût sur la terre. Et depuis des millénaires, l'homme a appris à en faire cette plante précieuse qui donne l'amande transparente et dure bien connue de nous toutes.

Les Italiens connaissent bien le riz et savent de longue date l'art d'en faire un régal : c'est-à-dire de laisser à chaque grain son autonomie et, sous la dent, sa précieuse résistance – «une résistance facile à vaincre» disait le plus aimable des gastronomes, Edouard de Pomiane.

Choisissez :

Il existe dans le monde des centaines de riz cultivés. Mais, dans nos magasins, le choix se réduit à deux variétés : le riz courant, à grains ronds, de longueur inférieure à 6 mm ; et le riz de luxe à grains très allongés.

Riz rond

C'est le moins cher. Plus tendre, il cuit plus rapidement et risque de coller si on ne le surveille pas. Sa cuisson nécessite moins de liquide (1 volume 1/2 seulement).

Riz long

Très dur, il est moins fragile à la cuisson. Sa présentation est meilleure. C'est le riz dit «de luxe» mais, rassurez-vous, il n'est pas cher quand même.

De plus en plus, on trouve du riz précuit et du riz prétraité (qui-ne-colle-pas).

Ce ne sont pas des variétés particulières, mais du riz traité de façon spéciale avant d'être vendu dans le commerce.

Riz précuit

Il est successivement trempé, épongé, bouilli quelques minutes, puis complètement desséché avant d'être mis en paquets. Sa cuisson se réduit à 5 mn au maximum.

Riz prétraité

De même que le riz précuit, il subit un traitement spécial : trempé, étuvé, puis séché sous vide avant d'être empaqueté. Il ne cuit pas plus rapidement qu'un riz ordinaire.

Le saviez-vous ?

D'une qualité de riz à l'autre, la capacité d'absorption, le temps de cuisson peuvent varier légèrement. C'est pourquoi les recettes restent un peu dans le vague, s'entourant d'«environ» plus que vous ne le souhaiteriez. Un bon conseil : quand vous êtes satisfaite d'une qualité de riz, soyez-lui fidèle.

Préparez :

Quantités de riz par personne

Pour :	En grammes	En cuillerées à soupe	En verre à moutarde
une entrée	25	1	1/4
un plat de résistance	50	2	1/2
un dessert*	60	2 1/2	2/3 env.

* Quantités prévues pour un dessert copieux complétant un repas léger, ou un second dessert pour le lendemain.

Le riz se prépare de 2 façons : «nature» ou «en pilaf». A partir de là, bien des variantes sont possibles.

Ces deux procédés «nature» et «pilaf» ont pour objet d'empêcher la formation d'empois. Cet empois qui transforme le riz en «colle de pâte».

Le **riz nature** est cuit dans une si grande quantité d'eau (bouillante et salée) que l'empois reste en suspension dans l'importante masse de liquide. Les grains en sont débarrassés.

Le **riz pilaf** cuit, au contraire, dans si peu d'eau, que faute de liquide, l'empois ne peut se former. Et quand le riz a terminé sa cuisson, il a tout absorbé.

CUISSON DU RIZ AU MICRO-ONDES

L'intérêt de la cuisson du riz au micro-ondes, c'est la qualité du résultat : des grains bien détachés «à la chinoise».

Par contre, le gain de temps n'est pas considérable puisqu'il faut compter entre 10 et 15 mn de cuisson (puiss. maxi) selon la variété du riz et la recette choisie.

Le procédé est le même que pour les cuissons classiques – pilaf ou nature – la quantité de liquide ajoutée est identique. Le temps de cuisson sera relativement court (10 mn) si vous couvrez hermétiquement le récipient, mais attention cela déborde très facilement ; utilisez un large plat, très creux, et n'y étalez pas plus de 2 cm de riz. Si vous ne couvrez pas, les risques de débordement sont minimes mais le temps de cuisson peut atteindre 15 ou 16 mn. Il est parfois nécessaire de rajouter un peu de liquide bouillant à cause de l'évaporation.

Et si le riz, une fois cuit – et même tiédi –, vous paraît sec, rien ne vous empêche d'y ajouter un peu d'eau chaude, et de le remettre 3 ou 4 mn (puiss. maxi) au micro-ondes, après l'avoir mélangé à la fourchette.

Riz pilaf

FACILE
BON MARCHÉ
TOUTES SAISONS

De 17 à 20 mn de cuisson
2 volumes d'eau ou de bouillon pour 1 volume de riz

Pour 4, il faut :

2 verres de riz,
4 verres d'eau ou de bouillon,
1 oignon,
30 g de beurre ou de margarine,
bouquet garni,
sel, poivre.

1. Lavez le riz à grande eau tout en le frottant entre les paumes de main. Égouttez bien.

2. Faites revenir légèrement l'oignon haché avec un peu de beurre ou de margarine, dans une casserole. Ajoutez le riz ensuite. Mélangez pour enrober les grains de gras. Ne les laissez surtout pas prendre couleur.

3. Versez l'eau ou le bouillon sur le riz. Mettez le bouquet garni, sel, poivre. Couvrez. Laissez mijoter à feu doux, jusqu'à absorption complète du liquide (de 17 à 20 mn). La quantité d'eau peut varier légèrement selon les goûts* et le type du riz.

Variante :

A la dernière minute, vous pouvez ajouter au riz cuit, 1 bol de petit pois braisés (conserve), de la tomate concentrée et un peu de gruyère râpé. Vous obtiendrez une spécialité italienne : le risi-pisi.

* Certains amateurs aimant le riz plus sec préconisent un volume de riz pour 1 volume 1/2 d'eau. C'est un peu moins de liquide qu'il n'est indiqué dans ma recette. A vous de choisir !

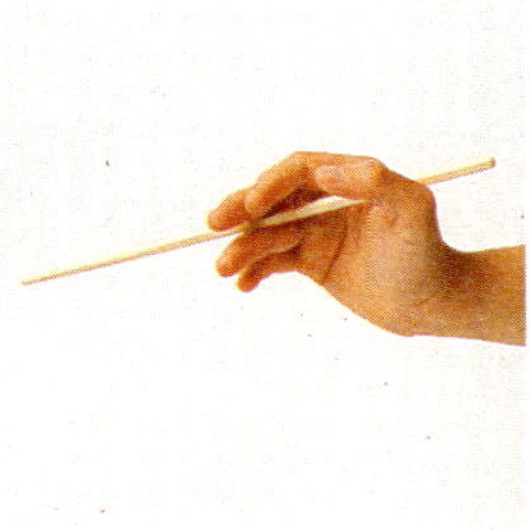

A La baguette «A» est appuyée, aux 2/3 de sa longueur, sur l'annulaire et maintenue par le pouce.

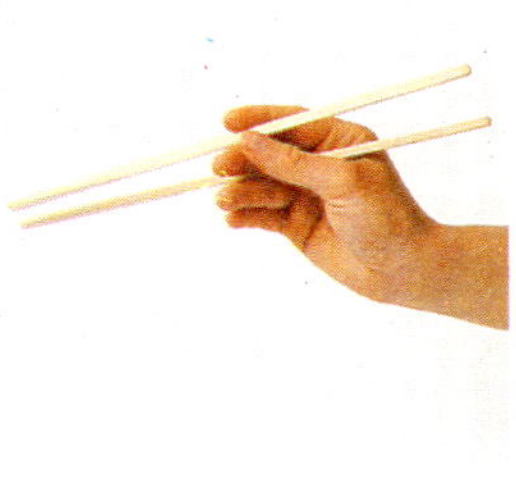

B La baguette «B» est prise entre les trois premiers doigts.

Les secrets

du riz qui a du goût : quand vous préparez un riz pilaf, utilisez un bon bouillon de viande, un court-bouillon de poisson (si le riz doit accompagner un poisson) ou même un simple bouillon de légumes.

A défaut de bouillons, les herbes aromatiques vous seront d'un grand secours. Ajoutez dans la cuisson du riz : bouquet garni classique (thym, laurier, persil) et même romarin, brin de céleri, gousses d'ail. C'est peu de chose, mais c'est le petit «plus» qui est indispensable à la saveur du riz.

pour réussir la cuisson du riz : lavez-le à grande eau. Et frottez-le vigoureusement, sous l'eau froide, avec les paumes de main, pour le débarrasser de la poudre d'amidon et de la poussière qui entourent les grains. Il ne collera pas.

Lavez-le rapidement. Ne le laissez pas séjourner dans l'eau. Il ne s'amollira pas.

Versez un peu d'huile dans la casserole, au départ de sa cuisson. Le riz ne débordera pas.

Goûtez-en quelques grains dès que le riz semble presque cuit. Et restez près de la casserole pour surveiller les dernières minutes de cuisson. Il sera cuit à point.

Mettez le riz nature à cuire dans beaucoup d'eau salée, froide ou chaude, peu importe, mais égouttez-le aussitôt cuit. Arrosez-le abondamment d'eau froide pour arrêter net la cuisson et entraîner toute trace d'empois. Les grains de riz resteront bien détachés.

Enrobez le riz pilaf de matière grasse fondue, dans la casserole, avant d'y ajouter le liquide.

Couvrez le plus hermétiquement possible le riz pilaf pendant sa cuisson. Le liquide étant strictement mesuré, il doit s'en évaporer le moins possible puisque le riz l'absorbera entièrement. Il sera bien moelleux.

Ne mélangez pas le riz pilaf au cours de la cuisson. Ses grains ne seront pas brisés.

Pour le riz au lait, faites «crever» ses grains dans très peu d'eau pendant quelques minutes d'ébullition. Il absorbera mieux et plus vite le lait dans lequel il doit cuire ensuite.

Ne sucrez le riz au lait que 5 mn avant la fin de la cuisson. Mis au départ, le sucre rendrait le lait sirupeux et difficile à absorber par le riz qui n'en finirait pas de cuire.

du riz bien détaché «à la Chinoise» : l'ustensile employé est une cocotte en fonte très épaisse, assez grande. La raison : la fonte est longue à chauffer mais à travers sa matière, la chaleur se répartit plus régulièrement.

Le riz employé est de bonne qualité bien sûr, mais il est surtout lavé sous le robinet, frotté entre les mains, jusqu'à ce que l'eau coule absolument limpide. Il est ensuite épongé.

Les proportions : un bol de riz - deux bols d'eau. Pas de sel chez les Chinois (moi, j'en mets tout de même). Vous portez à forte ébullition, sans couvrir. Au bout de quelques minutes de petits trous se forment çà et là, l'eau est presque entièrement absorbée. Couvrez la cocotte avec son couvercle en fonte et mettez le tout à four doux, 20 mn. Si le riz doit attendre plus longtemps, éteignez le four et laissez la cocotte dedans. Quand vous soulèverez le couvercle, vous serez enchantée du résultat.

Il se peut que le riz «croûte» légèrement au fond. Ne le grattez pas.Ne servez que le riz blanc. La croûte du riz, légèrement cramée, mélangée avec un peu de sucre, fait le régal des enfants.

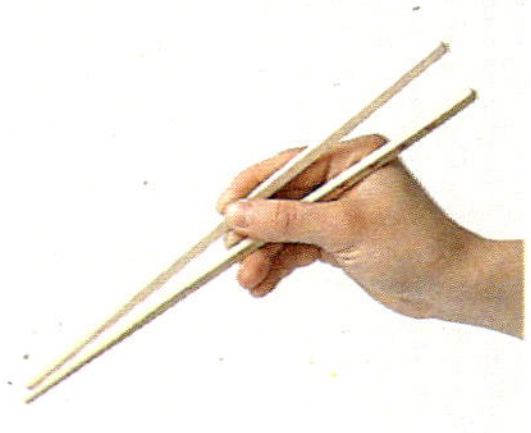

C et **D** «A» reste fixe tandis que «B», mobile, permet de pincer.

Riz nature

FACILE
BON MARCHÉ
TOUTES SAISONS

Pour 4, il faut :

2 verres de riz,
Beaucoup d'eau,
sel.

De 15 à 17 mn de cuisson
Beaucoup d'eau

1. Mettez à bouillir une grande casserole d'eau salée.

2. Lavez le riz rapidement à grande eau, dans une passoire.

3. Jetez-le ensuite dans l'eau en ébullition. Laissez bouillir, sans couvrir, de 15 à 17mn. Goûtez dès qu'il vous semble à point car il peut cuire plus ou moins rapidement selon sa qualité. Aussitôt cuit, égouttez. Arrosez abondamment d'eau froide pour stopper net la cuisson. Au besoin, vous ferez réchauffer à four doux ou à la poêle tout en égrenant avec une fourchette.

Une présentation simple et raffinée :

Le riz en timbale.

A

B

A Tassez le riz chaud (nature ou pilaf) dans un verre.

B Retournez le verre sur le plat ou dans l'assiette à garnir.

Le secret

du riz très blanc : ajoutez un peu de jus de citron dans l'eau de cuisson. Le riz nature bien blanc est plus appétissant.

Dessert

Crêpes aux ananas

FACILE
RAISONNABLE
PETITES RÉCEPTIONS
TOUTES SAISONS

Pour 8 crêpes, il faut :

Pâte à crêpes :

100 g de farine,
2 tasses de lait,
2 œufs,
sel.

Garniture :

1 bol de riz au lait,
1 petite boîte d'ananas,
8 cerises confites,
rhum.

Préparation et cuisson : 45 mn + attente : 1/2 h

1. Crêpes : mettez tous les éléments de la pâte dans une terrine. Mélangez au batteur électrique jusqu'à obtention d'une pâte lisse. Laissez reposer 1/2 h au moins. Faites cuire les crêpes dans une poêle très chaude. Frottez-la d'un tampon imbibé d'huile entre chaque crêpe. Tenez-les au chaud jusqu'au moment de garnir.

2. Faites réchauffer le riz sur feu doux avec un peu de jus d'ananas, puis déposez 1 cuil. à soupe de riz sur chaque crêpe. Roulez-les et mettez-les au fur et à mesure dans un plat à feu. Glissez-les dans le four tiède (th. 4-5).

3. Au moment de servir, décorez chaque crêpe avec une demi-tranche d'ananas et 1 cerise confite. Arrosez-les d'1/2 verre de rhum bouillant. Faites flamber en apportant à table.

MICRO-ONDES

Le riz cuit se réchauffe très bien au micro-ondes.

Comptez, pour 400 g de riz, 3 ou 4 mn au micro-ondes (puis. maxi). Couvrez-le pour qu'il ne se dessèche pas.

Le secret

des crêpes qui ne collent pas : plus longtemps la pâte repose au frais, moins les crêpes courent le risque de coller en cuisant. La pâte peut même attendre jusqu'à 12 h au réfrigérateur, sans dommage.

Gâteau de riz à l'orange

FACILE
RAISONNABLE
TOUTES SAISONS

Préparation et cuisson : 50 mn

Pour 4 ou 6, il faut :

200 g de riz,
50 g de beurre,
2/3 de litre de lait,
150 g de sucre,
2 jaunes d'œufs,
75 g d'orange confite,
sucre vanillé,
sel.

Caramel :

10 sucres.

MICRO-ONDES

Caramel pour enduire un moule à soufflé :

Versez dedans 10 morceaux de sucre, 2 cuil. à soupe d'eau, un peu de jus de citron.

Mettez au micro-ondes, sans couvrir, 3 mn 30 (puiss. maxi).

A mi-cuisson, faites voyager le caramel à l'intérieur du moule (prenez des «moufflettes» pour ne pas vous brûler).

Surveillez car le caramel se colore vite et – attention – il continue de brunir une fois sorti du four.

1. Faites cuire le riz au lait (voir p. 639, § 1).

2. Caramel : dans un moule à bords hauts, mettez 10 morceaux de sucre, 3 cuil. à soupe d'eau. Laissez chauffer jusqu'à ce que le sucre soit bien coloré. Faites voyager le caramel contre la paroi du moule. Retirez-le du feu avant qu'il ne soit trop brun.

3. Au riz, hors du feu mais très chaud, incorporez 50 g de beurre, les jaunes d'œufs et l'orange confite finement coupées. Versez dans le moule caramélisé. Laissez refroidir complètement avant de démouler.

Raffinement :

Présentez avec de la confiture d'orange un peu liquide, délayée sur le feu avec un peu d'eau... ou de rhum.

Dessert

Riz à l'Impératrice

FACILE
RAISONNABLE
PETITES ET GRANDES RÉCEPTIONS
TOUTES SAISONS

Pour 6, il faut :

200 g de riz,
3/4 de litre de lait,
150 g de sucre,
100 g de fruits confits,
1 verre à liqueur de kirsch,
gelée de groseille,
sel.

Crème anglaise :

4 jaunes d'œufs,
100 g de sucre,
1 sachet de sucre vanillé,
1/4 de litre de lait,
sel,
4 g de gélatine.*

MICRO-ONDES

Crème anglaise : fouettez ensemble sucre et jaunes d'œufs pour obtenir un mélange blanchâtre. Incorporez-y le lait bouillant. Mettez au micro-ondes 1 mn 30 (puiss. maxi) sans couvrir.

Toutes les 30 s (soit 3 fois), mélangez.

Au sortir du micro-ondes, continuez de mélanger pendant 1 mn car la cuisson se prolonge un court moment.

Préparation et cuisson : 1 h 30
+ au frais : 1 nuit

1. Mettez les fruits confits hachés à macérer avec le kirsch.

2. Lavez le riz avec soin. Faites-le bouillir dans un peu d'eau, 5 mn seulement. Égouttez-le. Remettez-le dans la casserole avec 3/4 de litre de lait et une bonne pincée de sel. Couvrez à demi et laissez bouillir doucement jusqu'à absorption complète du lait (45 mn). A mi-cuisson, ajoutez le sucre.

3. Crème anglaise : mettez à bouillir le lait avec sucre, 1 pincée de sel, sucre vanillé. Versez un peu de lait bouillant sur les jaunes d'œufs, en mélangeant vigoureusement. Reversez dans la casserole. Mélangez sans arrêt, sur feu doux, jusqu'à ce que la crème prenne une consistance onctueuse. Ne laissez surtout pas bouillir. Incorporez à la crème la gélatine préalablement trempée ou délayée dans l'eau froide. Fouettez bien.

4. Mélangez le riz cuit et chaud avec les fruits confits, kirsch et crème anglaise.

5. Garnissez de gelée de groseille toute la paroi intérieure d'un moule très profond. Versez la préparation chaude dedans. Laissez prendre jusqu'au lendemain dans un endroit frais, mais surtout pas trop froid (le froid nuit au riz cuit). Démoulez avant de servir.

* La gélatine est vendue, soit en plaque dans les pharmacies, soit en poudre dans les épiceries fines. Les plaques sont juste trempées et ramollies dans l'eau froide. En poudre, elle est délayée selon les indications notées sur la boîte ou le sachet.

Dessert

Riz au lait

TRÈS FACILE
PAS CHER
TOUTES SAISONS

40 mn de cuisson

Pour 4 ou 5, il faut :

200 g de riz,
eau,
3/4 de litre de lait,
vanille,
150 g de sucre,
2 jaunes d'œufs,
beurre ou crème fraîche,
sel.

1. Versez le riz, préalablement lavé, dans une casserole. Couvrez-le tout juste d'eau. Portez à ébullition. Dès que l'eau est absorbée, ajoutez le lait, la vanille et 1 pincée de sel. Couvrez à demi et laissez bouillir doucement jusqu'à absorption complète du lait. 10 mn avant la fin de la cuisson, incorporez délicatement le sucre pour ne pas briser les grains.

2. Hors du feu, incorporez 2 jaunes d'œufs, ainsi qu'un peu de beurre ou de crème fraîche.

Variante :

Les œufs surprise avec du riz au lait et des abricots au sirop pour simuler le jaune des œufs. Pour que l'illusion soit (presque) complète, étalez le riz au lait dans des plats à œufs individuels. Déposez une ou deux moitiés d'abricots dessus et arrosez avec un peu de sirop. Servez froid.

Plat principal

Rizotto aux olives

TRÈS FACILE
BON MARCHÉ
TOUTES SAISONS

Préparation et cuisson : 25 mn

Pour 4, il faut :

200 g de riz,
40 g de beurre
ou de margarine,
50 g d'olives vertes,
6 œufs,
50 g de gruyère,
1 oignon,
1 gousse d'ail,
1/2 g de safran,
thym, laurier,
sel, poivre.

1. Coupez finement l'oignon. Faites-le légèrement dorer dans une casserole avec 40 g de beurre ou de margarine. Puis jetez le riz dedans. Mélangez. Ajoutez 2 volumes d'eau (pour 1 volume de riz) ail, safran, thym, laurier, peu de sel (à cause des olives), poivre. Couvrez. Mettez les œufs à durcir.

2. Dénoyautez les olives, ajoutez-les au riz à mi-cuisson. Laissez cuire en tout de 17 à 20 mn, sur feu doux.

3. Hors du feu, incorporez le gruyère râpé au riz cuit, bien délicatement pour ne pas briser les grains. Servez dans un plat creux entouré des demi-œufs durs.

Raffinement :

Si vous n'aimez pas retrouver les morceaux d'oignons dans le rizotto, ôtez-les une fois revenus. La matière grasse ayant absorbé tout le parfum de l'oignon le communiquera au riz que vous mettez à revenir légèrement dedans avant de le mouiller.

LES FRUITS EXOTIQUES

RECETTES

Pour mémoire

L'ananas

L'ananas est originaire de l'Amérique et son nom serait une déformation de «nana» qui, chez les Indiens d'Orénoque et d'Amazonie, signifie «parfum».

Sa culture s'est répandue sur plusieurs continents. Parmi les plus connus sur nos marchés nous trouvons les ananas d'Afrique et de la Martinique, à des prix très raisonnables. Beaucoup plus chers sont les ananas des Açores, extrêmement savoureux, mais ils sont vendus seulement dans les magasins de luxe.

L'ananas, même s'il doit voyager jusqu'à nous, est récolté presque mûr. Aussi est-il facile de bien le choisir. Le plus grand risque est de le prendre trop avancé.

Choisissez :

Un ananas à point doit être de préférence, jaune orangé. Il en est de variétés différentes, qui sont nuancés de vert et cependant très bons. Vous reconnaîtrez sa fraîcheur à la touffe de feuilles vertes et drues (plumet) qui le surmonte. Soupesez-le : il est lourd. Pressez-le avec la main : l'écorce est un peu souple.

Un ananas taché de brun est probablement un peu trop mûr. Même s'il sent très bon, il risque d'être difficile à digérer.

Conservez :

L'ananas peut se conserver quelques jours dans un endroit frais (pas au-dessous de 7 à 8°). Le réfrigérateur n'est donc pas conseillé, à moins de loger l'ananas dans le bac à légumes où la température est la moins froide. *Dans ce cas, attention :* l'odeur de l'ananas va envahir le réfrigérateur. *La solution :* enveloppez l'ananas d'une feuille d'aluminium qui emprisonnera son odeur et l'isolera efficacement du froid.

Préparez :

L'ananas peut se découper de différentes façons.

A la Martiniquaise :

C'est la plus simple et la plus logique car l'ananas étant plus sucré à la base que près du plumet, chaque convive a du bon et du meilleur !

Décapitez-le et coupez à 1 ou 2 cm de sa base (photo A). Tranchez-le verticalement en 6 ou 8 quartiers (photo B, C). Servez ces parts telles quelles (mais après avoir ôté la partie dure du cœur). Elles seront dégustées, comme du melon, avec fourchette et couteau.

A

B

C

En «gondole» :

Tranchez verticalement, du plumet à la base, et creusez chaque moitié sans abîmer l'écorce (photo D).

D

En tranches :

E

F

G

H

I

J

Après avoir tranché plumet et base, posez l'ananas verticalement sur la planche à découper. Pelez épais en faisant glisser le long de l'écorce un grand couteau aiguisé (photo E).

Otez les points bruns à la pointe du couteau (c'est important) (photo F).

Coupez en tranches fines : elles sont meilleures (photo G).

Superposez plusieurs tranches. Plantez le couteau pointu, bien droit, et découpez autour du cœur fibreux, pour l'ôter (photo H).

En «surprise» :

Avec un couteau à lame étroite et longue, coupez profondément tout autour de l'écorce (à 1 cm du bord) sans percer la base.

Coupez, en biais de grosses tranches irrégulières. Retirez-les au fur et à mesure (photo I).

Elles seront ensuite coupées en dés et mélangées à d'autres fruits, sucre et alcool. Juste avant le repas, remettez cette salade de fruits, bien froide, dans l'écorce (photo J).

L'avocat

L'avocat ressemble à une poire mais c'est en hors-d'œuvre qu'on le sert presque toujours car il n'est pas sucré. Son apparence diffère un peu selon sa variété : il est d'un vert plus ou moins foncé, violacé parfois, et peut se présenter parfaitement lisse ou très rugueux.

Il a meilleure saveur pas trop froid, à la température de la pièce.

Une fois coupée, sa chair s'oxyde et noircit rapidement. Pour éviter cela :
- utilisez un couteau inoxydable,
- aspergez de citron aussitôt coupé,
- préparez à la dernière minute.

Choisissez :

L'avocat, s'il est lisse, doit être brillant, bien vert, sans taches brunâtres. Prenez-le à point car un avocat n'est bon que s'il est dégusté tout à fait mûr. Tâtez-le : il doit être assez tendre, mou même, sous la pression du doigt, surtout près de la tige. Exactement comme une poire bien mûre.

Conservez :

Un avocat encore très dur, tout comme une banane, peut mûrir chez vous en quelques jours. Enveloppez-le de papier de soie ou de papier d'aluminium et laissez-le dans votre cuisine plus ou moins chaude, pas au réfrigérateur surtout. De même, un avocat très mûr peut attendre quelques jours. Mais dans ce cas, n'hésitez pas à le mettre, enveloppé de papier d'aluminium, dans le bac à légumes du réfrigérateur pour freiner le mûrissement.

Préparez :

Vous pouvez présenter les demi-avocats dénoyautés, avec leur cavité naturelle emplie de vinaigrette, de crabe ou de crevettes mayonnaise. Ou bien pelés, coupés en tranches et ajoutés à une salade.

Le citron vert

Pour être tout à fait exact, le nom de ce fruit est «lime» (les Anglais sont friands de la marmelade de lime). Mais c'est «petit citron vert» qu'on l'appelle généralement, même si ce n'est pas tout à fait cela.

Il est de couleur franchement verte et plus petit que le vrai citron. Sa fine peau est aromatique. Son jus acide et abondant, de saveur particulière, est très apprécié dans la cuisine antillaise et tahitienne.

Choisissez :

Même vert, à légers reflets jaune pâle, il est mûr à point. Sa fine peau doit être souple et luisante (signe qu'il est juteux).

Conservez :

Quelques jours seulement à température ambiante. Ne le mettez surtout pas au réfrigérateur car son parfum puissant est envahissant.

Préparez :

Le zeste du citron vert finement pelé parfume les punchs et cocktails. Son jus entre dans la composition de bien des plats antillais, surtout à base de poissons.

La banane

Il en existe de nombreuses variétés qui produisent toute l'année. Lorsqu'elles sont destinées à voyager, elles sont cueillies avant maturité. Elles prennent leur saveur au fur et à mesure de leur séjour dans des «mûrisseries» maintenues autour de 20°.

Choisissez :

La banane mûre est d'un beau jaune franc, mais c'est pointillée de brun, «tigrée», qu'elle est parfaite, sucrée et très digestible.

Conservez :

Une banane insuffisamment mûre, encore un peu verte, mûrit très vite dans un intérieur normalement chauffé. Si elle est mûre à point, gardez-la au frais (pas au-dessous de 12°). Elle craint le réfrigérateur. Une banane à peau grisâtre a pris un coup de froid : à consommer immédiatement, ne peut se conserver.

Préparez :

Dans son pays d'origine, la banane, quand elle est cueillie et préparée avant maturité, est considérée comme un légume. Son goût rappelle alors un peu celui de la pomme de terre.

Ici, on la consomme presque toujours crue. Cependant, elle est excellente cuite, en entremets : en beignets, sautée, flambée, etc.

Le fruit de la passion

Son autre nom est «grenadille». Il est de la famille des passiflores dont nous connaissons bien en France les jolies fleurs bleues striées de blanc et de pourpre (fleurs de la passion).

Il se présente comme une grosse bille brune, légèrement violacée, ou comme un fruit beaucoup plus gros, de couleur jaune clair ou orangée.

Sa pulpe jaunâtre est moelleuse, de goût agréable et plus ou moins acidulée selon le degré de maturité. Les petites graines de l'intérieur sont comestibles.

Choisissez :

Les fruits assez pesants et bien ridés sont juste à point. Vous pouvez cependant les conserver quelques jours à la température ambiante.

Préparez :

Dégustez-le de la façon la plus simple, comme un œuf à la coque, en creusant l'intérieur du fruit à la petite cuiller. Sucrez selon votre goût. Ou pressez la pulpe pour en arroser une salade de fruits ou pour préparer un sorbet, un coulis ou une boisson.

La goyave

C'est en automne et en hiver que nous la trouvons dans les rayons de fruits exotiques. Elle peut être ronde comme une pomme, ou ovale comme une poire, passant du vert au jaune pâle en mûrissant. Quand vous l'entamez, vous découvrez avec surprise une pulpe moelleuse, allant d'un rose pâle à un rouge franc, suivant les variétés. Sa saveur délicate s'approche de celle de la pêche ou de la fraise mais son arôme est beaucoup plus accentué.

Choisissez :

Choisissez-la jaune pâle. Tâtez-la pour vous assurer qu'elle est aussi souple qu'une poire mûre mais pas molle (son parfum serait alors trop prononcé).

Conservez :

Vous pouvez la laisser mûrir pendant quelques jours dans la cuisine. Mais si elle est à point, conservez-la plutôt au frais dans le bas du réfrigérateur, après l'avoir bien enveloppée d'aluminium.

Préparez :

Pelez-la pour la déguster telle quelle ou l'ajouter à une salade de fruits. Elle s'accommode bien d'une légère pointe de muscade.

Le kiwi

Il se présente comme un petit œuf brun clair, légèrement duveteux. Une fois pelé, sa chair est translucide et d'un vert clair délicat. Finement tranché, il laisse apparaître un dessin étoilé, strié de brun par de minuscules pépins comestibles.

Le kiwi – ou «groseille de Chine» – est juteux, parfumé et plus ou moins sucré selon son degré de maturité. Sa saveur évoque celle de la groseille à maquereau.

Choisissez :

Il doit être souple sous la pression du doigt. Mais s'il n'est pas assez mûr, vous pouvez le laisser pendant plusieurs jours dans la cuisine un peu chaude.

Un truc : les alvéoles d'une boîte à œufs conviennent parfaitement pour les y garder en évitant le dessèchement.

Préparez :

Pelez-le comme une poire et coupez-le en fines rondelles pour en garnir des salades de fruits et même certains plats salés tels que cocktails de crevettes et de crabe ou, avec prudence, certains plats salés s'inspirant de la «cuisine nouvelle» : cailles ou magrets de canards rôtis par exemple (laissez juste réchauffer – mais non cuire – dans le jus de cuisson).

Le litchi

Le litchi – ou «cerise de Chine» – ne se trouvait, récemment encore, qu'en boîte de conserve et dans les restaurants chinois. Expédié par avion, il est, aujourd'hui, couramment vendu frais dans les grandes surfaces.

Il pousse en grappes, offrant l'aspect de grosses fraises sèches et rugueuses dont la couleur passe du vert au jaune, puis du rose clair au rose foncé, au fur et à mesure du mûrissement.

Une fois pelé, le litchi présente une pulpe juteuse, blanchâtre et translucide, emprisonnant un gros noyau lisse. Sa saveur est très voisine du raisin de muscat.

Choisissez :

La coque du litchi est à point lorsqu'elle est couleur bois de rose. Si elle vire au brun , c'est que le fruit est avancé. De toute manière, ne le conservez pas plus de 2 ou 3 jours à la température ambiante.

Préparez :

Il suffit de peler les litchis (comme de gros raisins) pour les servir nature ou garnis de Chantilly ou mélangés à une salade de fruits.

La mangue

Celle que l'on trouve sur nos marchés a plutôt l'aspect d'un somptueux abricot à peau lisse et fine, dont la couleur virerait du vert pâle à l'aurore le plus soutenu. Sa chair saumon, juteuse et moelleuse, devient filandreuse près du noyau plat qu'elle emprisonne. Son goût, tout à fait délicieux, rappelle, quand elle est à point, celui de la pêche-abricot. Mais quand elle est trop mûre, elle évoque plutôt (légèrement) la térébenthine !

Choisissez :

La mangue doit être mûre, mais sans plus. Sa peau est alors souple sous la pression de la main, d'un jaune assez régulier.

Conservez :

A la température de la pièce (comme l'avocat).

Préparez :

La mangue se consomme crue, en dessert, soit au couteau, soit pelée et coupée en quartiers, ajoutée à une salade de fruits.

La noix de coco

Sa coque - très dure - protège une chair très blanche au goût de noisette. Elle renferme un lait transparent, toujours frais, délicieux sur place, mais guère agréable, après un long voyage.

Choisissez :

Choisissez-la lourde. Agitez-la pour entendre le lait remuer à l'intérieur : la pulpe de la noix n'est pas déshydratée.

Préparez :

Extrayez le lait en perçant avec un tire-bouchon les 3 marques naturelles à la base de la noix (photo A).

Pour ouvrir, fendez avec une hachette (photo B) (très dur... un travail d'homme !) ;

ou utilisez une petite scie, la noix de coco étant serrée dans un étau.

La noix de coco s'achète également toute râpée, en sachet, très pratique pour la préparation d'entremets.

A

B

Le pamplemousse

Le pamplemousse est aussi vendu sous les noms de pomelos et de grape-fruit.

Choisissez :

Un pamplemousse bien juteux est lourd. Il est sucré si son écorce est toute dorée, lisse et brillante.

Conservez :

Il peut être conservé quelques jours dans la corbeille de fruits. Mais pour qu'il reste juteux, il est souhaitable de le garder enveloppé de papier d'aluminium.

Comme tous les agrumes, le pamplemousse n'a pas sa place dans le réfrigérateur.

Préparez :

Simplement coupé en deux, ou en dents de loup :
- la lame du couteau pointu est enfoncée jusqu'au cœur du pamplemousse, en zigzag tout autour (photo A) ;
- les deux moitiés se séparent sans difficulté (photo B).

Il se déguste à la petite cuiller, sucré ou non.

A

B

Avec raffinement :

Pour faciliter la dégustation à table, préparez le pamplemousse à la cuisine :

Passez le couteau tout autour, entre la pulpe et l'écorce (photo A) (le couteau courbe spécial-pamplemousse est le plus pratique).

Détachez chaque quartier, de part et d'autre de la fine peau avec le couteau (photo B).

Ils seront faciles à extirper (photo C).

A

B

C

Farci : la pulpe se détache en un seul morceau. Coupée en dés, elle sera mélangée à la farce prévue (salade, crustacés, crevettes, etc.) et remise dans les écorces vides.

La papaye

Originaire des îles Hawaï, mais cultivée aussi en Côte-d'Ivoire, la papaye peut être petite comme une pomme, ou grosse comme un melon. Celles que l'on trouve chez nous ont plutôt l'apparence d'avocats. Leur écorce verte jaunit à mesure que mûrit le fruit.

La chair d'une papaye mûre, juteuse et parfumée, rappelle la mangue et la pêche-abricot. Pas de noyau mais mille graines faisant penser à du caviar.

La papaye a des propriétés digestives remarquables. Des propriétés magiques même... Un steak dur, cuit dans des feuilles de papayer, en ressort tendre comme la rosée, au bout de 10 mn. Dommage que les papayes soient vendues, en France, sans leurs feuilles !

Choisissez :

La papaye mûre à point est jaune. Son écorce est souple et lisse. Elle se fripe quand elle est trop faite.

Conservez :

Une papaye verte et dure peut mûrir rapidement dans votre cuisine, comme l'avocat.

Préparez :

Utilisez les papayes dans une salade de fruits, mélangez-les avec de l'ananas et des bananes.

Ou encore, coupez-les en deux – comme un avocat –, videz-les de leurs graines, emplissez la profonde cavité avec du porto ou du banyuls.

Plus simple encore : dégustez la papaye avec du jus de citron et un peu de sucre.

Ananas en fleur

TRÈS FACILE
RAISONNABLE
TOUTES SAISONS

Préparation : 30 mn

Pour 4, il faut :

1 petit ananas (avec plumet bien vert),
2 kiwis,
1 ou 2 cuil. à soupe de sucre,
2 cuil. à soupe de rhum ou de kirsch (facultatif).

1. Tranchez l'ananas en deux, de haut en bas, plumet compris. Puis chaque moitié en deux.

2. Otez la partie dure du centre. Détachez la chair de l'écorce (laissez-la un peu épaisse pour ôter tous les «yeux»).

3. Coupez-y des tranches horizontales de 1 petit cm d'épaisseur sans les déplacer de l'écorce.

4. Poussez-les légèrement pour les décaler. Mettez sur le plat. Sucrez et arrosez d'alcool.

5. Pelez les kiwis. Tranchez-y 12 lamelles. Disposez-les sur les parts d'ananas. Gardez au frais jusqu'au dessert.

A

B

C

D

E

Dessert

FACILE
RAISONNABLE
PETITES ET GRANDES RÉCEPTIONS
PRINTEMPS-AUTOMNE-HIVER

Ananas en gondole

Préparation : 20 mn
Au froid : 1 h

Pour 4 ou 6, il faut :

1 ananas de 1 kg environ (avec son plumet),
5 ou 6 cuil. à soupe de sucre en poudre,
1 verre à liqueur de kirsch,
1 portion de glace à la vanille pour 2 personnes.

Pour décorer :

quelques cerises confites, angélique ou violettes au sucre.

1. Avec un grand couteau solide, partagez en 2, dans le sens de la hauteur, l'ananas et son plumet (photo A).

2. Détachez la chair en glissant la lame d'un couteau pointu, le long de l'écorce (photo B).

3. Coupez la chair en dés (photo C). Mettez dans une terrine avec sucre et kirsch. Mettez les écorces et la salade de fruits au réfrigérateur.

4. Juste avant de servir, garnissez les écorces avec dés d'ananas et cuillerées de glace. Quelques cerises confites et dés d'angélique ou violettes au sucre, posés dessus, ajouteront une note de couleur. Présentez-les sur un grand plat long, base contre base, les plumets pointés vers l'extérieur.

A

B

C

Économique :

Ce dessert sera plus avantageux si vous y ajoutez 2 ou 3 bananes en rondelles. Dans ce cas, parfumez avec du rhum plutôt qu'avec du kirsch.

Dessert

FACILE
RAISONNABLE
PETITES ET GRANDES
RÉCEPTIONS
TOUTES SAISONS

Pour 6, il faut :

1 ananas de 1,500 kg à 2 kg,
1 paquet de fraises surgelées,
1 verre à liqueur de kirsch,
4 ou 5 cuil. à soupe de sucre en poudre,
1/2 citron.

Crème Chantilly :

250 g de crème fraîche,
un peu d'eau ou de lait,
1 paquet de sucre vanillé,

1 cube de glace, si possible.

Ananas Belle de Meaux

Préparation à l'avance : 1 h
Au dernier moment : 10 mn

1. Coupez l'ananas en deux, de la base au plumet. Détachez la chair à l'aide d'un couteau pointu en glissant tout le long de l'écorce, sans abîmer celle-ci. Retirez la chair. Coupez-la en dés(voir photos p.660). Laissez macérer au froid, 30 mn, dans une terrine avec sucre et kirsch. Laissez dégeler les fraises dans le réfrigérateur, mais tâchez de les garder encore très froides et un peu fermes. Un peu avant le repas, vous les mélangerez avec l'ananas et les mettrez dans les écorces.

2. Crème Chantilly (à faire au dernier moment) : dans un bol profond, délayez doucement la crème fraîche et le lait très froids pour obtenir une sorte de crème bien liquide. Battez avec un fouet à longues branches (genre fouet à sauce) sur un rythme assez lent et d'un geste assez large, de façon à incorporer le plus d'air possible dans la crème. Dès que la crème mousse et tient aux branches du fouet, cessez immédiatement de la battre car elle tournerait assez vite (photo A). Ajoutez le sucre vanillé sans fouetter. Décorez les ananas avec la Chantilly et, à la saison, avec quelques fraises fraîches. Présentez aussitôt à table. ☞

Truc :

Ajoutez un glaçon dans la crème au moment de la battre afin que, restant très froide, elle ne risque pas de tourner, **sauf si vous utilisez un fouet électrique** : ses branches s'abîmeraient sur le glaçon (photo B).

A

B

Solution express :

La crème Chantilly en «bombe» vendue par de nombreux crémiers et dans les rayons «crémerie» des supermarchés.

Le secret

de la crème Chantilly : il tient à la fraîcheur de la crème, à sa température presque glacée et à sa consistance aussi fluide que celle de la crème anglaise. Au besoin, allongez-la d'un peu d'eau ou de lait très froid.

Entrée froide

FACILE
CHER
PETITES ET GRANDES RÉCEPTIONS
PRINTEMPS-AUTOMNE-HIVER

Pour 4, il faut :

2 avocats,
1 queue de langouste (surgelée).

Court-bouillon :

1/2 litre d'eau,
1 oignon,
1 carotte,
1 clou de girofle,
1 cuil. à café de vinaigre,
bouquet garni,
4 grains de poivre,
sel.

1 tasse de mayonnaise (ou 1 tube).
quelques gouttes de Tabasco ou cayenne,
fines herbes,
1 citron,
1/2 poivron conservé à l'huile,*
1 cuil. à soupe de câpres,
4 feuilles de laitue,
sel, poivre.

Avocats farcis

Préparation et cuisson : 45 mn
Attente : 1 h

1. Cuisson de la langouste surgelée : mettez la langouste encore surgelée à l'eau froide avec tous les éléments du court-bouillon. Portez très lentement à ébullition. Laissez frémir doucement de 5 à 7 mn, puis dans le court-bouillon refroidir complètement. Ensuite décortiquez la langouste (voir photos, chapitre «crustacés»). Découpez dedans 4 minces rondelles pour le décor, coupez le reste en dés plus ou moins régulièrement.

2. Préparez la mayonnaise, ou utilisez de la mayonnaise toute préparée, mais ajoutez-y : Tabasco ou cayenne, fines herbes, jus de citron, poivron finement coupé, câpres, dés de langouste.

3. Juste avant le repas, ouvrez les avocats en deux. Recouvrez-les d'une feuille de laitue (photo A), de salade de langouste et d'une fine rondelle de langouste. Coupez une fine rondelle de citron. Ouvrez-la jusqu'au centre avec un couteau (photo B). Tordez-la légèrement pour la déposer, à cheval, sur l'avocat farci (photo C). ☞

* Les poivrons à l'huile – ou pimientos – se trouvent en boîte, ou au détail, dans les magasins de comestibles.

Organisation :

Cette préparation peut être entièrement réalisée plusieurs heures d'avance, ou même la veille, à condition d'être aussitôt mise dans le réfrigérateur. Seule la décoration (§ 3) sera faite au dernier moment.

A

B

C

Le secret

de la langouste surgelée qui a du goût : elle cuit doucement dans un court-bouillon très aromatisé et refroidit dedans. Elle peut même y rester jusqu'au lendemain, à condition d'être mise dans le réfrigérateur.

Dessert

Ananas meringué au riz

FACILE
BON MARCHÉ
PETITES RÉCEPTIONS
TOUTES SAISONS

Pour 6, il faut :

1 boîte d'ananas en morceaux,
1 noix de beurre,
2 œufs + 1 ou 2 blancs,
2 cuil. à soupe de sucre en poudre,
2 cuil. à soupe de rhum,
sel.

Riz au lait :

200 g de riz,
3/4 de litre de lait,
1 sachet de sucre vanillé (ou 1 gousse),
5 ou 6 cuil. à soupe de sucre en poudre,
2 pincées de sel.

Préparation et cuisson : 1 h

1. Faites macérer les morceaux d'ananas égouttés, avec du rhum, pendant la cuisson du riz au lait.

2. Riz au lait : lavez le riz. Faites-le bouillir 5 mn dans beaucoup d'eau. Égouttez. Remettez dans la casserole avec lait et 2 pincées de sel. Couvrez à demi. Laissez mijoter jusqu'à absorption du lait (35 à 40 mn). A mi-cuisson, ajoutez sucre et sucre vanillé.

3. Séparez le blanc du jaune des œufs. Incorporez les jaunes au riz en battant vivement avec une cuiller en bois pour ne pas les cuire. Étalez dans un plat à gratin. Recouvrez avec les morceaux d'ananas. Battez les blancs d'œufs en neige ferme. Incorporez-y rapidement 2 cuil. à soupe de sucre. Étalez sur le gâteau. Mettez 5 mn sous le grilloir ou dans le haut du four très chaud (th. 8-9) - juste pour dorer légèrement la meringue. Servez tiède.

Raffinement :

Une présentation dans des ramequins individuels en porcelaine sera plus recherchée.

Le secret

de la meringue qui ne se ratatine pas à la cuisson : étalez-la de sorte qu'elle masque entièrement le gâteau de riz et qu'elle adhère au pourtour du plat.

Bananes Bacchus

TRÈS FACILE
BON MARCHÉ
TOUTES SAISONS

Pour 4, il faut :

4 bananes pas trop mûres,
15 g de beurre.

Sirop :

1 verre 1/2 de vin rouge,
100 g de sucre,
vanille (ou sucre vanillé).
1 clou de girofle.

Préparation et cuisson : 25 mn

1. Épluchez les bananes. Déposez-les entières dans une poêle avec une grosse noix de beurre, sur feu assez vif. Quand elles sont dorées de chaque côté, déposez-les sur un papier absorbant.

2. Sirop : faites bouillir vin, sucre, clou de girofle, vanille, 2 mn seulement, sans couvrir.

3. Plongez les bananes dans ce sirop. Couvrez et laissez mijoter sur feu très doux 1/4 d'heure. Servez tiède.

MICRO-ONDES

Faites bouillir le sirop directement dans un plat de service ovale, au micro-ondes pendant 1 ou 2 mn (puiss. maxi).

Puis déposez dedans les bananes, côte à côte, - entières ou coupées en longueur. Remettez au micro-ondes 2 ou 3 mn (puiss. maxi). Couvrez à mi-cuisson.

Dessert

Bananes des Isles

TRÈS FACILE
BON MARCHÉ
PETITES RÉCEPTIONS
TOUTES SAISONS

Pour 4, il faut :

4 bananes pas trop mûres,
30 g de beurre,
5 cuil. à soupe de sucre en poudre,
2 ou 3 verres à liqueur de rhum.

Préparation et cuisson : 10 mn

1. Coupez les bananes en deux dans le sens de la longueur.

2. Faites fondre le beurre dans une poêle. Mettez-y les bananes à cuire à feu doux, 3 à 4 mn de chaque côté.

3. Déposez-les dans un plat bien chaud. Saupoudrez-les abondamment de sucre. Versez le rhum dans une petite casserole. Sucrez-le un peu. Portez à ébullition. Enflammez sur le feu et versez, flambant, sur les bananes. Apportez aussitôt à table.

Le secret

des bananes qui continuent de flamber : un plat en métal est conseillé pour les présenter, parce qu'il supporte de chauffer dans le four. Et dans un plat bien chaud, les bananes flambent mieux et longtemps.

Beignets de bananes

TRÈS FACILE
BON MARCHÉ
TOUTES SAISONS

Préparation et cuisson : 30 mn

Pour 4, il faut :

4 bananes très fermes,
2 verres à liqueur de rhum,
1 cuil. à soupe de sucre.

Pâte à beignets :

2 blancs d'œufs,
1 cuil. à soupe bombée + 1 cuil. rase de Maïzena,
quelques gouttes de citron,
2 pincées de sel.

Huile pour la friture.

1. Coupez les bananes épluchées, de haut en bas. Mettez-les à macérer avec rhum et sucre, 1 h environ.

2. Pâte à beignets : ajoutez sel et jus de citron dans les blancs d'œufs. Battez-les en neige. Incorporez-y la Maïzena, délicatement. Trempez les bananes dans la pâte, puis dans la friture chaude mais non brûlante. Aussitôt dorées, égouttez-les sur du papier absorbant. Saupoudrez-les de sucre avant de servir.

Organisation :

Les bananes peuvent être mises à macérer d'avance et gardées au frais. Mais la pâte à beignets, à base de blancs en neige, doit être faite à la dernière minute seulement, sinon elle se désagrégerait.

Biscuit roulé à la noix de coco

DIFFICILE
RAISONNABLE
PETITES RÉCEPTIONS
TOUTES SAISONS

Pour 4, il faut :

3 œufs,
100 g de sucre en poudre,
80 g de farine,
1 pincée de sel.

Crème-garniture :

150 g de noix de coco râpée,
3 blancs d'œufs,
100 g de sucre glace,
jus de citron,
rhum (facultatif).

Préparation et cuisson : 30 mn

1. Travaillez au batteur électrique les jaunes d'œufs et le sucre, jusqu'à ce que le mélange blanchisse et retombe en ruban souple. Dans une autre terrine, battez les blancs en neige ferme.

2. Au mélange sucre et jaunes, incorporez délicatement mais rapidement la moitié de la farine, puis la moitié des blancs en neige, le reste de farine, pincée de sel, et enfin le reste des blancs en neige. Utilisez une cuiller en bois pour cette opération.

3. Placez une feuille d'aluminium au fond d'un moule carré (20 à 25 cm de côté). Versez 1 cm de pâte dessus (photo A). Tapez le moule plusieurs fois sur la table pour égaliser la pâte. Faites cuire, et à four très chaud (th. 8-9), de 8 à 10 mn. ☞

A

B

C

4. Crème-garniture : avec une cuiller en bois, mélangez 3 blancs d'œufs avec le sucre glace et quelques gouttes de citron, jusqu'à obtention d'une crème lisse. Ajoutez-y les 2/3 seulement de la noix de coco râpée.

5. Au sortir du four, démoulez le biscuit sur un torchon humide (photo B). Retournez-le (feuille d'aluminium dessous). Étalez rapidement une partie de la crème-garniture sur le gâteau encore chaud (photo C). Roulez le biscuit bien serré sur lui-même tout en décollant la feuille d'aluminium, au fur et à mesure (photo D). Étalez dessus le reste de garniture (photo E). Saupoudrez de noix de coco râpée (photo F).

D

E

F

Le secret

du biscuit roulé qui ne casse pas : une cuisson très rapide, puis démoulage et «roulage» au sortir du four, sur un torchon humide.

Entrée froide

TRÈS FACILE
RAISONNABLE
RÉCEPTIONS-
BUFFET-LUNCH
PRINTEMPS-AUTOMNE-
HIVER

Pour 10 ou 20 canapés il faut :

5 tranches de pain de mie coupée en 2 ou 4.

Roquefort :

50 g de roquefort,
1 avocat,

Niçoise :

1 avocat,
1 échalote hachée,
1 cuil. à soupe de jus de citron,
olives noires,
2 petites tomates,
sel, poivre de Cayenne.

A l'oignon :

1 avocat,
1 petit oignon haché,
1 cuil. à café de jus de citron,
sel, poivre.

Canapés d'avocat

au Roquefort

Écrasez ensemble roquefort, chair d'avocat et citron, sel, poivre. Tartinez sur les canapés.

à la Niçoise

Mélangez ensemble avocat écrasé, échalote hachée, citron, sel et poivre de Cayenne. Étalez sur les canapés. Décorez avec rondelles de tomates et olives noires.

à l'oignon

Écrasez en purée et étalez sur les canapés.

Le secret

des canapés vite préparés : étalez la préparation choisie sur de très larges tranches de pain de mie (même sur des tranches coupées par le boulanger, dans toute la longueur du pain).

Ensuite, cela ne prendra pas beaucoup de temps pour couper les grandes tartines en triangles, rectangles ou carrés, de la grosseur d'une bouchée.

Plat principal

Canard à l'ananas

FACILE
RAISONNABLE
PETITES RÉCEPTIONS
TOUTES SAISONS

Préparation et cuisson : 2 h 15

Pour 4, il faut :

1 canard de 1,800 kg coupé en 8,
30 g de beurre ou de margarine,
1 boîte d'ananas au sirop (10 tranches),
10 g de champignons chinois (secs),
10 g de champignons parfumés (secs),
8 cerises confites,
1 oignon,
1 cuil. à soupe bombée de farine,
1 cuil. à soupe de tomate concentrée,
1 gousse d'ail,
1 cuil. à café rase de glutamate,
1 cuil. à soupe de sauce soja,
bouquet garni,
sel, poivre.

1. Réhydratez les champignons chinois et les champignons parfumés, en les plongeant dans de l'eau tiède, pendant 10 mn.

2. Faites dorer les morceaux de canard dans une cocotte avec une grosse noix de beurre ou de margarine. Mettez l'oignon haché. Saupoudrez de farine, mélangez. Ajoutez tout le jus de l'ananas, tomate concentrée, ail, glutamate, champignons égouttés, environ 1 verre d'eau, bouquet garni, sel, poivre. Couvrez. Laissez mijoter 1 h 30.

3. 15 mn avant la fin de la cuisson, ajoutez 6 tranches d'ananas coupées en 8, et la sauce soja. Laissez mijoter ensemble 1/4 d'heure. Présentez le plat décoré avec le reste des tranches d'ananas coupées en deux, une cerise confite au centre.

Comme accompagnement : du riz nature ou des pâtes chinoises.

Insolite :

C'est bien le jus sucré de la boîte qu'il faut ajouter. Le canard y mijotera doucement et s'imprégnera de son parfum.

Charlotte d'ananas Condé

FACILE
BON MARCHÉ
PETITES RÉCEPTIONS
TOUTES SAISONS

Préparation et cuisson : 1 h

Pour 6, il faut :

1 boîte d'ananas en morceaux,
30 g de beurre,
2 jaunes d'œufs.

Riz au lait :

200 g de riz,
3/4 de litre de lait,
1 sachet de sucre vanillé (ou 1 gousse),
5 ou 6 cuil. à soupe de sucre en poudre,
2 pincées de sel.

1. Riz au lait : lavez le riz. Faites-le bouillir 5 mn dans beaucoup d'eau. Égouttez. Remettez dans la casserole avec lait et 2 pincées de sel. Couvrez à demi. Laissez mijoter jusqu'à absorption du lait (de 35 à 40 mn). A mi-cuisson, ajoutez sucre et sucre vanillé. Au riz retiré du feu, mais encore très chaud, incorporez environ 30 g de beurre et 2 jaunes d'œufs. Laissez tiédir.

2. Ajoutez au riz les 2/3 des morceaux d'ananas. Tassez bien dans un moule à bord haut (charlotte ou moule à soufflé). Mettez au réfrigérateur. Laissez refroidir complètement avant de démouler sur un plat rond. Disposez tout autour le reste d'ananas.

Raffinement :

La boîte d'ananas en morceaux est d'un prix avantageux. Mais pour une présentation de réception, préférez l'ananas en tranches et quelques cerises confites pour un joli décor.

Entrée froide

Cocktail de crevettes aux kiwis

TRÈS FACILE
RAISONNABLE
TOUTES SAISONS

Préparation : 20 mn

Pour 4, il faut :

200 g de crevettes décortiquées,
1 cuil. à café de rhum,
2 cuil. à soupe de mayonnaise,
1 cuil. à soupe de crème fraîche,
ciboulette,
2 pincées de cayenne ou 1/2 cuil. à café de purée de piment ou quelques gouttes de Tabasco,
quelques feuilles de laitue,
2 kiwis,
1/2 citron.

4 verres ou coupelles.

1. Laissez macérer les crevettes avec le rhum pendant une vingtaine de minutes.

2. Mélangez la mayonnaise (fraîche ou en tube) avec : crème fraîche, ciboulette finement coupée, cayenne ou purée de piment ou Tabasco. Incorporez-y délicatement les crevettes.

3. Lavez et séchez 5 ou 6 feuilles de salade. Roulez-les sur elles-mêmes et, sur une planche, tranchez-les en fines lanières à l'aide d'un grand couteau.

4. Dans 4 verres, disposez par couches : laitue, crevettes-mayonnaise et laitue.

5. Pelez la fine peau des kiwis. Tranchez-les en minces rondelles. Disposez-les, en couronne, à la surface des cocktails. Aspergez de citron et mettez dans le réfrigérateur jusqu'au moment de servir.

Variante :

Vous pouvez enrichir ce cocktail d'un avocat coupé en petits dés ou en billes. Arrosez-les de citron aussitôt et poivrez-les avant de les mélanger à la salade.

Entrée froide

Coques d'avocat

TRÈS FACILE
RAISONNABLE
PETITES RÉCEPTIONS
PRINTEMPS-AUTOMNE-HIVER

Préparation et cuisson : 20 mn

Pour 4, il faut :

2 avocats,
2 belles tomates,
1 oignon,
1 cuil. à café de câpres,
1 cuil. à soupe de fromage blanc,
1 citron,
3 cuil. à soupe d'huile,
sel, poivre.

1. Coupez les avocats par moitié. Videz-les soigneusement sans abîmer la peau. Frottez l'intérieur de ces «coques» vides avec du citron pour éviter qu'elles ne noircissent. Mettez-les au réfrigérateur. Épluchez les tomates et videz-les de leurs pépins. Coupez la chair en petits dés ainsi que celle des avocats.

2. Mélangez intimement avec oignon haché, câpres, fromage blanc, jus de citron, sel, poivre et huile. Mettez au froid.

3. Au moment du repas, disposez cette salade dans les «coques» d'avocat.

Le secret

de l'avocat qui ne noircit pas : coupez-le à la dernière minute avec un couteau inoxydable et, si possible, aspergez-le de citron au fur et à mesure.

Plat principal

FACILE
RAISONNABLE
PETITES RÉCEPTIONS
PRINTEMPS-AUTOMNE-HIVER

Pour 4, il faut :

4 côtes de veau,
50 g de beurre ou de margarine,
2 avocats un peu fermes,
1/2 verre de banyuls ou de porto,
sel, poivre.

Côtes de veau aux avocats

Préparation et cuisson : 30 mn

1. Coupez les avocats en 2. Découpez la chair très près de l'écorce, à l'aide d'une cuiller à café (mieux, avec une cuiller spéciale) pour obtenir des billes (photo A). Conservez les écorces.

2. Faites d'abord sauter les billes d'avocat à la poêle, avec une grosse noix de beurre ou de margarine. Secouez la poêle plutôt que de mélanger avec une fourchette, afin de ne pas les écraser. Versez-les dans une assiette.

3. A leur place, mettez les côtes de veau à dorer, avec 30 g de beurre ou de margarine. Salez, poivrez. Ajoutez les billes d'avocat (photo B) et le banyuls (ou porto). Couvrez. Laissez mijoter 15 mn. Présentez chaque côte accompagnée d'une demi-écorce emplie de billes d'avocat (photo C).

Équipement :

Cette petite cuiller demi-sphérique se trouve chez les quincailliers spécialisés en articles de cuisine (photo A).

Dessert

FACILE
RAISONNABLE
PETITES RÉCEPTIONS
TOUTES SAISONS

Pour 8 grandes crêpes, il faut :

Pâte à crêpes :

150 g de farine,
2 œufs,
2 grands verres de lait ou d'eau,
1/4 de cuil. à café de sel,
1 cuil. à soupe d'huile.

4 bananes,
30 g de beurre ou de margarine,
2 ou 3 verres à liqueur de rhum,
sucre en poudre.

Crêpes aux bananes flambées au rhum

Préparation et cuisson : 45 mn

1. Pâte à crêpes : mettez farine, sel, œufs entiers, lait (ou eau) et 1 cuil. à soupe d'huile dans une terrine. Battez au fouet électrique jusqu'à ce que vous obteniez une pâte lisse. Si possible, laissez-la reposer.

2. Imbibez d'huile un tampon de papier absorbant pour en frotter la poêle entre chaque crêpe. Mettez la poêle sur feu vif, lorsqu'elle est très chaude, versez une petite louche de pâte à crêpes dedans. Penchez aussitôt la poêle de côté et d'autre pour que la pâte recouvre le fond d'une mince pellicule. Lorsque les bords de la crêpe sont secs et dorés, retournez-la et laissez cuire le second côté. Sucrez au fur et à mesure que vous déposez les crêpes.

3. Coupez les bananes en 2 dans le sens de la longueur. Faites-les dorer rapidement des 2 côtés, dans une poêle avec 30 g de beurre ou de margarine.

4. Mettez-les dans les crêpes. Roulez et déposez dans un plat long en métal. Sucrez et gardez au chaud. Au moment de servir, versez le rhum bouillant et enflammé sur les crêpes.

Le secret

du rhum qui flambe : le rhum doit être bouillant. Approchez une allumette ou penchez la casserole vers la flamme du gaz : le rhum s'enflammera aussitôt ! (Ne craignez rien, ça ne chauffe presque pas !)

Escalopes nana

FACILE
RAISONNABLE
PETITES RÉCEPTIONS
PRINTEMPS-AUTOMNE

Pour 4, il faut :

4 escalopes,
30 g de beurre ou de margarine,
1 avocat,
12 feuilles d'estragon,
1 cuil. à soupe de crème fraîche,
1 jaune d'œuf,
1 cuil. à soupe pleine de farine,
sel, poivre.

Préparation et cuisson : 15 mn

1. Saupoudrez les escalopes de farine. Faites-les cuire, à la poêle, avec 30 g de beurre ou de margarine, de 4 à 5 mn de chaque côté, sur feu moyen.

2. Écrasez la chair de l'avocat à la fourchette en y ajoutant : estragon haché, jaune d'œuf, crème, sel, poivre.

3. Retirez les escalopes cuites de la poêle, mais laissez le jus de cuisson. Ajoutez 1/2 verre d'eau. Délayez sur le feu, en grattant les sucs de viande. Ajoutez ensuite la purée d'avocat. Mélangez sur le feu un instant. Étalez sur les escalopes et servez aussitôt.

Variantes :

Les viandes rouges telles que : steaks, tournedos ou chateaubriand peuvent s'accommoder de la même manière.

Dessert

Gâteau à l'ananas

TRÈS FACILE
RAISONNABLE
PETITES RÉCEPTIONS
TOUTES SAISONS

Pour 4, il faut :

1 petite boîte d'ananas en rondelles,
2 cuil. à soupe de sucre,
quelques cerises confites (facultatif).

Pâte :

2 œufs entiers,
100 g de beurre ou de margarine,
100 g de sucre en poudre,
100 g de farine,
1 cuil. à café rase de levure en poudre,
2 pincées de sel.

1 moule rond de 20 cm de Ø environ.

Préparation et cuisson : 1 h

1. Beurrez ou caramélisez l'intérieur du moule. Saupoudrez de 2 cuil. à soupe de sucre. Déposez dessus les 1/2 rondelles d'ananas bien égouttées (photo A).

2. Pâte : travaillez, dans une terrine, le beurre ou la margarine ramolli et le sucre jusqu'à ce que vous obteniez une crème. Incorporez-y peu à peu : œufs entiers, farine, levure et pincées de sel. Versez cette pâte lisse sur les fruits (photo B). Faites cuire à four chaud (th. 5-6), 35 à 40 mn, sur une grille. Démoulez aussitôt cuit. Vous ajoutez une note de couleur en plantant quelques cerises confites, au centre des tranches d'ananas.

A

B

Le secret

d'un gâteau (à base de levure) bien levé : il faut en commencer la cuisson à four moyen. Ainsi la chaleur pénètre au cœur du gâteau avant d'en dorer la croûte qui par sa fermeté emprisonnerait la pâte telle un corset et l'empêcherait de gonfler.

Plat principal

Grillades de porc aux bananes

TRÈS FACILE
BON MARCHÉ
PETITES RÉCEPTIONS
TOUTES SAISONS

Pour 4, il faut :

4 grillades de porc,
25 g de beurre ou de margarine,
4 petites bananes fermes,
2 petits verres de rhum,
poivre de Cayenne,
sel, poivre.

Préparation et cuisson : 20 mn

1. Faites chauffer une grosse noix de beurre ou de margarine dans une poêle. Faites cuire la viande dedans, de 7 à 8 mn de chaque côté, à feu moyen. Ajoutez sel, poivre et cayenne.

2. Retirez la viande de la poêle. Gardez-la dans un plat, au chaud.

3. Épluchez les bananes. Faites-les dorer dans la poêle restée sur le feu, 2 mn de chaque côté. Ajoutez un peu de beurre ou de margarine, au besoin. Arrosez de rhum. Quand il est bouillant, enflammez-le. Présentez les grillades sur un plat chaud. Disposez les bananes cuites autour. Arrosez le tout avec la sauce de cuisson. Présentez avec du riz nature ou même avec du couscous.

Dessert

Mousse de bananes

FACILE
BON MARCHÉ
TOUTES SAISONS

Pour 4, il faut :

2 bananes,
3 cuil. à soupe de sucre en poudre,
2 œufs,
1 pincée de sel.

Préparation : 15 mn
Au frais : 30 mn

1. Écrasez les bananes en purée. Mélangez-les aussitôt avec sucre et jaunes d'œufs, dans une petite casserole.

2. Portez sur feu très doux, ou au bain-marie, en mélangeant vivement, sans arrêt (2 à 3 mn), jusqu'à ce que le mélange épaississe légèrement. Retirez du feu aussitôt et laissez refroidir un peu.

3. Ajoutez une pincée de sel aux blancs d'œufs. Battez-les en neige ferme. Incorporez-les délicatement aux bananes. Versez dans des tasses individuelles. Mettez au réfrigérateur.

Le secret

d'une mousse bien ferme : il ne faut pas préparer cette mousse trop longtemps d'avance car les blancs en neige, en retombant, produiraient inévitablement un liquide peu agréable.

Omelette aux bananes

FACILE
BON MARCHÉ
TOUTES SAISONS

Pour 4, il faut :
6 œufs,
2 bananes fermes,
40 g de beurre ou de margarine,
2 cuil. à soupe de sucre,
2 verres à liqueur de rhum,
sel.

Préparation et cuisson : 15 mn

1. Coupez les bananes en rondelles, pas trop minces. Faites-les sauter rapidement (2 ou 3 mn seulement) sur feu vif, avec un peu de beurre.

2. Dans une grande poêle, faites fondre 30 g de beurre ou de margarine. Versez dans les œufs préalablement battus et salés. Battez encore. Cuisez l'omelette comme d'habitude, dans la poêle très chaude, sur feu vif. Avant de la replier, déposez les bananes sur une moitié de l'omelette. Repliez celle-ci sur elle-même. Faites-la glisser sur un plat long. Sucrez abondamment. Faites bouillir le rhum. Enflammez-le en penchant la casserole vers le feu. Versez, flambant, sur l'omelette et servez.

MICRO-ONDES

Excellentes, les bananes cuites au micro-ondes !

En rondelles étalées sur une assiette, aspergées de citron, d'un peu de beurre et de sucre. Couvertes d'un film étirable et mises 1 mn au micro-ondes (puiss. maxi).

Ainsi votre poêle sera restée impeccable pour la cuisson de l'omelette.

Les bananes préparées de cette façon peuvent également servir à fourrer des crêpes.

Le secret

de l'omelette garnie qui n'attache pas : la garniture – bananes, en l'occurence – est cuite dans un ustensile à part, car la poêle destinée à l'omelette doit être parfaitement propre sinon les œufs attacheraient immanquablement.

Entrée froide

TRÈS FACILE
RAISONNABLE
PETITES RÉCEPTIONS
TOUTES SAISONS

Pour 4, il faut :

2 gros pamplemousses,
50 g de riz,
1 boîte de crabe,
16 olives vertes ou noires,
sel, poivre.

Mayonnaise :

1 jaune d'œuf,
1 petit bol d'huile,
1 cuil. à café de moutarde forte,
1 cuil. à café de vinaigre,
sel, poivre,
1 pincée de cayenne (facultatif).

Pamplemousse au crabe

Préparation et cuisson : 30 ou 45 mn

1. Faites cuire le riz de 15 à 18 mn dans beaucoup d'eau salée. Aussitôt cuit, passez-le sous l'eau froide pour le refroidir complètement et égouttez.

2. Préparez la mayonnaise avec les proportions ci-contre.

3. Coupez les pamplemousses en 2. Détachez la pulpe de l'écorce sans abîmer celle-ci car vous l'utiliserez. Séparez les quartiers de pamplemousse, en ôtant la fine peau.

4. Mélangez crabe, morceaux de pamplemousse, riz, quelques olives hachées, mayonnaise. Au moment de servir, emplissez les demi-écorces avec cette salade. Déposez une olive au centre de chacune.

Organisation :

Vous pouvez préparer tous les éléments d'avance à condition de les conserver séparément au réfrigérateur. Au dernier moment seulement vous ferez le mélange et garnirez les écorces de pamplemousses.

Solution express :

2 tubes de mayonnaise toute préparée vous épargneront la préparation – aventureuse parfois – d'une mayonnaise.

Entrée froide

Panaché d'avocat pamplemousse

TRÈS FACILE
RAISONNABLE
PRINTEMPS-AUTOMNE-HIVER

Préparation : 20 mn

Pour 4, il faut :

2 avocats,
1 pamplemousse,
1 tomate,
1/2 citron,
1 cœur de laitue.

Citronnette :

1 cuil. à soupe de jus de citron,
2 ou 3 cuil. à soupe d'huile,
1 gousse d'ail écrasée,
sel, poivre.

1. Préparez la citronnette et laissez macérer un moment avec l'ail écrasé.

2. Pelez le pamplemousse «à vif» en mordant légèrement sur la pulpe. Découpez de fines tranches de pulpe de part et d'autre des lamelles de peau que vous n'utiliserez pas.

3. Pelez l'avocat et la tomate. Coupez-les en lamelles. Aspergez de citron.

4. Déposez les tranches d'avocat, de tomate et de pamplemousse intercalées sur un lit de feuilles de laitue. Arrosez d'un peu de citronnette. Servez le reste à part (sans l'ail...)

Le secret

d'une salade croquante : une fois assaisonnée – mais non mélangée – remettez-la dans le réfrigérateur jusqu'au moment de consommer.

Poulet au citron vert et à l'orange

TRÈS FACILE
RAISONNABLE
TOUTES SAISONS

Préparation et cuisson : 1 h
Marinage : la veille

Pour 4, il faut :

1 poulet de 1,400 kg environ,
30 g de beurre (facultatif)
sel, poivre.

Marinade :

1/2 orange (jus),
1/2 citron vert (jus),
1 oignon ou 1 échalote en rondelles,
1 cuil. à soupe d'huile,
quelques gouttes de Tabasco,
1 cuil. à café de poivre rose ou vert écrasé,
2 clous de girofle,
thym effeuillé.

1. La veille : aplatissez complètement le poulet après l'avoir ouvert par le dos à l'aide d'un grand couteau (c'est facile, mais vous pouvez demander au marchand de le faire à votre place). Mettez le poulet à mariner, bien à plat, dans un large récipient, avec tous les éléments de la marinade. Couvrez d'une feuille d'aluminium et laissez macérer dans le réfrigérateur jusqu'au lendemain.

2. Le jour même : égouttez le poulet. Placez-le à plat (peau dessus) dans un grand plat creux. Parsemez de sel, poivre et tartinez de beurre (facultatif). Glissez dans le four très chaud (th. 7-8) pendant 40 mn environ. Arrosez souvent avec un peu de marinade.

3. Placez le poulet cuit, à plat sur la planche à découper. Coupez-le en 4 portions. Mettez-les sur les assiettes ou le plat de service. Tenez au chaud dans le four éteint.

4. Videz, s'il y a lieu, l'excès de gras resté dans le plat de cuisson. Puis délayez-y, sur feu doux, le reste de marinade passée. Laissez bouillir quelques instants, sur feu doux ou dans votre **micro-ondes**. Versez sur le poulet.

☞

Le saviez-vous ?

Le **poivre vert,** récolté frais, est plus aromatique et moins piquant que les poivres noir et blanc couramment utilisés.

De même, le **poivre rose** dit aussi «baies roses», provenant d'un faux poivrier d'Amérique, est de saveur douce.

Vous pouvez donc en mettre assez généreusement dans certains plats sans provoquer de panique chez vos convives.

MICRO-ONDES

Pas de micro-ondes pour ce poulet, sauf peut-être pour faire mijoter la petite sauce (§4) directement dans la saucière. Ce qui simplifie le service.

Plat principal

Poulet à la Tahitienne

FACILE
RAISONNABLE
PRINTEMPS-AUTOMNE-HIVER

Préparation et cuisson : 1 h

Pour 4, il faut :

1 poulet coupé en 4,
30 g de beurre ou de margarine,
1 avocat,
200 g de riz,
quelques noix hachées,
1 citron,
sel, poivre.

Sauce-fruits :

1 petite boîte de jus d'ananas,
1 petite boîte de jus d'orange,
1 noix de beurre,
1 cuil. à café de poudre de gingembre,
1 cuil. à café de sauce soja.

1. Sauce-fruits : faites bouillir le contenu des 2 petites boîtes de jus d'ananas et d'orange jusqu'à diminution de moitié. Ajoutez-y ensuite une noix de beurre, gingembre et soja.

2. Faites revenir les morceaux de poulet, de toute part, dans le beurre ou la margarine, assez chaud. Déposez-les ensuite, côte à côte, dans un plat à four. Enduisez-les de sauce-fruits. Salez, poivrez. Mettez à four bien chaud (th. 7-8) 45 mn. Badigeonnez avec la sauce-fruits toutes les 10 mn, pour obtenir un beau glaçage.

3. Faites cuire le riz nature (de 15 à 17 mn dans beaucoup d'eau bouillante salée). Quand il est cuit, égouttez-le à fond. Étalez-le dans un plat. Glissez-le dans le four tiède pour le sécher un peu. Égrenez avec une fourchette de temps en temps.

4. Épluchez l'avocat (comme une poire). Coupez-le en fines lamelles. Aspergez de citron au fur et à mesure pour éviter le noircissement.

5. Présentation : retirez le riz du four. Saupoudrez-le de noix hachées. Disposez dessus morceaux de poulet et lamelles d'avocat.

Tartelettes aux fruits exotiques

FACILE
BON MARCHÉ
PETITES RÉCEPTIONS
TOUTES SAISONS

Pour une dizaine de tartelettes préalablement cuites, il faut :

Crème pâtissière :

1/4 de litre de lait,
2 œufs,
4 cuil. à soupe de sucre en poudre,
1 sachet de sucre vanillé (ou 1 gousse de vanille),
1 cuil. à café bombée de farine,
1 pincée de sel.

Bananes,
ananas en boîte,
fruits confits, etc.

Préparation et cuisson : 30 mn + 1 h au froid

1. Crème pâtissière : mettez le lait à bouillir avec 1 pincée de sel et le sucre vanillé. Travaillez au fouet le sucre et les œufs entiers dans un saladier jusqu'à ce que le mélange blanchisse. Incorporez-y la farine, puis le lait bouillant, peu à peu. Reversez dans la casserole. Faites cuire doucement sans cesser de remuer jusqu'à ce que la crème épaississe. Laissez bouillir quelques instants et retirez du feu. Mettez au froid.

2. Garniture des tartelettes : une cuillerée de crème refroidie au fond de chaque tartelette (photo A).

Puis, au choix :
- une tranche d'ananas avec une cerise confite au milieu (photo B) ;
- plusieurs demi-tranches d'ananas, très minces, se chevauchant en dégradé. A la base, cerise et brins d'angélique en éventail (photo C) ;

A

B

– de fines rondelles de bananes, en collerette (frottez-les de citron pour les garder blanches) (photo D).

C

D

Raffinement :

Un coup de pinceau final, à la confiture tiédie, vernira joliment la surface.

Le secret

des tartelettes croustillantes : les croûtes, préparées à l'avance ou achetées toutes préparées, sont passées quelques minutes au four avant d'être garnies. Elles retrouvent ainsi la friabilité du «frais».

Dessert

Grape-fruits grillés

TRÈS FACILE
BON MARCHÉ
PETITES RÉCEPTIONS
(JEUNES)
TOUTES SAISONS

Préparation et cuisson : 30 mn

Pour 4, il faut :

2 pamplemousses,
4 cuil. à soupe de sucre,
1 cuil. de cannelle,
4 cerises confites ou à l'alcool.

1. Partagez les pamplemousses en 2. Découpez la pulpe par quartiers (voir photos p. 657). Videz dans un bol. Saupoudrez avec une partie du sucre et la cannelle.

2. Détachez les peaux restées dans les écorces de pamplemousse. Remettez la chair sucrée dedans. Étalez le reste du sucre dessus. Mettez de 10 à 15 mn sous le grilloir très chaud. Plantez une cerise au centre avant de servir chaud.

Entrée froide

Tomates farcies d'avocat

TRÈS FACILE
RAISONNABLE
PETITES RÉCEPTIONS
PRINTEMPS-AUTOMNE-HIVER

Préparation : 10 mn

Pour 4, il faut :

4 tomates moyennes,
1 avocat à point,
1 tube de mayonnaise,
1 cuil. à café de moutarde forte,
sel, poivre.

1. Épluchez et videz les tomates crues. Salez l'intérieur. Retournez-les pour les égoutter.

2. Délayez la mayonnaise avec la moutarde. Poivrez-la un peu, pour bien la relever. Mélangez avec la chair de l'avocat (épluché) coupée en dés ou écrasée en purée. Emplissez les tomates de ce mélange, au moment de servir seulement.

Dessert

Tourte des îles Marquises

FACILE
RAISONNABLE
TOUTES SAISONS

Préparation et cuisson : 1 h

Pour 4, il faut :

Pâte :

250 g de farine,
125 g de beurre ou de margarine,
125 g de sucre en poudre,
1/2 cuil. à café de cannelle,
1 sachet de sucre vanillé,
3 cuil. à soupe de rhum,
1/2 citron,
sel.

5 cuil. à soupe de sucre en poudre.
1 noix de beurre,
2 cuil. à soupe de noix de coco râpée,
4 bananes.

1 tourtière ou un plat à four rond de 22 cm de Ø.

1. Pâte : dans une terrine, mettez le beurre ou la margarine très ramolli, avec sucre, cannelle, sucre vanillé, rhum, jus de citron, 4 pincées de sel. Mélangez au batteur électrique. Quand cette préparation est lisse, incorporez-y la farine. Mettez en boule. Laissez reposer 1 h au frais.

2. Partagez la pâte en 2. Étalez-en la moitié à un demi-centimètre d'épaisseur. Déposez-la dans la tourtière beurrée. Couvrez de rondelles de bananes et de 3 cuil. de sucre.

3. Étalez le reste de la pâte. Mouillez-en légèrement le pourtour et déposez sur la tarte. Soudez les bords en les pressant l'un contre l'autre. Aspergez légèrement la surface d'eau. Saupoudrez de noix de coco râpée et de sucre. Mettez à four très chaud (th. 8-9) (c'est important) pendant 35 ou 40 mn. Servez tiède ou froid, démoulé ou non.

Trucs :

Si le dessus colore trop vite, couvrez d'une feuille d'aluminium.

Si vous craignez un «démoulage» difficile, préparez la tourte dans un plat à gratin en verre ou en porcelaine à feu. Vous la servirez, telle quelle, dans son plat de cuisson.

Entrée chaude

TRÈS FACILE
RAISONNABLE
PETITES RÉCEPTIONS
PRINTEMPS-AUTOMNE-HIVER

Velouté d'avocat

Préparation et cuisson : 15 mn

Pour 4, il faut :

1 avocat à point,
1 consommé de poulet (sachet ou boîte),
1 jaune d'œuf,
sel, poivre.

1. Préparez le potage selon le mode d'emploi.

2. Passez la chair de l'avocat à la moulinette ou au mixer. Mélangez-y, aussitôt, un jaune d'œuf. Incorporez peu à peu au potage très chaud, hors du feu, en fouettant vivement. Salez et poivrez légèrement car le potage tout préparé est déjà assaisonné.

Raffinement :

Présenté en tasses, avec de petits dés de pain de mie sautés au beurre, ce velouté d'avocat a du style.

LA CUISINE AU VIN
1986
BOURGUEIL
Appellation Bourgueil Contrôlée

RECETTES

La cuisine au vin

L'usage du vin, dans la cuisine française, remonte aussi loin que nos traditions culinaires. Cela va du «chabrot» sans façon des paysans versant le vin rouge dans leur assiettée de bouillon à la très distinguée poularde au champagne des restaurants huppés. Mais, dans son ensemble, la cuisine au vin est d'inspiration provinciale, campagnarde même. Et c'est à nos arrière-grand-mères que nous devons de la connaître. Car, la cuisine au vin est affaire de femmes.

Seules les femmes ont la patience de la surveiller comme il faut, la modération de la relever sans excès... et la modestie d'attendre les compliments mérités !

Le service des vins

Savoir choisir les vins précieux qui s'harmonisent parfaitement avec les mets est un art qui demande des connaissances, de l'expérience et une grande subtilité de goût. De nombreux ouvrages consacrés aux vins n'ont pas épuisé le sujet. Mais tout art repose sur des règles simples basées, elles-mêmes, sur la logique.

Pour vous aider à choisir convenablement les vins, ces quelques lignes vous diront ce que le bons sens vous a probablement déjà laissé pressentir.

Au cours d'un repas, les vins vont du plus léger au plus fort. Exemple : le vin blanc pour commencer, le vin rouge ensuite.

Le vin doit mettre en valeur la saveur du plat et non l'écraser. Il faut donc choisir un vin léger pour accompagner un plat fin; tandis qu'un vin corsé, bouqueté, convient mieux à un plat relevé, à une viande garnie d'une sauce riche, ou à un fromage fort.

Certains mets n'aiment pas le vin. Ce sont tous les plats à la vinaigrette, les fromages à la crème, les entremets au chocolat.

N'imposez pas plus de deux vins à vos invités ; un vin blanc et un vin rouge bien choisis suffiront pour un repas soigné. Un seul vin peut être servi tout au long d'un repas intime ; choisissez, dans ce cas, un bon rosé sec ou un rouge léger qui s'accordent avec la plupart des plats.

Bordeaux et bourgogne devraient être débouchés 1 h ou 2 avant le repas afin de développer tout leur arôme. Si le vin est riche en dépôt, décantez-le en le transvasant très lentement de la bouteille dans une carafe, de manière à laisser toute la lie dans le fond de la bouteille. Le vieux bordeaux, surtout, a besoin d'être décanté.

Une bouteille de vin entamée se conserve mieux couchée, le vin étant en contact avec le bouchon.

Enfin – cela appartient tout de même au chapitre du service des vins – pensez à mettre de l'eau à table, et un verre à eau devant chacun. Car on peut souhaiter boire de l'eau avec la salade, ou ne pas abuser du vin, surtout s'il est de qualité.

A quelle température doit-on présenter les vins ?

Le vin blanc sec Le vin rosé	} Très frais (6 à 8°)
Le vin rouge :	
– Bordeaux	Chambré
– Bourgogne – Côtes-du-Rhône	} A peine chambré
– Beaujolais – Bourgueil – Chinon	} Frais (10 à 12°)
Le vin blanc doux ou liquoreux Le champagne	} Frappé (4 à 6°)
Porto et vin doux naturel	Chambré

Pour chambrer : placer la bouteille dans la salle à manger plusieurs heures d'avance. La déboucher 1 h avant le repas.

Rafraîchir : la mettre au frais sur la fenêtre ou dans le bas du réfrigérateur.

Frapper : plonger la bouteille dans un seau de glaçons et d'eau.

Le choix des vins

Avec	Quel vin choisir	Suggestions
Les crustacés	Blanc sec ou demi-sec, mais bouqueté. Rosé.	Meursault, Montrachet, Gewürztraminer, Sancerre, Vouvray. Tavel.
Les poissons, huîtres, coquillages	Blanc sec.	Muscadet, Chablis, Pouilly-Fuissé, Alsace (Sylvaner, Riesling).
Les entrées	Blanc sec, demi-sec, rosé, rouge léger.	Mêmes vins que ci-dessus et vins de Loire (Anjou, Anjou rosé, Cabernet, Bourgueil, Chinon), Côteaux du Layon.
Le foie gras servi en entrée	Blanc moelleux.	Montrachet (sec), Gewürztraminer, Muscat d'Alsace, Sauternes, Barsac, Cerons, Sainte-Croix-du-Mont, Porto blanc, Banyuls.
avant la salade	Rouge très bouqueté.	Chambertin, Nuits-Saint-Georges, Chateauneuf-du-Pape, Pomerol, Saint-Émilion, Grands Médoc.
Les viandes blanches, les volailles	Rosé sec, doux, rouge léger ou blanc moelleux.	Bordeaux, Bourgueil, Chinon, Beaujolais, Côtes-du-Rhône, Mâcon.
Les viandes rouges, le gibier	Rouge plus ou moins corsé.	Bourgogne ou Saint-Émilion, Chateauneuf-du-Pape, Moulin-à-Vent, Vieux-Cahors.
Les fromages fermentés (type roquefort, camembert)	Rouge.	En général le vin du plat précédent.
cuits, à pâte molle (type gruyère, reblochon ou chèvre)	Blanc sec ou demi-sec.	Pouilly-Fuissé, Quincy, Vin jaune d'Arbois.
Les entremets et desserts	Vin doux naturel, blanc liquoreux, champagne demi-sec ou vin pétillant.	Vouvray, Quart-de-Chaume, Sainte-Croix-du-Mont, Muscat de Frontignan.

Entrée chaude

Andouillettes au chablis

TRÈS FACILE
BON MARCHÉ
PRINTEMPS-AUTOMNE-HIVER

Préparation et cuisson : 20 mn

Pour 4, il faut :

4 andouillettes,
2 échalotes,
20 g de beurre ou de margarine,
1 verre de chablis (ou autre vin blanc sec),
persil,
sel, poivre.

1. Faites sauter rapidement les andouillettes dans une poêle avec une noix de beurre ou de margarine.

2. Hachez les échalotes. Ajoutez-les dans la poêle ainsi qu'un verre de vin blanc sec, sel, poivre. Laissez mijoter doucement 3 ou 4 mn, à couvert. Déposez les andouillettes (sans leur jus) dans un plat de service chaud.

3. Dans le jus resté dans la poêle, sur feu vif, incorporez quelques noisettes de beurre ou de margarine en tournant vivement avec une cuiller en bois. Retirez du feu aussitôt la matière grasse fondue et versez sur les andouillettes. Servez aussitôt, parsemé de persil haché.

La purée est l'accompagnement idéal de l'andouillette.

Variante :

Les andouillettes peuvent être également braisées à four doux. Cela demande un peu plus de temps. Vous doublerez, au moins, la quantité de vin blanc. Les andouillettes devront l'absorber presque complètement pendant les 45 à 50 mn nécessaires pour la cuisson. Protégez le dessus du plat avec une feuille de papier d'aluminium, pour la deuxième partie de la cuisson.

Bœuf vigneronne

FACILE
RAISONNABLE
PRINTEMPS-AUTOMNE-HIVER

Pour 4, il faut :

1,500 kg de bœuf, (gîte à la noix) en gros dés,
3 cuil. à soupe d'huile,
50 g de beurre ou de margarine,
2 échalotes,
1 gousse d'ail,
1 carotte,
2 cuil. à soupe pleines de farine,
1 bouteille de vin rouge corsé,
250 g de lard de poitrine,
12 petits oignons,
250 g de champignons,
bouquet garni
sel, poivre.

Préparation et cuisson : 3 h
Cuisson en autocuiseur : 40 mn

1. Faites roussir les morceaux de viande de toute part, dans une large poêle avec de l'huile très chaude. Transvasez-les ensuite dans une cocotte où fondent 50 g de beurre ou de margarine. Ajoutez-y 2 échalotes et 1 gousse d'ail hachées, 1 carotte en rondelles, bouquet garni, sel, poivre. Mélangez. Saupoudrez de 2 cuil. à soupe de farine. Remuez sur feu vif pour faire dorer la farine.

2. Versez le vin rouge sur la viande. Couvrez et laissez mijoter environ 2 h 30 (en autocuiseur : 40 mn).

3. Pendant ce temps, faites blondir les petits oignons épluchés avec un peu de beurre et le lard coupé en dés. Puis ajoutez-les dans la cocotte 30 mn avant la fin de la cuisson.

4. Nettoyez, coupez et faites sauter les champignons quelques minutes à la poêle avec un peu de beurre ou de margarine. Ajoutez-les à la dernière minute. Servez avec de gros macaroni arrosés de jus.

Plat principal

Bourguignon

FACILE
RAISONNABLE
PRINTEMPS-AUTOMNE-HIVER

Pour 4, il faut :

1,500 kg de bœuf à bourguignon,
30 g de beurre ou de margarine,
2 cuil. à soupe d'huile,
1 cuil. à soupe pleine de farine,
2 gousses d'ail,
bouquet garni,
1 cuil. à soupe de tomate concentrée,
1 verre d'eau,
sel, poivre.
1 kg de pommes de terre,
persil haché.

Marinade :

1 bouteille de vin rouge corsé,
1 cuil. à soupe d'huile,
1 petite carotte,
1 oignon,
2 échalotes,
1 petite branche de céleri,
1 gousse d'ail,
persil, thym, laurier,
5 grains de poivre,
1 clou de girofle.

Préparation et cuisson : 2 h 20
Cuisson en autocuiseur : 50 mn
+ à mariner : la veille

1. La veille, mettez la viande coupée en gros cubes dans une terrine avec tous les éléments de la marinade.

2. Cuisson : égouttez et essuyez la viande avec du papier absorbant avant de la faire roussir à feu très vif avec un peu d'huile. Ajoutez-y ensuite les aromates de la marinade (carotte, oignon, échalotes) et 30 g de beurre ou de margarine. Laissez cuire 1/4 d'heure sans couvrir. Puis saupoudrez avec 1 cuil. à soupe de farine. Mélangez sur feu vif, la farine doit dorer légèrement.

3. Recouvrez la viande avec le vin rouge de la marinade. Portez à ébullition. Ajoutez sel, poivre, 1 verre d'eau, tomate concentrée, ail, bouquet garni. Couvrez et laissez cuire très doucement 2 h (en autocuiseur : 50 mn).

4. 30 mn avant la fin de la cuisson, mettez les pommes de terre à cuire à l'eau. Présentez la viande dans un plat creux, arrosée de sauce. Servez, à part, les pommes de terre épluchées saupoudrées de persil haché.

Organisation :

Le bourguignon est long à préparer et à cuire. Préparez-en pour 2 repas. Il se conserve plusieurs jours au réfrigérateur et il est excellent réchauffé. ☞

Raffiné :

Ajoutez presque en fin de cuisson :

1. Des petits oignons cuits à part (à l'eau bouillante 2 mn, égouttés, puis dorés avec lardons et beurre, 15 mn).
2. Des champignons de Paris (frais ou lyophilisés) préalablement sautés à la casserole, 5 mn, avec un peu de beurre.
3. 1 verre à liqueur de cognac dans la sauce.

MICRO-ONDES

Les petits oignons cuisent très bien au micro-ondes.

Coupez-les en 2 ou 4 s'ils sont trop gros.

Étalez-les dans une assiette avec sel et 2 ou 3 cuil. à soupe d'eau. Couvrez hermétiquement d'un film étirable.

Pour 250 g d'oignons, comptez de 2 mn à 2 mn 30 de cuisson (puiss. maxi).

Ajoutez-les ensuite à votre bourguignon ou autre viande en sauce.

Le secret

d'une sauce de bourguignon à point : elle ne doit pas être trop liquide ni trop grasse.

Si la sauce est trop liquide en fin de cuisson, laissez-la bouillir très fort, quelques minutes (la viande étant retirée).

Si elle est trop grasse, recueillez la graisse en surface avec une cuiller.

Chou rouge à la Bernoise

TRÈS FACILE
BON MARCHÉ
PRINTEMPS-AUTOMNE-HIVER

Préparation et cuisson : 1 h 50
Cuisson en autocuiseur : 35 mn

Pour 4, il faut :

1 chou rouge de 1 kg,
30 g de beurre ou de margarine,
100 g de lard de poitrine,
2 oignons,
1 verre de vin rouge,
2 pincées de muscade,
sel, poivre.

1. Coupez les oignons en rondelles et le lard en dés. Faites dorer le tout dans une grande cocotte avec 30 g de beurre ou de margarine.

2. Lavez les feuilles externes du chou. Roulez-les sur elles-mêmes pour les couper en lanières fines. Tranchez le cœur sur la planche à découper (photos). Ajoutez-le finement coupé dans la cocotte. Mélangez. Laissez cuire un peu sans couvrir pour ramollir le chou. Arrosez ensuite avec un verre de vin rouge, sel, poivre, 2 pincées de muscade râpée. Couvrez et laissez mijoter 1 h 30 (en autocuiseur : 35 mn).

A

B

A Roulez les grosses feuilles sur elles-mêmes et coupez-les sur la planche à découper.

B Tranchez le cœur en 4. Retirez les parties de trognon blanc. Posez les quartiers de chou sur la planche. Coupez en tranches minces.

Le secret

du chou braisé qui n'attache pas : on peut mettre un peu de couenne de lard au fond de la cocotte. Mais il est surtout utile d'interposer un diffuseur entre la source de chaleur et le fond de la cocotte.

Plat principal

Civet de mouton à la Marseillaise

TRÈS FACILE
RAISONNABLE
AUTOMNE-HIVER

Préparation et cuisson : 2 h 30
Cuisson en autocuiseur : 45 mn
+ quelques heures à mariner

Pour 4, il faut :

600 g de collier et 300 g d'épaule en morceaux,
100 g de lard maigre,
250 g de couenne,
1/4 de litre d'eau,
1 cuil. à soupe de tomate concentrée,
sel, poivre.

Marinade :

1/4 de litre de vin rouge,
2 cuil. à soupe d'huile,
2 oignons,
1 carotte et 2 échalotes en rondelles,
2 gousses d'ail,
bouquet garni
sel, poivre.

1. Marinade : quelques heures d'avance, mettez la viande à macérer avec tous les éléments de la marinade.

2. Coupez le lard et la couenne en morceaux. Plongez-les dans de l'eau en ébullition, 2 mn, pour les nettoyer. Égouttez et passez sous l'eau froide.

3. Dans une cocotte, étalez la couenne. Puis, lard, tomate concentrée, morceaux de viande. Versez dessus toute la marinade et ses aromates, 1/4 de litre d'eau, sel, poivre. Laissez mijoter, à couvert, 2 h 15 sur feu très doux (en autocuiseur : 45 mn).

Comme accompagnement, servez des pâtes au beurre, du riz nature, ou du couscous.

Plat principal

Congre braisé au vin blanc

FACILE
BON MARCHÉ
TOUTES SAISONS

Préparation et cuisson : 1 h

Pour 4, il faut :

1,200 kg de congre (milieu),
50 g de beurre ou de margarine,
125 g de petits oignons,
un peu de farine,
1/4 de litre de vin blanc sec,
1 gousse d'ail,
bouquet garni
sel, poivre.

1. Épluchez les petits oignons. Jetez-les dans de l'eau en ébullition, 2 mn. Égouttez.

2. Farinez légèrement le morceau de congre. Faites-le dorer dans une cocotte avec 30 g de beurre ou de margarine. Ajoutez les oignons. Quand ils sont dorés, ajoutez vin blanc, ail, bouquet garni, sel, poivre. Couvrez. Laissez sur feu doux, 40 mn.

3. Déposez congre et oignons dans un plat creux. Otez le bouquet garni. A la sauce restée sur le feu, incorporez 1 cuil. à café rase de farine malaxée avec une noix de beurre. Laissez bouillir 2 mn pour faire épaissir légèrement. Versez sur le poisson et servez avec des pommes de terre à l'eau, du riz nature, ou une purée d'oseille.

Attention :

Il y a beaucoup d'arêtes dans le congre. Aussi, dans la mesure du possible, évitez la queue où elles sont le plus nombreuses.

L'oseille a la propriété de «digérer» les fines arêtes du congre. Il est donc conseillé d'en préparer un peu pour l'accompagner.

Le secret

des oignons épluchés plus vite et sans larmes : avant d'éplucher les petits oignons, plongez-les 2 mn dans de l'eau en ébullition, à l'aide d'une passoire (photo).

Plat principal

FACILE
CHER
PETITES ET GRANDES RÉCEPTIONS
PRINTEMPS-AUTOMNE-HIVER

Coq au chambertin

Préparation et cuisson : 2 h 30
Cuisson en autocuiseur : 45 mn environ
+ à mariner : 2 h

Pour 6 ou 8, il faut :

1 coq en morceaux,
40 g de beurre ou de margarine,
100 g de couenne,
1 verre à liqueur de cognac,
1 cuil. à soupe de concentré de tomate,
125 g de lard de poitrine,
250 g de champignons,
1 cuil. à soupe de farine,
persil,
sel, poivre.

Marinade :

1 bouteille de chambertin,
2 cuil. à soupe d'huile,
1 oignon,
2 échalotes,
1 petite carotte,
3 gousses d'ail,
bouquet garni,
1 clou de girofle,
3 grains de poivre.

1. La veille, mettez les morceaux de coq avec la marinade, dans un récipient pas trop grand pour qu'ils soient recouverts.

2. Le jour même, égouttez séparément la viande et les aromates. Conservez la marinade.

3. Dans une cocotte, faites chauffer 40 g de beurre ou de margarine et la couenne coupée en morceaux. Mettez la volaille à dorer de toute part - sauf le foie. Ajoutez alors les aromates de la marinade. Saupoudrez de farine. Mélangez. Arrosez de cognac. Portez à ébullition. Faites flamber sur le feu. Mouillez avec la marinade passée, 1 verre d'eau, concentré de tomate, salez, poivrez. Couvrez. Laissez mijoter de 1 h 30 à 2 h.

4. Faites fondre le lard en dés sur feu doux, et sauter les champignons en lamelles.

5. Déposez les morceaux de coq dans un plat, ainsi que champignons et lardons. Si la sauce est trop liquide, faites-la réduire sur feu vif. Incorporez-y le foie cru écrasé à la moulinette. Retirez du feu aussitôt et versez sur le plat. Parsemez de persil avant de servir avec pommes de terre ou nouilles plates.

Le secret

de la sauce veloutée du coq au vin : le foie cru en purée, incorporé à la sauce en fin de cuisson, provoque aussitôt sa liaison. Ne laissez plus bouillir après la liaison sinon la sauce tournerait.

Plat principal

FACILE
CHER
PETITES ET GRANDES RÉCEPTIONS
TOUTES SAISONS

Pour 6 à 8, il faut :

1 coq (ou 1 gros poulet) coupé en morceaux,
1 bouteille de riesling,
50 g de beurre ou de margarine,
3 échalotes,
2 cuil. à soupe rases de farine,
250 g de champignons,
1 citron,
200 g de crème fraîche,
bouquet garni,
1 brin de céleri,
sel, poivre.

Coq au riesling

Préparation et cuisson : 2 h 30
Cuisson en autocuiseur : 30 à 40 mn

1. Dans une grande cocotte faites revenir les morceaux de volaille, sans les laisser colorer.

2. Ajoutez-y les échalotes hachées. Saupoudrez de farine. Mélangez. Arrosez de riesling, avec au besoin un peu d'eau pour arriver à hauteur des morceaux. Ajoutez bouquet garni, céleri, sel, poivre. Couvrez. Laissez mijoter de 1 h 30 à 2 h (la fourchette doit pénétrer facilement dans la cuisse) (en autocuiseur : 30 à 40 mn).

3. Coupez le pied sableux des champignons. Lavez-les rapidement. Mettez-les aussitôt dans une petite casserole d'eau froide avec une noix de beurre, un peu de citron, sel, poivre. Laissez bouillir 5 mn. Égouttez.

4. Après cuisson, retirez le coq de la cocotte. Tenez au chaud. Faites bouillir la sauce restée sur le feu, 10 mn, sans couvrir, pour qu'elle diminue d'un tiers environ. Passez-la à travers une passoire fine. Ajoutez-y les champignons cuits et la crème fraîche. Faites bouillir 1 mn. Versez sur le coq.

Présentez ce plat simplement accompagné de riz nature, de pommes de terre vapeur, de nouilles plates aux œufs ou, pour une réception, avec des pommes Dauphine. ☞

Truc :

Ne mettez pas trop de jus de citron avec les champignons, ni le citron avec sa peau, cela rendrait les champignons amers.

Solution express :

Les pommes Dauphine surgelées prêtes à frire.

MICRO-ONDES

Si le coq au riesling ne se cuit pas au micro-ondes, il peut parfaitement s'y réchauffer, même, à la rigueur, avec sa sauce.

Toutefois, il serait plus indiqué de réchauffer la sauce à part, pour ne la lier à la crème fraîche qu'au moment de la verser sur les morceaux de volaille chaude.

Plat principal

Daube béarnaise

FACILE
RAISONNABLE
PRINTEMPS-AUTOMNE-HIVER

Pour 8, il faut :

2,500 kg de bœuf (culotte ou gîte),
300 g de jambon cru,
1 ou 2 cuil. à soupe de farine,
bouquet garni,
1 couenne de porc,
1 petit piment fort,
sel, poivre.

Marinade :

1 bouteille de vin rouge,
2 cuil. d'huile,
thym, laurier,
poivre,
2 oignons,
2 clous de girofle,
2 gousses d'ail.

Cuisson : 4 ou 5 h
Cuisson en autocuiseur : 1 h 30

1. La veille, découpez la viande en gros cubes de 5 cm environ. Faites-les mariner jusqu'au lendemain dans le vin rouge avec huile, thym, laurier, poivre, oignons, clous de girofle, gousses d'ail.

2. Cuisson : dans le fond de la cocotte, étalez la couenne préalablement blanchie à l'eau bouillante. Égouttez soigneusement la viande. Roulez-la dans la farine. Déposez dans la cocotte avec le jambon cru coupé en dés. Versez dessus la marinade passée, ses aromates et le petit piment. Salez, poivrez. Couvrez et laissez cuire très doucement 4 ou 5 h (en autocuiseur : 1 h 30).

Riz nature, pommes à l'eau et macaroni sont les meilleurs faire-valoir de la daube.

Truc :

Il est désagréable de croquer un piment perdu dans la sauce ! Attachez-le au bout d'un long fil afin de le repêcher facilement.

Le secret

d'une daube réussie : c'est à la cuisson régulière et douce que la daube doit son moelleux et son «fondu». Cette cuisson lente, en cocotte, se fait mieux dans le four que sur le feu sans risque d'attacher au fond.

Daube niçoise

FACILE
RAISONNABLE
PRINTEMPS-AUTOMNE-HIVER

Pour 8, il faut :

2,500 kg de bœuf (culotte ou gîte) en gros dés, lardés,
1 pied de veau fendu par le boucher,
1 couenne de lard,
2 carottes,
6 oignons,
4 tomates,
3 ou 4 gousses d'ail,
200 g de lard de poitrine,
200 g d'olives noires,
zeste d'orange,
persil haché,
sel, poivre,
poivre de Cayenne.

Marinade :

1 bouteille de vin blanc sec,
2 verres à liqueur de cognac,
2 cuil. à soupe d'huile,
bouquet garni,
3 ou 4 gousses d'ail,
poivre,
1 petit piment fort.

Cuisson : 4 ou 5 h
Cuisson en autocuiseur : 1 h 30

1. La veille, mettez la viande dans la marinade au vin blanc, jusqu'au lendemain.

2. Cuisson : la couenne étant disposée au fond de la cocotte, déposez dessus carottes, oignons en rondelles, ail, lard coupé en dés, le pied de veau fendu et les morceaux de boeuf. Arrosez la viande avec la marinade passée (sans les aromates). Ajoutez bouquet garni, morceaux de zeste d'orange, peu de sel et poivre. Couvrez hermétiquement et laissez à feu très doux de 4 à 5 h (en autocuiseur : 1 h 30). 1 h avant la fin de la cuisson, ajoutez les olives noires dénoyautées et les tomates pelées et épépinées.

Organisation :

Demandez au boucher de piquer chaque cube de viande avec du lard gras, vous auriez du mal à le faire vous-même.

La daube étant très longue à cuire, il est économique d'en préparer pour deux repas. Les proportions sont donc établies pour 2 repas de 4 personnes (ou pour 1 repas de 8).

Variante :

La daube avignonnaise se prépare avec du mouton (gigot ou épaule) que l'on fait mariner comme le bœuf, en suivant la recette de la daube niçoise. Le temps de cuisson est un peu moins long. Supprimez les olives.

Dessert

Entremets Félicie aux poires

FACILE
RAISONNABLE
PETITES RÉCEPTIONS
TOUTES SAISONS

Préparation et cuisson : 1 h 45
+ au frais : quelques heures

Pour 6, il faut :

Caramel :

3 cuil. à soupe de sucre en poudre,
un peu d'eau,
quelques gouttes de citron.

Crème renversée :

1/2 litre de lait,
3 ou 4 œufs,
6 cuil. à soupe de sucre,
1 sachet de sucre vanillé,
1 pincée de sel.

Poires au vin rouge :

8 petites poires,
1/2 litre de vin rouge,
8 cuil. à soupe de sucre en poudre,
1 sachet de sucre vanillé (ou 1 gousse).

Crème Chantilly :

1 petit bol de crème fraîche,
sucre vanillé.

1 tasse de gelée de groseille,
6 pralines.

1. Caramel : faites caraméliser dans un moule 3 cuil. à soupe de sucre, 2 cuil. à soupe d'eau et quelques gouttes de citron. Quand le caramel commence à colorer, faites-le glisser à l'intérieur. Retirez du feu aussitôt que le caramel est suffisamment coloré.

2. Crème renversée : faites bouillir le lait avec 1 pincée de sel, sucre et vanille. Retirez du feu. Incorporez un peu de lait bouillant aux œufs battus en omelette. Puis l'inverse en fouettant sans arrêt, hors du feu. Versez à travers un tamis métallique, dans le moule caramélisé. Déposez-le sur la plaque creuse du four emplie d'eau (bain-marie). Mettez à four chaud (th. 7-8) de 25 à 30 mn. Laissez refroidir avant de démouler.

3. Poires au vin rouge : épluchez les poires en les laissant entières. Faites chauffer 1/2 litre de vin rouge avec sucre et vanille. Dès qu'il bout, plongez les poires dedans. Laissez-les cuire doucement jusqu'à ce qu'elles soient transparentes (15 à 25 mn). Laissez-les refroidir dans le sirop.

4. Crème Chantilly : ajoutez un peu d'eau glacée à la crème très froide pour lui donner la consistance liquide d'une crème anglaise. Battez-la lentement au fouet jusqu'à ce qu'elle devienne mousseuse et adhère aux branches. Sucrez à la fin seulement.

☞

5. Démoulez la crème renversée sur un plat rond. Disposez les poires autour. Décorez avec Chantilly et pralines écrasées. Arrosez les poires de gelée de groseille délayée avec un peu d'eau sur feu doux. Servez très froid.

Solution express :

On trouve de l'excellente crème Chantilly, toute faite, chez le crémier, soit en vrac, soit en bombe.

On trouve également du caramel liquide en petites doses ou du caramel cristallisé, qu'il suffit d'humecter d'eau froide.

Variante :

Les poires au sirop se préparent exactement comme les poires au vin rouge. Il suffit de remplacer le vin par la même quantité d'eau.

MICRO-ONDES

Pour simplifier, vous pouvez cuire au micro-ondes les poires coupées en lamelles, mouillées de sirop bouillant (1/2 verre de vin, 3 cuil. à soupe de sucre, portés à ébullition).

Étalez le tout dans un plat creux. Comptez de 5 à 7 mn de cuisson (puiss. maxi) non couvert.

Les secrets

de la crème renversée ferme et lisse : mettez suffisamment d'œufs : enfournez à four bien chaud dans un bain-marie et ne laissez jamais bouillir.

Plat principal

TRÈS FACILE
CHER
PETITES ET GRANDES RÉCEPTIONS
PRINTEMPS-AUTOMNE-HIVER

Pour 8, il faut :

1 gigot de 2 kg,
30 g de beurre,
1,500 kg de pommes fruits,
sel, poivre.

Marinade cuite:

2 oignons,
2 carottes,
2 échalotes,
2 cuil. à soupe d'huile,
3/4 de litre de vin blanc ou rouge,
1/2 verre de vinaigre,
1 branche de céleri,
2 gousses d'ail,
bouquet garni,
2 clous de girofle,
3 grains de poivre,
1 branche de romarin.

Gigot en chevreuil

Préparation et cuisson : 1 h
+ 2 jours à mariner

1. Marinade : coupez en rondelles oignons, carottes et échalotes. Faites-les dorer dans une grande casserole avec l'huile. Ajoutez vin, vinaigre, céleri, ail, bouquet garni, clous de girofle, poivre et romarin. Faites bouillir doucement sans couvrir, 30 à 40 mn. Laissez refroidir complètement la marinade avant de la verser sur le gigot préalablement posé dans un plat. Laissez mariner au frais 2 jours. Retournez la viande matin et soir pour éviter qu'elle ne noircisse.

2. 1 h avant le repas, égouttez les légumes de la marinade. Mettez-les dans un plat à four. Posez dessus le gigot égoutté. Mettez à four très chaud (th. 8-9) juste le temps de saisir la viande de chaque côté. Pelez les pommes entières, ôtez les pépins. Mettez dans chacune une noisette de beurre et disposez-les autour du gigot. Terminez la cuisson à four bien chaud (th. 7-8) de 35 à 45 mn. Salez et poivrez.

Comme accompagnement, présentez un assortiment de purée de marrons, compote de pommes fruits non sucrée et confiture d'airelles. Ou de simples pommes à l'eau. ☞

Organisation :

Si vous préparez une épaule d'agneau, demandez au boucher de la désosser en retirant l'os de la palette seulement, afin de faciliter le découpage, mais laissant un manche, comme pour un gigot.

Découpage du gigot :

Voir page 238.

Le secret

du gigot au goût de chevreuil : c'est la marinade bien sûr, dans laquelle il macère un bon moment avant cuisson. Mais avec un petit truc en plus : la peau du gigot a été enlevée par le boucher (demandez-le-lui) pour que la marinade pénètre mieux les fibres de la viande.

Entrée chaude

FACILE
RAISONNABLE
PETITES ET GRANDES RÉCEPTIONS
AUTOMNE-HIVER

Pour 4, il faut :

3 gros oignons,
25 g de beurre ou de margarine,
1 cuil. à soupe pleine de farine,
75 g de gruyère râpé,
1 litre 1/2 d'eau,
1/2 verre de vin blanc sec,
1 ou 2 jaunes d'œufs,
4 cuil. à soupe de porto,
4 fines tranches de pain,
1 tablette de bouillon de pot-au-feu,
sel, poivre.

Gratinée au porto

Préparation et cuisson : 40 mn

1. Coupez finement les oignons. Faites-les cuire très doucement dans le beurre ou la margarine. Quand les oignons ont pris une couleur blonde, saupoudrez-les de farine. Remuez avec une cuiller en bois jusqu'à ce que le mélange roussisse un peu, sans plus.

2. Ajoutez : 1/2 verre de vin blanc sec, 1 litre 1/2 d'eau, bouillon en tablette, sel, poivre. Laissez bouillir un bon quart d'heure. Faites griller le pain.

3. Dans une soupière allant au four, délayez porto et jaunes d'œufs. Versez dessus la soupe à l'oignon, sans cesser de remuer. A la surface, déposez le pain grillé, gruyère râpé. Faites gratiner quelques minutes sous le grilloir ou dans le haut du four très chaud.

Solution express :

Les rondelles d'oignons lyophilisées qu'il suffit de réhydrater avant de les faire dorer.

Truc :

Si les oignons brunissent trop vite, deux gouttes d'eau les empêcheront de brûler. ☞

Raffinement :

La gratinée est encore plus appétissante et plus facile à servir présentée dans des bols. Attention, ces bols doivent bien sûr pouvoir supporter la chaleur puisqu'ils vont au four pour gratiner.

Le secret

de la soupe à l'oignon bien gratinée : le gruyère est parsemé en abondance sur le pain déposé sur la soupe juste avant de passer au four. Le pain ne s'imbibant que peu à peu, surnage suffisamment pour maintenir en surface la couche qui gratine.

Plat principal

TRÈS FACILE
BON MARCHÉ
PRINTEMPS-AUTOMNE-HIVER

Pour 4, il faut :

4 grillades de porc très minces,
30 g de beurre ou de margarine,
1 échalote hachée,
2 cuil. à café rases de farine,
1 cuil. à café de tomate concentrée,
2 verres 1/2 de vin rouge,
persil haché,
sel, poivre.

Grillades de porc au vin rouge

Préparation et cuisson : 20 mn

1. Faites dorer à la poêle les grillades 4 mn de chaque côté, sur feu vif, avec une noix de beurre ou de margarine. Tenez-les au chaud dans une assiette.

2. Dans la poêle remise sur feu doux, mettez l'échalote hachée à revenir très légèrement, sans laisser colorer, avec une nouvelle noix de beurre ou de margarine. Saupoudrez ensuite de farine. Mélangez quelques instants. Ajoutez : tomate concentrée, vin, sel, poivre. Laissez bouillir sans couvrir.

3. Remettez les grillades dans la poêle contenant la sauce au vin (5 mn environ) pour en terminer la cuisson. Parsemez de persil haché avant de servir.

Comme accompagnement, prévoyez des pommes de terre à l'eau, pâtes ou lentilles.

Le saviez-vous ?

La grillade de porc est une tranche extrêmement mince, vendue sous cette dénomination, chez les charcutiers parisiens tout particulièrement. Elle cuit presque aussi rapidement qu'un steak.

Jambon à la crème et au porto

TRÈS FACILE
RAISONNABLE
PETITES RÉCEPTIONS
TOUTES SAISONS

Préparation et cuisson : 20 mn

Pour 4, il faut :

4 tranches épaisses de jambon cuit.

Sauce :

1 grand verre de porto,
2 cuil. à soupe de crème fraîche,
1 cuil. à café de farine,
sel, poivre.

1 boîte d'épinards,
1 noix de beurre,
1 cuil. à café de farine,
sel, poivre.

1. Étalez les tranches de jambon dans un plat. Arrosez de porto. Couvrez avec une feuille de papier aluminium. Faites chauffer à four doux (th. 4-5) 15 mn environ.

2. Mélangez sur le feu 1 noix de beurre et 1 cuil. à café de farine. Ajoutez-y les épinards égouttés, sel, poivre. Laissez mijoter.

3. Sauce : dans une petite casserole, délayez la crème fraîche avec la farine, sel, poivre. Ajoutez le porto qui a servi à réchauffer le jambon (laissez le jambon dans son plat). Mélangez sans arrêt en laissant bouillir quelques instants. Versez sur le jambon très chaud. Servez avec les épinards.

Variante :

A la place du porto, peuvent être utilisés : madère, xérès, vermouth ou un vin doux.

Le secret

du jambon en tranche qui ne racornit pas en réchauffant : le vin dans lequel le jambon réchauffe ne doit jamais bouillir. C'est pour cette raison que l'on isole le dessus du plat avec une feuille d'aluminium quand le four n'est pas assez modéré.

Plat principal

Lapin au vin blanc à l'Espagnole

FACILE
RAISONNABLE
TOUTES SAISONS

Préparation et cuisson : 1 h 30
Cuisson en autocuiseur : 20 mn

Pour 4, il faut :

1 lapin de 3 livres coupé en morceaux,
2 cuil. à soupe d'huile,
1/2 bouteille de vin blanc sec,
1 cuil. à soupe de farine,
persil haché,
1 oignon,
sel, poivre.

Fondue de tomates :

500 g de tomates,
30 g de beurre ou de margarine,
2 gousses d'ail,
1 oignon,
1 cuil. à soupe de tomate concentrée,
1 petit piment fort,
bouquet garni,
4 poivrons,
sel, poivre.

250 g de riz.

1. Fondue de tomates : épluchez et coupez les tomates en quartiers. Videz-les de leur jus (il servira plus tard pour un potage). Faites chauffer 30 g de beurre ou de margarine, dans une poêle. Jetez-y ail et oignon hachés, les morceaux de tomates, le concentré, petit piment fort, bouquet garni, poivrons épépinés en dés, sel, poivre. Laissez cuire à feu vif, sans couvrir.

2. Faites roussir les morceaux de lapin avec 2 cuil. à soupe d'huile. Ajoutez un oignon coupé en quatre. Saupoudrez de farine. Mélangez. Laissez dorer quelques instants. Salez, poivrez. Versez dessus le vin blanc et la fondue de tomates. Couvrez. Laissez mijoter 1 h (en autocuiseur : 20 mn).

3. Cuisson du riz : lavez-le. Faites-le cuire dans beaucoup d'eau salée, 10 mn seulement. Égouttez et rincez-le sous le robinet. Égouttez encore bien à fond. Ajoutez-le encore ferme dans la cocotte avec le lapin, 7 ou 10 mn avant la fin de sa cuisson. Présentez cette «ratatouille» dans un plat creux (le riz aura absorbé la sauce en partie).

Lotte en matelote

FACILE
CHER
PETITES RÉCEPTIONS
TOUTES SAISONS

Préparation et cuisson : 1 h

Pour 4, il faut :

1 kg de lotte,
50 g de beurre ou de margarine,
2 cuil. à soupe de farine,
2 verres de vin rouge,
1 verre d'eau,
10 petits oignons,
125 g de champignons,
bouquet garni,
sel, poivre.

1. Coupez la lotte en tronçons. Salez, poivrez et farinez-les.

2. Dans une cocotte, faites chauffer 50 g de beurre ou de margarine. Mettez-y les morceaux de poisson à dorer, à feu vif, sur toutes les faces. Ajoutez 2 verres de vin, 1 verre d'eau, oignons, bouquet garni, sel, poivre. Couvrez. Laissez mijoter 45 mn. Nettoyez et coupez les champignons en lamelles. Jetez-les dans la cocotte 10 mn avant la fin de la cuisson.

3. Égouttez les morceaux de lotte. Tenez-les au chaud, dans un plat creux. Retirez le bouquet garni de la sauce et faites réduire sur feu vif, 5 mn. Versez sur la lotte.

Truc :

La sauce au vin rouge prend une couleur violine. Vous pouvez y ajouter très peu de tomate concentrée pour la rougir et la rendre plus appétissante.

Plat principal

Matelote des tonneliers

FACILE
RAISONNABLE
TOUTES SAISONS

Préparation et cuisson : 1 h 45

Pour 4, il faut :

1,200 kg de poitrine de veau en morceaux,
30 g de beurre ou de margarine,
1 cuil. à soupe pleine de farine,
1/2 litre de vin rouge léger,
3 ou 4 oignons,
2 carottes,
1 gousse d'ail,
bouquet garni,
persil haché,
sel, poivre.

1. Faites dorer la viande de toute part dans une cocotte avec 30 g de beurre ou de margarine. Puis les oignons et les carottes hachées. Saupoudrez ensuite de farine. Mélangez. Ajoutez du vin juste à hauteur de la viande, bouquet garni, ail écrasé, sel, poivre. Couvrez et laissez mijoter de 1 h à 1 h 15.

2. Disposez les morceaux de viande dans un plat creux. Tenez-le au chaud. Passez la sauce à travers une passoire. Si elle vous paraît trop liquide, faites-la bouillir à gros bouillons quelques minutes, sans couvrir. Versez-la sur la viande.

Présentez avec des pâtes, des pommes de terre à l'eau ou des haricots-grains.

Plat principal

Paupiettes de porc aux pruneaux

FACILE
RAISONNABLE
TOUTES SAISONS

Pour 4, il faut :

4 fines grillades de porc,
2 fines tranches de jambon cru,
500 g de pruneaux demi-secs,
1/4 de litre de vin rouge,
20 g de beurre ou de margarine,
un peu de farine,
2 cuil. à soupe de crème fraîche,
2 cuil. à soupe de gelée de groseille,
petit bouquet garni,
sel, poivre.

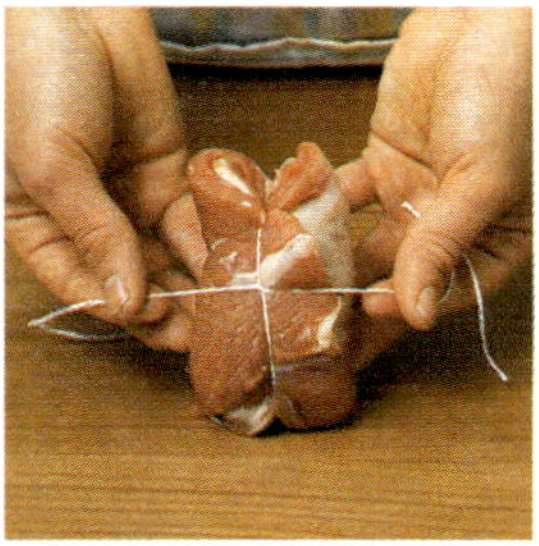

Préparation et cuisson : 1 h 10
Cuisson en autocuiseur : 15 mn

1. Mettez les pruneaux à bouillir doucement une dizaine de minutes dans le vin.

2. Sur chaque grillade, déposez 1/2 tranche de jambon cru et un pruneau dénoyauté. Roulez-les sur elles-mêmes, en paupiettes, ficelez en croix (photo).

3. Farinez les paupiettes. Faites-les dorer de toute part dans une cocotte avec 20 g de beurre ou de margarine. Ajoutez : sel, poivre, bouquet garni, vin de cuisson des pruneaux. Couvrez et laissez mijoter doucement 40 mn environ (en autocuiseur : 15 mn). 10 mn avant la fin de la cuisson, joignez-y le reste des pruneaux.

4. Déposez paupiettes et pruneaux sur le plat de service. Tenez au chaud. Dans la sauce restée sur le feu, incorporez crème fraîche et gelée de groseille. Laissez bouillir quelques instants en mélangeant sans arrêt. Versez sur les paupiettes avant de servir avec du riz nature ou des pâtes au beurre.

Organisation :

Il est inutile de faire tremper les pruneaux demi-secs. Leur taux d'humidité maximum est déjà de 35 %. Ils sont donc prêts à l'emploi.

3 sauces au vin pour steaks

TRÈS FACILE
BON MARCHÉ
TOUTES SAISONS

Préparation et cuisson : 10 mn

Les steaks sont cuits en un tour de poêle, puis tenus au chaud pendant la préparation d'une sauce rapide dans la même poêle.

Bercy

1 échalote hachée,
3/4 de verre de vin blanc sec,
1 pois de tomate concentrée,
1 cuil. à café rase de farine,
1 noix de beurre ou de margarine,
sel, poivre.

Faites cuire à feu doux l'échalote hachée. Ajoutez-y le vin blanc sec, tomate concentrée, sel, poivre. Laissez bouillir 2 mn. Incorporez une noix de beurre ou de margarine pétrie avec 1 cuil. à café rase de farine. Mélangez sur le feu jusqu'à épaississement. Versez sur les steaks. Saupoudrez de persil.

Marchand de vin

Proportions «sauce Bercy» mais le vin blanc est remplacé par du rouge.

Même recette mais le vin blanc est remplacé par du vin rouge.

☞

Lyonnaise

2 ou 3 oignons,
40 g de beurre
ou de margarine,
1/2 verre de vin
blanc sec,
sel, poivre.

Mettez à dorer les oignons en rondelles dans une petite casserole avec du beurre ou de la margarine. Cuisez les steaks à la poêle. Retirez-les. Dans la poêle restée sur le feu, délayez le vin blanc avec les sucs de viande collés au fond. Ajoutez les oignons cuits. Laissez bouillir 2 mn. Versez sur les steaks avant de servir.

Le secret

des sauces de viande «goûteuses» bien que très vite faites : on y a ajouté un peu de fond de sauce (voir p 233 .) ou plus simplement un reste de jus de rôti conservé au réfrigérateur.

Truites au vin blanc

FACILE
RAISONNABLE
PETITES RÉCEPTIONS
TOUTES SAISONS

Préparation et cuisson : 30 mn

Pour 4, il faut :

4 truites,
20 g de beurre,
1 verre 1/2 de vin blanc sec,
1 cuil. à soupe rase de farine,
1 citron,
sel, poivre.

1. Videz et essuyez les truites avec du papier absorbant. Rangez-les, bien serrées, dans un plat à feu. Salez. Arrosez de vin blanc. Mettez à four chaud (th. 6-7) 10 mn.

2. Versez le jus de cuisson des truites dans une casserole.

3. Mettez la casserole de jus de cuisson sur le feu. Incorporez-y, peu à peu, 1 cuil. à soupe de farine malaxée avec une même quantité de beurre. Laissez bouillir quelques instants sans cesser de mélanger pour laisser épaissir un peu. Salez et poivrez si nécessaire. Coupez 2 rondelles dans le citron. Pressez le jus du reste de citron. Ajoutez à la sauce. Versez-la sur les truites. Déposez 1/2 rondelle de citron sur la tête de chacune avant de présenter à table.

Des pommes de terre cuites à l'eau en sont l'accompagnement traditionnel.

Variante :

Vous pouvez faire cuire de la même façon une grosse truite saumonée. Le temps de cuisson en sera un peu plus long. Comptez de 20 à 25 mn, à four chaud. ☞

Raffinement :

En fin de cuisson, ajoutez 2 cuil. à café de crème fraîche dans la sauce. Mais d'une fraîcheur douteuse, la crème risquerait de tourner au contact du citron.

MICRO-ONDES

Ces truites peuvent être cuites 2 par 2, au micro-ondes. Diminuez un peu la quantité de vin blanc puisqu'il n'y a pas d'évaporation.

Comptez de 3 mn à 3 mn 30 de cuisson au micro-ondes (puiss. maxi).

La sauce aussi sera facilement préparée au micro-ondes : mélangez beurre fondu (1 mn) et farine. Remettez 30 s. Fouettez. Incorporez le jus de cuisson des truites et du citron. Remettez au micro-ondes 2 mn en fouettant 2 ou 3 fois.

Le secret

des truites qui ne se déforment pas (ou peu) en cuisant : elles ont été vidées par l'ouïe et non en coupant la peau du ventre. Demandez au poissonnier de le faire pour vous.

Légume

Pommes de terre en matelote

TRÈS FACILE
BON MARCHÉ
AUTOMNE-HIVER

Préparation et cuisson : 1 h 10

Pour 4, il faut :

1 kg de pommes de terre,
50 g de beurre ou de margarine,
2 oignons,
1 verre de vin rouge,
1 cuil. à soupe rase de farine,
bouquet garni
persil haché,
sel, poivre.

1. Pelez pommes de terre et oignons. Coupez-les séparément en rondelles minces.

2. Faites dorer les oignons dans une grande cocotte avec 50 g de beurre ou de margarine. Saupoudrez ensuite d'1 cuil. à soupe rase de farine. Mélangez 1 verre de vin rouge, 1 verre d'eau. Mélangez encore. Puis mettez les pommes de terre, bouquet garni, sel, poivre. Mélangez et couvrez. Faites bouillir.

3. Glissez ensuite la cocotte dans le four moyen (th. 5-6) pendant 50 ou 60 mn. Présentez les pommes de terre masquées de persil fraîchement haché.

Variante :

La cuisson peut se faire sur le feu, mais elle sera moins régulière que dans le four. Vous serez obligée de mélanger en cours de cuisson, risquant ainsi de briser les rondelles de pommes de terre. Dans ce cas, l'autocuiseur est tout indiqué, il permet une cuisson rapide en 15 ou 20 mn.

TABLEAUX DE CUISSON AU MICRO-ONDES

CUISSON DES CRUSTACÉS ET COQUILLAGES AU MICRO-ONDES

Elle présente peu d'intérêt : le résultat n'est pas fameux et le gain de temps, pour des produits déjà vite cuits par la méthode traditionnelle, est bien minime.

Exceptionnellement cependant : pour ouvrir des huîtres
ou des clams récalcitrants,
ou pour cuire des noix de Saint-Jacques,
vous pourrez utiliser votre micro-ondes.

		TEMPS APPROXIMATIF (puiss. maxi)
Coquilles Saint-Jacques (noix de) (fraîches ou décongelées)	10 noix, coupées dans l'épaisseur, avec aromates. Couvertes.	2 à 3 mn
Clams (en coquilles)	16 moyens. en cocotte couverte.	2 mn 30 à 3 mn + repos 2 mn
Huîtres (en coquilles) (pour préparations tièdes ou pochées en cocktail avec Ketchup)	6 huîtres en couronne sur assiette. Sous film étirable.	3 mn + repos 2 mn

CUISSON DU POISSON AU MICRO-ONDES

LE POISSON SURGELÉ, en filets ou en tranches, peut être mis à cuire au micro-ondes, comme du poisson frais, sans décongélation préalable. Il suffira de le rincer puis de prolonger légèrement le temps de cuisson.

Les poissons entiers, de taille moyenne, ou en tronçons, seront décongelés et rincés avant d'être cuits comme le poisson frais.

LE POISSON FRAIS :

– par petites portions de 200 g, tranches ou filets, cuites seules ou 2 par 2, pour obtenir une cuisson très régulière ;
– ou entier, n'excédant pas 500 g.

La cuisson se fera directement sur assiettes ou plats à oeufs individuels, à couvert sous film étirable, sans liquide, avec les aromates de votre choix. Un corps gras n'est pas indispensable.
Laissez reposer 2 à 3 mn avant de servir.

		QUANTITÉ	**TEMPS APPROXIMATIF (puiss. maxi) (couvert d'un film étirable)**
TRANCHES	cabillaud lieu merlu (colin) saumon	1 tranche 200 g 2 tranches 400 g	2 à 3 mn 3 à 4 mn
FILETS	cabillaud dorade églefin julienne lotte	200 g 400 g	4 à 5 mn 5 à 7 mn
	merlan sole	1 filet 2 filets 4 filets	1 mn 30 à 2 mn 2 mn 30 à 3 mn 3 mn 30 à 4 mn
	filet en "bloc" surgelé (sans décongélation préalable)	400 g	7 à 9 mn
ENTIERS (étêtés)	Bar Dorade Maquereaux Merlans Rougets Sole (pelée) Truites	400 g à 500 g 400 à 500 g 2 moyens 2 moyens 1 grosse 2 moyennes	7 à 8 mn 11 mn 4 à 6 mn 4 mn 4 mn à 4 mn 30 5 mn
(Observez quelques minutes d'attente après cuisson)			

CUISSON DES VIANDES ET VOLAILLES AU MICRO-ONDES

La cuisson des viandes au micro-ondes ne donne pas toujours de bons résultats. Les morceaux minces et les viandes rouges, à cuisson très rapide, supportent mieux ce traitement. Évitez les cuissons prolongées car la viande rejetterait un jus abondant, peu apprécié.

* La VIANDE SURGELÉE est mise à cuire après complète décongélation.
Décongélation : Le micro-ondes peut faire gagner un temps considérable dans le cas de grosses pièces, telles que gigot, poulet, dindonneau, rôti et autres (20 à 30 mn, au lieu d'une dizaine d'heures dans le réfrigérateur).

VIANDE VOLAILLES	POIDS	PRÉPARATION*	TEMPS APPROXIMATIF (puiss. maxi)
Agneau épaule roulée, selle	400 g	Rissolez à la poêle sur feu vif ou dans un plat brunisseur préchauffé 7 mn. Cuisez non couvert.	rissolage + 5 mn
Bœuf côte, rôti (non bardé)	800 g à 900 g	Rissolez à part, des deux côtés. Cuisez non couvert.	rissolage + 6 à 7 mn
Porc rôti grillade (en lamelles à la chinoise)	800 g à 900 g 400 g	Rissolez à part. Couvrez d'un papier absorbant en fin de cuisson. Rissolez ou non. Cuisez à couvert avec aromates, sauce soja, marinade.	rissolage + 18 à 20 mn 5 à 7 mn
Veau paupiettes rôti (non bardé)	4 800 g à 900 g	Risollez à part, puis cuisez dans cocotte couverte de film étirable à mi-cuisson seulement. Rissolez à part. Couvrez d'un papier absorbant en fin de cuisson.	rissolage + 15 mn rissolage + 18 à 20 mn
Dinde rôti (non bardé)	800 g à 1 kg	Rissolez à part. Ne couvrez pas.	rissolage + 15 mn
Pintade (en morceaux)	1 kg 200	Rissolez à part. Ne couvrez pas.	rissolage + 15 mn
Poulet (en morceaux)	1 morceau 2 morceaux 4 morceaux	Rissolez à part. A mi-cuisson, couvrez.	rissolage + 10 mn + 12 à 15 mn + 22 à 25 mn
Lapin (en morceaux) râble (fendu ou coupé en 4)	800 g 800 g à 1 kg	Rissolez à part. A mi-cuisson, couvrez.	rissolage + 11 à 13 mn rissolage + 13 à 14 mn

* à mi-cuisson, retournez.
(Observez quelques minutes d'attente après cuisson.)

DÉCONGÉLATION DU GIBIER AU MICRO-ONDES

* Le GIBIER SURGELÉ ne doit pas être cuit au micro-ondes, la cuisson traditionnelle, au four ou à la cocotte, lui convenant beaucoup mieux.

Par contre, la DÉCONGÉLATION du gibier au micro-ondes vous fera gagner du temps : retirez le plastique qui l'entoure et séparez les morceaux, s'il y a lieu. Pour les pièces plus importante, fractionnez le temps de décongélation en observant un repos de quelques minutes entre chaque séquence.

Après décongélation, laissez encore un temps d'attente d'une dizaine de minutes avant de commencer la cuisson, hors micro-ondes.

	POIDS		**TEMPS APPROXIMATIF (position : décongélation)**
Rôti de biche	1 kg	A mi-opération, retournez et ôtez l'emballage, s'il y a lieu	15 à 20 mn
Perdreau, pigeon ramier	150 g à 200 g (1 pièce)		2 à 5 mn
Faisan	1 kg	A la fin, laissez reposer.	15 à 20 mn
Cuisses et râble de lièvre	400 à 500 g		6 à 9 mn

CUISSON DES LÉGUMES AU MICRO-ONDES

* LES LÉGUMES SURGELÉS sont mis à cuire sans décongélation préalable.

*LES LÉGUMES FRAIS (par 500 g) :
- de préférence, ils seront coupés menu: en dés, bâtonnets, fines rondelles.
- ils cuiront à couvert, sous assiette ou film étirable, avec un peu d'eau et les aromates de votre choix.

Le résultat de la cuisson au micro-ondes se rapproche de celle de la cuisson à la vapeur : légumes plus fermes, plus colorés et goût plus naturel.
Toutefois, pour certains légumes de consistance plus ou moins fibreuse (exemple : asperges, haricots verts), le micro-ondes est moins recommandé car il a tendance à les dessécher s'ils ne sont pas d'une fraîcheur parfaite.

	AJOUTEZ ET COUVREZ	**COUVREZ**	**TEMPS APPROXIMATIF (puiss. maxi) pour 500 à 700 g**
Artichauts	un peu d'eau, sel. enveloppez entièrement de film étirable	1 pièce 2 pièces	8 mn 10 à 12 mn
Aubergines	2 cuil. à soupe d'eau, 2 cuil. à soupe d'huile	moitiés en rondelles	12 mn 10 mn
Bettes	4 cuil. à soupe d'eau, jus de citron, sel.	en dés	8 à 10 mn
Brocolis	3 cuil. à soupe d'eau, sel.	sans grosses tiges	8 à 10 mn
Carottes	2 cuil. à soupe d'eau	en fines rondelles	12 à 15 mn
Céleri-rave	couvert d'eau	en fines tranches	6 mn après ébullition
Champignons	beurre, citron	petits ou en lamelles moyens entiers	(pour 250 g) 3 mn 7 ou 8 mn
Chou-fleur	Enveloppé de film étirable. 4 cuil. à soupe d'eau, sel.	tête entière en bouquets	9 à 12 mn 8 à 10 mn
Chou rouge Chou vert	beurre, aromates, un peu d'eau	fines lamelles	10 à 12 mn
Choux de Bruxelles	2 cuissons: a) 3 mn couverts d'eau bouillante, puis égouttés b) 5 mn avec nouvelle eau bouillante salée.	pré-cuisson cuisson	3 mn 5 à 7 mn
Courgettes	1/3 de verre d'eau, un peu d'huile ou de beurre, aromates	fines rondelles ou longues lamelles	8 à 10 mn
Endives	noix de beurre, jus de citron (pas d'eau). Retournez à mi-cuisson.	fendues en 2 ou 3	10 à 12 mn

	AJOUTEZ ET COUVREZ	COUVREZ	TEMPS APPROXIMATIF (puiss. maxi) pour 500 à 700 g
Fenouil bulbe	beurre facultatif, aromates (pas d'eau).	en tranches ou par moitiés	15 à 17 mn
Maïs	Mouillés, beurrés et enveloppés de film étirable	épis	7 à 8 mn
Oignons	2 cuillerées à soupe d'eau, noix de beurre.	moyens et petits	2 ou 3 mn
Petits pois	3 cuil. à soupe d'eau		10 à 12 mn
Pommes de terres (Observez quelques minutes d'attente après cuisson.)	1 verre de lait ou d'eau, aromates, beurre, 3 cuil. à soupe d'eau, beurre avec tasse d'eau dans le four. Retournez à mi-cuisson.	en fines rondelles passées sous l'eau froide. en gros dés entières, non pelées, piquées	15 mn 10 à 12 mn 5 à 15 mn (selon grosseur)

INDEX GÉNÉRAL

des recettes par catégorie de plats et par ordre alphabétique

* *Les recettes précédées d'une astérisque peuvent être réalisées, en totalité ou en partie, au four à micro-ondes.*

Index par catégorie de plats

SOUPES ET POTAGES

CRUDITÉS -SALADES -ENTRÉES

1. Crudités - Salades

2. Entrées froides

3. Entrées chaudes

ŒUFS

POISSONS - CRUSTACÉS - COQUILLAGES

1. Poissons

2. Crustacés

3. Coquillages

VIANDE

1. Agneau-Mouton

2. Bœuf

3. Porc

4. Veau

5. Charcuterie-Triperie-Abats

VOLAILLES - GIBIER - LAPIN

1. Volailles

2. Lapin

3. Gibier à plume

4. Gibier à poil

LÉGUMES - POMMES DE TERRE - PÂTES - SEMOULE - RIZ

1. Légumes frais

2. Pommes de terre

3. Légumes secs

4. Pâtes et semoules

5. Riz

SAUCES

DESSERTS

Index par ordre alphabétique

D

E

F

G H I J K

L

M N O

P

Q R

S T V W

Achevé d'imprimer en juillet 1992
sur les presses de l'imprimerie STIGE
N° d'éditeur : 15560/92055
Dépôt légal : 9675 - juillet 1992
ISBN : 2.01.016188.2
23.36.4582.03.5
Reliure : A.G.M.
Conception : Atelier Michel Méline
Photographies : Philippe Asset
Photocomposition : PC STUDIO

La première édition de cet ouvrage
a été publiée sous le titre :
Mes secrets de cuisine

Imprimé en Italie